현대 행정의 가치와 윤리

김 호 섭

DAE YOUNG CO. 도서출판 대영문화사

머리말

1980년대 이후 행정학 분야에서 가장 핵심적 주제는 혁신(개혁)과 윤리였다. 이 가운데, 혁신은 (그 방향이 옳든 그르든) 비교적 이론 및 실천적 차원에서 상당한 변화가 있었다. 신자자유주의 이념을 바탕으로 한 신공공관리론이 이런 흐름을 주도했다. 이에 비해 윤리 분야에서는 상대적으로 변화나 성과가 덜 가시적이었다. 연구의 당위성이나 실천적 필요성과 달리 연구의 내용, 범위, 방법론 등에 대한 공감대가 형성되지 못한 가운데, 학자들의 개인적 관심에 따라 연구가 진행되어 왔다. 그러다 보니, 행정윤리는 연구나 교육 면에서 보편화된 이론체계나 분석 틀을 발견하기가 어렵다.

우리의 경우, 소수의 학자들 중심으로 행정윤리에 관한 논의가 전개되어 왔다. 심각한 부패 스캔들로 사회적 관심이 커질 때는 부패 관련 연구가 갑자기 늘어나는 해프닝도 있었다. 최근에는 부패 대신 윤리라는 용어가 자주 사용되고, 관심 영역도 넓어지고 있다. 하지만 학자들 간의 학문적 교류가 부족하고, 특히 행정윤리가 무엇인지, 무엇을 다룰 것인지, 어떻게 이를 교육해야 하는지에 대한 공감대가 형성되어 있지 않다.

우리나라 대부분의 4년제 대학에는 행정학과가 설치되어 있다. 이 중 행정윤리나 행정철학을 교과과정에 편성한 대학은 많으나, 실제 강좌를 제공하는 학과는 많지 않다. 대부분의 학과들은 조직의 관리자를 양성하는 데 초점을 두고, 관리자로서 '옳은 일'을 하기(do the right things)보다 일을 '잘'할 수 있도록(do things right) 가르치는 데 치중한다. 조직, 예산, 인사 관련 업무를 효율적으로 수행할 수 있는 창의적 관리자를 양성하려는 것이다.

우리나라 행정의 가장 두드러진 특징 중 하나가 행정의 '권력성'임을 감안하면, 이런 현상은 다소 아쉬움을 남긴다. 공무원들의 전문성보다 이들이 개입된 정치적 역학관계가 행정의 내용과 질을 결정짓는 중요 변수라면, 미래의 정책결정자들에게 관리기술을 가르치기에 앞서 이들이 옳은 일을 할 수 있도록 (또는 옳은 일이 무엇인지를 판단할 수 있도록) 가르치는 것이 보다 중요할지 모른다.

이 책은 이런 문제의식 하에 현대 행정이 추구하는 가치와 이를 연구하는 행정윤리를 논한다. 이 책은 일반윤리학(철학)의 내용이나 행정의 윤리적 이슈들을 다루는 것이 아니다. 이 책은 공직사회에서 발생하는 윤리적 딜레마를 좀 더 슬기롭게 다루는 데 필요한 이론적(윤리학적) 도구를 제공하고, 동시에 (비)윤리적 행위를 (통제)조장하는 제도 및 윤리프로그램의 효율적 활용을 위한 실천적 지식을 논한다. 이 책은 독자들이 모두 도덕적 자세를 갖춘 이성적 존재임을 가정한다. 이들에게 필요한 것은 옳고 그름의 구분이나 이들 간 선택이 아니라, 다양한 가치들이 충돌하는 상황에서 선택에 필요한 윤리적 상상력과 자신들의 윤리적 판단을 정당화할 수 있는 규범적 역량이다.

'현대'란 부제를 붙인 것은 이 책이 우리나라의 정체인 민주주의를 전제로 함을 의미한다. "대한민국은 민주공화국"이라는 대한민국 헌법 제1조 제1항에 걸맞은 윤리체계와 가치를 논하려는 것이다. 이는 우리의 고유한 문화나 전통적 가치가 행정윤리와 무관 또는 부적절함을 의미하는 것이 아니다. 전통윤리는 오늘의 국가와 국민을 바라보는 시각이 근본적으로 달라 우리가 원하는 바람직한 공직자상으로 내재화하는 데 한계가 있음을 지적할 뿐이다. 그래서 이 책은 유교를 비롯한 전통적 윤리관에 입각한 덕목이나 가치들은 다른 문헌의 연구대상으로 남긴다.

이 책은 일반윤리학이 도덕이란 주제를 갖고 '바람직한' 행위를 논하듯, 공직사회에서 바람직한 행정이 무엇인지를 논한다. 바람직한 행정은 옳은 행정 혹은 좋은 행정을 지칭하기에, 행정윤리의 핵심은 결국 행정가치를 논하는 것이 된다. 그리고 현대 행정에서 가치는 크게 두 가지 제도, 즉 관료주의와 민주주의를 둘러싼 규범들을 포괄하고, 이들 간의 균형 있는 추구가 현대행정의 주된 과제로 남게 되었다.

이 책은 행정윤리의 의미, 내용, 방향 등을 크게 세 부분으로 나누어 논한다. 제1부에서는 행정윤리에 대한 올바른 이해를 위해, 행정윤리가 무엇이고, 왜 중요한지, 그리고 어떤 내용을 담게 되는지를 논한다. 제2부에서는 행정가치를 중심으로,

행정가치의 유형, 내용 및 행태적 가정들을 논한다. 행정가치는 크게 내용과 절차적 가치로 나뉘어 소개된다. 행정가치의 인식론적 기반이 되는 도덕성과 합리성을 중심으로 관료주의 가치와 민주주의 가치의 속성을 규명하고, 이런 가치들이 공직자들(공공조직)에게 어떤 행동을 요구하는지를 행태적 가정이란 주제로 논한다. 그리고 행정가치 간 갈등과 이를 해소하는 데 필요한 접근법을 행정이론에 비추어 분석하고, 실천적 차원에서 해소 가능성을 가상적 시나리오를 통해 탐색한다. 마지막 제3부에서는 행정의 윤리성 제고를 위한 실천적 방안들을 검토한다. 비윤리적 행위의 원인을 확인하고, 윤리적 행위에 관한 조직심리학적 모형을 설정해서 윤리성 제고방안을 제도와 사업이라는 두 개의 차원에서 논한다.

이 책은 그간 필자가 관심을 가져온 주제들을 논리적으로 연계하고, 행정윤리의 내용 및 구성에 관한 하나의 접근법을 제시하려는 것이다. 책의 일부에 필자의 기존 논문이 활용되었고, 가독성을 높이기 위해 원문의 내용이 축약되거나 주(註)가 생략되었다. 특히 제도 관련 부분은 법 개정으로 인해 많은 내용이 수정 · 보완되었다. 책을 읽는 도중 제도의 변경 내용과 참고문헌에 대한 깊이 있는 접근이 필요하면 기존 논문들을 참조하기 바란다.

이 책은 교과서나 입문서가 아닌 전문서적으로서 학부의 고급학년이나 대학원생, 그리고 실무 경험이 있는 공직자들을 대상으로 쓰여진다. 행정에 관한 기본 개념이나 기초 이론에 대한 학습이 선행되어야 내용을 이해할 수 있을 것이다. 책 속의 주제별로 난이도가 달라 글을 읽는 과정에서 정독을 요하는 부분이 있고, 특히 제도에 관한 부분은 법 조항의 성격상 다소 지루함을 줄 수도 있다. 하지만 책의 내용을 충분히 이해하려면 처음부터 끝까지 한 번 정독하길 바란다. 장별 제목만 보면 다소 독립된 주제를 다루는 것 같으나, 내용상으로는 이론, 실제(사례), 제도, 처방(대안) 등 모든 주제들이 순차적으로 연계되어 있다.

이 책을 출간하기까지 대략 20년이 걸렸다. 그만한 노력이 필요했던 것이 아니라, 출간 자체를 놓고 망설인 기간이 길었다. 망설임은 우리나라 공직사회에서 윤리를 논하는 것이 과연 의미가 있을지에 대한 고민에서 비롯되었다. 너무나 많은 대형 비리가 정권을 초월해 지속되고, 옳은 것 간의 선택이 아니라 그른 것이 정상처럼 보이는 체제적 부패가 존속하는 상황에서 윤리를 논하는 것이 사치라는 생각이 들곤 했다. 이런 점에서 두 명의 대통령이 동시에 수감되는 전대미문의 상황에서 이 책을 출간하게 된 것은 아이러니다.

정년을 앞둔 교수가 집필하는 전문서적을 기꺼이 출간토록 도와주신 대영문화사 임춘환 사장님께 감사의 말씀을 드린다. 40여 년 전 관악산 연구실에서 젊은 대학원생과 젊은 사업가로서 처음 만나 맺은 인연이 새삼 떠오른다. 중앙대학교 박흥식 교수님과 한국행정연구원 최순영 박사님께도 감사의 말씀을 드린다. 이 책에서 소개되는 윤리프로그램의 실태(제10장)는 이분들과 함께 공동 수행한 프로젝트의 산물이다. 각자 주된 집필 영역은 있었지만, 프로젝트 수행 시 담론을 통해 많은 지적 도움을 얻었다. 끝으로 필자가 개설한 행정윤리 강좌에 참여해 토론과 피드백을 해 준 아주대학교 행정학과 대학원생들과 학부생들에게도 감사의 뜻을 전한다. 동일한 주제를 놓고 매번 다른 아이디어를 제공하는 학생들은 늘 새로운 시각을 갖게 하는 자극제가 되었다.

2018년 12월 원천동에서

저자가

차 례

제2부 행정가치

제4장 행정가치의 인식론적 본질: 합리성과 도덕성

제5장 행정가치와 행태적 가정

제6장 절차적 가치로서 행정책임

제7장 행정가치의 갈등: 해소인가 딜레마인가?

제3부 윤리적 행정을 향하여

제8장 비윤리적 행위의 이해

제9장 윤리성 제고를 위한 제도적 접근

제10장 윤리프로그램

제11장 행정윤리의 방향과 과제

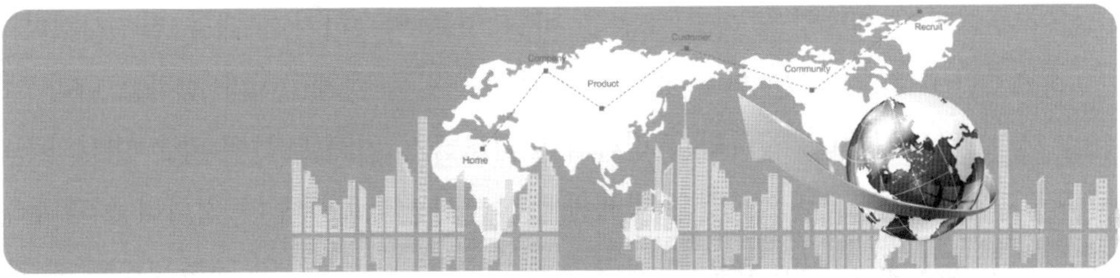

주화인가, 척화인가?

17세기 전반에 조선은 광해군의 북인정권이 인조반정으로 몰락하고, 서인정권이 들어서는 혼란의 시대였다. 당시 조선은 7년여 동안에 걸친 임진왜란으로 국토는 황폐해지고 백성들은 굶주림에 지쳐 있었다. 나라 밖에서는 명나라가 쇠약해진 틈을 타 여진족이 후금을 세워 명나라와 조선을 위협했다. 명나라는 커져 가는 후금의 세력을 견제하려고 조선에 도움을 요청했고, 후금과 여러 차례 전쟁을 벌이고 있었다. 이때 명나라 장군 모문룡(毛文龍)은 후금과 싸움에서 패한 이후, 패잔병을 이끌고 평안도 철산 앞바다 '가도(假島)'에 들어가 뒤에서 후금을 위협했다. 이에 후금은 조선에게 이들을 가도에서 몰아내라고 압박했고, 모문룡은 식량을 비롯한 여러 가지 지원을 조선에 요청했다. 결국 이런 상황은 정묘호란으로 이어지게 되었다.

정묘호란은 인조 5년 후금이 명나라를 공격하는 데 방해가 되는 조선을 먼저 굴복시키기 위해 침략한 전쟁이다. 후금이 쳐들어오자 무기력한 조선 정부는 강화도로 피신했고, 그 위세에 눌려 제대로 싸워 보지도 못한 채 어찌할 바를 몰랐다. 후금이 전쟁을 일으킨 것은 조선 정벌이 아니라 명나라 장수 모문룡을 쫓아내고, 조선의 친명정책을 바꾸려는 데에 있었다. 그래서 전쟁이 일어난 지 두 달여 만에 조선이 후금과 형제맹약을 하고 조공을 바칠 것을 약속하자 군대를 철수시켰다.

정묘호란 이후, 후금은 더욱 위세가 커져 스스로를 황제국이라 칭하고 나라 이름을 '청'으로 바꾸었다. 청나라는 명나라를 타도하기 위해 조선에 많은 병사와 공물을 요구했고, 정묘호란 때 맺은 형제관계를 군신관계로 바꾸어 청나라를 명나라처럼 섬길 것을 요구했다. 뿐만 아니라 국경을 침범해 백성들의 재물을 약탈해 가는 일이 많았다. 그러자 청나라에 대한 조선의 감정은 더욱 악화되었다. 정묘호란 이후 조선은 명나라는 섬기고 후금과는 온건과 강경, 회유와 토벌이라는 이중적 내용의 교린정책을 유지해 왔으나, 더 이상 유화적 입장을 유지하기 어렵게 되었고, 척화론이 다시 등장하게 되었다. 이때 조선의 신하들은 정묘호란 때와 마찬가지로 두 편으로 나뉘었다. 후금과 맞서 싸우고 명과의 의리를 지켜야 한다는 '척화파'와 주변 상황과 자국의 현실적 여건을 고려해 청나라와 화해를 깨뜨리면 안 된다는 '주화파'가 맞서게 된 것이다.

두 차례의 걸친 호란을 겪으면서 조선의 신하들은 인조에게 척화 또는 주화를 지지하는 상소를 끊임없이 올렸다. 당시 이들이 취했던 철학적 사상은 최명길, 조익, 김류라는 세 사람의 행동에서 잘 나타난다. 당시 서인 집권층의 사상은 서인산림과 서인관료의 사상으로 대변되는 데, 산림은 정치에 직접 참여하지 않고 원론적 차원에서 정치이념을 제시한 사람들이고, 관료들은 직접 현실 정치에 참여해 국가정책을 만들고 집행하는 사람들이다.

최명길은 인조반정에 적극 참여한 반정공신으로 인조 초기부터 적극적으로 정치에 참여했다. 최명길은 당시 주자학이 지배하던 시기에 명분론과 의리론에 얽매이지 않고 정묘호란 때부터 일관되게 주화를 주장했다.[1] 인조반정의 명분은 광해

---

1) 당시 최명길과 유사한 정치적 입장을 지닌 사람으로 이귀를 들 수 있다. 이귀는 김유, 최명길, 김장생 등과 인조반정에 참여한 일등공신으로, 인조 4년 병조·이조의 판서에 올랐으나 인헌왕후의 상(喪)을 만 2년으로 할 것을 주장하다 대간의 탄핵을 받고 벼슬에서 물러났다. 그리고 정묘호란 때 왕을 강화도로 호종했으나, 최명길과 함께 강화를 주장하다 다시 한 번 대간에게 탄핵을 받았다. 이귀는 명나라와의 의리를 고수하면서 후금과 화친하지 않으면 안 되는 현실을 경권론(經權論)으로 합리화하려 했다. 후금의 위협으로부터 나라를 지키는 것이 백성을 보호하는 것이라 판단하고, 사안, 형국, 시간의 흐름에 맞춰 [사세(事勢), 형세(形勢), 시세(時勢)] 권력을 행사하면[즉, 권도(權道)의 발휘] '권(權)'이 변해 '경(經)'이 된다고 보았다. 여기서 권도는 국가의 힘을 키울 때까지 한시적으로 국정을 도모하는 권도로서 이념보다 현실을 중시하는 통치자의 책무의식의 표현이었다.

군의 폐모살제와 후금과의 화친정책이었기에,[2] 후금과 화친을 거론하는 것은 자칫 반정의 명분을 스스로 부정하는 것이어서 무척 곤혹스러웠을 것이다. 그래도 최명길은 아무도 주화를 거론하지 않을 때 혼자 나서 강화를 성립시켰고, 후에 병자호란 때도 전란을 막고자 노력했다. 최명길이 일관되게 주화를 주장한 것은 청을 좋아해서가 아니었다. 그는 아래 차자(왕에게 올리는 간단한 서식의 상소문)에서 볼 수 있듯이 백성과 종묘사직을 위해 주화를 주장한 것이고, 이는 (아이러니하게 자리에서 몰아 낸 광해군과 마찬가지로) 국제관계의 현실을 정확히 인식하고 냉철하게 대응코자 한 것으로 평가된다.

> "싸워서 지킬 계책도 결정하지 못하고 완화시킬 계책도 없습니다. 일조의 오랑캐 기병이 달려오면 오직 제찰사는 강화도로 들어가 지키고 대장은 물러나 정방 황주산성만을 지킵니다. 백성은 어육이 되고 종묘, 사직은 파천할 뿐입니다."

조익은 최명길과 정 반대의 입장에서 척화를 주장한 사람이다. 인조반정에 직접 참여하지는 않았지만, 반정 이후 인사문제에 적극 개입했고, 당시 논란의 대상이었던 대동법을 관철시켰다. 그는 편지를 통해 "주화를 하면 눈앞의 화는 면할지 몰라도 끝내 후일의 화를 피할 수 없다"는 논리로 최명길을 비판했다. 그리고는 명나라에 대한 의리론을 결부시키면서 척화의 당위성을 강조했다. 그가 거론한 의리론은 "임진왜란의 화로 인해 조선의 생령은 거의 적의 칼날에 죽을 뻔했으나 천조(명나라 황제)의 큰 은혜를 입어 적을 바다 너머로 몰아내고 재조되었다"는 것이었다. 이런 조익의 척화론은 당시 서인 소장 관료들과 서인산림의 일반적 분위기를 대변하는 것이었다. 다만 조익은 단순한 구호가 아니라 보다 적극적 차원에서 군사적 대응 태세를 강조했기에 일반적 척화론과 다른 이른바 '계산된 척화'라는 평가를 받는다.

---

2) 폐모살제(廢母殺弟)는 광해군(光海君)이 계모 인목대비(仁穆大妃)를 폐하고, 이복동생 영창대군(永昌大君)을 죽인 것을 일컫는 것으로, 당시의 가부장적 상하질서의 관습에 반하는 것이었다. 가부장적 사회질서가 대내적 관습이었다면, 대외적으로는 명나라를 천자로 하고 주변국들이 조공을 바치는 상하관계의 질서였다. 당시는 중국(화)을 세상의 중심으로 인식하며 주변(이) 민족들을 오랑캐로 멸시하는 (이른바 중화사상인) 화이론(華夷論)이 지배적이었다.

김류는 인조반정을 주도한 일등공신으로서 인조 전반의 정국을 주도했다. 병자호란 이전에는 척화론의 입장에 있었으나, 병자호란 때는 주화를 주장했다. 그가 정묘호란 때 어떤 입장을 취했는지는 명확치 않다. 하지만 이귀 등과 함께 후금과 맹약을 하는 자리에 참석했고, 강화를 반대하지 않았다는 점에서 주화를 지지한 것으로 볼 수도 있다. 당시는 후금이 조선에 형제맹약을 요구하고 명과의 단절은 요구하지 않은 상황이라 상대적으로 명분상 부담이 덜했던 것으로 보여진다. 하지만 병자호란 때는 후금이 황제를 칭했기에 척화 주장이 활발히 일어났고, 김류도 이에 편승했다. 하지만 다시 상황이 악화되자 화친 쪽으로 돌아섰다. 이는 당시 김류가 현실과 서인 사류의 일반적 사상 사이에서 크게 동요했음을 보여준다.

* 이 사례는 조성을(1992)의 글을 발췌·인용한 것으로, 독자의 이해를 돕기 위해 김용흠(2006a, 2006b)의 글로 일부 내용을 보완한 것임.

[토론 주제]

1. 상기한 세 사람의 신하의 행위 중 누구의 행위가 옳다고 생각하는가? 왜?
2. 만약 본인이 조선시대 대신으로서 상기한 상황에 처해 있었다면 어떤 행동을 했을 것인가?

제 1 부

행정윤리의 이해

제1장 행정윤리의 의의

제2장 윤리규범으로서 행정가치

제3장 인간 행위에 대한 윤리적 접근

제 1 장

행정윤리의 의의

1 행정과 윤리적 관심

민주사회에서 행정의 존재근거는 국민의 삶의 질을 높이기 위한 공공재화와 서비스를 제공하는 데 있다. 전통적으로 행정이 사회적 기대나 윤리적 기준에 부합하는 규범을 추구하고, 이에 기반 한 전략적 수단(도구)을 개발한 것도 이 때문이다. 그런데 오늘날 대부분의 국가들은 행정의 존재근거를 훼손하는 병리현상으로 진통을 겪고 있다. 공직사회에 편재하는 각종 비리(부패)가 국가발전은 물론 사회안정과 통합을 이루는 데 적지 않은 장애가 되고 있다. 그래서 선·후진국을 막론하고 대부분의 국가들이 윤리적 행정을 확보하기 위한 노력을 경주하고 있다. 공무원들의 윤리적 행위를 적극적으로 장려하기 위한 '윤리사업'을 전개하기도 하고, 비리(부패)를 통제하기 위한 법적·제도적 조치를 강화하기도 한다.

이런 행정실제를 반영하듯 행정학 분야에서도 윤리에 대한 관심이 높아져 왔다. 지난 반세기 동안 전통적 이론 분야인 조직, 인사, 재무는 물론이고 관리과학, 정책학 분야에서도 윤리란 용어의 사용이 두드러졌다. 이런 이유로 현대 행정학은 종종 '규범적'이라 일컬어진다.

행정윤리에 대한 학문적 관심은 일상적인 추문성 비리 외에 다양한 요인에 의해 자극을 받았다. '신행정학' 같은 규범적 이론이 나타난 것, 행정의 전문직업적 성격에 대한 관심이 커진 것, 언론매체의 활성화로 인해 비리보도가 증가한 것, 국민의 의식수준이 향상된 것, 그리고 정부에 대한 국민적 신뢰가 저하된 것 등이 대표적 요인들이다. 그러나 행정학 분야에서 윤리(규범)에 관한 학문적 관심을 불러일으킨 가장 근본적 원인은 '정치 · 행정이원론의 붕괴'와 이에 따른 공무원의 '재량권' 행사였다.

20세기 초반 행정(학)의 특징을 묘사했던 정치 · 행정이원론은 정책결정을 전적으로 국민의 대표기관인 의회에 귀속시켰다. 이에 반해 전문 공무원들로 구성된 행정부는 단순한 집행 기능만을 수행했다. 이런 맥락에서, 행정은 종종 '가치중립적'인 것으로 인식되었고, 행정공무원 또한 가치판단과는 거리가 먼 단순한 기능인(functionary)으로 간주되었다. 하지만 이런 인식은 정치 · 행정이원론이 붕괴되고 정치 · 행정일원론이 나타나자 자연스레 깨졌다. 행정은 더 이상 '윤리적으로 중립적'일 수 없었다. 정책결정은 가치판단을 의미했기에 공무원들은 지난날의 단순한 기능인이 아니라, 사회적 가치를 적극적으로 배분하고 의회로부터 위임받은 권한(재량권)을 보다 책임 있게 사용해야 할 윤리적 의무를 지게 되었다.

재량권 행사에 따른 공무원들의 윤리적 의무는 무엇보다 정책결정 시 준거하는 행정규범이 다양해지면서 더욱 복잡해졌다. 주어진 정책을 단순히 집행할 때는 능률 같은 관료제적(경제적) 가치만 추구하면 되었으나, 정책을 결정하게 되면서 이런 가치 외에 평등, 형평과 같은 민주적(정치적) 규범도 간과할 수 없게 되었다. 그리고 윤리적 행동의 중요성은 이런 가치들이 종종 상충하거나 갈등을 일으킬 때 더욱 커졌다. 복수의 가치를 균형 있게 고려하거나 가치 간 갈등을 적절히 해소할 수 있는 윤리적 사고와 판단 능력이 필요해진 것이다. 이는 곧 가치갈등의 적절한 해소(관리)가 공무원들의 윤리적 행위를 요구하는 직접적 계기가 되었음을 시사한다.

행정윤리에 대한 학문적 · 실천적 관심을 자극한 두 가지 주된 요인, 즉 ① 행정 기능의 확대에 따른 공무원의 재량권 행사와 ② 복수가치 출현에 따른 가치 간

(균형 있는) 조화의 필요성은 그 자체로서 중요한 의미를 지닌다. 행정윤리에 대한 올바른 인식을 위해 필요할 뿐 아니라, 행정윤리가 지닌 실천적 의의를 그대로 보여 준다. 이는 곧 현대행정이 직면하는 문제가 더욱 복잡·다양해지고, 이를 다루는 공무원들의 역할이 더욱 중요해 졌음을 의미하는 것이기도 하다.

여기서 우리는 한 가지 사실을 명확히 해야 한다. 행정학 분야에서 규범적 논의가 중요한 학문적 과제로 떠오른 것은 (가끔 잘못 거론되듯이) 전통적으로 행정이 가치문제를 소홀히 했거나 (즉, 몰가치적) 혹은 오늘날의 공무원들이 지난날에 비해 유난히 비윤리적이어서가 아니라는 것이다. 오히려 행정은 출발 당시부터 '능률'이란 가치를 추구해 왔고, 공무원들 또한 이런 가치의 구현을 위해 노력을 아끼지 않았다. 그리고 행정의 비윤리적 행태나 관료부패 또한 어제 오늘의 일이 아니다. 인류의 역사는 부패의 역사라 말이 있듯이, 행정조직 내 비리(부패)는 늘 존재해 왔다.[1)]

이상을 요약하면, 행정윤리는 거시적으로 볼 때 1940년대 정치·행정이원론의 붕괴, 1960년대 가치중립적 과학에 대한 회의, 그리고 현대 사회의 행정환경 변화와 윤리적 문제의 출현 등이 복합적으로 작용해 만들어 놓은 산물이다. 후술하듯이 행정윤리에 대한 학문적 연구는 대략 1970년대 말경부터 본격적으로 시작되었다.[2)] 그리고 이는 행정학의 '정체성 위기'와 무관하지 않다. 레드포드(Redford, 1969)는 행정(학)의 정체성 위기가 적절히 규정된 '이상'을 결여한 데서 비롯되었

---

1) 이는 앞으로도 공직사회의 비리(부패)가 사라지지 않을 것임을 의미한다. 그래서 우리는 공직사회의 비리(부패)를 '척결'하거나 '근절'하겠다는 비현실적 기대를 해서는 안 된다. 오히려 공직비리가 민주사회의 근간을 위협할 정도로 확산되지 않도록 '예방'하고 '통제'하는 데 초점을 두어야 한다. 가끔 공직사회의 부패를 '척결' 또는 '근절'하겠다고 외치는 정치인들(고위공직자들)이 있는데, 우리는 이처럼 과장된 비현실적 구호를 경계해야 한다. 이런 구호들은 대개 자기기만에 지나지 않거나, 사실상 부패통제 의지가 없음을 보여주는 것에 지나지 않는다. 역사적으로, 가장 부패가 심했던 정권이나 자신의 비리로 사법적 심판을 받은 대통령들이 빈번히 부패척결을 거론했다.

2) 1940년대 이후 행정윤리에 관한 다수의 논문이 *Public Administration Review* 등에 나타났고, 윤리적 주제를 다룬 문헌들이 간헐적으로 나타났다. 하지만 행정학 분야에서 행정윤리가 하나의 하위 분야(subfield)로서 발전한 것은 1970년대 이후부터이다(Cooper, 1994). 1970년대에 이르러, 행정윤리에 대해 지속적으로 관심을 갖고 연구하는 학자들이 나타났고, 행정윤리에 관한 이론발전에 기여하는 일련의 움직임(즉, 문헌 및 선도적 저널의 발간, 학술대회 개최 등)이 나타났으며, 대학의 전문직업 교육 프로그램에서 행정윤리 강좌가 개설되기 시작했다.

다고 했는데, 만약 이것이 사실이라면 행정의 정체성은 곧 행정의 윤리와 가치의 함수임을 알 수 있게 된다.

2 행정윤리란?

1) 개념상 혼란

행정윤리가 비교적 오랜 기간 학문적 관심의 대상이 되었지만, 이 분야에 관한 공통된 견해나 연구 활동을 가능케 하는 패러다임이 존재하는 것은 아니다. 행정학 분야에서 '윤리'(혹은 '윤리적 행위')는 사전적(辭典的) 정의에서 일반 철학적 견해에 이르기까지 매우 다양하게 규정되고 있다. 그래서 행정윤리는 한때 '혼돈' 또는 '혼돈에 가까운'이란 말로 묘사되기도 했다(Waldo, 1980; Rohr, 1990). 그리고 이런 경향은 쉽게 변하지 않고 있다. 빠른 속도로 다양한 연구결과들이 발표되고 있지만, "지속적이고도 체계적 방식으로" 중요 연구주제에 집중하는 학자들이 없어서 행정윤리에 대한 개념적 합의는 물론 학문분야를 특징짓는 핵심 연구주제가 무엇인지도 알기가 어려운 상태이다(Cooper, 2004: 395).

행정윤리에 대한 개념적 합의가 어려운 것은 무엇보다 행정윤리가 일반철학적 유산을 지녔기 때문이다. 행정학의 고유한 하위 분야로서 발전한 것이 아니라, 일반철학(윤리학)의 응용 분야로 존재해 왔다. 따라서 철학이 무엇인지에 대한 개념적 인식이 다양하듯, 행정윤리에 대한 견해 또한 다양하다.[3] 행정윤리에 대한 사회적 인식이 시공(時空)에 따라 가변적인 것도 행정윤리의 개념적 합의를 어렵게 하는 요인이다. 행정윤리에 대한 인식은 나라마다 다르고, 그 내용도 시대에 따라 변한다. 한 국가에서 윤리적 행위가 다른 국가에서는 그렇지 않을 수 있고, 한 시대

---

3) 이런 실태를 반영하듯, 오늘날 행정윤리는 '좋은 삶'의 의미를 규명하고 이에 대한 규범적 당위성을 부여하는 초윤리(meta-ethics)로부터 행정학 분야에 지배적인 규범윤리와 응용윤리, 그리고 윤리적 규범이나 원칙의 즉각적 적용가능성을 다루는 '전문직업 윤리'에 이르기까지 적어도 네 개의 철학적 접근방법에 의존하고 있다.

에서 윤리적이었던 것이 다른 시대에서는 비윤리적인 것으로 인식될 수 있다.

전통적으로 우리나라를 비롯한 대부분의 동양권에서는 행정윤리를 행정조직이나 공무원들이 준수해야 할 마땅한 '도리' 또는 '행동규범'으로 인식해 왔다. 구체적 내용이 일국의 문화나 전통(관습), 그리고 적용대상에 따라 조금씩 다를 뿐이다. 이에 비해 영국이나 미국에서는 행정윤리가 행정규범의 응용이나 적용이라는 차원에서 보다 많은 관심을 끌어 왔다. 영국에서는 영국헌법에 명시적 또는 묵시적으로 나타난 윤리규범들을 공적인 업무 과정에 '적용'하는 것을 의미하고(Chapman, 1988), 미국에서는 보편적 원리를 추구하되 이런 원리들의 규명이 어려워 대개는 철학적 용어나 이론을 응용한 '윤리적 갈등해소'에 초점을 둔다(cf. Denhardt, 1988).

이런 개념상 차이는 다분히 동·서양의 문화나 철학적 사고와 무관하지 않다. 오랫동안 유교문화에 익숙해 온 우리에게 윤리는 주로 사회적 관습이나 전통을 의미했고, 이에 대한 의문(비판)보다 맹목적 수용을 장려하곤 했다. 그래서 지금도 행정윤리를 논할 때, '공직가치'를 규명하고 이에 걸맞은 행동을 확보하는 실천적 방안에 관심을 두고 있다(cf. 한국행정연구원, 2015). 이에 비해 비판과 성찰을 철학적 활동의 핵심으로 인식해 온 서구인들에게는 윤리가 다른 철학적 행위와 마찬가지로 관습이 아닌 성찰 그 자체였다. 따라서 행정윤리도 단순한 규범체계라기보다 이에 대한 비판적 해석이나 적용이라는 차원에서 보다 많은 관심을 끌어 왔다. 물론 이런 차이는 다분히 상대적이다. 행정윤리는 문화의 영향뿐 아니라 연구자의 관점이나 접근방법에 따라서도 달라질 수 있다.[4)]

마지막으로 행정윤리의 개념상 혼란은 행정에 대한 개념적 합의가 없는 것과 무관하지 않다. 행정윤리를 이해하려면 먼저 '행정'에 대한 정의가 앞서야 하는데, 행정학자들은 여전히 행정의 내용, 범위, 연구방법 등을 놓고 이견을 보이고 있고, 이로 인해 종종 해묵은 정체성 논란을 연상케 한다. 만약 행정이 무엇인지 명확치

---

4) 서구학자들 중에도 규범체계를 중심으로 행정윤리를 정의하는 사례가 있다. 일례로 바우만(Bowman, 1981)은 윤리를 인간 행위의 옳고 그름을 결정하는 일련의 규범이라 정의하고, 앤더슨(Anderson, 1954)은 관료들의 바람직한 행위를 이끌 수 있는 10개의 핵심가치를 가지고 윤리를 논한다.

않다면, 이를 전제로 규범성을 따지는 행정윤리 또한 불명확할 수밖에 없다.

요약하면, 행정윤리에 대한 보편적 개념이 존재치 않는 이유는 행정윤리의 규범적 속성, 행정윤리가 지닌 다양한 철학적 유산, 행정윤리에 대한 인식의 가변성, 행정에 대한 개념적 합의의 부재 등 다양한 곳에서 찾을 수 있다. 특히, 행정윤리가 정부조직이나 공무원들의 바람직한 행위를 유도하는 단순한 규범체제인지, 아니면 이에 대한 비판적 해석 및 적용을 포함하는지가 분명치 않아 개념상 혼란이 지속되고 있다.

이 책은 이런 점을 감안하며 행정윤리를 논한다. 특히, 보편화된 윤리학적 전통과 행정이 지닌 응용윤리적 특성을 고려해 행정윤리의 의미를 파악한다.[5] 이를 위해 먼저 윤리와 윤리적 행위에 대한 일반철학적 의미를 고찰하고, 행정이 지닌 규범적·실천적 특성을 반영해 행정윤리의 복합적 성격을 규명한다.

2) 윤리학적 전통

철학에서 윤리는 윤리적(혹은 도덕적) '판단'과 윤리적 '규범'을 모두 지칭하는 일반적 이름이다. 윤리적 판단은 인간 행위의 옳고, 그름을 판단하는 것으로, 궁극적으로는 윤리적 규범의 적용을 의미한다. 윤리적 규범은 '행위규칙'이나 '평가기준'의 형태를 띠면서 인간의 행위를 정당화하는 근거를 제공한다. 인간은 특정의 행위를 할 때 (혹은 하지 않을 때) 크게 두 가지 사유를 들게 된다. 하나는 이런 행위가 일정한 행위규칙이나 원칙에 의해 요구되기(혹은 금지되기) 때문이고, 다른 하나는 이런 행위가 일정한 평가기준에 비추어 볼 때 좋은(혹은 나쁜) 결과를 가져올 것으로 예상되기 때문이다.

철학문헌에서 빈번히 사용되는 '윤리적'이란 이런 사고를 반영하는 개념이다. 옳은 것과 좋은 것에 관한 판단, 즉 '가치판단'을 하는 인간의 능력과 윤리적 기준

---

5) 덴하르트(K. Denhardt, 1988)는 행정학자로서는 드물게 윤리적 행위에 대한 통합적 개념정의를 시도했다. 행정학 분야에서 다양하게 제시되어 온 개념들을 역사적 맥락에 비추어 분석, 재정립하고 이를 일반철학이나 역사적 전통에 비추어 타당성을 검증한다. 특히, 그녀는 행정윤리가 ① 핵심가치나 사회적 형평 같이 윤리적 행위를 알려줄 것으로 기대되는 일련의 가치를 의미하는 내용(content) 차원과 ② 관습에 대해 지나친 의존 없이 의사결정 시 상충하는 가치들을 논하고 가중치를 갖도록 행정행위의 지침이 되는 다양한 가치(기준)들을 조사, 질문, 숙고하는 과정(process) 차원으로 구성되어 있다고 한다.

이나 규칙에 따라 '행동'하는 것을 모두 포함한다(사하키안, 1986). 전자의 경우 윤리적이란 '윤리적으로 무관한' 것과 상반된 의미를 지닌다. 윤리적으로 무관한 것은 무엇이 옳고 그른지 혹은 무엇이 좋고 나쁜지를 판단할 능력이 없음을 의미한다. 이에 비해 후자는 '비윤리적'(혹은 '부도덕한')인 것과 대조를 이룬다. 비윤리적인 사람은 옳지 못한 행동을 하거나 나쁜 인격의 소유자를 지칭한다.

여기서 우리는 윤리가 지닌 두 가지 속성을 알 수 있다. 하나는 인간의 행위뿐 아니라 행위주체가 지닌 동기나 인격에도 적용될 수 있다는 것이다.[6] 다른 하나는 그 대상이 행위이건 동기이건 항상 옳은 것과 좋은 것에 관심을 둔다는 것이다. 전통적으로 철학자들이 윤리학을 '옳은 것과 좋은 것에 관한 철학적 탐구'라 한 것도 바로 이 때문이다. 그렇다면, 윤리학은 인간의 윤리적 경험을 이해하기 위한 체계적 노력으로서 행위를 지배하는 규칙이나 추구할 만한 가치, 그리고 인간 삶에서 발전되어야 할 인격적 특성을 결정하는 것이라 할 수 있다(cf. De George, 1990).

3) 행정학적 전통

이상과 같은 일반철학적 의미는 행정에도 그대로 적용될 수 있다. 행정윤리는 행정행위 및 주체에 관한 윤리적 규범과 판단이라 할 수 있다. 윤리적 행정행위는 행위주체인 공무원이 행정이 추구하는 윤리적 규범에 따라 사고하고, 결정하고, 행동하는 것이다. 이는 공무원이 윤리적이고자 한다면 무엇보다 윤리적 행정의 내용을 — 즉, 무엇이 옳고 그른 행정인지를 — 알아야 함을 의미한다.

공무원이 행정행위의 옳고 그름을 알고자 할 때 가장 쉽게 준거할 수 있는 윤리적 기준은 '행정가치'다. 일반적으로 바람직한 상태를 의미하는 가치는 옳고 그름 혹은 좋고 나쁨에 관한 기본 개념으로서, 때로는 윤리 자체를 대변하기도 한다(Waldo, 1972). 이런 의미에서 윤리적 행정의 첫 번째 과제는 행정가치에 대한 체계적 탐구와 이해라 할 수 있다.

전통적으로 행정은 다양한 가치를 추구해 왔다. 이들은 주로 크게 두 가지 윤리적 사조(ethos)를 반영한다. 하나는 보편적 원리나 의무론적 규칙에 근거를 둔

---

6) 윤리적 판단이 인간의 행위가 아닌 성격이나 기질에 적용될 경우 판단의 기준은 행위규칙이 아닌 평가기준에 의해서만 이루어질 수 있다.

'민주주의' 사조이고, 다른 하나는 평가기준이나 목적론적 사고에 근거를 둔 '관료주의' 사조이다. 전자는 주로 행정체제를 둘러 싼 사회체제 내에 보편적으로 존재하는 도덕질서이다. 사회내의 핵심가치를 반영하고, 따라서 많은 사람들이 단순히 '도덕적' 규범체제라 부른다. 이에 비해 후자는 주로 조직 내의 관리적 관점에서 추구되어 온 가치로서, '합리적' 규범체제라 불린다.

이와 같은 역사적 전통은 행정에서 윤리적 판단이 곧 기존 사회에서 추구되어 온 도덕질서나 관리철학적 가치들을 수용하고, 이를 근거로 행정행위의 옳고 그름을 판단하는 것임을 시사한다. 하지만 윤리적 판단은 종종 이처럼 전통적 규범이나 관습의 단순한 적용을 넘어선다. 전통적 혹은 관습적 규범에 대한 맹목적 수용이 자칫 윤리적 주체로서의 의미를 상실케 할 수 있기 때문이다. 관습이나 전통적 규범에 맹목적으로 순응하는 사람들은 자신의 신념에 대한 객관적(이성적) 정당화가 어렵기에 자신이 소유한 것과 다른 윤리적 규범을 만나면 혼란에 빠지거나 회의를 느낄 수 있고, 궁극적으로는 비윤리적 길로 가기 쉽다. 그래서 대부분의 철학자들은 개인이 윤리적 판단을 내릴 때 관습이나 전통에 얽매이지 말고 '성찰'의 자세로서 임할 것을 주문한다. 윤리적 규범에 대해 개방적 자세를 갖고, 이를 비판적으로 판단하라는 것이다.

성찰적 판단의 중요성은 상기한 바와 같이 현대 행정이 직면하는 윤리적 딜레마를 고려할 때 더욱 두드러진다. 단순한 선악(善惡)의 구분을 넘어, 상충하는 가치나 다양한 윤리적 의무를 놓고 선택의 (혹은 갈등해소의) 어려움을 겪을 때, 관습적 규범에만 의존해서는 결코 적절한 대응을 할 수 없다.

관습적 윤리와 성찰적 윤리

모든 조직은 나름대로 윤리적 계율을 지니고, 모든 구성원들은 조직 내 사회화 과정을 통해 특정의 윤리를 내면화한다. 이 때 모든 구성원들이 동일한 방법으로 윤리적 신념을 소유하는 것은 아니다. 조직윤리를 맹목적으로 수용해서 자신의 윤리로 내면화 하는가 하면, 이에 대한 성찰과 비판을 통해 윤리적 신념을 갖추기도 한다. 이때, 전자의 방법에 의해 얻어진 윤리를 관습적 윤리라 하고, 후자의 경우를 성찰적 윤리라 한다. 윤리적 입장에서 보다 바람직한 것은 (관습적 윤리가 아닌) 성찰적 윤리다.

관습적 윤리를 지닌 사람은 매우 강한 윤리적 신념을 소유할 수 있고, 스스로의 규범에 따라 산다는 의미에서 선한 사람일 수 있다. 그러나 이런 사람은 자신이 속한 조직에 종속된 유아로 살아가기에, 자신의 윤리적 신념을 합리화(정당화)할 능력이 없다. 그래서 만약 자신이 소유한 것과 다른 윤리적 신념의 소유자를 만나면 당황하거나 혼란에 빠질 수 있다. 이런 혼란(당황)은 개인으로 하여금 윤리에 대한 깊은 환멸을 느끼게 하거나 자칫 윤리적 독단주의자의나 회의주의자로 돌아서게 하기 쉽다. 완전한 회의주의는 인간을 '도덕과 무관한' 삶, 즉 전혀 도덕원리가 없는 삶을 살아가게 만든다. 이는 윤리적 신념을 맹목적으로 수용한 사람들이 모든 윤리를 부정하는 사람으로 변모하기 쉬움을 시사한다. 윤리에 대한 환멸과 의혹은 인간을 비윤리적으로 만들고, 궁극적으로는 모든 도덕적 이상을 부정하게 만든다.

이처럼 개인을 완전한 독단주의나 완전한 회의주의로 부터 벗어나게 하는 것이 성찰적 윤리이다. 그리고 개인을 관습적 윤리로부터 성찰적 윤리로 발전할 수 있도록 도움을 주는 것이 바로 윤리학이다. 윤리학의 궁극적 목적은 성찰적 인간이 비판적 성찰에 견딜 수 있는 윤리질서를 구성하는 데 있는 것이다.

4) 이 책에서 행정윤리와 윤리적 행위

이상의 논의를 통해 우리는 행정윤리가 규범과 판단을 모두 포괄함을 알 수 있다.

행정윤리는 행정행위 및 주체에 관한 윤리적 규범과 윤리적 판단을 지칭하는 일반적 이름으로, 바람직한 행정행위의 유형, 장려할 만한 공무원의 성격이나 태도, 그리고 정의로운 사회제도의 모습 등을 담고 있고, 이런 규범들을 비판과 의문을 통해 적용하는 성찰의 과정이다. 이런 개념 구성은 행정윤리가 특정의 규범을 맹목적으로 추종하기보다 상황에 따라 다양한 규범 간의 조화로운 균형을 모색함을 암묵적으로 시사한다.

윤리적 행정행위는 행정윤리의 실행 측면을 강조하는 것으로서, 행정이 추구하는 윤리적 규범들을 적극적으로 발견하고 이들을 '균형 있게' 의사결정(행정실제)에 반영하는 실천적 행위이다. 좀 더 축약하면, 행정규범에 대한 비판적 판단과 성찰에 근거한 행동이다. 이런 개념 구성은 행위주체인 공무원들이 반드시 윤리적으로 완벽할(perfect) 것을 주문하는 것이 아니다. 이는 단지 공무원들이 윤리적으로 행동하고자 할 때 갖추어야 할 최소한의 기본적 태도와 행위요건을 제시할 뿐이다.

정리 행정윤리란?

- 행정윤리는 행정을 위한 윤리적 규범 및 판단이다.
- 윤리적 규범은 행정조직이나 공무원으로 하여금 바람직한 행동을 하도록 이끌어 주는 행동지침(또는 준거)으로서, 옳거나 좋은 행정행위의 모습과 장려할 만한 공무원의 동기(태도)를 담고 있다.
- 윤리적 판단은 윤리적 규범의 실천적 적용이다.

3 유사 개념

1) 윤리와 도덕

지금까지 우리는 행정윤리의 특성을 '윤리적'이란 용어를 갖고 논했다. 이는 다분히 의도적인 것으로 행정윤리를 둘러 싼 또 하나의 개념적 혼란을 줄이기 위한 것이었다. 행정윤리를 둘러 싼 개념적 혼란은 이를 구성하는 기본적 요소 외에 'ethics'란 용어의 어원적 특성에서 비롯된다.

철학의 ethics는 우리말로 '윤리' 혹은 '윤리학'이란 두 가지 의미로 해석된다. 이는 전자가 후자의 연구대상임을 시사한다. 행정학이 행정이란 사회적 현상을 연구하는 학문인 것과 같다. 그러나 철학자들은 종종 윤리학의 연구대상을 윤리가 아닌 도덕(morality)으로 표현하고,[7] 혹자는 이를 통해 ethics와 morality가 동의어가 아님을 주장하기도 한다. ethics가 본래 학문적 성격을 지닌 데 비해 morality는 개인의 행동을 살펴보는 기준이라는 것이다(cf. 사하키안, 1986). 이런 견해에 의하면, 우리가 일상적으로 일컫는 윤리는 학문적으로 적절한 용어가 아니다. 윤리학(ethics)과 도덕(morality)이란 용어만 적합하다. 우리가 이를 행정에 그대로 반영

7) 윤리학은 종종 도덕의 근거나 성질에 관한 철학적 탐구로 일컬어진다.

하면 우리가 지금까지 사용해 온 행정윤리란 표현도 적절치 못하다. Administrative Ethics란 용어는 '행정도덕'을 연구하는 '행정윤리학'으로 일컬어져야 하고, 행정도덕은 행정에 관한 도덕적 규범과 판단을 지칭해야 한다.

이런 주장과 달리 ethics와 morality를 동의어로 파악하거나 양자 간 차이를 무시하는 사례도 적지 않다(cf. Frankena, 1973). ethics나 morality 모두 행위의 옳고 그름을 규정하는 원리에 관심을 갖고 이를 연구하기에 양자를 구분하는 것이 철학적으로 의미가 없다는 것이다.[8] 이런 입장은 특히 일반인들의 일상 대화에서 자주 발견된다. 도덕적으로 옳은 행위를 윤리적 행위라 하고, 구성원들의 도덕적 행위를 장려하는 전문직업집단의 행동규범을 윤리조항이라 부르는 것이 대표적 예이다. 이런 견해에 의하면, 윤리와 도덕은 본질적으로 차이가 없고, ethics란 용어도 윤리와 윤리학을 모두 지칭할 수 있으며, 행정윤리도 행정에 관한 윤리적 규범 및 판단이라 할 수 있다.

이상 두 가지 견해 중, 이 책은 두 가지 이유로 인해 후자의 입장을 택한 것이다. 첫째, 현실적 이유로서 후자가 행정학 분야의 일반적 추세를 보다 잘 반영하기 때문이다. 행정학에서 윤리와 도덕은 엄밀히 구분되는 사례가 많지 않았다. 오히려 양자는 서로 혼용되어 왔고, 철학자들이 주장하듯 지적·학문적 활동인 윤리학적 활동과 개인적·사회적 개혁을 의미하는 도덕적 행위도 엄밀히 구분되지 않는다.

둘째, 후자가 행정윤리의 '응용윤리적' 특성을 보다 잘 반영하고 행정윤리에 대한 개념적 혼란을 줄이는 데 유리하기 때문이다. 행정윤리는 행정이라는 정부조직의 사회적 행위를 규율하는 규범체계로서 개인의 도덕적 행위에 초점을 두는 일반윤리와 다른 고유한 특성이 있다. 특히, 비록 행정이 공무원들의 도덕적 행위를 요구할지라도, 추구하는 목적의 달성을 위해 단순히 도덕적인 것만을 강조할 수 없다. 행정이 지닌 관리적 성격으로 인해 일반인들에게 적용되는 도덕적 규범 외에 조직이나 조직구성원에게 요구되는 합리적 규범도 필요하다. 만약 우리가 행정윤리를 단순히 도덕적인 것에 (그것이 무엇이던 간에) 한정한다면 이는 자칫 행정이

8) 일례로, 톰슨(Thompson, 1985)은 ethics와 morality의 차이가 철학적이라기보다 단순히 분석적 차원에서 유용하다고 주장한다. ethics는 전문직업 집단과 같이 집합적·조직적 수준에 적합한 용어이고, morality는 개인의 행위를 일컫는 데 보다 적합하다는 것이다.

지닌 규범적 맥락을 크게 축소시킬 수 있다.

이를 놓고 불필요한 논의라 이의를 제기할 수도 있다. 도덕이란 일반적으로 사회적 기대를 반영하는 핵심가치로서 바람직한 행정을 위한 총체적 규범체계를 형성할 수 있기 때문이다. 합리적 규범도 사회적 기대에 일치하면 도덕적 규범이라 할 수 있다는 것이다. 하지만 이런 논지는 적어도 행정학 분야에서 만큼은 설득력이 없다. 행정학 분야에서는 능률, 효과, 생존 등 합리적(조직적) 가치들을 도덕적 규범으로 인식하는 것이 아니라, 도덕적 행위를 저해하거나 최소한 이들과 무관한(혹은 대조적인) 것으로 간주해 왔다. 능률 중심의 고전이론을 '몰가치적'이라 하거나, 능률 중심의 행정을 비민주적 행정으로 (혹은 민주적 행정과 대조를 이루는 것으로) 파악한 사례들이 이런 전통을 반영한다.

이 책은 이런 개념적 혼란을 줄이기 위해 행정윤리를 도덕적이 아닌 윤리적인 것으로 칭하고, 윤리적 규범을 합리적(관료주의적)인 것과 도덕적(민주주의적)인 것으로 나누어 논의한다.

2) 윤리와 법

윤리와 법은 모두 인간의 행위를 규율하는 통제장치이다. 이런 점에서 양자는 매우 밀접한 관계를 지니고, 이론적으로 동일해야 한다. 그러나 실천적으로는 양자 간에 괴리가 존재하고, 이런 차이가 규범적으로 적지 않은 의미를 지닌다.

하트랜드-스완(Hartland-Swann, 1960)은 관습(customs)이 지닌 '사회적 중요성'에 따라 법, 윤리 그리고 예의범절을 구분한 바 있다. 관습의 사회적 중요성은 사회구성원들이 특정 관습에 부여하는 일종의 심리적 평가다. 이런 평가는 관습을 위반하는 행위가 초래하는 결과에 따라 달라진다. 특정 행위가 매우 중대한 사회적 위협을 초래하면 이런 행위를 금하는 관습은 매우 높은 사회적 중요성을 지닌다. 하트랜드-스완은 관습의 사회적 중요성을 크게 세 가지로 구분하고, 이들이 각기 상응하는 사회적 제재와 통제장치로 발전한다고 했다. 사회적 중요성이 '매우 큰' 관습(예: 살인을 해서는 안 된다는 관습)은 금고형이나 사형과 같은 제재를 수반하면서 법으로 구체화하고, '중간 정도'의 중요성을 지닌 관습(예: 약속을 지켜야 한다는 관습)은 타인으로부터 심한 비난이나 탄핵을 초래하며 윤리로 발전하며, 사회적 중요성이 '낮은' 관습(예: 낯선 사람을 소개받을 때 목례나 악수를 해야 하는 관습)은 조롱이나 비웃음을 초래하는 예의범절(etiquette)로 변한다.

이처럼 비교적 명확한 구분에도 불구하고 윤리와 법은 혼재하는 것이 현실이다. 비록 많은 법이 비리를 전제로 제정된다 해도 모든 법이 윤리적인 것은 아니고, 반면에 모든 비리가 불법적인 것도 아니다. [그림 1-1]에 묘사된 것처럼 오히려 법 중에는 과거의 인종차별처럼 비윤리적인 것이 있는가 하면(B), 거짓이나 복지부동처럼 비윤리적이지만 법적 제재를 가할 만큼 중하지 않은 행위가 있다(B). 그리고 어떤 행위는 법과 윤리라는 모든 측면에서 온당치 못할 수 있고(D), 심지어는 불법임에도 불구하고 윤리적인 행위가 있을 수 있다(C). 예컨대, 이익충돌(이해충돌) 같은 행위는 전자(D)에 속하고, 위급한 환자의 생명을 구하기 위해 법적으로 금지된 장소(예: 장애인 주차 공간)에 주차하는 행위는 후자(C)에 속한다. 각 유형에 대한 보다 구체적 사례는 비윤리적 행위를 논하는 제3부에서 좀 더 자세히 논의될 것이다.

법과 윤리를 놓고 학자들 간의 학문적 관심이 다른 것은 바로 이런 다양성에서 비롯된다. 특히, 비리가 합법적인 것과 불법적인 것으로 나뉨으로 인해 견해차가 두드러진다. 혹자는 주로 이익충돌 같은 불법적 비리에 초점을 두고 행정윤리에 접근한다. 이럴 경우, 행정윤리는 주로 법에 위배되지 않는 행위를 확보하는 데 주된 관심을 갖게 된다. 이에 비해 혹자는 법에 어긋나지 않는 비리(즉, 합법적 비리)에 초점을 두고, 이런 행위가 정부조직에 편재함을 지적하며 행정윤리의 중요성을 강조한다. 이런 입장을 보이는 사람들은 법과 윤리를 엄격히 구분할 (결과적으로

그림 1-1 윤리와 법의 관계

		〈윤리〉	
		윤리적	비윤리적
〈법〉	합법적	A	B
	불법적	C	D

학문적 연구의 영역도 명확히 구분) 필요가 있음을 주장한다.[9] 마지막으로 상기한 두 가지 견해의 중간적 입장에서 합법적 비리와 불법적 비리를 모두 행정윤리의 대상으로 삼아야 한다는 학자들이 있다(Richter, Burke, & Doig, 1990).

이 책은 이 가운데 마지막 입장을 타당한 것으로 수용한다. 외형상 나타나는 빈도와 달리 불법적 비리가 행정실제에서 차지하는 비중이 크고, 특히 윤리적 행위를 확보함에 있어서 법적 통제장치의 중요성을 결코 간과할 수 없기 때문이다.

3) 윤리와 부패

행정윤리에 관한 마지막 개념적 혼란은 부패와 윤리의 관계에서 비롯된다. 부패가 윤리적 논의에 적합한 주제일 수 있느냐는 것이다. 법과 윤리의 구별에서처럼 이런 주제에 대한 학자들의 견해도 다양하다. 부패를 윤리적 논의의 핵심으로 파악하는 사례가 있는가 하면, 부패란 모든 사람이 공감할 정도로 비윤리적인 것이어서 윤리적 논의에서 제외하는 것이 바람직하다는 주장도 있다.

이 책은 크게 두 가지 이유로 부패를 윤리적 관심의 중요한 요소로 파악한다. 우선, 행정실제에서 비윤리적 행위와 부패행위의 구별이 어렵다는 현실적 이유이다. 일례로, 공무원이 사무실에서 사적 용무를 위해 아무런 비용 없이 서류를 복사하는 행위가 비윤리적 행위인지 아니면 부패행위인지 명확치 않다. 확실히 이런 행위는 비윤리적 행위일 수 있고, 소위 말하는 '백색부패'의 전형이라 할 수도 있다.

보다 중요한 이유는 부패가 행정에서 차지하는 실천적 중요성 때문이다. 부패를 윤리적 논의에서 제외하자는 주장은 나름대로 일리가 있다. 행정윤리가 적극적이고도 능동적 가치판단 과정인데 비해, 부패는 이런 가치판단과는 거리가 먼 것이다. 부패는 그 자체가 비윤리적인 것이어서 이의 옳고 그름을 따질 여지가 없다는 것이다. 그러나 이런 견해는 행정윤리의 적극적(능동적) 측면을 지나치게 강조한 나머지 행정윤리가 지닌 수동적(소극적) 측면을 간과하고 있다. 행정윤리는 공무원들의 능동적(창의적) 행위를 장려할 뿐 아니라 바람직하지 못한 행위를 억제

9) 일례로, 로어(Rohr, 1978)는 이익충돌 같은 문제는 지속적이 아니고 간헐적이며 (즉, 일상적 적실성이 없음), 특히 윤리가 아닌 법적·기술적 문제에 해당하기에 윤리적 논의의 주된 대상이 될 수 없다고 한다.

(통제)하는 데에도 관심을 가져야 한다. 행정에서의 윤리적 규범들이 공무원이 실천에 옮겨야 할 행위를 장려할 뿐 아니라 해서는 안 될 행위도 규제하는 것도 바로 이런 이유 때문이다. 요컨대, 부패가 지닌 실천적 중요성은 외면한 채 단지 그 자체가 비윤적이라거나 혹은 불법적 성격이 강하다 하여 윤리적 논의에서 배제하는 것은 별다른 설득력이 없어 보인다.

4 행정윤리의 학문적 성격

행정윤리학은 주로 일반철학의 윤리학적 전통에 의존한다. 독자적 원리나 이론의 개발보다 일반윤리학의 이론들을 윤리적 성격이 강한 행정문제에 적용하는 사례가 많다. 이로 인해 행정윤리학은 종종 응용윤리학(applied ethics)이라 일컬어진다. 하지만 행정윤리를 둘러 싼 학문적 활동은 이처럼 단순히 윤리학적 이론의 응용이나 적용에만 관심을 갖는 것은 아니다. 오히려 일반철학자들이 전통적으로 추구해 온 윤리학적 활동을 그대로 답습하는 경향이 있다.[10] 그 결과 오늘날의 행정윤리학은 학문적 성격이나 방법론에 있어서 일반윤리학과 매우 유사한 모습을 보이고 있다.

---

10) 보샹과 핀카드(Bauchamp & Pinkard, 1983)는 응용윤리라는 용어에 매우 부정적이다. 이들은 전통적으로 철학 분야에서 다루어지지 않았던 주제들이 출현하는 가운데, 응용윤리라는 명칭아래 일반 윤리이론들이 도덕적 성격을 지닌 다양한 사회적·전문직업적 문제점들에 적용되고 있음에 주목한다. 철학자들이 보다 추상적인 윤리이론의 기준들을 상대적으로 구체적인 정책문제, 전문직업적 윤리, 그리고 기술혁신에 의해 창조되는 다양한 문제점들에 적용한다는 것이다. 그럼에도 불구하고 이들은 '응용윤리'라는 딱지가 무언가 잘못된 명칭이라 한다. 응용윤리는 단순히 기계적으로 (혹은 보다 직접적으로) 특정의 일반이론을 구체적 문제에 적용하는 것이 아니기 때문이다. 오히려, 응용윤리는 플라톤(Plato) 이래 철학자들이 보여준 행동을 그대로 답습하는 경향이 있다. 개념을 분석하고, 사람들이 정책이나 행위를 정당화하기 위해 사용하는 다양한 전략들을 비판적으로 조사하고, 숨겨진 윤리적 견해의 전제를 검토하고, 문제의 도덕적 현상에 대한 새로운 철학적 설명을 제공하는 것이다. 이에 따라 보샹과 핀카드는 비록 응용윤리가 철학적 사유를 윤리적·공공정책 문제에 적용한다 해도 어떤 경우에도 기계적 적용은 없고, 따라서 윤리이론 자체와 크게 구별되지 않는다고 한다.

1) 윤리학의 유형 및 성격

유형 상, 윤리학은 크게 기술적 윤리학과 철학적 윤리학으로 구분될 수 있다. 행정윤리학의 특성을 이해하려면 두 가지 유형에 대한 이해가 필요하다.

(1) 기술적 윤리학(Descriptive Ethics)

윤리는 실제적(real)일 수 있고 이상적(ideal)일 수 있다. 실제적 윤리는 사회적 관습이나 전통과 같이 기존의 규범체계나 현실세계에서 발견되는 윤리적 규범 및 판단이다. 이에 비해 이상적 윤리는 현실적으로 존재하기보다 이성과 합리적 근거에 의해 정당화되는 윤리다.

윤리가 실제적일 경우, 윤리는 일종의 경험적 자료로서 존재한다. 이럴 경우, 윤리는 철학은 물론 과학적 연구의 대상이 될 수 있다. 이처럼 실제적 윤리에 대한 과학적 연구를 기술적 윤리학이라 한다. 즉, 기술적 윤리학은 윤리적 실태에 관한 경험적 지식을 얻고자 하는 학문적 활동으로서, 개인의 윤리적 양심이나 행태 혹은 특정 문화에서 나타나는 윤리적 현상들을 과학적으로 기술·설명하는 데 관심을 갖는다. 이에 따라 기술적 윤리학은 심리학, 인류학, 사회학 등과 매우 밀접한 관계를 지닌다.

기술적 윤리학의 중요성은 철학적 윤리학이 필요로 하는 기초 자료를 제공한다는 데 있다. 철학에서 실제적 윤리는 과학적으로 기술 · 설명될 수 있는 '사실'로서가 아니라 이상적 윤리학의 구성 및 정당화를 위한 합리적 근거로 사용된다. 이는 윤리가 아무리 이상적이라 하더라도 어느 정도 실제적 윤리와 공통적 속성을 지녀야 함을 가정한다(cf. Taylor, 1975). 그렇지 않을 경우, 이상적 윤리는 현실과의 괴리로 인해 이상적 수준에 머물며 인간의 행동지침으로 기능한다는 본래의 의미를 상실할 수 있다.

(2) 철학적 윤리학(Philosophical Ethics)

윤리학이 윤리적 판단이나 이에 대한 근거를 탐구한다는 데 이견이 없다. 그러나 윤리학의 범위와 활동에 대해서는 이견이 존재한다. 인간의 행위를 유도하는 일련의 윤리적 지침을 제공해야 한다는 견해가 있는가 하면, 인간이 윤리적 신념을 표방할 때 사용하는 언어나 진술의 의미를 분석해야 한다는 견해가 있다. 이로 인해 오늘날의 철학적 윤리학은 전자의 입장을 반영하는 규범윤리학과 후자의 입장을 대변하는 분석(메타)윤리학으로 구분된다.

규범윤리학(Normative Ethics)은 하나의 일관성 있는 윤리체제를 구성하고 정당화하기 위한 철학적 노력으로서 전형적으로 세가지 과제를 수행한다. 하나는 한 사회에 존재하는 다양한 윤리적 규범들을 일관성 있는 하나의 윤리체제로 통합하는 일이고, 다른 하나는 윤리체제에 존재하는 기본적 원리나 규칙들을 발견하는 일이며, 마지막으로는 이러한 기본 원리나 규칙에 정당성을 부여하는 일이다. 이런 의미에서 규범적 윤리학은 상호 연계된 규범들로 구성된 윤리체계에서 기본이 되는 윤리적 원리나 규칙을 발견하고 정당화하는 학문적 노력이라 할 수 있다.

규범윤리학이 이처럼 '기본적' 원리를 발견하는 데 주된 관심을 두는 이유는 이들이 충분한 정당성을 지닐 때, 이를 바탕으로 사회적 규범들을 일관성 있게 도출할 수 있고, 기존에 암묵적으로 수용되어 온 규범들을 보다 명백히 할 수 있기 때문이다. 그리고 더 나아가 기본적 원리는 다양한 규범들 간의 갈등이 발생할 때 이를 조정하는 수단이 될 수 있고, 특정 사례를 결정짓는 역할을 할 수도 있다.

분석윤리학(Analytic Ethics or Meta－ethics)은 윤리적 담화에서 나타나는 어의적(semantic), 논리적, 인식론적 구조를 명백히 하는 철학적 연구로서, 개념분석과 논리분석이라는 두 가지 분석 활동을 수행한다. 이런 활동들은 규범윤리학과 밀접히 연계되어 있어 양자를 구분하는 것이 종종 논쟁을 유발하기도 한다.

개념분석은 윤리적 담화에서 쓰이는 용어들의 의미를 분석하는 것이다. 옳고, 그름 혹은 좋고, 나쁨과 같은 용어들이 지니는 윤리적 의미와 이러한 용어들이 윤리적 담화에서 수행하는 기능 등을 분석한다. 이런 점에서 분석윤리학은 특정 행위의 옳고 그름을 규명하는 규범윤리학과 구별될 수 있다. 옳다는 것이 '무엇'을 의미하는지와 '어떤 행위'가 옳은지를 규명하는 것은 분명히 다르다. 이에 비해 논리분석은 윤리적 담화에서 나타나는 윤리적 사유의 논리구조를 분석하는 것이다. 논리분석은 윤리적 신념의 진위(truth and falsity)를 밝혀주는 사유나 방법론상의 규칙을 조사한다. 일례로, 사람들은 특정 행위를 하거나 하지 않을 때 (혹은 특정의 윤리적 판단을 수용하거나 거절할 때) 일정한 논리적 사유를 들게 되는 데, 이런 논리적 시유를 명백히 하는 것이 논리분석의 과제이다. 이런 의미에서 논리분석은 규범윤리학이 지닌 가정이나 전제를 주의 깊게 평가하고 윤리적 주장의 타당성을 검토하는 것이라 할 수 있다. 이런 이유로 분석윤리학은 간혹 규범윤리학에 관한 연구라 불리기도 한다.

요컨대, 윤리학은 개인의 윤리적 경험이나 삶의 질을 경험적으로 묘사·설명하는 기술적 윤리학, 일련의 윤리규범들을 정당화하는 합리적 근거를 모색하고 이런 규범들을 하나의 일관된 체제로 통합하는 규범윤리학, 그리고 윤리적 담화에서 사용되는 단어나 문장의 의미를 어의적으로 분석하고(개념분석) 윤리적 판단의 진위를 밝힐 수 있는 방법들을 논하는(논리분석) 분석윤리학으로 구분된다.

2) 행정윤리학의 성격

행정윤리에 관한 학문적 활동은 이상에서 지적한 윤리학의 학문적 활동을 모두 수행한다. 다만 행정윤리학은 행정이 지닌 전문직업적 성격으로 인해 어떤 면에서는 윤리학 보다 오히려 연구범위가 더 넓다고 할 수 있다. 이와 같은 행정윤리에 관련된 학문적 활동의 특징을 몇 가지로 요약하면 다음과 같다.

첫째, 응용윤리학적 활동을 통해 공무원들이 직면하는 개인적 딜레마를 해소하기 위한 수단 개발에 관심을 둔다. 즉, 행정윤리학은 일반철학의 추상적 윤리이론들을 상대적으로 구체적인 정책문제와 행정현상에 적용함으로써 행정이 직면하는 윤리적 문제(사례)나 딜레마를 해소하려 한다. 이를 위해 행정윤리학은 거짓이나 기만, 내부고발, 뇌물수수, 비밀엄수 같은 현실세계에서 야기되는 문제들을 다루고, 행위의 옳고 그름을 조사하는 방법으로서 사례연구에 깊은 관심을 갖는다. 사례를 통한 문제해결은 구체적 원리의 적용뿐 아니라 일반화가 가능한 보편적 원리의 도출을 가능케 할 수 있다. 그리고 사례를 통한 윤리적 탐구는 미래에 나타날 수 있는 유사 사례에 대해 어떻게 대처할 것인지를 창조적으로 고려할 수 있는 기회를 제공하고, 윤리적 정부가 채택해야 할 일련의 조직적 혹은 전략적 대안을 암시하기도 한다.

둘째, 옳고 그른 (혹은 좋고 나쁜) 행정행위의 유형, 장려할 만한 공무원들의 인격적 특성, 그리고 정의로운 사회제도의 모습 등을 규명하려 한다. 이를 위해 자유, 정의, 평등, 형평, 공익, 책임 같은 윤리적 가치들을 논하고, 이들이 정책문제에 적용 가능한지를 탐색하기도 한다. 이런 규범윤리학적 활동은 응용윤리학적 활동과 함께 행정윤리학 분야에서 가장 보편화된 윤리학적 활동이다. 그러나 규범윤리학적 활동과 응용윤리학적 활동은 종종 구분이 모호한 경우가 있다. 이에 따라 혹자는 양자 간 차이를 부각시키기 위해 전자를 정책윤리, 그리고 후자를 과정윤리라 부르기도 한다.[11)]

셋째, 미덕(virtue), 지혜, 옳고 그름, 선악, 의무, 능률, 생존, 배분적 정의 등 행정이 추구하는 다양한 핵심적 가치들의 어의적·논리적 의미를 분석한다. 이런 과정에서 개인의 윤리적 행위에 적용되는 윤리적 용어들이 과연 행정조직이나 행정과 같은 집합적 행위에 그대로 적용될 수 있는지를 비판적으로 분석하기도 한다. 예를 들어, 정부조직이 윤리적 실체인지 아니면 하나의 가공물에 불과한 것인지, 조직이라는 집합체가 과연 개인처럼 양심을 가질 수 있는 것인지, 혹은 개인에게 적용되는 윤리적 용어가 과연 조직에도 (그대로) 적용될 수 있는지 등을 분석한다. 이런 의문들에 대한 해답은 전통적으로 개인의 행위에 관심을 두어 온 일반윤리학에서는 찾아보기 어렵다. 이런 점에서, 행정윤리학은 일반윤리학의 단순한 적용이 아니라 일반윤리학과 상호보완적 위치에 있다고 보아야 한다.

넷째, 바람직한 행정에 관한 다양한 윤리적 진술의 논리적 사유를 분석한다. 특정의 행정행위를 정당화하는 기본적 가정이나 전제들의 논리적 타당성을 분석하는 것이다. 분석과정에서 행정윤리학은 ① 행정을 둘러 싼 국가체제 전반의 윤리성에 의문을 제기하고, ② 민주주의나 자본주의 같은 규범적 용어는 물론 지배, 경쟁, 소외와 같은 비윤리적 용어들의 정당화를 분석하며, ③ 조직, 인사, 재무와 같은 행정이론 전반에 깔려 있는 기본적 전제들을 면밀히 검토하기도 한다. 이는 곧 행정윤리학이 단순한 일반윤리학을 넘어 정치사상이나 법철학 같은 다른 철학 분야나 사회과학 분야에서 나타나는 문제점들도 적절히 고려해야 함을 의미한다.

---

11) 구트만과 톰슨(Gutman & Thompson, 1984)에 의하면 정책윤리는 복지나 낙태처럼 지속적 논쟁을 야기하는 정책에서 나타나는 배분적 정의, 인간의 존엄, 그리고 기타의 윤리적 선택의 문제점들을 다루고, 과정윤리는 비밀엄수, 권한남용, 뇌물과 같이 정책문제와는 관계없이 행정과정에서 나타나는 문제들을 다룬다.

다섯째, 이상적(혹은 관념적) 행정윤리뿐 아니라 실제적(혹은 현실적) 행정윤리를 경험적으로 묘사, 설명하는 데 관심을 갖는다. 행정윤리학은 국가공무원법이나 윤리조항과 같은 기존의 규범체계에 구체화되어 있는 윤리규범이나 공무원들이 실천하는 윤리적 판단행위를 과학적으로 연구한다. 공무원들이 중요시 여기는 윤리적 규범 및 판단은 과연 무엇인가? 이런 윤리적 규범 및 판단은 어떻게 공무원들에 의해 수용(또는 거부)되고 있는가? 이들은 어떤 상황에서 변하고 있는가? 행정윤리는 어떻게 조직생활에서 통합적 기능을 수행하는가? 행정윤리는 어떻게 공무원들의 행위를 유도하고 의사결정에 영향을 미치는가? 행정윤리가 어떻게 윤리적 담화에서 사용, 비판, 또는 방어되는가? 이와 같은 실제적 윤리에 대한 과학적 탐구는 이상적 행정윤리의 성질이나 근거를 보다 높은 차원에서 슬기롭게 탐구할 수 있도록 귀중한 기초 자료를 제공한다.

5 왜 공무원(정부조직)은 윤리적이어야 하는가?

논리적으로, 국민에 대한 봉사를 본질로 하는 행정이 윤리적이어야 한다는 데 이견이 없다. 일반 국민에게 요구되는 것보다 '어느 정도' 더 높은 수준의 윤리성을 요구해야하는지가 문제이다. 그럼에도 불구하고, 현실적으로 왜 공무원(정부조직)이 윤리적이어야 하는지를 명확히 할 필요가 있다. 논리적 기대와 달리, 정부 조직에는 자신을 비윤리적이라 생각하는 공무원들이 거의 없어 일종의 윤리혐오증(ethics aversion syndrome: EAS)이 팽배하기 때문이다. 윤리혐오증이란 윤리에 대한 논의를 불편해 하거나, 윤리를 거론할 때 이성보다 감정을 앞세우는 것을 의미한다. 이런 혐오증은 "공무원이라 해서 특별히 윤리적일 필요가 없다"거나 "왜 우리만 그래야 하는가"는 식의 푸념을 유발하기 쉽다.

쥬라스와 가로팔로(Geuras & Garofalo, 2005)는 공무원들이 이처럼 윤리혐오증을 보이는 이유로 다음 몇 가지를 들었다. 첫째, 윤리적으로 결함 있는 조직에서 윤리적으로 행동하기가 어렵기 때문이다. 일반적으로 정부조직의 실제는 윤리에 부정적이다.[12] 정직하고 공정한 평가나 쓰고 남은 예산의 반환을 어렵게 하고, 예산이 국민의 세금으로 충당된다는 생각을 갖기 어렵게 한다. 그런데 이런 비윤리적 조직에서 근무하는 공무원들에게 윤리적일 것을 강조하는 것은 자칫 공무원들에게 심적 부담만 가중시킬 수 있다. 둘째, 공직에서 윤리는 업무의 한 부분과 같아 공무원들에게 윤리를 강조하는 것은 이미 하고 있는 일에 불필요한 복잡성만 더 해준다는 느낌을 갖게 한다. 즉, 공직 수행 과정에서 윤리문제를 외면하고 일을 할 수 없는 것이 현실이고, 의사결정 시 늘 가치판단을 하는데, 굳이 이런 상황에서 윤리를 거론할 필요가 있느냐는 것이다. 셋째, 공무원 스스로가 자신의 비윤리적 행위를 발견했을 때 가장 심각한 혐오감을 경험하기 때문이다. 이런 경험은 스스로 지금까지 완벽하다고 생각했던 자신에 대해 심각한 심리적 갈등을 줄 수 있다. 넷째, 공직자들이 스스로를 윤리적이라고 생각하기 때문이다. 비록 자신이 속한 조직은 윤리적으로 결함이 있을지 몰라도 자신들은 그렇지 않다는 것이다. 오히려 "나는 내가 하는 일을 잘 알고 있고, 나에게 무언가를 하도록 지시하는 윤리전문가가 필요 없다"고 강변하거나, '나는 윤리적인 사람'이라 인식하기에 자신에게 윤리를 강조하는 것은 일종의 모욕으로 느끼기도 한다.[13]

이 가운데 특히 주목할 것은 네 번째 사유이다. 공직의 윤리성 제고를 위한 실천적 노력을 어렵게 하는 가장 중요한 요인이기 때문이다. 실제, 국민권익위원회가 지난 수년 간에 걸쳐 조사한 바에 의하면, 일반 국민들과 공무원들 간의 공직사회의 부패에 대한 인식 차가 극명하게 나타난다. 〈표 1-1〉을 보면, 일반 국민들은 평균적으로 57%가 우리나라 공무원들이 부패했다고 느끼는 데 비해, 공무원들은 단지 5%만 부패한 것으로 인식하고 있다. 이를 역으로 '청렴'이라는 차원에서 물었을 때, 일반 국민들은 8.8%가 공무원들이 청렴하다고 생각하는 반면, 공무원들은

12) 일반적으로 조직은 구성원들의 윤리적 행동이나 정직한 행동을 허락지 않는다. 조직의 관료주의적 환경은 구성원들의 신념이나 가치관보다 덜 윤리적이고, 조직의 목표달성을 위해서라면 구성원들의 윤리기준 마저 포기토록 강요하기도 한다.

13) 실제 오늘날 많은 공무원들은 도덕적 불감증 혹은 무감각증에 시달리고 있다. 스스로 윤리가 불필요하다고 생각할 뿐 아니라 윤리에 대한 무지를 노정하기도 하며, 윤리적 사고라는 것이 행정에 부적절하다는 생각을 표명하기도 한다. 때문에 공무원들은 윤리적 설교나 도덕적 감화 활동(moralizing)을 반대하며, 공무원교육훈련에서 종종 보듯이 도덕론자들에 의해 설교당하기를 싫어한다.

표 1-1 공무원 부패 및 청렴 수준에 관한 의식조사 결과(2013~2017)

(단위: %)

		2013년	2014년	2015년	2016년	2017년	평 균
① 공무원 부패	일반 국민	54.3	69.4	57.8	51.6	52.0	57.0
	공무원	4.0	5.3	3.4	4.6	8.0	5.0
② 공직사회 청렴	일반 국민	9.4	4.2	9.4	10.4	10.4	8.8
	공무원	77.1	70.5	80.6	82.8	67.9	75.8

* 출처: 국민권익위원회 부패인식도 조사 종합결과.
* 설문 항목: ① "공무원이 부패하다", ② "공직사회(행정분야)가 청렴하다."

무려 8배가 넘는 75.8%가 청렴하다고 생각하고 있다.

상기한 이유들은 현실적으로 부인하기 어렵고, 이런 이유들이 존재하는 한 공직사회의 윤리성 제고는 매우 어려운 과제가 아닐 수 없다. 하지만 이런 사실이 행정이 윤리적이어야 하는 당위성을 부정하는 근거는 될 수 없다. 오히려 공무원(정부가)이 윤리적이어야 하고, 특히 일반 국민보다 높은 수준의 윤리적 행동을 해야 하는 이유는 행정의 본질에서 명확히 나타난다. 행정은 정부를 중심으로 이루어지는 하나의 사회적 현상으로, 공공에 대한 봉사를 의미하는 라틴어 *ad ministar*(to serve)에서 파생했다. 이런 행정의 사전적 의미는 공무원(정부)이 국민을 위한 봉사자로서 공익을 확보하기 위한 정책이나 사업을 조정할 윤리적 책임이 있음을 시사한다. 봉사란 남을 위해 돕는 것으로, 자신의 이익을 돌보지 않고 남의 이익을 위해 행동하는 이타적 동기의 발로이다. 그리고 이처럼 '타인'을 위해 일하거나 결정한다는 것 때문에 공무원들은 종종 일반 국민보다 높은 수준의 윤리성을 요구받게 된다. 공무원들은 일종의 수탁자로서 남이 부여한 권한을 갖고 (자신이 아닌) 남의 이익을 위해 가치 판단을 하고 행동하기에 남보다 더욱 윤리적이어야 하는 것이다. 만약 공무원들이 이런 윤리적 소명의식을 상실한다면, 이들은 국민의 이익이 아닌 자신들의 이익을 앞세우게 될 것이고, 궁극적으로는 국민을 위한 봉사가 아닌 국민 위에 군림하는 거만한 행태를 보이게 될 것이다. 이럴 경우, 행정은 사실상 존재 근거를 상실하게 된다.

공무원들이 윤리적이어야 하는 이유는 실천적 측면에서도 발견된다. 공무원들의 윤리적 행위는 많은 사람들에게 영향을 주는 반면, 재정의 집행이나 권력의 소유 같은 공직의 특징은 공무원들에게 상당한 유혹이 된다. 이런 조건들은 필연적으로 이익충돌 상황을 초래하고, 비록 법이 이런 행위를 금한다 해도 여전히 법이 적용되지 않는 분야가 많아 윤리가 필수적이다. 윤리와 조직성과의 연계도 행정윤리의 실천적 필요성을 강조하는 근거로 제시될 수 있다. 1990년대 이후, 행정윤리에 대한 경험적 연구가 확산되면서 공직의 윤리성이 조직성과에 어떤 영향을 미치는지에 대한 연구 결과들이 발표되었는데, 대부분의 연구들은 윤리가 조직의 성과나 생산성에 실질적인 영향을 줄 수 있다는 결과를 보여주었다.[14)]

현대 산업사회에서 공무원들은 국민이 부여한 공권력을 갖고 국민의 자유와 권리를 제약하기도 하고, 국민의 이름 하에 국민을 위한 공공정책을 형성・집행하기도 한다. 공무원들이 이런 책무를 적절히 수행하려면 높은 수준의 윤리성을 유지하지 않으면 안 된다. 특히, 정책을 만들거나 법을 해석함에 있어서 법에 의해 부여된 재량권을 지혜롭게 행사하고, 전문직업적 지식을 바탕으로 책임 있게 행동해야 한다. 이런 과정에서 늘 정부가 국민에 대한 봉사를 위해 만들어진 것이고, 따라서 윤리적으로 인정될 만한 사업(일)을 하고 일하는 방식도 윤리적이어야 함을 잊어서는 안 된다. 추상적인 법을 해석할 때도 '절차적 정의'에 맞게 '무엇이 적절한 것인지', '무엇이 공익에 부합하는 것인지' 등에 대한 다양한 해석들을 조화하고, 공정하고 합리적인 방식으로 공권력을 행사해야 한다. 더 이상 "일반 국민이 그러니까, 우리도" 혹은 "왜 우리만 윤리적이어야 하느냐"는 식의 자문은 말아야 한다. 이는 스스로의 존엄성은 물론 자신의 직업의식마저 손상시키는 행위에 지나지 않는다. 맡은 바 직업에 대한 자긍심과 책임의식이 앞설 때 국가는 물론 공직자들 스스로의 자기발전도 기대할 수 있을 것이다.

14) 일례로, 버크와 블랙(Burke & Black, 1990)은 조직의 윤리성과 조직성과 간에 연계가 있음을 발견했고, 브루스(Bruce, 1994)는 윤리적 리더(관리자)들이 부하 직원들의 윤리성에 영향을 미침으로써 조직의 생산성을 향상시킴을 발견했다. 유사하게 멘젤(Menzel, 1993)도 강한 윤리적 분위기가 능률, 효과성, 질, 수월성, 팀워크 등과 밀접한 관계를 갖고 조직성과에 가장 중요한 영향을 미치는 요인임을 확인했다. 더 나아가 펠트하임과 왕(Feldheim & Wang, 2004)은 (정직, 개방성, 공익에 대한 충성 등을 수반하는) 윤리적 행정이 공직에 대한 국민적 신뢰를 높임을 확인했다.

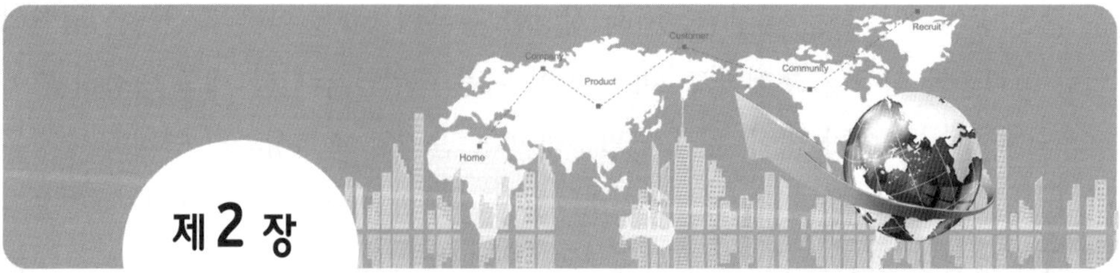

제 2 장

윤리규범으로서 행정가치

지금까지 우리는 행정윤리를 구성하는 중요 요소로서 윤리규범을 들었고, 이런 규범의 전형을 행정가치라 했다. 윤리에 관한 많은 문헌들은 윤리와 가치를 놓고 종종 이견을 표출한다. 윤리와 가치가 다르다는 사례가 있는가 하면, 양자를 전혀 구분하지 않는 사례가 있고, 심지어는 양자가 상충할 수 있음을 시사하는 사례도 있다. 더 나아가 혹자는 가치, 규범, 윤리, 규범적 사조(ethos) 등의 용어들을 계층에 따라 구분하기도 한다.[1)]

이 책은 이런 개념상 구분이나 가치의 본질(혹은 유형)을 둘러싼 다양한 철학적 혹은 심리학적 논쟁에 세심한 주의를 기울이지 않는다. 우리가 필요로 하는 것은 이처럼 가치란 용어의 어의적 분석이나 관념상 구분이 아니라, 행정이 추구하는 가치의 일반적 속성이면 족하다. 대신 우리는 이 책에서 다루어지는 행정가치

1) 볼링과 뎀프시(Boling & Dempsey, 1981)는 조직이 규범, 도덕, 윤리 등에 의해 정당화되는 가치들을 망라하는 규범적 사조(ethos)를 통해 구성원들의 규범적 행위를 통제한다고 한다. 가치는 가장 구체적이고 기본적인 것으로서 무엇이 옳고 적절한지를 규명하는 추상적 기준이고, 규범은 가치에 근거를 두고 특정 상황에서 용인되거나 요구되는 것이 무엇인지를 규명하며, 윤리는 규범적 사조의 가장 이상적 차원으로 새로운 가치나 규범을 창조하는 과정이라 한다. 환언하면, 가치는 조직이 지지하고자 하는 사회적 기준이고, 규범은 이를 지지하기 위해 고안된 특정의 규칙이며, 윤리는 행동이나 실천의 차원이 아닌 창조의 형태를 띤다는 것이다.

가 모든 윤리적 규범을 망라하는 것은 아니라는 것, 그리고 동시에 모든 윤리적 규범이 행정에서 추구되어야 할 가치는 아니라는 점을 분명히 하고자 한다.

1 행정가치의 일반적 속성

주지하듯이, 행정가치의 본질적 속성은 현대 행정철학이 관심을 갖는 핵심 주제의 하나이다. 행정가치에 대한 철학적 의문은 거의 모든 분야의 행정실제(행태)를 가상케 할 정도로 그 범위가 광범위하다. 그래서 행정윤리와 마찬가지로 많은 사람들이 공감할 만한 행정가치의 보편적 정의도 발견하기 어렵다.

행정가치는 종종 동기, 인격, 행위, 그리고 정책 등의 옳고 그름(혹은 좋고 나쁨)을 논하는 데 쓰인다. 때로는 개인이나 조직의 성격 및 행동을 묘사·장려·비판하는 데 사용되기도 한다. 이런 용례들은 자칫 행정가치에 관한 오해를 유발할 수 있다. 행정가치는 개인이나 조직의 행위, 그리고 이런 행위의 규범적 특질을 지칭하는 것이 아니라, 개인이나 조직이 추구하는 규범적 원리를 지칭하기 때문이다. 환언하면, 행정가치는 공무원이나 조직이 지니는 사실 그대로의 모습(즉, 유형이나 특질)이 아니라, 이들이 소유하거나 헌신하는 일련의 규범적 (즉, 합리적 또는 도덕적) 신념을 지칭한다. 이는 행정가치가 '하나'가 아님을 시사한다. 인간사회에 다양한 예의범절, 법, 종교가 존재하듯, 다양한 유형의 가치가 서로 다른 시간과 공간에서 유행하며 변할 수 있다.

행정가치의 또 하나의 중요한 속성은 일종의 '행동지침'이라는 것이다. 정부나 공무원들이 주어진 상황에서 어떤 행동을 해야 할지를 (혹은 어떤 모습을 보여야 할지를) 당위적으로 규정하는 지침이 된다. 이런 맥락에서 행정가치는 행위, 인격 형성, 혹은 공공생활에 대한 일종의 표준이 되고, 진위(眞僞)가 아닌 옳고 그름에 관한 평가를 가능케 한다. 그리고 때로는 상대적이나마 (혹은 주관적으로) 높은 수준과 낮은 수준의 구분이나 계층화도 가능하다. 다만 이런 가치들은 외형적 모습을 떠나 공무원이나 정부조직으로 하여금 타인(other)들과 어떤 관계를 유지하는 것이 바람직한지를 알려주어야 한다. 이는 행정가치가 다른 가치들과 달리 자아(self)에 대한 고려를 배제함을 의미한다.

마지막으로, 행정가치는 법, 사려분별, 예의범절, 종교 같이 규범적 사유를 타산적 혹은 미학적(aesthetic) 차원에서 찾는 생활지침과 분명히 구분된다, 행정의 규범체계에서 중요한 요소는 이성(reasons)으로서, 정부조직이나 공무원이 규범적 판단을 할 때 국민에게 미치는 파급효과를 고려하도록 유도한다. 이와 같은 공공효과에 대한 고려는 직접적 혹은 간접적일 수 있으나, 반드시 그 자체로서 궁극적이어야 한다.

요약하면, 행정가치는 세 가지 본질적 특징을 지닌다. 첫째, 행정가치는 주어진 사실이 아니라 만들어진 규범이다. 행정가치는 진위(眞僞)가 아니라, 옳고 그름 혹은 좋고 나쁨에 관한 것이다. 둘째, 행정가치는 가정이나 규칙, 원리, 그리고 기타의 평가기준의 형태를 띠면서, 행정조직 내의 인간 행위를 유도, 평가, 장려하는 행동지침으로 기능한다. 셋째, 행정가치는 이기적이 아니라 이타적이다. 이 책에서 우리는 이상 세 가지 특징에 비추어 행정가치의 성격을 검토하고, 다양한 행태적 가정이나 공리들을 추출하며, 가치 딜레마를 해소하기 위한 지적 노력들을 평가하게 될 것이다.

행정이념인가, 행정가치인가?

1972년, 박동서 교수는 저서 『한국행정론』에서 행정이 추구해야 할 '행정이념'으로 민주성(사회적 능률), 능률성, 효과성, 합법성을 들고, 이들 간의 우선순위를 논한 바 있다. 그 이후 우리나라 행정학계에서는 '행정이념'이란 용어가 통용되어 왔다. 행정학 입문서는 물론 학술논문이나 공무원 시험에서도 쉽게 발견된다. 그런데 '행정이념'은 해외 행정학 문헌에서는 찾아보기 어려운 용어이다. 이처럼 유독 우리나라에서만 행정이념이 보편화된 것은 한국 행정이론의 기초를 닦은 박동서 교수의 뛰어난 학문적 업적과 무관하지 않다. 그러나 행정윤리를 (그리고 일반적으로 행정을) 논함에 있어 이념(ideology)보다는 가치(value)란 용어가 더 적절해 보인다. 1980년 말 동구가 무너진 후, 동서 냉전시대의 유물이었던 이념 논쟁은 국제사회에서 거의 사라졌다. 그리고 이념이란 용어는 가끔 신자유주의나 진보-보수 등 정치나 경제 영역에서 예외적으로 거론되는 정도이다. 더 나아가 최근 인사혁신처가 '공직가치'를 개발해 행정윤리에 활용하듯이, 실무계에서도 이념이란 용어는 거의 사용되지 않는다. 이념이란 용어가 다분히 특정의 정치적(경제적) 색채를 띠는 반면, 정치는 물론 경제, 사회, 문화 등 사회 전반에 걸쳐 개혁을 추진하는 행정에게는 바람직한 모습을 뜻하는 가치가 더 적절해 보인다.

2 행정가치의 내용: 개관

그렇다면, 행정의 옳고 그름, 좋고 나쁨을 보여주는 윤리적 기준(규칙), 즉 행정가치는 어떤 것이 있나? 이런 기준이나 규칙들은 어디에서, 어떤 과정을 통해 얻게 되는가? 그리고 행위의 옳고 그름을 판단함에 있어서 사용되는 윤리적 의사결정의 방법은 무엇인가? 이 장은 제2부의 행정가치를 논의하기 위한 선행과제로서 이런 질문들에 대한 개괄적 답을 찾는다.

1) 행정의 이원론적 가치체제

오늘날 행정은 다양한 이원주의(dualism) 속에서 작동한다. 행정과 정치, 과학과 예술, 가치와 사실, 이성과 열정(passion), 관료주의와 민주주의 등이 대표적인 예이다. 이런 이원주의들은 각기 뉘앙스는 달라도, 어떤 형태로던 두 개의 기본적 가치체제, 즉 합리성과 도덕성을 중심으로 요약될 수 있다. 20세기 후반 행정학 분야에서 가장 많이 거론된 합리성(관료주의)과 도덕성(민주주의)은 능률, 효과성, 경제성, 민주성, 평등, 형평, 반응성, 공익, 자유 등 거의 모든 보편적 가치들을 일정한 인식론적 틀 안에 수용하고 있다.

행정의 이원주의는 철학적으로 중요한 의미를 지닌다. 그리고 그 내용이나 논리구조는 상식수준에서 쉽게 이해될 수 있다. 다만 각 가치체제가 행정이론과 실제를 위해 제공하는 행정원리나 공리적 속성은 명확히 규정하기 어렵다. 무엇보다 행정이 내재적으로 두 개의 가치체제가 중첩되는 영역에서 동시에 뿌리를 두고 있기 때문이다. 그럼에도 불구하고 우리는 철학적 사상을 준거하면서 원칙 또는 명제라는 차원에서 두 개의 가치체제를 구분 짓는 규범적 매개변수들을 논리적으로 설정할 것이다.

현대 철학에서 가장 중요한 규범적 논의의 하나는 가치의 두 요소, 즉 옳은 것과 좋은 것을 어떻게 규정하고 연계하느냐에 있다. 이 두 요소에 대한 의미 있는 규정은 이 책의 범위에서 벗어난다. 대신 우리는 좋은 것과 옳은 것 간의 가장 보편화된 규범적 관계가 두 개의 윤리적 접근법, 즉 목적론(teleology)과 의무론(deontology)에 의해 제시되어 왔고, 공리주의와 계약론이라는 대조적 윤리형태를 띠면서 합리성과 도덕성의 철학적 사유에 지대한 영향을 미쳐 왔음에 주목한다. 그리고 이런 맥락에서 그간 다양하게 규정되어 온 행정가치의 구성 요소와 두 가지 윤리적 접근의 핵심원리들을 일관성 있는 '가치 틀'에 통합시켜 행정가치의 본질적 속성을 파악한다. 이런 작업은 먼저 철학적 사상의 근거인 의무론과 목적론을 도덕성과 합리성에 연계시키고, 이를 다시 행정이론의 지적 기반이 되는 정치이론(민주주의)과 경제이론(관료주의)에 확장하는 절차를 거치게 될 것이다([그림 2-1] 참조).

그림 2-1 행정의 가치체계

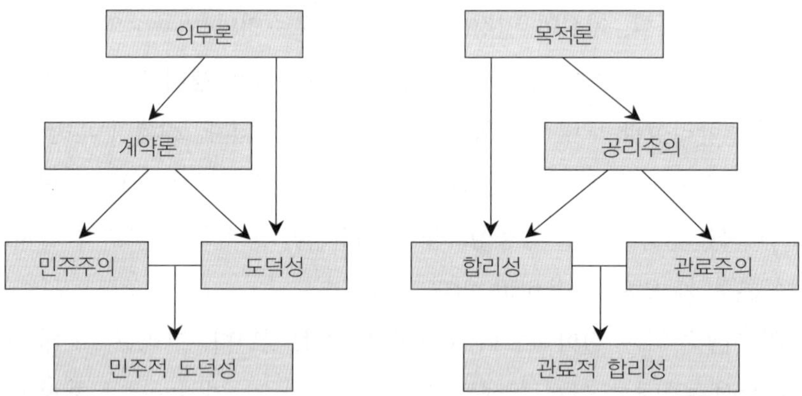

2) 행정의 윤리적 사조

현대 행정의 규범체계나 구성 요소, 그리고 윤리적 접근법에 대한 학자들의 견해는 대동소이하다. 행정윤리의 내용과 방법을 조사를 한 헤이카－에킨스(Hejka－Ekins, 1988)는 행정윤리를 담당하는 교수들을 대상으로 무엇을, 어떻게 가르쳐야 하는지에 대한 질문을 던지고, 응답자들로부터 매우 유사한 가치와 윤리적 접근법이 거론되고 있음을 확인했다. 〈표 2－1〉에서 보듯이, 교수들은 행정학 분야를 규정짓는 철학적 사조로서 크게 관료주의와 민주주의를 들었고, 실제 학생들을 대상으로 한 교육에서도 이런 사조가 강조되어야 한다고 했다. 그리고 각 사조를 대변하는 규범적 요소로서, 관료주의는 베버(Max Weber)가 주장한 이론적 요소들, 그리고 민주주의는 헌법가치, 공익, 정의, 형평, 절차적 정당성(due process), 시민참여 등을 들었다. 다만 관료주의와 민주주의 간 비중을 놓고 윤리교수들은 관료주의 사조보다 민주주의 사조를 더욱 강조하는 것으로 나타났다. 끝으로 윤리적 의사결정에 관한 접근법을 놓고도 대부분의 교수들은 공리주의(목적론)와 의무론을 모두 활용해야 한다고 응답했다.

이 책은 행정윤리의 내용 차원을 구성하는 모든 행정가치를 논하지 않는다. 기술한 바와 같이, 행정윤리의 근간이 되는 민주주의와 관료주의를 대변하는 주된 가치들을 분석하고, 이를 중심으로 행정가치의 인식론적 근거와 행태론적 특성, 그리고 윤리적 딜레마를 해소하기 위한 방법론을 논한다. 이 책에서 다루어지지 않는 행정가치들은 후속 연구를 통해 계속 논의되고, 특히 (관습이 아닌) 성찰적 과정을 거쳐 행정가치로서 당위성과 행태적 가정이 확인되어 공무원들을 위한 유용한 행동지침이 되기를 바란다.

표 2-1 행정윤리의 내용과 윤리적 의사결정 방법

1. 행정윤리 과목의 내용의 근간을 이루는 행정의 사조(ethos)와 윤리적 기준은?

(1) 행정학 분야를 규정짓는 사조

– 관료주의 사조	29.1%
– 관료주의와 민주주의 사조 모두	23.6%
– 민주주의 사조	16.4%
– 기술주의 혹은 양심사조	18.2%

(2) 사조의 내용

– 관료주의 사조: 베버(Max Weber)의 이론적 요소들

– 민주주의 사조: 헌법가치, 공익, 정의, 평등, 절차적 정당성, 시민참여 등

(3) 윤리교육에서 강조되는 사조

- 관료주의와 민주주의 사조 모두 72.0%
- 민주주의 사조 4.4%
- 관료주의 사조 2.1%
- 기타 20.8%

(4) 강조되는 윤리적 기준

- 관료주의 사조만을 중심으로
  - 능률 23.1%
  - 전문성 19.4%
  - 객관적 책임 18.7%
  - 수월성 18.7%
  - 충성 17.9%
- 민주주의 사조만을 중심으로
  - 체제가치(regime values) 28.3%
  - 공익 25.2%
  - 사회적 형평 19.2%
  - 시민정신 16.2%
- 양자 모두를 기준으로
  - 공익 16.9%
  - 사회적 형평 15.9%
  - 체제가치 14.6%
  - 내부고발 13.4%
  - 능률 · 능력 · 책임 13.4%
  - 시민적 의무(citizenship obligations) 10.1%
  - 미국행정학회(ASPA) 윤리조항 7.8%
  - 기타 7.9%

2. 윤리적 의사결정에 대한 접근방법은?

(1) 경험적 결과

- 의무론과 공리주의 모두 60.0%
- 의무론 15.0%
- 공리주의 7.0%

(2) 윤리적 의사결정에서 가장 중요한 요소

- 윤리적 상황에서 도덕적 원리와 가능한 결과를(긍정적 · 부정적) 평가하는 것 55.8%
- 윤리적 곤경 상황에서 도덕적 원리를 결정하는 것 19.2%
- 윤리적 딜레마 상황에서 긍정적 · 부정적 결과를 고려하는 것 9.6%
- 다른 요소들 15.4%

3 공익과 공직가치

1) 공 익

이 책은 행정의 존재 근거가 국민의 삶의 질을 향상시키기 위한 공공재화와 서비스를 제공하는 데 있다고 했다. 행정이 추구하는 궁극적 목적이 정부나 공무원이 아닌 국민의 이익을 실현하는 데 있음을 의미한다. 여기서 국민의 이익이란 일상적으로 공익이란 말로 표현되고, 행정가치는 이런 공익을 구현하는 데 필요한 행정행위를 이끄는 기준 또는 지침이 된다. 그럼에도 불구하고, 행정가치와 윤리를 논하면서 공익을 언급하지 않을 수 없다.

공익이란 개념은 다양한 이론적 해석을 수반하면서 혼란을 초래하기도 했다. 특히, 공익 개념은 역사적 유산으로서 시대별로 조금씩 그 의미를 달리해 왔다. 외형적으로는 특정인이나 집단을 대상으로 하는 사익과 대비되는 개념으로서, 이익의 대상을 국가, 전체 또는 다수로 하고 국가이익, 전체이익, 공동이익, 공동선 등으로 다양하게 일컬어져 왔다. 이론적으로는 주로 실체설과 과정설로 구분되어 논의되는데, 실체설은 공익을 사익의 집합 또는 사익의 집합 이상으로 파악하고, 과정설은 공익을 다양한 집단이익의 조정 결과 또는 정책 과정의 산물로 인식한다(정정길, 2002: 273-358; 박정택, 1990; 하태수, 2002 참조).

공익을 사익의 집합 또는 그 이상으로 보는 견해는 정부의 역할이나 기능과 무관하지 않다. 전통적으로 작은 정부나 시장 자유주의를 강조하는 입장에서는 공익을 사익의 집합에 불과한 것으로 파악하고, 반면에 정부 역할을 강조하는 입장에서는 공익을 사익을 초월한 무언가로 규정하려 했다. 공익이 사익의 집합이라는 것은 사익을 떠난 공익이 있을 수 없음을 전제로 한다. 이런 입장은 개인들의 사익을 극대화하는 것이 자연스레 사회 전체의 이익(즉, 공익)을 극대화하는 것이 된다는 애덤 스미스(Adam Smith)의 국부론적 논지와 맥을 같이한다. 이에 비해 공익이 사익의 합을 초월한다는 것은 공동체 구성원들의 보편적 이익이 될 수 있도록 합의된 규칙을 제정하거나 인간의 존엄성을 위한 기본권 등을 보장하는 것처럼 특수한 실체를 공익으로 파악한다. 이런 논리에서는 사익의 합처럼 집합적 논리가 적용되지 않는다.

공익의 과정설은 정치 과정상 나타나는 협상, 타협 등의 행위로부터 공익이 도출된다는 것이다. 과정설의 가장 대표적 학자인 슈베르트(Schubert, 1960)는 공익이론을 합리론, 이상론, 현실론으로 구분한다. 합리론은 윌슨(Woodrow Wilson)의 정치 · 행정이원론적 패러다임을 가정하며 국민의 대표인 의원들이 국민의 뜻을 정책으로 표현하면 이것이 공익이 된다고 한다. 이에 비해 이상론은 엘리트적 시각에서 전문가적 소양을 지닌 행정관료들이 양심에 따라 결정하는 것이 공익이 된다고 본다. 마지막으로 현실론은 다원주의적 관점에서 사회 내의 다양한 이익들을 조정하고 균형을 찾는 과정에서 공익이 나타난다고 본다. 어느 경우에건, 과정론적 입장은 정책 과정을 합리화해야 공익이 구현되거나 증진될 수 있다는 실천적 함의를 남긴다.

이처럼 다양하게 정의되는 공익 개념이나 이에 관한 개념적 분석은 이 책의 관심사가 아니다. 공익이론을 사실상 집대성한 슈베르트가 공익개념의 무용론을 개진한 것과는 별개로, 이 책은 공익을 단순히 국민 다수의 이익으로서 (그것이 무엇이든 간에) 행정가치를 아우르는 상위개념 또는 행정가치의 실현을 통해 얻고자 하는 궁극적 산출로 인식한다. 즉, 합리적(관료주의) 가치와 도덕적(민주주의) 가치를 조화롭게 (균형 있게) 추구해 나가는 것이 궁극적으로 공익을 실현하는 것이라 본다. 이는 공익을 구현하는 방법이 다양하고, 다양한 방법들 간에 모순이 존재하며, 이런 갈등 구조를 지혜롭게 풀어 나가는 것이 행정윤리의 궁극적 과제인 동시에 목적이라 보는 것이다.

2) 공직가치

21세기 접어들면서 공직가치에 대한 관심이 높아졌다. 전통적으로 행정이 추구해 온 관료주의적 가치와 민주주의적 가치에 더해(신자유주의를 바탕으로 한) 신공공관리와 거버넌스 등이 관심을 끌면서 혁신과 협업 같은 행동양식이나 업무수행 방식이 가치로 거론된다. 더구나 거론되는 가치의 수가 많아서 — 적게는 30개에서 많게는 100개 정도 — 이들을 일정 기준에 따라(유형별로) 범주화하거나, 등장 시점에 비추어 '새로운' 혹은 '신흥(emerging)'이란 딱지를 붙이기도 한다. 그리고 혹자는 가치 간 우선순위 정립을 주장하고, 공직가치 정립의 실효성을 제고하는 방안도 거론한다.

국내 · 외 여러 학자들은 공공부문의 가치가 공공가치(public values)와 공직가치(public service values)로 구분되고, 전자가 정부 운영 및 정책의 기초가 되는 원리로서 사회적 수준의 산출과 관련이 있는 반면, 후자는 공무원의 업무 수행과정에서 준수되어야 할 행동기준임을 시사한다(김상묵, 2017; 박천오 · 박시진, 2018; 심동철, 2017; Witesman & Walters, 2013; Molina, 2009 참조). 비교적 적절한 구분 같으나, 현존하는 공직가치 목록들을 보면 이런 구분은 보편적이거나 합의된 것은 아닌 것 같다. 공직가치의 목록에는 별다른 이유 없이 양자가 혼재되어 있는 것이다.

커나한(Kernaghan)은 전형적인 공직가치 목록을 개발한 학자이다. 그는 <표 2-1>에서 보듯이 총 32개의 가치를 네 개의 범주로 — 윤리적 가치, 민주적 가치, 전문직업적 가치, 사람 가치 — 나누어 유형화한다. 모든 가치는 윤리적이 것이 아니라는 이유로, 윤리적 가치와 나머지 가치들 간의 차이를 강조하고, 윤리적 가치들이 "점차 일반 가치의 하위집합으로 인식되고 있다"고 한다(Kernaghan, 2013: 711-712). 더 나아가 그는 능률과 쇄신을 각각 전통적 가치와 새로운 가치로 표현하고, 가치의 완벽한 구분이 어려워 한 가치가 복수의 유형에 속할 수 있다고 한

표 2-2 공직가치(public service values)의 유형

윤리적 가치	민주적 가치	전문직업적 가치	사람 가치
성실성	법치	효과성	배려
공정성	중립성	능률성	*공정성*
책임	*책임*	봉사	관용
충성	*충성*	리더십	품위
수월성	개방성	*수월성*	연민
존중	반응성	쇄신	용기
정직	대표성	품질	자비
청렴	적법성	창의성	인간애

* 출처: Kernaghan(2003: 712).
* 이탤릭체는 복수의 유형으로 중복 분류되는 가치.

다. 예컨대, 책임은 윤리적 가치인 동시에 민주적 가치라는 것이다.

커나한이 제시한 공직가치들이 전통적 의미의 행정가치(administrative values)와 어떻게 다른지는 명확치 않다. 일단 상기한 가치들은 반세기 전 기업들이 개발했던 직무가치 목록(work value inventory)을 연상케 한다. 외형적으로는 조직운영의 일반적 특성 외에 공직의 특수성이 가미되어 가치의 수가 더욱 늘어난 셈이다. 공직가치가 직무가치와 다른 점은 '이기적' 요소들이 담긴 가치들이 배제되었고, 전통적 의미의 행정가치와 달리 행정이나 정책과정에서 추구되는 집합적 가치뿐 아니라 공무원들의 업무수행 과정에서 기대되는 바람직한 업무행태도 망라하고 있다. 이른바 높은 수준의 (상위)가치(예: 능률, 공정성, 책임 등)와 낮은 수준의 (수단적) 가치들(예: 창의성, 전문성, 품위 등)이 혼재되어 있는 것이다. 그 결과, 우선 가치에 대한 체계적 이해가 어렵다. 그리고 비록 요인분석 등을 통해 가치들을 범주화하고 유형별 정의를 내리지만, 가치 유형화에 대한 이론적 근거나 선정된 가치들의 규범적 속성을 정당화하는 논리가 없어 유형별 명칭과 포함된 가치(항목)들 간의 연계가 모호하다. 일례로, 커나한은 '용기'를 비윤리적 가치로 구분했지만, 이는 아리스토텔레스(Aristotle)의 덕윤리(virtue ethics)에서 거론되는 가장 전형적인 '중용'의 가치여서 윤리학자들은 수긍하기 어려울 것이다. 그리고 윤리적 가치로 제시된 공직가치들도 거의 어의중복(tautology) 수준에 가깝다. Integrity, Honesty, Probity 등은 모두가 옳은 행동의 기초가 되는 '정직'을 핵심 요소로 하는 개념들이어서 이들을 의미있게 구분하기란 쉬운 일이 아니다.[2] 더 나아가, service(봉사)를 public service values(공직가치)의 하나로 거론한 것도 이해하기 어렵다. 이는 봉사가 (공공)봉사를 구현한다는 논리구조여서 '차이 없는 구별의 오류'로 비춰질 수 있다.[3]

---

2) 랭포드(Langford, 2004)는 가치접근법이 개념적으로 몇 가지 중요한 결함이 있다고 한다. 첫째, 무엇이 가치인지와 핵심가치를 어떻게 확인하는지를 혼동하고 있다는 것이다. 즉, 핵심가치의 규범적 속성과 가치를 발견하는 방법을 혼동한다는 것이다. 둘째, 내세운 핵심가치들을 명확히 정의하지도 않는다는 것이다. 즉, 가치들을 열거하는 수준에 머물러 있어, 필연적으로 실질적이고도 해결 불가능한 가치갈등을 초래할 것이라고 한다. 셋째, 가치를 윤리적인 것과 무윤리적인(non-ethical) 것으로 구분하는 오류를 범하고 있다는 것이다.

3) 차이 없는 구별(distinction without a difference)의 오류는 여러 언어를 구별해서 썼지만 그 단어들의 의미가 본질적으로 같을 때 나타나는 오류이다. 이런 오류는 국내 연구에서도 발견된다.

실제로, 공무원들도 커나한이 제시한 윤리적 가치들과 나머지 가치들(민주적, 전문직업적, 인간적) 간의 차이를 식별하지 못하고, 윤리적 선택 상황에서 비윤리적 가치들을 거론하는 것에 대해 혼란을 느낄 수 있다. 즉, 공무원들은 가치목록 개발이나 우선순위 논리가 자신들의 윤리적 판단이나 행위에 도움을 주는 것이 아니라, 가치의 성격에 대한 혼란, 가치의 확산, 가치 의미의 가소성(plasticity), 가치 갈등의 잠재성, 그리고 윤리적 가치와 비윤리적 가치의 구분 등을 놓고 혼란을 경험할 수 있는 것이다(Langford, 2004).

이런 모습은 우리나라에서도 발견된다. 최근 학계 및 실무계에서 공직가치에 대한 관심이 커지면서, 인사혁신처가 공직가치를 정립했다. 인사혁신처(2016)는 국민과 공무원들을 대상으로 설문조사를 실시한 후, 현재와 미래를 아우르는 공직가치로서 국가관, 공직관, 윤리관 등 세 분야의 총 9개 핵심가치를 도출했다.[4] 이 중 국가관(국가·사회에 대한 가치기준)의 핵심가치는 애국심, 민주성, 다양성이고, 공직관(올바른 직무수행 자세)의 핵심가치는 책임감, 투명성, 공정성이며, 윤리관(공직자가 갖춰야 할 개인윤리)의 핵심가치는 청렴성, 도덕성, 공익성이다.[5] 정부는 이런 가치들을 공무원윤리헌장과 교육과정(예: 공직가치 실천과정)에 반영하고, 공무원들이 이를 내면화할 것을 독려하고 있다. 하지만 조직 및 개인적 가치를 병렬적으로 배열한 세 영역의 핵심가치들(예: 공익성, 애국심, 도덕성 등)이 상호 중복적일 뿐 아니라 그 내용이 너무 추상적·포괄적이어서 바람직한 행동을 유도

김상묵(2017)은 기존 연구에서 나타나는 40개 규범적 항목에 대한 공무원들의 응답을 요인분석하고 5개 유형의 32개 공직가치를 도출했다. 5개 유형은 윤리적 가치(공직윤리, 공정성, 공익, 책임성, 합법성, 정치적 중립, 업무 전문성, 국가안보, 정보보안, 정부 안정성, 정부 중립성), 민주적 가치(민주주의, 사회정의, 약자보호, 공평성, 시민참여, 여론수렴, 공동체의식), 혁신적 가치(창의성, 열정, 이타심, 개방성, 도전정신, 독립성, 반응성), 전문직업적 가치(신뢰성, 효과성, 효율성), 전통적 가치(충성심, 조직에 충성, 정권의 품위, 정치적 충성심) 등이다. 사실, 이런 분류는 커나한의 분류보다 더 복잡하고 혼란스럽다. '윤리적 가치'의 하나로 '공직윤리'를, 그리고 '민주적 가치'의 하나로 '민주주의'를 거론하는 것이다.

4) 인사혁신처(2016: 11)는 공직가치를 "공공의 이익에 봉사하기 위해 공적 영역에서 추구해야 하는 바람직한 신념체계와 태도"로 규정한다.

5) 흥미롭게도, 공직가치 도출을 위한 설문조사에서 윤리관에서는 현재와 미래를 초월해 청렴도가 가장 중요한 가치로 거론되었으나, 국가관과 공직관에서는 현재와 미래에서 강조되어야 할 가치가 다른 것으로 조사되었다(이은영. 2015). 즉, 국가관의 경우 현재는 사명감과 애국심이 중요하나 미래에는 다양성, 개방성, 민주성이 중시되어야 하고, 공직관의 경우는 현재는 책임감, 투명성, 공정성이 중요하고 미래에는 전문성이 강조되어야 하는 것으로 나타났다.

하는 준거로서 기능하기 어렵다.

혹자는 공직가치에 대한 관심을 일종의 공공서비스 개혁으로 본다(Heintzman, 2007). 그리고 공직가치를 확인하고 가치목록을 개발하는 것이 공무원들의 윤리적 행위를 조장할 것으로 기대한다. 특히, 가치들 간의 우선순위가 정립되면 가치갈등 사례를 관리하는 데 도움이 될 것이라는 가정 하에 핵심가치(core values)를 규명하거나 지배적 가치(dominant values)를 탐색하라고 주문하기도 한다(Rutgers, 2008; 박천오 · 박시진, 2018: 8−9 참조). 하지만 이런 기대는 지나치게 소박하다. 기술한 바와 같이 지나치게 많은 공직가치들은 공무원들을 혼란스럽게 할 뿐 아니라, 가치 간 우선순위 정립은 규범적으로나 실천적으로 큰 의미가 없기 때문이다.

우선, 경험적 조사를 통한 우선순위 정립은 자칫 자연주의적 오류(naturalistic fallacy)를 범할 가능성이 크다. 공무원들이 특정 가치를 중시한다 해서, 이것이 곧 (규범적 정당화 없이) 행정의 핵심가치나 지배적 가치로 인식될 수는 없는 것이다. 설혹 지배적 가치가 발견된다 해도, 이에 따라 설정된 우선순위가 윤리적 딜레마를 해소하는 데 도움이 되리라는 보장도 없다. 대부분의 공무원들은 (우리와 마찬가지로) 평소에는 특정 가치나 윤리적 접근에 편향적일지라도, 이에 따라 일관되게 행동하는 것이 아니라, (추후 이 책이 보여주듯이) 상황에 따라 윤리적 판단을 달리하는 윤리적 상황론자들이다. 그래서 가치에 대한 규범적 논의에서 보다 중요한 것은 가치목록의 나열이나 분류가 아니라 공무원들이 이해(공감)하고 업무에 도움을 줄 만한 핵심가치를 명확히 규명하고, 가치갈등 해소를 위한 해법(즉, 가치 간 우선순위 정립)이 아니라 가치갈등이나 윤리적 딜레마에 직면했을 때 이를 관리하는 데 유용한 방법론이나 논리적 근거를 제시해 주는 것이다. 이는 곧 공직가치 접근법이 유용하려면, 무엇보다 핵심가치의 수를 대폭 줄이고, 그 의미를 명확히 하며, 윤리적 가치와 비윤리적 가치를 구분하는 '비윤리학적' 접근을 지양해야 함을 시사한다.

기술한 바와 같이, 이 책은 (행정윤리학의 대상이 되는) 모든 행정가치들을 윤리적인 것으로 간주한다. 그리고 행정가치를 관료주의 가치와 민주주의 가치로 구분하고, 각 유형(범주)별 핵심가치들을 논한다. 이런 가치들은 보즈먼(Bozeman, 2007)이 거론한 높은 수준의 윤리적 결정에 내재된 가치, 혹은 호지킨슨(Hodgkinson, 1978)이 명명한 Type I, II 가치와 유사하다. 보즈먼이 거론하는 높은 수준의 가치란 행정의 상위가치(pre－eminent value)로서 평등, 형평, 공정성, 반응성, 대표성, 그리고 개인적 권리의 보호 등이다. 이 책은 공직가치로 거론되는 것 중 전문성, 창의성, 품위 같은 업무수행 과정에서 공무원이 갖추어야 할 자질적 요소(기질)나 (윤리적) 행동기준은 '행정가치'로 다루지 않는다. 이런 공직가치들은 베버(Max Weber)나 테일러(Ferderick W. Taylor)가 지적했듯이, 행정 능률의 확보를 위해 필요한 개인적·조직적 조건들로서 낮은 수준 또는 도구적 가치로 이해될 것이다. 이런 가치들은 행정에서 지니는 윤리적 중요성이 상대적으로 작아서 전통적 행정가치(예: 형평, 능률 등)와 동일 수준에서 다룰 경우, 자칫 윤리적 갈등의 중요성(의미)을 훼손할 수 있다.[6] 행정윤리의 주된 관심사인 윤리적 갈등은 '동등한' 중요성을 지니는 가치들이 존재하면서 선택의 어려움을 주는 것이고, 그래서 우리는 이를 딜레마라 하는 것이다.

요컨대, 이 책은 그간 다양하게 제시되어 온 공직가치들의 의미나 중요성을 부인하는 것은 아니다. 다만 행정에서 가치를 거론하려면, 당위성을 면밀히 검토하고, 정책이나 행정의 본질에 관련된 궁극적 가치인지 아니면 업무수행 과정에서 요구되는 실천적 행동지침인지를 명확히 하며, 공무원들이 가치갈등 상황을 관리할 때 준거할 만한 규범적 근거를 제시해야 함을 강조하는 것이다. 그리고 더 나아가 가치를 확인·분류하고 공감도(우선순위)를 측정하는 기술적(descriptive) 수준을 넘어, '공공가치'와 '공직가치' 간의 논리적 연계를 모색하고, 가치모형(public value approach)에 걸맞은 이론적·실천적 과제를 수행하길 기대한다. 공공가치에 관한 이론적 틀을 제시한 무어(Moore, 1995)는 공무원들이 '무언가 가치 있는 것'을 창출할 것을 주문했는데, 이는 공무원들의 시각이나 관점을 넘어 시민과 정치인들의 집합적 열망을 표현하는 전략적 노력을 의미했다. 공직가치에 대한 연구가 이와 같은 통합적 노력을 지향할 때, 자체의 이론적·실천적 의의는 더욱 커질 것

6) 행정에서 상위가치와 하위가치를 명확히 구분할 수 있는 (객관적) 기준은 없다. 오히려 가치 간 우선순위를 거론한 럿거스(Rutgers, 2008: 109)도 시인했듯이, "이론 및 실제에서 보편적으로 적용될 수 있는 자명한 핵심가치, 가치의 유형론 또는 계층제는 없다." 이는 곧 이 책의 행정가치들이 필자의 개인적 판단에 따라 선택된 것으로서, 행정의 존재근거를 지지하는 데 필요한 규범적 정당성을 지니고 다양한 공직가치들을 원리 수준에서 포괄함을 의미한다.

이다.

공공가치에 헌신적인 학자들은 공공가치관리(Public Value Management: PVM)를 신공공관리(NPM) 후에 나타난 새로운 행정학의 패러다임이라 하거나(Alford & O'Flynn, 2009), 이미 영국과 뉴질랜드에서는 '후기NPM패러다임'으로 유지되어 왔다는 주장을 한다(Christensen & Laegreid, 2007: 122). 더 나아가 혹자는 공직가치가 "미래의 행정을 위한 강하고 — 단 하나의 유일한 — 기초로 존재한다" 하고(Heintzman, 2007: 573), 심지어는 PVM이 민주주의(형평)와 능률 간의 균형을 맞추는 수단이 될 것이라는 주장도 한다(Stoker, 2005, 2006).[7] 과연 공직가치에 관한 접근이 이와 같은 새로운 패러다임적 기능을 수행할지, 아니면 과거처럼 기존 이론에 대한 산만한 논평의 집합에 불과할지는 두고 볼 일이다.

---

7) 스토커(Stoker)는 네트워크 거버넌스 시대에는 전통적 행정모형이나 신공공관리론 중 어느 것도 변화를 설명하거나 정당한 관리모형을 제공할 수 없다고 한다. 대신 (정당한 민주주의와 효과적 관리를 파트너로 간주하는) PVM이 새로운 패러다임으로서 변화를 이해하고 반응하는 수단을 제공한다 하는 데, 이는 "공공영역의 지배구조(거버넌스)는 '공공가치'를 추구하는 숙고와 전달의 네트워크를 포함"하기 때문이라 한다(Stoker, 2006: 56).

제 3 장

인간 행위에 대한 윤리적 접근

지금까지 우리는 행정윤리를 옳고 그름에 관한 철학적 탐구라 했다. 그리고 가치는 이처럼 옳은 것 혹은 좋은 것을 지칭하는 것으로서 일반적으로 바람직한 것을 의미한다 했다. 그렇다면, 우리는 무엇으로 인간 행위의 옳고 그름을 판단하는가? 즉, 행위의 옳고 그름을 결정하는 기준은 무엇인가?

철학자들은 인간 행위의 옳고 그름을 판단하기 위해 목적론(결과주의), 의무론, 덕이론, 직관주의, 책임, 여성주의 등 다양한 차원에서 접근해 왔다.[1] 이들은 모두 절대주의 윤리이론에 속하는 것으로, 일정한 보편적 원칙이나 기준을 지지하고, 이런 점에서 이른바 모든 상황(시대), 모든 사람에게 적용될 수 있는 단일의 윤리기준이 없다는 윤리적 상대주의와 대조를 이룬다(Box 참조). 이 장은 상기한 접근법 가운데 가장 보편적인 목적론과 의무론을 논하고, 하나의 대안적 접근으로 거론되

1) 윤리적 접근법을 바라보는 시각은 학자들마다 조금씩 다르다. 리히터 등(Richter, Burke & Doig, 1990)은 미덕, 결과, 원리, 그리고 책임이라는 네 개의 차원에서 윤리에 접근한다. 시런(Sheeran, 1993)은 의무론과 목적론을 중심으로 윤리적 접근을 논하고, 쥬라스와 갈로팔로(Geuras & Garofalo, 2005)는 목적론, 의무론, 직관주의, 미덕이론의 네 가지로 구분하고, 라폴레트(LaFollette, 2014)는 결과주의, 의무론을 주요이론으로 하고, 미덕이론과 여성주의 이론을 대안적 이론으로 분류한다.

는 덕이론을 추가로 검토한다. 이런 접근법들에 대한 이해는 행정가치의 공리적 속성과 행태적 특성, 그리고 윤리적 딜레마를 해소하는 데 필요한 방법론을 탐색하는 데 필요한 기초 지식을 제공한다.

윤리적 상대주의(Ethical Relativism)

윤리적 상대주의는 시공을 초월해 모든 사람에게 적용될 수 있는 보편적 윤리기준은 없다고 하는 이론이다. 사형제, 낙태, 안락사, 동성애 권리 등에 관한 사람들의 사고는 나라마다 다를 수 있다. 이런 점을 감안하면, 윤리적 상대주의는 적어도 외형 상 매우 타당한 이론이라 할 수 있다. 그리고 보편적인 단일 기준이 없다는 것은 역으로 윤리기준을 선택함에 있어서 보편타당성을 지닌 사유 또한 불가능함을 시사한다.

일례로, 낙태에 관한 A, B, C 세 사람의 논리를 생각해 보자. A는 태아의 생명권을 이유로 낙태를 반대한다, B는 여성(산모)의 안전과 선택권을 이유로 낙태에 찬성한다. 마지막으로 C는 동전을 던져 앞면이 나오면 낙태를 지지하고, 뒷면이 나오면 반대할 것이라 한다. 과연 이 가운데 누구의 논리가 타당한 것인가? 윤리적 상대주의에 의하면, 모든 주장이 나름대로 타당하다. 낙태를 반대하는 논리는 다른 사람에게는 아닐지라도 적어도 A의 입장에서는 옳다. 동일한 논리로, 낙태를 지지하는 논리는 적어도 B의 입장에서는 옳다. 심지어 동전을 던져 옳고 그름을 따지는 행위도 C의 입장에서는 옳을 수 있다. 즉, 누군가가 '동전 던지기와 윤리가 무관함이 보편적 사실'이라 할지라도 이 세상에 보편적 기준은 없다고 반론을 제기할 수 있다.

하지만 이와 같은 윤리적 상대주의를 기반으로 만들어지는 사회는 사실상 상상하기 어렵다. 모든 사람이 상대주의에 따라 행동한다면, 공동체 사회의 구성은 사실상 불가능하다. 국방을 위한 군복무를 예로 들어 보자. 어떤 사람은 군복무를 윤리적 의무로 생각해서 입대를 하고, 어떤 사람은 군복무를 선택사항으로 간주해 군복무를 거부할 수 있다. 그리고 또 어떤 사람은 자신의 종교적 신념에 비추어 군복무를 하지 않는 것이 윤리적 의무라 주장할 수 있다. 이럴 경우, 상대주의에 따르면 어느 누구도 자신의 신념을 남에게 강요할 수 없다.

현실적으로도 상대주의는 타당한 근거를 발견하기 어렵다. 많은 사람들이 스스로를 상대주의자라 하면서도 사실은 그렇게 살아가고 있지 않다. 단일의 윤리기준은 없다 하면서도, 윤리적 판단을 거부하는 사람은 거의 없는 것이다. 만약 누군가가 이를 거부한다면, 그 사람은 아마도 유관순 열사가 이완용보다 낫다는 것을 부정할 수도 있을 것이다.

1 목적론(Teleology)

목적론적 이론은 인간 행위의 옳고 그름을 결과에 비추어 평가한다. 특정 행위의 윤리적 정당성을 다른 행위에 비해 얼마나 좋은 결과를 초래하느냐에 따라 결정하는 것이다. 이런 점에서 목적론적 이론은 종종 결과론(consequentialism)이라 일컬어진다. 목적론적 이론의 특징은 목적이 수단을 정당화한다는 데 있다. 대표적 목적론적 이론인 공리주의는 인간이 추구하는 궁극적 목적이 '행복'(공리)이라 하고, 이를 극대화하는 행위를 옳은 행위라 한다.

행복이 가치로서 지니는 의의는 공직사회나 공무원의 삶에서도 명확히 나타난다. 대부분의 국가는 헌법을 통해 정부조직이 국민의 삶을 보다 행복하게 하는 데 궁극적 목적을 둔다고 천명한다. 우리나라도 헌법 제9조에서 "모든 국민은 인간으로서 존엄과 가치를 가지며, 행복을 추구할 권리를" 가지고, "국가는 개인이 가지는 불가침의 기본적 인권을 확인하고 이를 보장할 의무를 진다"고 함으로써 공리주의적 규범을 정당화하고 있다. 혹자는 이런 모습을 보고 행정서비스의 제공이 철저히 목적론적 사고에 근거한다고 주장하기도 한다(cf. Frederickson, 1997). 더 나아가 행복은 공무원들의 개인적 삶과도 밀접한 관계를 지닌다. 공직사회에 유능한 사람들을 확보하고 유지하려면 이들이 직장생활에서 행복을 찾을 수 있어야 하는 것이다.

공리주의를 이론적으로 체계화한 벤담(Jeremy Bentham, 1789, 1970)은 사회 구성원들의 개인적 행복이 통합되어 사회 전체의 행복이 조장되는 이상적 세계를 구상한다. 그러나 현실은 이런 이상과 거리가 멀고, 오히려 구성원들 간에 수많은 갈등이 존재한다. 그래서 공리주의자들은 사회 내 모든 구성원들의 행복이 추구될 수 없을 때, 사회 전체의 총체적 행복을 '극대화'하면 된다는 논리를 내세운다. 이른바 '최대다수의 최대행복'을 산출하는 대안을 선택하면 윤리적으로 정당화된다는 것이다. 이런 논지를 명확히 이해하기 위해 다음과 같이 3인(A, B, C)으로 구성된 사회에서 세 개의 정책(대안)을 놓고 선택하는 상황을 가정해 보자. 공리주의 이론에 의하면 행위의 윤리적 가치는 총 효용(total utility)에 의해 결정되기에 정책 1

과 정책 2는 둘 다 수용이 가능하고, 행위자는 이 가운데 어느 것을 선택해도 윤리적으로 문제가 없다.

	A	B	C	총효용
정책 1	30	30	30	90
정책 2	50	30	10	90
정책 3	20	10	20	50

공리주의 이론은 논리적으로 연관된 몇 가지 비판에 직면한다(cf. Sandel, 2009; Vallentyne, 2007). 첫째, 개인의 권리를 존중하지 않는다는 것이다. 만족의 총합에만 초점을 둠으로써 개인은 총합을 위한 계산 항목의 의미만 지닌다는 것이다. 예컨대, 공리주의에 의하면 한 사람에게 극심한 고통을 주는 고문도 국가안보나 테러 위험으로부터 수많은 인명 피해나 고통을 줄일 수 있다면 정당화될 수 있다. 이는 공리주의자들이 고문을 좋아해서가 아니다. 오히려 공리주의자들은 고문이 그다지 효과가 없을지도 모른다는 '실용적' 이유로 고문에 반대할 수도 있다. 고문을 해도 안전이 보장되거나 공리가 더 늘어나지 않으면 고문에 반대하는 것이다. 어느 경우에건, 공리주의자들에게 고문(행위)은 내재적으로 나쁜 것이 아니다. 고문이 나쁜 이유는 이익보다 해를 더 많이 초래할 수 있기 때문이다. 이런 사고는 고문이 인권을 침해하고 인간의 타고난 존엄성을 해친다는 세간의 논리와 정면으로 배치된다.

총체적 결과에만 초점을 둔다는 것은 결국 효용이 어떻게 '배분되느냐'에 대해 관심이 없음을 의미한다. 다음의 예를 보면, 과연 정책 1과 정책 2가 윤리적 차원에서 동등한 것인지 자문하지 않을 수 없다. 어떤 면에서는 정책 2가 정책 1보다 평등하게 배분되었다는 점에서 좀 더 나은 평가를 받을 수 있다. 그리고 더 나아가 정책 3은 비록 총체적 효용 면에서는 크기가 뒤지나, 모든 구성원들을 평등하게 대한다는 점에서 다른 두 개의 정책에 비해 나빠 보이지 않는다. 오히려 정책 1에 비해서는 더 윤리적이라는 느낌을 준다. 그러나 어느 경우에건, 공리주의는 정책 1이나 정책 2를 선택할 것이고, 평등 같은 배분적 가치는 전혀 고려하지 않는다.

	A	B	C	총효용
정책 1	0	0	100	100
정책 2	30	30	40	100
정책 3	30	30	30	90

둘째, 공리주의는 가치에 관한 단일통화 논리에 불과하다는 것이다. 행복(만족)의 총합을 구하는 과정에서 사람들의 선호를 하나의 저울 위에 올려놓고 단일통화로 계량적 측정을 한다는 것이다. 정부나 기업은 의사결정 시 이른바 비용-편익 분석을 하는 데, 이는 모든 비용과 편익을 돈으로 환산해 비교한 후 복잡한 사회문제에 대한 합리적 해결책을 찾는 것이다. 문제는 모든 가치를 돈으로 환산할 수 없다는 데 있다. 과연 생명이나 인간의 존엄성 같은 가치를 돈으로 환산한다면 얼마나 많은 사람들이 이에 공감할지 의문이다.

셋째, 공리주의는 개인이 내리는 선택에 대해 무감각하다는 것이다. 정부정책의 결과로 효용을 얻게 되는 사람이 누구인지를, 즉 그 사람이 평소 좋은 행위를 한 사람인지 혹은 어떤 나쁜 행위를 사람인지를 고려하지 않는다. 이는 역으로 모든 사람들의 효용을 동등하게 취급하는 것으로서, 평소 선한 행동을 한 사람이 얻는 효용과 나쁜 행동을 하는 사람이 얻는 효용의 크기가 동일함을 의미한다. 예컨대, 정부정책으로 인해 선한 사람이 얻는 100개의 효용과 악한 사람이 얻는 100개의 효용은 총체적 결과를 볼 때 윤리적으로 동등한 가치를 지닌다는 것이다. 이는 공리주의가 누가 더 효용을 얻을 '자격'이 있는지는 관심이 없음을 의미한다.

밀(John Stuart Mill, 1979)은 행복이라는 개념의 재구성과 원칙의 도입을 통해 이런 비판의 일부를 극복하려 했다. 보다 '많은' 행복이 반드시 보다 '나은' 행복이 아니기에 행복의 질적 개념을 도입할 필요가 있다고 보았다. 그리고 비록 행복의 질이나 양을 측정하는 수단이나 행복에 대한 명확한 개념은 정립하지 않아도, 적어도 두 가지 점에서 벤담과 다른 견해를 피력했다. 하나는 계산보다 좀 더 원칙적인 공리주의를 구상하려 했고, 이런 과정에서 인간 행동의 결과를 넘어 인격(character)이나 개성(individuality)을 중시하려 한 것이다. 밀이 개성을 중시한 것은 그것이 인간에게 쾌락을 주기 때문이 아니라 인간의 인격을 드러내기 때문이다. 더 나아가 밀은 쾌락이나 행복의 질적 차이를 인정하지 않은 벤담과 달리, 고급쾌락(high pleasure)의 개념을 도입해서 공리주의가 저급 쾌락과 '더 바람직한' 고급 쾌락을 구분함을 보여주려 했다. 즉, 복수의 쾌락이 존재할 때, 이런 쾌락들을 모두 경험한 사람이 어느 하나를 압도적으로 좋아한다면, 이는 더 바람직한 쾌락, 즉 고급쾌락이 된다는 것이다. 이런 밀의 논리는 인간의 존엄성, 개성, 인격 등 공리와는 무관한 요소들을 갖고 공리주의에 접근함으로써 (다소 논리의 일관성은 떨어지나) 단순한 계산의 원칙을 넘어 좀 더 인간적 원칙의 공리주의를 구상한 것으로 평가된다.

마키아벨리와 목적론적 윤리

마키아벨리(Niccolo Machiavelli)는 전형적인 목적론자이다. 그는 선하고 좋은 의도를 지닌 사람들이 종종 나쁜 정책을 만들거나 나쁜 행정을 초래함을 지적하고, 인간이 선해지지 않는 법과 유익한 결과를 위해 선과 악을 사용하는 법을 배우라고 했다. 이는 행위의 윤리적 장점을 결과에 따라 판단하는 목적론적 사고와 일치한다.

마키아벨리는 그의 저서 『군주론(*The Prince*)』에서 "직위를 유지하고자 하는 군주는 '좋지 않게 되는 방법'을 배우고, 이런 지식을 활용할 필요가 있다"고 주장한다. 그리고 "군주는 악덕에 대한 나쁜 평판으로부터 벗어날 방법을 알아야" 하고, 그는 "덕처럼 보이는 것이…… 파괴로 끝날 것이고, 반면에 악으로 보이는 것이 자신의 안전과 안녕을 초래할 것임을 알게 될 것"이라 했다. 이 밖에 마키아벨리는 (의무론자들이 중시하는) 원리나 보편적 법칙을 경시하고 철저하게 결과에 따라 행동하는 군주를 높이 평가했다. 역사적 경험을 볼 때 훌륭한 업적을 보인 군주들은 자신들의 약속을 별로 중시하지 않았고, 교활함으로 다른 사람들을 조작하는 법을 알았으며, 끝내는 자신에게 충성하던 사람들마저 저버리는 행동을 마다하지 않았음을 지적한다.

마키아벨리의 주장에 따르면, 군주는 짐승의 성격과 인간의 본성을 현명하게 사용할 줄 알아야 하고, 조작과 같은 행위도 할 수 있어야 한다. 여우와 사자를 잘 활용할 줄 아는 군주가 현명한 군주이고, 군주로서의 자질을 갖추기보다 갖춘 척 행동하면 된다. 특히, 자신을 보고 들음에 있어서 "자비심이 있고, 믿음직하고, 성실하고, 친절하며, 종교적인 것처럼" 보이기만 하면 된다. 인간은 군주가 가장하는 것을 볼 뿐 실제 그가 누구인지는 결코 보지 않으며,…… 따라서 "반드시 '최종 결과'를 고려해야 한다"는 것이다.

출처: Machiavelli(1984)

[토론 주제]

1. 역사적으로, 조선시대 어느 왕이 마키아벨리 군주다운 모습을 보였는가?
2. 우리나라 역대 대통령 중 마키아벨리 군주를 닮은 사람이 있는가?
   있다면 어느 정도 닮았는가?
3. 마키아벨리 군주가 오늘과 같은 민주주의 사회에서도 성공적일 수 있을까?

2 의무론(Deontology)

의무론적 이론은 행위의 윤리성을 행위 결과가 아닌 행위 자체의 중요한 속성에서 찾는다. 대부분의 의무론적 이론에서 이런 속성은 인간의 행위를 보편적 법칙이나 원리에 순응케 한다. 정직, 개인 및 생명의 존엄성, 약속의 이행, 의무의 수행 등이 보편적 법칙의 전형적 사례이다. 의무론적 이론의 대표적 철학자는 칸트(Immanuel Kant)다. 칸트의 철학은 두 가지 명제에 바탕을 둔다. 하나는 인간이 존중받아야 할 존엄성을 지닌 이성적 존재라는 것이고, 다른 하나는 윤리는 행복 극대화를 비롯한 어떤 목적과도 무관하다는 것이다. 이 가운데 전자는 인간이 이성적 존재로서 자유롭게(자율적으로) 행동하고 선택할 능력이 있기에 존중받을 가치가 있다는 것이고, 후자는 윤리가 인간 그 자체를 목적으로 여기고 존중하는 것임을 시사한다.

칸트는 공리주의적 사고에 정면으로 도전한다. 칸트는 인간 행동의 윤리적 가치를 그것이 초래하는 결과가 아닌 '의도'에서 찾는다. 중요한 것은 옳은 일을 하는 것이며, 옳은 일을 하는 이유는 그것이 옳기 때문이지 이면에 어떤 의도나 동기가 있어서가 아니다. 더 나아가 칸트는 전체의 행복을 위해 특정인을 희생시키는 공리주의적 사고를 비판한다. 인간은 수단이 아닌 목적으로 대해져야 할 존엄성을 지닌 이성적 존재이기 때문이다. 칸트는 윤리적 행위의 궁극적 기초가 되는 근본 원리인 정언명령(categorical imperative)을 통해 이런 논리적 사고를 구체화한다. 정언명령은 결과와 무관한 원칙적 형태의 절대적 도덕명령으로서 몇 가지 공식을 통해 구체화 된다.

칸트의 첫 번째 공식은 "보편적 법칙이 되어야 한다고 할 만한 준칙에 따라 행동하라"("Act only according to that maxim by which you can at the same time will that it should become a universal law")는 것이다(Kant, 1993: 30). 이는 한마디로 모순 없이 보편화가 가능한 행동준칙(원칙)을 따르라는 것이다. 예컨대, 지키지 못할 거짓 약속을 하지 않는 것을 들 수 있다. 칸트는 거짓 약속을 나쁘다고 했다. 이는 거짓 약속이 행복을 조장하지 않거나 사람들 간의 신뢰를 무너뜨려 모든 사람들을 불행하게 해서가 아니다. 사람이 거짓 약속을 해야 한다는 행동준칙을 만듦에 있어서 논리적 모순이 있기 때문이다. 약속은 개념상(by definition) 하나의 (사회적, 도덕적) 의무인데, 거짓 약속은 의무가 따르지 않는 것이어서 거짓 약속은 애초부터 존재하지 않는 것이다. 사실, 사람들은 거짓 약속이 보편적 법칙이 되기를 원치 않을 것이다. 만일 어느 누가 거짓 약속을 하면, 다른 사람도 거짓 약속을 할 것이고, 그럴 경우 사람들의 약속은 아무도 믿지 않는 행위로서 궁극적으로 존재 자체가 없어질 것이다. 그렇다면, 거짓 약속은 정언명령과 맞지 않는 비윤리적 행위이다.

칸트와 거짓: 살인자에게도 거짓말을 해서는 안 된다

칸트는 거짓에 대해 매우 단호한 입장을 취한다. 그는 거짓을 부도덕한 행위의 으뜸으로 꼽는다. 심지어 살인자에게 쫓겨 온 사람이 집(옷장)에 숨어 있고 살인자가 쫓아와 행방을 묻을 때도 거짓말을 해서는 안 된다고 한다. 진실을 말해야 할 의무는 결과에 상관없이 항상 유효하기 때문이다. 칸트는 살인자에게 거짓말을 하는 행위가 잘못된 것은 살인자에게 해가 되기 때문이 아니라, 진실 원칙을 위반하기 때문이다. 여기에서 우리는 칸트에게 윤리가 결과가 아닌 원칙의 문제임을 상기할 필요가 있다. 거짓은 종류를 막론하고, "진실이라는 원천을 오염시킨다. 따라서 정직은 신성하고 조건 없이 적용되는 이성의 법칙이며, 그 어떤 편의상의 예외도 인정할 수 없다."

그렇다면, 과연 살인자에게 진실을 말해야 하는가? 다행이도 칸트는 피해자가 살인자에게 발각되어 참사를 면할 수 있는 방안을 제시한다. 그것은 바로 거짓이 아닌 "오해할 만한 정직"이다. 즉, 살인자에게 "그 사람이 여기 없어요"라는 뻔한 거짓말이 아니라, "한 시간 전에 저 아래 가게로 가는 걸 봤어요"라고 하는 것이다. 칸트에 의하면, 전자는 윤리적으로 용납이 되지 않지만, 후자는 (맞는 말이지만 오해할 만한 말로서) 가능하다고 한다. 칸트는 오해를 일으킬 말과 거짓말 사이에 윤리적으로 엄청난 차이가 있다고 본다. 예를 들어, 마음에 들지 않는 (메고 싶지 않은) 넥타이를 선물 받았을 때, "멋진데!"라고 하면 이는 선의의 거짓말로서, 의도를 떠나 용납이 되지 않는다. 그러나 "이런 넥타이 처음 봐, 고마워"라고 말하면 넥타이를 좋아한다는 그릇된 인상을 주기는 하나, 거짓이 아닌 진실을 말한 것이어서 용납이 된다. 한 마디로 목적을 따져 예외를 인정하면, 도덕법의 정언적 성격(절대성)이 무너지지만, 맞는 말이지만 오해를 불러일으키는 발언은 정언명령을 위협하지 않는다는 것이 칸트의 생각이다.

출처: Sandel(2009: 132–134)

[토론 주제]

1. 정치나 행정 과정에서 '거짓'과 '오도하는 진실' 사이에 윤리적 차이가 있다는 칸트의 사고방식을 뒷받침하는 사례를 찾아보자.
2. 행위의 상황이나 목적에 따라 윤리성이 달라진다는 목적론자의 주장과 칸트의 주장 중 어느 것이 더 설득력이 있는가?

칸트의 두 번째 공식은 인간을 목적으로 대하라는 것이다. 칸트에게 인간(humanity)이란 절대적 가치를 지닌 이성적 존재로서 그 자체로서 목적이 된다. 그래서 인간은 특정 목적에 따라 임의로 사용되는 수단이 되어서는 안 되고, 항상 그 자체가 목적으로 존재해야 한다. 그리고 비록 사람의 가치는 상대적일 수 있어도 '존엄성'이라는 절대적이고도 본질적 가치는 존재한다. 그래서 정언명령의 두 번째 공식은 "나 자신이든 다른 어떤 사람이든, 인간을 절대 단순한 수단으로 다루지 말고, 언제나 목적으로 다루도록 행동하라"("Act in such a way that you always treat humanity, whether in your own person or in the person of any other, never simply as a means, but always at the same time as an end")는 것이다.

칸트의 두 번째 공식은 공무원들로 하여금 자신들이 봉사하는 국민들이 자신들의 고용을 위한 수단이 아니라, 이들(국민들)이 지닌 내재적 가치 때문에 봉사의 대상이 됨을 주지시킨다. 문제는 사람을 수단으로 다루는 것과 목적으로 다루는 것 간에 경계가 불분명하고, 특히 특정 사람을 목적으로 대하는 과정에서 다른 사람을 수단으로 다룰 가능성이 있다는 것이다. 예컨대, 가난한 사람들의 복지를 위해 부자들에게 세금을 물리는 것은 부자를 빈자를 위한 수단으로 사용하는 것으로 비추어 질 수 있다. 즉, 세금의 징수는 복지 수혜자를 목적으로 하나 세금부담자는 수단으로 다루는 것으로 인식될 수 있다. 그렇다면, 특정 집단의 희생을 기반으로 하는 세금제도는 없애야 하는 것이 아닌가? 이런 맥락에서 칸트는 세 번째 공식을 제시한다.

칸트의 세 번째 공식은 모든 행위가 목적의 영역(realm of ends)에 있는 법칙에 맞도록 하라는 것이다. 여기에서 목적의 영역이란 모든 목적들이 하나의 일관된 전체(coherent whole)로 통합되는 사회를 의미한다. 이런 사회에서는 한 개인의 목적이 다른 사람들의 목적과 일치하고, 사람들이 그 자체로서 목적으로 인식된다. 이런 공동체적 모습을 보여주는 사례로서 상기 복지프로그램에서 특정 집단을 위한 부유층에 대한 세금 부과가 억압적 방식으로 이루어지지 않고 납세자들 스스로 목적의 영역에서 행동함을 인지하고 기꺼이 기여하려 할 때를 들 수 있다. 이런 상황은 저절로 쉽게 만들어지지 않는다. 칸트의 세 번째 공식은 바로 이런 맥락에서 우리가 하나의 이상적 사회를 만들고 유지하기 위해 끊임없이 노력해야 함을 시사한다.

3 덕이론(Virtue Theory)

덕이론은 아리스토텔레스(Aristotle, 1980)나 현대 철학자 매킨타이어(MacIntyre, 1981)와 밀접히 연관된 이론이다. 덕이론에 따르면 인간의 행위는 그것이 보여주는 특질(character traits)이나 덕목적 요소에 의해 좋고 나쁜 것이 판명된다. 예컨대, 수해 현장에서 어린이들을 구하는 것(용기를 보여줌), 가난한 사람을 위해 기부하는 것(관대함을 보여줌), 지나치게 많은 거스름돈을 돌려주는 것(정직을 보여줌) 등을 들 수 있다.

아리스토텔레스는 윤리를 훈련 및 실천을 통해 개인에게 가르쳐 질 수 있는 일종의 미덕으로 보았다. 윤리란 원리들의 체계나 산출에 대한 계산이라기보다 일종의 삶의 양식(a way of life)이라는 것이다. 윤리에 대한 이런 인식은 오늘날 '미덕'의 개념을 부활시켜 행정윤리에 도입하려는 몇몇 학자들로부터 호응을 얻고 있다. 예컨대, 릴라(Lilla, 1981)는 관료들이 자신들의 행동을 정당화할 수 있는 수단을 갖추도록 행정윤리의 분석적 접근방법이나 민주주의 사조로부터 파생되는 일련의 덕목을 가르치라고(inculcation) 한다. 쿠퍼(Cooper, 1987)는 좀 더 체계적으로 미덕에 접근한다. 쿠퍼는 일정한 분석 과정을 통해 발견된 행동 대안들을 지지하는 행동성향을 배양하기 위해 '덕윤리'가 필요하다고 한다. 그리고 이런 주장을 구체화하기 위해 행정윤리가 담고 있어야 할 내용을 세 가지로 요약한다. ① 적절한 윤리적 원리에 대한 이해, ② 이런 원리들을 지지하는 덕목의 확인, 그리고 ③ 이런 원리들을 구체적 상황에서 해석할 때 필요한 분석적 기술이다.

쿠퍼는 행정을 전문직업이 아닌 하나의 실천(practice)으로 보았다. 매킨타이어가 주창한 실천의 개념이 전문직업보다 매력적이고 건설적이라 생각했기 때문이다. 쿠퍼는 행정이 크게 두 가지의 선(이익)을, 즉 내적 선(internal goods)과 외적 선(external goods)을 추구한다고 한다. 내적 선은 공익, 국민주권, 책임, 사회적 질서, 사회적 정의, 시민 발전, 정치적 평등, 능률, 자유와 같은 규범적 개념으로 표현되는 선이고, 외적 선은 돈, 명예, 직위, 지위, 권력 등과 같은 선을 지칭한다. 실천으로서의 행정은 우선적으로 내적 선에 초점을 두어야 한다. 그러려면 우리는 무엇보다 내적 선과 덕목을 확인하고 이해할 필요가 있다. 그리고 행정이 고전적 의미의 수단 지향적 성향을 지양하고, 민주사회에서 시민의 수탁자(fiduciary)로서 일정한 내적 선이나 덕목을 일으켜야 한다. 이런 실천적 과제는 크게 세 가지 과제를 수반한다.

첫째, 공익을 추구할 의무이다. 이때 중심적인 내적 선은 정의인데, 이는 정치적 평등, 대표성, 시민정신의 발전 등을 요구하고, 결과적으로 공정한 마음(고전철학적), 합리성, 사려분별, 용기 등의 덕목을 파생시킨다. 둘째, 정당한 것으로 인정되는 과정 및 절차에 대한 의무이다. 이런 의무의 결정적인 내적 선은 국민주권, 책임, 정당한 절차(due process) 등이다. 이들은 정직, 법에 대한 존중, 신중, 자기

계율, 겸손 등의 필수적 덕목을 파생시킨다. 셋째, 동료에 대한 의무이다. 이 의무에 필수적인 내적 선은 수월성 기준의 지속적 고양인데, 궁극적으로 신뢰성이라는 필수적 덕목을 요구한다. 쿠퍼는 기존 윤리이론이나 윤리기준이 행정이 추구해야 할 내적 선을 분명히, 체계 있게 제시하지 못했음을 지적하고, 자신이 지적한 내적 선을 위한 처방들을 실천적 행정윤리에 도입할 것을 주문한다.

덕이론의 정수는 역시 윤리적 평가에서 행위의 세세한 면보다 전인(whole person)의 중요성을 강조한다는 것이다(Geuras & Garofalo, 2005). 문제는 전인의 자질을 평가하는 근거나 기준이 애매할 수 있다는 것이다. 정직, 용감함, 관대함 등은 좋은 기질이고, 비겁함, 이기심 등은 나쁜 기질로 평가되는 데, 그 이유가 무엇인지 명확하지 않다. 이 가운데 정직을 예로 들 경우, 정직이 좋은 기질로 평가되는 것은 응집력 있고, 신뢰할 만한 시민사회 유지에 중요하기 때문이라 할 수 있다. 그러나 이는 목적론적 사유에 불과하다. 정직은 그 자체 좋은 것이 아니라, 행복한 사회를 조장하기에 좋다는 것이다. 결국, 덕이론이 격찬하는 미덕들은 임의적 사유 때문에 좋은 것이 아니다. 이런 미덕들이 왜 좋은 것이냐는 질문은 미덕이론을 넘어서는 또 다른 철학적 논리를 요하게 될 것이다.

4 윤리적 접근과 실천적 질문

지금까지 소개된 윤리적 접근법들은 서로 독특한 방식으로 윤리적 행동을 해석하고, 윤리적 행위를 위한 실천 방안들을 암시한다. 이들 간에는 조화 및 갈등이 존재한다. 때로는 조화가 가능한 상황이 전개되기도 하고, 때로는 갈등이 불가피한 사례가 발생하기도 한다. 상기 세 가지 접근법 중, 어느 접근법을 가지고 윤리적 의사결정에 접근하느냐는 것을 놓고 학자들 간의 생각이 조금씩 다르다. 이 책은 현대 행정에서 가장 지배적인 목적론과 의무론을 가지고 행정가치 및 윤리적 의사결정에 접근한다. 이는 여타의 윤리이론이나 접근방법이 이 두 개의 이론에 비해 열등함을 의미하는 것이 아니다. 이는 단지 현대 행정윤리의 사상적 기반을 형성함에 있어서 상기한 두 이론이 다른 어느 이론에 비해 많은 영향을 주었음을 의미할 뿐이다.

이제 제1부를 마무리하면서, 목적론과 의무론이 시사하는 실천적 함의를 이 책의 도입부에서 소개된 사례에 적용해 보자. 독자들은 이미 자신의 윤리적 입장을 정했을 것이나, 다음과 같은 질문에 대한 답을 찾다 보면, 좀 더 설득력 있게 자신들의 입장을 정당화할 수 있을 것이다. 그리고 때로는 기존 입장(결정)을 바꿀 수도 있고, 주어진 (추상적 수준의) 질문을 좀 더 구체화하거나 세부 항목으로 나누어 제기할 수도 있다.

1) 목적론: 최대의 결과(행복)를 산출하기 위해 행동한다

- 주화를 했을 때, 어떤 결과를 기대할 수 있나?
- 주화를 했을 때, 치러야 (감내해야) 할 비용은 무엇이고, 얻을 수 있는 실익은 무엇인가? 어느 것이 더 큰가?
- 주화에 따른 단기적 · 장기적 효과는 무엇인가?
- 주화가 백성들의 이익을 극대화하는 것인가?

2) 의무론: 적절한 원리에 따라 행동하고, 이런 원리를 일관성 있게 적용한다

- 어떤 원리(명분)로 척화를 정당화하는가?
- 이런 원리가 정묘호란과 병자호란에서 일관되게 적용되는가?
- 이런 원리가 인간 행동을 위해 가능한 보편적 원리라 할 수 있는가?
- 척화가 모든 사람을 목적 자체로 대한다는 이상을 구현하는 것인가?
- 척화를 하면 백성들의 자유로운 삶을 보장할 수 있는가?

제 2 부

행정가치

제 4 장

행정가치의 인식론적 본질: 합리성과 도덕성

제1부에서 우리는 행정학 분야에서 가장 많이 거론되는 규범적 용어가 합리성(관료주의)과 도덕성(민주주의)이라 했다. 이들은 거의 모든 행정가치의 개념적 속성을 포괄하는 것으로 사실상 이들 간의 균형 있는 조화가 현대 행정의 주된 과제로 남아 있다(Waldo, 1980; Yates, 1982; Burke, 1989; Stoker, 2005; Ventriss, 2012). 이와 같은 인식은 합리성과 도덕성에 관한 다양한 관계 규정과 이를 둘러싼 학자들 간의 이견이 행정학 연구의 단편성과 혼란을 초래하는 데서 기인한다. 적지 않은 행정이론들이 과학철학, 인식론, 행정윤리는 물론 인접 사회과학 분야까지 침범하면서 가치문제 해결에 많은 노력을 기울여 왔다. 그러나 그 결과는 소위 말하는 패러다임의 폭발이었고, 이로 인해 행정은 '정체성 위기'라는 내적 비판에 직면하기도 했다.

사실, 우리는 그간 행정가치를 논함에 있어서 적지 않은 개념이나 상위가치들(Surface Values)을 표방해 왔고(예: 능률, 효과, 생산성, 경제성, 민주성, 평등, 형평, 반응성, 공익, 자유, 정의 등), 이들 가치에 규범적 의미를 부여하기 위해 민주주의 이론, 경제이론, 일반철학, 행정실제의 역사적 변천 등 다양한 출처를 인용해 왔다. 그러나 크게 간과되어 온 점은 왜 우리가 이처럼 두 개의 정통적 규범체제를 지니고 있고, 이들이 어떻게 정당화되고 있으며, 이들이 행정이론 및 실제를 위해 어떤 행태적 원리(공리)를 시사하는가 하는 것이다.

행정의 이원론적 가치체제에 대한 인식론적 접근은 이런 문제점들에 대한 분석적 시각을 제공하고, 행정윤리(행정철학)의 내용 및 방향을 조명할 수 있는 기본 틀을 제시한다. 이 장은 이런 관점에서 행정가치를 논하기 전에 먼저 합리성과 도덕성의 인식론적 본질을 규명한다. 이런 시도는 다양한 행정가치의 성질이나 의미를 연구하는 과정에서 극복하기 어려운 다양성과 복잡성을 최소화하는 데 기여할 것이다.

1 합리성

고전철학에서 합리성은 인간으로 하여금 사색(숙고)하고 이성으로 행위를 다스리게 하는 인간만이 지닌 고유한 특성이었다. 이런 의미에서 합리성은 인간사회 형성을 위한 필수 요소였고, "인간의 관심을 정의, 평등, 그리고 자유와 같은 방대한 문제로 돌리게 하는" 중추적 역할을 했다(Denhardt, 1984: 126). 이런 낭만적 시각은 합리성이 '행정행태'의 규범적 근거가 되면서 극적으로 그 성격을 달리하게 되었다.

경제적 인간, 과학적 관리, 혹은 공학적 인간 같은 소위 말하는 합리성의 전통적 개념들이 행정학 형성 시기에 만연했다. 이런 개념들의 근저에는 "행정이란 인간의 연민이나 감성을 배제한 냉철한 계산 과정"이라는 공통된 명제가 깔려 있었다(Pfiffner, 1960: 126). 특히 합리성의 가장 권위 있는 개념인 '경제적 합리성'은 다음과 같은 정책결정 단계와 이에 개입하는 정책결정자의 개인적 특성을 가정한다.

① 정책결정자는 그가 추구할 목표를 갖고 있다.
② 정책결정자를 위한 '모든' 대안들이 알려져 있고, 중요성에 따라 서열화되어

있다.

③ 정책결정자는 각 대안의 선택에 따른 결과를 비교・분석한다.

④ 정책결정자는 주어진 목표 달성을 '극대화'하는 대안을 선택한다.

이와 같은 합리성의 이상적 특질은 상세한 논의를 요하지 않는다. 행정행태의 현실이 이상적 표현과 거리가 멀고, 합리모형의 내적 방법론상 문제 또한 많은 논란의 대상이 되었다. 여기서 우리가 주목코자 하는 것은 경제적 합리성의 4단계 이론(분석)이 정책결정자가 추구하는 '목표'의 규명 없이는 불가능하다는 것이다.

테일러(Frederick W. Taylor, 1947)의 과학적 관리론 또한 논리상으로 큰 차이가 없다. 과학적 관리론의 정수는 업무수행 시 기술적으로 하나의 최선안(one best way)이 존재한다는 데 있다. 이런 논리가 모든 생산 활동 영역에 확대될 때, 과학적관리론은 일종의 사회철학으로 취급되기도 했다. 하지만 과학적 관리론은 업무수행 시 '인간적으로는' 단일의 최선안이 없으며, 행정행태가 주어진 목표에 가용수단을 연결하는 단순한 연산(演算)방법 이상임을 간과했다.

합리성에 관한 고전적 개념들은 세월이 가며 더욱 세련되고 정교해졌다. 조직적 상황에서 합리성을 가장 직접적(체계적)으로 언급한 사람은 사이먼(H. A. Simon)과 베버(Max Weber)였다. 사이먼에게 있어 합리성은 조직의 능률적 목표달성을 위한 조건 및 방법을 규명하는 행정이론의 기본 가정이었다. 그리고 합리성은 수단을 목표에 연계함에 있어서 가장 좋은 해결책을 추구하기에, 조직평가의 유일한 기준이 되어야 한다.

> 합리성은 수단과 목표의 연쇄를 모색하는 것이다. …… 합리적 행위란 사전에 설정된 목표들의 달성을 위해 가용한 대안들을 선택하는 것이다. …… 개괄적으로 합리성은 행위의 결과가 평가될 수 있는 일정한 가치체제(system of values)라는 전제 아래 좋은 행동 대안을 선택하는 데 관심을 둔다(Simon, 1976: 62, 65, 75).

이런 논리는 합리성이 '조건적'임을 시시한다. 합리적으로 행동한다는 것은 곧 주어진 목표 달성에 기여할 수 있는 방식으로 행동함을 의미한다.

사이먼의 수단-목표 연쇄(means-ends chain)는 가끔 행정학도들을 혼란스럽게 했다. 사이먼이 수단-목표 연쇄를 사실-가치의 이원론에 연계시키고, 수단과 사실을 실천적 행정과학의 특정 영역으로 규정했기 때문이다. 본래 사실-가치 이원론은 일단 조직 목표가 설정되고 나면 그 다음의 모든 문제는 단순히 수단과 방법에 관한 경험적(혹은 사실적) 문제라는 인식에 근거한다. 이런 인식은 목표추구의 실체로서 조직이 일반적으로 규정된 목표를 식별 가능한 수단으로 조작해야 하고, 이런 필요성은 현대 행정의 규모와 복잡성이 증가함에 따라 더욱 커지기에 이해할 만하다. 하지만 이처럼 넓게 확산된 가치함축적 목표들을 좁게 규정된 사실적 수단들로 변형시키는 논리는 "조직들에게 비록 가식적은 아닐지라도 현혹적인 합리성의 허울을 부여한 것"에 지나지 않는다(Hodgkinson, 1978: 78).

실증적으로도 사이먼 논리의 맹점은 리텔과 웨버(Rittel & Webber, 1973)가 일컬은 고약한 문제(wicked problem)와 관련이 있다. 고약한 문제란 한 마디로 현대행정이 직면하는 문제이다. 전통적 행정과 이에 따른 합리적 기술들이 잘 대처했던 문제와 달리 다양한 정치적 개념 규정을 요하고, 문제해결의 유효성 또한 측정키 어려운 특징이 있다. 이는 곧 고약한 문제를 다룸에 있어 최선의 대안이나 수단-목표 연쇄라는 도구적 논리를 발견하기 어렵고, 이런 논리의 추출은 자칫 기존 문제를 해결하기보다 오히려 악화시킬 수 있음을 시사한다. 추구하는 목표가 극도로 애매하고 다양한 정치·사회적 가치들을 수반한다면, 수단-목표 연쇄의 규명이란 사실상 기대하기 어렵다.

사이먼의 주장에서 보다 이해하기 어려운 것은 행정현상에 관한 연구가 (윤리적이 아닌) 단지 사실적 명제에만 근거한다는 것이다. 그는 다음과 같이 잘 알려진 문구를 통해 자신의 주장을 정당화한다.

> 행정학도들에 의해 쓰여진 글귀에 종종 '좋고', '나쁨'이라는 용어들이 나타나 행정과학이 필수적으로 윤리적 요소를 띄고 있는 것으로 여겨지곤 한다. 만약 이것이 사실이라면 행정과학의 성립은 불가능할 것이다. 이는 경험적 근거에 의해 윤리적 대안을 선택하는 것이 불가능하기 때문이다. 다행히 이는 사실이 아니다. 좋고, 나쁨이라는 용어들이 행정학 연구에 사용될 때 순전히 윤리적 의미를 내포

> 하는 경우는 거의 없다. [행정]절차들이 설정된 목표 달성에 도움을 주면 좋은 것이라 하고, 그렇지 않으면 나쁜 것이라 한다. 이런 절차들이 '도움이 되느냐 안 되느냐'는 것은 전적으로 사실의 문제이고, 이와 같은 사실적 요소들이 곧 행정과학의 참된 실체를 구성한다(Simon, 1976: 249).

현대 행정의 규범적 논의는 이런 주장과 거리가 멀다. 좋고, 나쁨이라는 용어가 순수하게 경험적 의미에서 사용되거나, 혹은 일상적으로 사용될 때 규범적 내용을 결하고 있다는 것은 동의하기 어렵다. 오히려 좋고, 나쁨이라는 용어는 '옳고', '그름'과 혼용되고 있고, 따라서 "행정학 문헌에서 가치용어의 편재는 어떤 형태의 행정과학도 존재하기 어려움을 보여준다"(Hodgkinson, 1978: 124). 사실, "좋은 행정이 현실적으로 목적에 부합되는 행위"라는 사이먼(Simon, 1976: 62)의 주장은 경험적 명제가 아니다. 좋고 나쁨이라는 용어가 다분히 감정적 · 규범적 의미를 수반할 뿐 아니라, 이는 일종의 형식적 조직, 즉 능률 원리에 입각한 조직을 지지하고 있다. 이런 점에서 사이먼은 설정된 목표에 관련된 결과라는 차원에서 가치를 평가하고, 간접적으로 목적이 수단을 정당화하고 있는 것이다. 그렇다면, 사이먼의 분석은 몰가치적(value－free)이 아님은 물론 윤리적으로도 중립적이 아니다.

베버의 합리성은 어떠한가? 베버는 다음과 같이 합리적 행위를 이해한다.

> 목표, 수단, 그리고 이차적 결과를 고려함으로써 이루어진 개인의 행위는 수단－목표라는 의미에서 합리적이라 할 수 있다. 즉, 행위를 함에 있어서 합리적 인간은 목표에 대한 수단을 평가하고, 이차적 결과에 대한 목표를 평가하며, 마지막으로 다양한 목표들 간의 우월성을 비교 · 평가한다(Weber in Runciman, 1978: 29).

이와 같은 3단론적 주장에 근거하여, 하먼과 마이어(Harmon & Mayer, 1986)는 베버의 합리성이 사이먼을 포함한 기존 학자들의 견해보다 포괄적이고 광범위하다고 한다. 합리성에 대한 기존의 개념이 주어진 목표 내에서 가용한 대안들을 평가하는 데 비해, 베버의 합리성은 정책대안 뿐 아니라 목표까지도 비교하면서 행위의 모든 국면을 평가한다는 것이다. 소위 말하는 합리성의 실질과 과정을 모두 포괄하려 했다는 것이다. 그러나 간과해서는 안 될 점은 베버의 합리적-법적 권위가 추상적 조직규칙의 일관된 체제로서 행정의 근간이 될 때, 수단, 목표, 그리고 결과 간의 광범위한 상호작용 체제는 단지 수단-목표의 이원화된 관계로 축소된다는 점이다.

이상의 논의를 통해 우리는 합리성의 두 가지 기본적 특성을 발견할 수 있다. 하나는 합리성이 단순히 계산을 위한 중립적 가치체제가 아니라 최소한의 규범적(도덕적은 아닐지라도) 내용을 지닌다는 것이다. 주지하듯이 합리성은 종종 중립적 혹은 냉담한 행정행위를 요구하곤 한다. 하지만 이와 같은 사실적 명제에 근거해서 합리성 자체가 마치 가치중립적 개념인 양 오해해서는 안 된다. 합리성이 가치로서 바람직하다는 것과 합리성이 특정의 처방적 행위를 요구하는 것은 별개의 차원이다. 다른 하나는 합리성이 목표와 수단을 분리한다는 것이다. 합리성은 오직 수단 혹은 행위의 과정에만 적용되며 목표에는 결코 적용되지 않는다.

상기한 합리성의 기본적 신조는 단지 고전적 혹은 이상적 개념들로부터 도출된 것이다. 우리가 다른 대안적 개념들을 고려한다 해도 결론은 마찬가지다. 앞에서 언급했듯이, 행정실제에서 합리성의 고전적 이상들을 확보하기란 쉬운 일이 아니다. 이런 이유로 몇 가지 대안적 개념들이 제시되었는데, 그 대표적인 예가 사이먼(Simon, 1976)의 만족할 만한 행위를 유도하는 '제한된 합리성'과 린드블롬(Lindblom, 1959)의 분산된 절차(disjointed process)를 통해 얻어지는 '점증주의'이다. 하지만, 이런 대안적 개념들은 그들의 비판을 합리성 개념 자체가 아닌 개인행위의 포괄성(혹은 종합성)에 두었기에 고전적 합리성의 근본 개념을 부정하는 것은 아니다. 사이먼의 경제적 인간은 비록 제한된 합리성으로 인해 만족을 추구하는 '행정인(administrative man)'으로 변신하나 합리적이기 위해 늘 최선을 다하고, 린드블롬의 점증주의자들도 대충대충 해나가기는 하나(muddle through) 특정 행위를 지지할 만한 분석이 가능할 때는 언제든지 행정행위가 주어진 목표 달성을 위해 고안된 수단이라는 합리성의 이상을 유지하려 애쓴다.

수단-목표의 연쇄, 즉 합리성의 인식론적 본질은 목적론적 사고에 근거한다. 기술한 바와 같이 목적론적 가치체제의 정수는 일정한 행위가 좋은 결과를 가져오거나 혹은 가져올 수 있다면 옳다는 데 있다. 이와 같은 사고 유형은 하나의 가치체제를 목적 달성을 위한 일종의 도구나 장치로 개념화하는 데 유용하다. 일반적으로 목적은 어떻게 '좋은 것'이 규정되느냐에 달라지겠지만, 근본적으로는 좋은 것을 (그 것이 무엇이던 간에) 극대화하는 것이어야 한다. 제1부에서 우리는 이의 대표적 예가 가장 저명한 목적론적 이론인 공리주의의 기본 명제, 즉 사회의 모든 구성원을 위해 최대의 선(행복)을 보장하는 것이라 했다.

극대화 원칙과 함께 목적론적 인식체계는 합리성에 두 가지 독특한 의미를 부여했다. 하나는 합리적이기 위해 행정은 반드시 정책대안들이 의도된 결과를 가져올 수 있거나 혹은 하나의 정책이 다른 대안보다 많은 가치를 창출할 수 있는지를 가늠해야 한다는 것이다. 한마디로 대안들을 비교・평가하라는 것이다. 이와 같은 비교성의 대표적 예는 편익으로부터 비용을 공제한 순 이익(잉여가치)의 극대화를 기준으로 정책을 추천하는 (신공리주의적) 비용-편익(B/C) 분석이다, 이와 같은 합리성의 특질은 목적론적 사고에서 보면 지극히 당연하다.[1] 그럼에도 불구하고 이런 논리가 가끔 논쟁을 유발한다. 합리성이 바람직한 목적 달성을 위해 '어떤' 행정절차(행위)도 (혹은 최소한 거의 모든 수단들을) 정당화할 수 있음을 시사하기 때문이다. 이는 곧 수단은 자체로서 (거의) 의미가 없다는 것이고, 이런 논리가 종종 행정에서 폭력, 비밀, 왜곡 등을 정당화할 때 사용되곤 한다. 사실, 대부분의 사람들은 비폭력적이고 공개적인 행정을 선호할 것이다. 이런 수단이 바람직한 결과를 초래할 수 있다면 더욱 그 선호도는 높아질 것이다. 문제는 행정에서 폭력이나 비밀의 사용이 불가피하게 정당화될 때가 있는데, 그 이면에는 이런 행위가 주어진 목표 달성을 위해 존재하는 유일한 수단이라는 논리가 존재하는 것이다. 이런 상황에서, 공무원들이 사용할 수 있는 수단의 한계를 묻는 것은 가히 영웅적이라 할 수 있다.

---

1) 약간 다른 뉘앙스를 가지고 이러한 정책대안의 비교성을 논하는 학자들이 있다. 브레이브룩과 린드블롬(Braybrooke & Lindblom, 1963)은 정책결정과정에서 고려되는 가치로서 두 가지를 드는데, 그 중 하나는 우월적(meliorative)인 것으로 특정 정책의 수용 또는 거절을 위해 이런 정책이 다른 대안과 비교될 것을 요구하는 것이고, 다른 하나는 절대적(peremptory)인 것으로 특정의 의사결정 규칙이 특정 행위 자체를 규정하거나 금지하기 때문에 다른 대안과의 비교를 요구치 않는 것이다. 비록 좁은 개념이기는 하나 전자의 가치는 이 책이 논하고 있는 합리성과 유사하고 후자는 앞으로 논의할 도덕성과 유사하다.

보다 중요한 목적론적 인식체계의 함의는 행정합리성이 사회 전체의 최대의 선을 조장하는 '집합원리(aggregate principle)'에 근거한다는 점이다. 이 원리는 어떤 사회제도도 사회구성원들의 집합적 만족을 극대화할 수만 있다면, 만족의 합이 "어떻게 사회구성원 간에 배분되느냐에 관계없이"(Rawls, 1971: 22, 26) 정당화될 수 있다는 것이다. 이런 의미에서 합리적 행정은 가끔 "1인을 위한 선택(a choice for one man)"이 되고(Rawls, 1971: 26), 행정행위는 단지 하나의 조건, 즉 극대화 조건만 충족하면 어떤 규범원리에도 구속될 필요가 없는 '조건부 의무'를 지닌다(Gewirth, 1978). 물론 조건부 의무는 목적론적 인식체계의 내적 정당화를 위한 하나의 자기방어 논리일 뿐이다. 하지만 조건부 의무에 의하면 행정이나 행정인은 오직 한 가지 좋은 이유(즉, 극대화)만으로 어떤 사회적 가치도 간과할 수 있는 떳떳한 명분을 갖게 된다.

2 도덕성

조직의 행태는 공사(公私)를 불문하고 근본적으로 같다. 행정에서 합리성의 추구는 종종 이런 명제에 의해 정당화된다. 모든 과학적이고 기술적 (사회)조직은 궁극적으로 주어진 목표 달성을 위한 합리적 수단에 불과하다는 것이다. 이와 같은 일반적(generic) 견해에 비해 행정의 도덕성은 행정이 단순한 정책집행 뿐 아니라 사회적 가치를 능동적으로 배분하는 정책결정 과정에 깊이 개입한다는 사실에 의해 정당화된다.[2)]

20세기 후반, 바람직한 행정행태를 유도・평가하기 위한 도덕적 틀로서 세 가지 보완적 접근법(관점)이 제시되었다. 첫째, 순수 철학적 관점에서 정직, 성실성 같은 행정인이 직면하는 인간 '양심'에 관한 접근이다. 일찍이 1930년대 후반, 디막

2) 행정실제상 정책결정과 집행은 쉽게 구분되지 않는다. 역사적 변천에 따른 행정 기능의 변화 또한 행정의 가치(도덕성)를 정당화하기에는 설득력이 부족하다. 그러나 행정이 공익에 대한 고도의 '반응성'을 요구하게 되었다는 사실 하나만으로도 합리성이 행정실제를 위한 충분한 규범이 될 수 없다는 것은 쉽게 이해할 수 있다.

(Marshall E. Dimock, 1936)이 이와 같은 도덕적 특질을 정직, 열의, 겸손, 그리고 효과적이고도 만족할 만한 봉사에 기여하는 다양한 속성들로 규정한 바 있다. 이런 도덕적 특질은 20세기 후반에 참되고 성실한 기질, 청렴결백, 혹은 공명정대 같은 상당히 포괄적 개념으로 표현되기도 했다(Fleishman, 1981).

둘째, 소위 말하는 재량의 윤리(ethics of discretion)이다. 주된 관심은 공공정책을 형성하고 집행함에 있어서 행정재량권의 사용이 정당화되고 변호될 수 있느냐는 것이다. 이런 접근법의 저변에는 공무원이 타인을 '위해', 그리고 타인에 '관한' 정책을 결정한다는 강한 규범적 전제가 깔려 있다. 공무원이 업무를 수행함에 있어서 상당한 재량권을 행사하는 한, 그들 행위에 의해 영향을 받는 사람들에 대한 특별한 도덕적 책임(의무)을 지게 된다는 것이다. 이와 같은 도덕적 특질은 민주정신과 공공책임에 주된 관심을 두었던 애플비(Appleby, 1945)의 주장에서 잘 나타나 있다. 베일리(Bailey, 1965: 285-286, 293)는 이런 주장에 근거해 "행정인은 모든 공공정책의 도덕적 모호성을 인정하고, 행정절차의 우선순위와 모순점, 그리고 박애정신에 입각한 낙관성, 용기, 적절성 등 도덕적 질에 대한 이해가 필요하다"고 한다.

애플비가 말하는 공무원의 개인적 덕목

애플비(Paul Applebby)는 공공봉사 분야의 개인적 윤리가 '정신적 태도'와 '도덕적 특질'로 구성된다고 보았다. 이 가운데 특히 도덕적 특질은 크게 세 가지 요소, 즉 '낙관주의', '용기', 그리고 '박애정신'에 입각한 공정성을 담고 있다.

낙관주의는 인간으로 하여금 흔들림 없이 모호함과 모순에 직면토록 해주는 질적 특성이다. 반응적(reactive)이 아니라 의도적 행위의 정수이고, 공무원의 정치적 활동에 필수적이다. 인류가 지닌 갈등 및 좌절에 대한 창조적 반응을 수반하는 정치적 활동은 공무원들의 낙관적 의식 없이 이루어지기 어렵다. 낙관주의는 공무원들로 하여금 인간의 삶을 개선하려는 정책을 창출하도록 동기를 부여하는 원동력이다.

행정에서의 용기는 야망과 의무감을 갖고, 복지부동이나 부작위(inaction)가 행동만큼 고통스러움을 인식할 때 나타나는 특질이다. 이런 용기는 ① 불합리한 군중의 다수 의견을 거절하는 행위, ② 소수의 전문가 의견을 거절하는 행위, ③ 어려운 의사결정을 회피하는 행위 등에서 발견된다. 워싱턴(George Washington)은 공직을 원해서 찾아 온 친구를 따뜻이 맞이하면서, "워싱턴으로서 나는 너를 위해 할 수 있는 모든 것을 다할 것이나, 대통령으로서 나는 너를 위해 할 수 있는 것이 아무 것도 없다"고 했다. 인기 없는 대의를 위해 원칙을 준수하는 모습을 보인 것이다. 제2차 세계대전 중, 미군에 비누 공급을 담당하는 부서에 근무하는 25세의 젊은 동무원은 상관의 부재로 인해 비누를 납품하는 회사의 사장과 대면하게 되었다. 사장으로부터 네가 비누에 대해 무엇을 아느냐는 식의 경멸적 질문을 받았을 때, 강한 어조로 비누에 대해 아는 바는 별로 없어도, 가격통제에 대해서는 대단히 많이 알고 있다고 응답하는 용기를 보여주었다. 이런 용기는 국방부를 다루는 예산 공무원들, 의사협회를 다루는 보건사회부 공무원들, 토목부서에 근무하는 기술직 공무원들에게 절대적으로 필요한 용기라 할 수 있다. 마지막으로 책임을 회피하거나, 좋지 않은 결과를 두려워해 결정을 내리지 않는 것을 유의해야 한다. 도덕적 용기가 결여된 데서 나오는 책임전가는 능률과 반응성 있는 정부의 적임을 인지해야 한다. 특히, 조직 내부의 인사문제에서 용기가 필요하다. 해임하고, 강등하고, 승진을 유보하고, 원하지 않는 곳에 전보시키는 일 등은 가장 어려운 용기를 요구한다.

박애정신에 의한 공정성은 가장 중요한 도덕적 특질이라 할 수 있다. 용기는 정의와 박애적 행동(태도)을 유발하지 않는다면 가치가 없기 때문이다. 일례로, 정의에 대한 도덕적 명령도 박애정신이 없으면 제한된 덕목에 지나지 않는다. 절대적 정의란 전지(全知)와 총체적 무관심에 지나지 않고, 공무원들은 항상 불완전한 정보와 사익에 대한 계산에 근거하여 의사결정을 하지 않으면 안 된다. 박애정신은 이처럼 불완전한 정보와 사익에 매몰을 보상해 주는 덕목이다. 그리고 박애는 부드러운 덕목이 아니라, 궁극적으로 도덕적 어려움을 수반하는 덕목이다. 그리고 박애는 자아를 계율하고, 개인적 인기, 권력, 지위 등에 대한 지속적인 내부 욕망을 억제하는 것을 포함한다. 이는 마치 신약(新約) 성경에서 자아를 발견하기 위해 자아를 희생(상실)하는 것과 같다.

출처: Bailey(1964: 234−243)

셋째, 보다 집합적 수준에 도덕적 행정행위에 관한 주제가 있다. 주된 관심은 과연 공공정책이 국민의 의사뿐 아니라 민주사회의 기본 속성을 반영하느냐는 것이다. 골렘비우스키(Golembiewski, 1967)가 일반 조직적 상황에서 이런 종류의 도덕적 문제를 직접적으로 제기했다. 유대−기독교(Jeudo−Christian) 윤리의 전통을 따라 조직과 개인 모두가 '외적 도덕질서'에 따라야 한다고 주장한 것이다. 그러나 공공조직에서 민주도덕성(democratic morality)에 관한 가장 널리 알려진 개념을 제공한 것은 레드포드(E. Redford, 1969)였다. 그에 의하면 민주사회에서 행정은 세 가지 민주주의의 기본 신조 즉, 개인성의 실현, 시민 간 평등 확보, 그리고 보편적 참여를 조장하지 않는 한 정당화될 수 없다.

행정에서 도덕성에 관한 충분한 논의를 하려면 상기한 다양한 접근법들을 모두 고려해야 할 것이다. 이 장에서는 일단 이상의 다양한 접근방법의 공통된 속성을 파악하고 합리성의 본질과 대조를 위해 도덕성의 인식론적 본질만을 규명한다. 논의가 전개됨에 따라 보다 분명해지겠지만 이상의 도덕성에 관한 접근법들은 대부분 그들의 인식론적 근거를 의무론적 이론, 특히 계약론(contractarianism)에서 찾고 있다. 기술한 바와 같이 의무론적 가치체제는 행위가 일정한 도덕적 규칙들(moral rules)과 일치하면 옳은 행위라 하고, 이런 규칙들을 어기면 그른 행위라 한다. 도덕적 규칙들은 하나의 궁극적 의무의 원리에 근거하는 데 이런 원리는 행위를 옳거나 그르게 하는 목적을 따로 정하지 않는다. 대신 이런 체제가 명시하는 것은 도덕적 행위에 적용되는 일련의 조건들이다.

이런 철학적 사유는 인간 행위가 단순히 독립된 목표를 위한 수단이라 하는 목적론적 사고와 크게 대조를 이룬다. 이런 상반성은 가치체제가 일반복지에 도움을 주기 위해 반드시 그 자체를 초월하는 어떤 목표를 가질 필요가 없다는 의무론자들의 신념에서 더욱 두드러진다. 이는 곧 도덕성이 창조(making)가 아닌 행위(doing)의 형태이고, '잘하는 것' 자체가 곧 목적이 된다는 것이다. 이런 주장을 보다 완곡히 표현하면, 옳은 것과 좋은 것은 따로 규정될 필요가 없고, 옳은 것이 좋은 것을 극대화함으로써 이루어질 수 없다는 것이다.

행정을 위한 이런 인식체제는 하나의 의무적 명령과 하나의 핵심적 규범원리를 제공했다. 의무적 명령은 다시 두 개의 상반된 관점에서 표현될 수 있는 데, 하나는 적극적 혹은 긍정적인 것이고, 다른 하나는 소극적 혹은 부정적인 것이다. 적극적 관점에서 행정은 특정 행위를 하거나 조장할 의무가 있다. 이런 행위들은 절대적, 구속적, 비절충적, 그리고 필수적이다. 이들은 ① 그 자체로 유효성을 지녀서 더 이상 변명이나 정당화가 요구되지 않거나, ② 행위를 지배하는 원칙이나 원리 간의 논리적 필요 관계에 의해 정당화된다. 예컨대, 정직이나 진실의 표명 등은 모두가 그 유래를 직감적 판단, 실천가의 경험, 혹은 평범한 지식에 두고 있어 스스로 유효성을 띤다. 워릭(Warwick, 1981)은 이런 도덕적 특성을 진실성(varacity)으로 표현했고, 이는 공직자가 거짓을 피하고 국민이나 상관에게 올바른 정보를 제공하며 공공정책에 관한 정보를 수집・배포함에 있어서 다른 사람들의 능력을 존중해야 함을 의미한다. 유사하게 베도(Hugo A. Bedau, 1981)와 마골리스(Joseph Margolis, 1981)도 민주사회에서의 정부가 스스로 제정하는 모든 법규, 정책결정과정에서 숙고된 내용, 그리고 정책집행에 수반되는 모든 행위를 국민에게 진실 되게 알릴 의무가 있다고 했다. 정직이나 진실성과 달리 자유, 정의, 그리고 절차적 형평 등은 그들의 정당성을 특정 규칙이나 원리 간의 일정한 형식 관계에서 찾는다. 자유는 어떤 (상위 또는 하위) 원리에 의해서도 정당화될 필요가 없는 일반적 권리이고, 정의나 절차적 형평은 종종 한 개인을 위해 옳은 것은 유사한 환경에 있는 다른 사람에게도 옳다는 보편적 원리에 의해 정당화된다.

소극적 관점에서 행정은 특정 행위를 삼가야 할 의무가 있다. 이런 행위 또한 절대적, 구속적, 비절충적, 그리고 필수적이다. 물론 이는 적극적 의무에 대한 단순한 역 표현일 수 있다. 그러나 종종 적극적 의무보다 더 강한 의미를 전달하는 데, 예를 들어 정부가 국민에게 현혹적인 정보를 제공하는 것은 아무리 그에 대한 잠재적 혜택이 크다 할지라도 '결코' 정당화될 수 없다. 그리고 수동적 의무는 전형적으로 행정이 조직목표 달성을 위해 선택하는 수단에 있어 엄격함과 자제를 요구하는 데, 주된 기준은 사회적 규범이나 제도이다.[3)]

역사적으로 이런 수동적 의무의 결여는 모든 국가에서 보편적으로 나타난다. 미국의 경우, 주로 공화당 정권에서 나타났다. 국가안보의 목적이 어떤 수단도 정당화할 수 있다는 확신 하에, 닉슨(Richard Nixon) 행정부의 CIA는 전략과 기술의 완벽을 기하는 데 총력을 기울였다. 만약 흥분제와 같은 약물이 국가안보에 유효한 도구라면 이는 공직자뿐 아니라 일반 국민들에게도 사전승낙이나 결과에 대한

3) 하우와 카우프만(Howe & Kaufman, 1983)은 이런 도덕적 의무에 대해 다분히 현혹적인 견해를 피력한다. 이들은 만약 좋은 목적의 달성이 거의 모든 수단의 사용을 정당화한다면 수용가능한 행위의 한계는 매우 넓어질 것이라는 윌렌스키(Wilensky, 1980－81)의 견해를 지지한다. 그러나 이들은 이런 목적론적 체계를 배경으로 합리성이 단지 좁은 범위의 수용가능한 행태만을 허락할 것이라는 그릇된 결론을 내린다. 여기에서 한 가지 더 지적할 것은 이 장에서 (그리고 아마도 모든 규범적 논의에서) 논의되고 있는 수단 선택에서의 자제는 공무원들이 채택하는 수단의 양적인 '수(number)'와는 별다른 관계가 없다. 중요한 것은 공무원들이 채택하는 수단의 '질', 즉 '내용'이다.

고려도 없이 사용할 수 있었다. 유사하게, 레이건(Ronald Reagan) 행정부는 그들의 행위가 국가이익에 있다는 가정 하에 의회에 의해 금지된 행위를 암암리에 추구했고, 국민들을 현혹시키는 정보를 지속적으로 제공했을 뿐 아니라 심지어는 그들의 행위를 부정하기도 했다.

우리의 경우는 특히 군사정권 하에서 안보나 경제발전이라는 국가목표의 달성을 위해 국민의 인권이나 자유를 손상시키는 행위가 자행되었고, 심지어는 국민을 조작이나 조종의 대상으로 삼아 허위 정보를 제공한 사례도 많았다. 이런 정부의 거짓이나 기만적 행태는 문민정권 이후에도 끊이지 않았고, 특히 이명박 정부가 4대강 사업을 추진하거나 박근혜 정부가 세월호 참사 및 최순실 게이트에 대한 정보를 제공하는 과정에서 광범위하게 나타났다. 이런 사례들은 모두 도덕적 목표에 대한 합리적 수단의 승리를 보여주지만, 행정의 수동적 의무에 의해서는 결코 정당화될 수 없다.

도덕성의 의무론적 특성은 종종 도덕론자들에 의해 배분원리(distributive principle)로 연계된다. 이런 연계는 목적론적 사고에 대한 그들의 부정을 하나의 보편적 원리로 표현코자 하는 것인 데, 단일의 극대화 원리와 달리 정의, 평등, 복지 등 다양한 기준이 사용되고, 재화의 배분이 곧 '좋은' 것인 동시에 '옳은' 것이 된다.

> 만일 재화의 배분이 좋은 것으로 여겨지고 [정의]이론이 우리로 하여금 최대의 재화를 생산토록 한다면, 배분의 문제는 직관적으로 옳은 것이 되고 이론은 좋은 것이라는 독립된 개념을 상실하게 된다. 대조적으로 공리주의는 가치판단을 두 개의 부류로 나누는 데 하나는 별개의 것으로 규정지어 지고, 다른 하나는 극대화 원리에 의해 이것에 연결된다(Rawls, 1971: 25).

이와 같은 주장은 정당성 있는 사회조직이라면 반드시 민의를 반영해야 한다는 사회계약적 논지로 더욱 넓혀진다. 사회계약론의 정수는 국민이 사회적 계약에 의해 자발적으로 정부 설립에 동의했다는 것이고, 따라서 정부는 국민에 의한 상호계약의 산물[홉스(Thomas Hobbles)], 국민주권을 위한 수탁자[로크((John Locke)], 혹은 주권민에 의해 고용된 봉사자[루소(Jean-Jacques Rousseau)]에 불과하다.

그렇다면, 비록 민에 의한 만장일치 합의는 어려울지 몰라도, 정부는 다양한 사람들의 복수성과 특수성을 동시에 진지하게 고려하고, 다수의 의견뿐 아니라 소수의 의견도 존중하며, 최소한 국민들이 동의할 만한 공공정책을 추진해야 한다. 여기서 우리는 계약론의 하나의 분명한 메시지를 읽을 수 있다. "합리적 사려분별의 원리(the principle of rational prudence)를 편견 없는 방관자의 입장에서 사회체제에 적용함으로써 바람직한 공공정책의 원리를 얻을 수 있다는 것은 환상에 지나지 않는다"는 것이다(Rawls, 1971: 29).

3 딜레마의 시작

두 개의 철학적 지주가 행정가치의 이원론적 본질을 위한 (대조적) 원리(공리)를 제공했다. 하나는 수단적, 실질적, 집합적, 획일적, 결과중심적이고, 다른 하나는 최종적, 절대적, 형식적 (혹은 관계적), 배분적, 복수적, 그리고 원칙중심적이다. 합리성은 목적론적 가치체제에 근거하여 수단과 목표를 분리하고, 그 지도원리로서 어떤 행정행위도 국민을 위해 최대의 선만 창출하면 정당화될 수 있다는 공리주의 입장을 취한다. 반면에 도덕성은 의무론적 가치체제에 기반하여 행정행위가 공공재화와 서비스의 공정한 배분에 기여할 때 유효성을 지닌다는 계약론적 원리를 지지한다. 이런 맥락에서, 합리적 행정은 인식론적으로 좋은 행정을 구현하는 것이고, 도덕적 행정은 옳은 행정을 구현코자 하는 것이라 할 수 있다.

행정에 있어서 이런 이원론적 특성은 "마비와 정체(停滯)의 분위기"를 조성했고(Buchanan & Millstone, 1979: 296), 어느 원리가 행정행태를 지배해야 하는가에 대한 문제를 적절히 해결해 줄 수 있는 초원리(super-principle)의 형성을 거의 불가능하게 만들었다. 그러나 이는 단지 기본적 원칙이나 원리의 문제로서 행정가치를 둘러 싼 딜레마의 시작에 불과하다. 이 장에서 제시된 원리들은 인식론적 특질을 바탕으로 다양한 행정가치들에 의미와 논리적 근거를 제공하는 초가치(meta-value)라 할 수 있다. 이들은 대개 규범적 논의에서처럼 행정가치의 성질이나 의미를 연구하는 데 있어서 극복하기 어려운 다양성과 복잡성을 최소화하는 데 기여하고, 합리성과 도덕성을 '개별 가치'라기보다는 행정의 '가치체제'로 개념화하도록 이끌어 준다.

다음 장에서 우리는 이러한 합리성과 도덕성의 가치체제가 어떻게 다양하게 제시되어 온 행정가치들을 수용, 체계화하는가를 논한다. 그리고 이런 과정에서 전통적 행정가치들이 얼마나 상호 모순된 행태적 열망을 추구해 왔는지를 보여줄 것이다. 공직자들이 특정의 행위를 선택해야 할 상황에 처했을 때, 과연 이들이 준거할 합리적 혹은 도덕적 행동기준은 무엇인가? 이런 복잡한 문제에 접근함에 있어서, 우리는 합리적 혹은 도덕적 행위가 달성 가능한 조건들을 명시함과 동시에 (합리적) 관료주의와 (도덕적) 민주주의에 대한 보다 상세한 언급이 필요하다.

제 5 장

행정가치와 행태적 가정

> 행정을 위한 가치이론을 개발함에 있어서 가장 주된 개념적 과제는 실질적 가치와 절차적 가치, 그리고 개인적 가치와 집합적 가치 간의 관계를 설정하는 일이다. – Michael M. Harmon(1981: 75)

바람직한 행정은 종종 '능률적' 행정, '책임 있는' 행정, 혹은 '정의로운'(또는 '공정한') 행정 등으로 일컬어져 왔다. 그러나 공무원들이 이런 행정을 위해 어떻게 행동해야 되는지를 체계적으로 언급하는 사례는 많지 않다. 그래서 행정가치는 종종 공무원들에게 의문부호로 남아 있고, 윤리적 행위도 비교적 일반 사회에서 보편화된 행위기준에 의존하는 경우가 많다. 행정가치에 대한 논의는 이런 의문부호로서의 가치를 실질적 행동기준으로 구체화하는 작업을 의미한다. 그리고 무엇보다 행정가치의 행태적 가정을 규명하는 논리적 분석을 수반한다.

행정가치는 개인행태와 집단행태를 모두 묘사하는 데 사용되어 왔다. 이 중 어느 수준에서 행태적 가정을 분석하는 것이 바람직한지에 대해 이견이 있을 수 있다. 공리주의는 근본적으로 개인행동보다 사회적 결정을 위한 이론이라는 평가를 받아 왔다. 이에 비해 계약론은 개인의 독특한 삶의 계획이 지닌 정통성을 강조하고 서로 다른 사람들 간의 배분적 정의를 지지하기에 개인행동을 분석하는 데 적합하다는 평가를 받아 왔다. 그러나 이런 수준별 논쟁은 분석적 목적 외에는 별다른 의미가 없다. 그리고 양자 간의 분석적 차이도 실상은 정도상 차이에 불과하다. 공리주의나 계약론은 모두 개인 및 집단이론에 적용되어 왔고, 행정실제에서 개인행동과 집단행동을 의미 있게 식별하는 것도 쉬운 일이 아니다.

실질적 가치와 절차적 가치 간의 관계도 규범적 논의에서 나타나는 논쟁거리의 하나이다. 실질적 가치의 정수는 정책결정에서 나타나는 산출의 공정성이나 적절성에 반영되어 있다. 이들은 일상적으로 최종 결과와 관련이 있고, 규범적으로는 공공서비스를 산출하는 과정에서 요구되는 능률, 그리고 이를 배분하는 과정에서 요구되는 형평 같은 상위가치나 원리들을 포함한다. 이에 비해 절차적 가치들은 행정이 접근 가능하고, 책임 있고, 참여적이고, 반응적인지 등에 초점을 둔다. 즉, 절차적 가치는 정부 절차의 적절성을 검증하는 것으로서, 정부가 시민 욕구나 불평에 대해 개방적인지, 참여를 위한 통로를 마련했는지, 그리고 절차적 정의를 보장하는 수단이 있는지 등에 관심을 둔다.

실질과 절차 간의 개념적 관계를 적절히 언급하기 어려운 또 하나의 이유는 인식론에 있다. 목적론에서 실질이란 가치 있는 것(what counts) 혹은 궁극적으로 가치를 인정받는 것이고, 절차(과정)는 그 자체의 유지(보호)를 목적으로 하지 않는 한 아무런(혹은 별다른) 의미(내용)가 없다. 이에 비해 의무론적 사고에서는 절차적 가치가 일정한 형식 원리에 따라 의무적일 경우 그 자체로서 목적이 될 수 있고, 때로는 실질적 가치의 희생 아래 추구되기도 한다. 이런 상반된 인식 때문에, 어떤 행정가치는 실질적 의미와 절차적 의미를 동시에 지닐 수 있고, 모든 사람이 선호하는 가치를 표명해도 이것이 정확히 무엇을 요구하는지, 그리고 이를 위해 행정이 무엇을 해야 하는지가 명확치 않을 수 있다. 하나의 행정가치를 놓고, 서로 다른 사람이, 서로 다른 이유로, 서로 다른 것을 말할 수 있는 것이다.

이런 점들을 염두에 두면서, 이 장은 행정가치의 개인적 요소를 주로 절차적 행정행위에 연계하고, 행정가치의 집합적 측면은 실질적 행정행위에 연계하며 논한다. 이런 접근은 순전히 분석의 편의를 위한 것이다. 개인적 수준에서는 주로 공무원의 개인적 행동에 관한 규범적 질문을 제기한다. 행정가치의 이원적 특질로부터 공무원이 임무수행 시 준거해야 할 합리적·도덕적 행동규칙을 추출하기 위함이다. 집합적 수준에서는 정부조직이 공공정책을 표방하고 설계함에 있어서 활용하는 평가기준들을 검토할 것이다. 이런 기준들은 합리성과 도덕성이라는 이원적 규범체제 내에 존재하는 상위가치들로서 능률, 생존, 평등, 그리고 형평 등을 포함한다. 종종 다양한 절차적 규칙(가치)들이 서로 분리되어 개별적으로 취급되고 있으나, 이 책은 가장 중요한 절차적 개념인 행정책임에 초점을 둔다.[1)]

1 관료주의와 행정가치

> 관료주의의 제도적 정수는 합리성이다. – Abbott & Lovell(1965: 43)
>
> 다른 조건이 동일하다면, 관료주의 행정은 항상 공식적, 기술적 관점에서 볼 때 가장 합리적 유형이다. 행정 분야에서 선택이란 단지 관료주의와 어설픈 지식(dilettantism) 간의 선택일 뿐이다.
>
> – Weber, tr. Parson(1947: 337)

앞에서 우리는 합리성에 대한 개념적 인식이 극적으로 변했음을 지적했다. 인간의 고유한 속성으로 바라보던 낭만적 견해가 대규모 조직 운영에 필수요소라는 사고로 변모한 것이다. 이런 개념상의 극적 변화를 초래한 가장 중요한 요인은 베버(Max Weber)의 관료제이다. 그래서 베버의 관료제가 지닌 주요 속성을 언급하지 않고는 합리성에 대한 논의를 진지하게 진행하기 어렵다. 관료제, 특히 이상형(ideal type) 관료제는 합리적 신념, 태도 또는 의사결정 등으로 이루어진 대규모 복합체를 분석하는 데 유용하다. 베버의 관료제는 이런 유용성에도 불구하고, 다른 한 편으로는 다양한 해석과 창조적 논쟁을 수반하기도 했다.

1) 모셔(Mosher, 1982)가 지적했듯이, 행정책임은 행정의 규범적 논의에서 가장 중요한 개념인 것 같다. 그러나 책임에 관한 논의는 종종 책임의 의미와 적절한 역할을 놓고 첨예한 견해차를 초래하면서 혼란을 가중시킨다. 이 장은 이런 현상을 책임의 유용성 및 모호성의 근원으로 간주하는 반면, 다양한 의미나 해석을 해소하기보다 일정한 행태적 가정을 추출하는 데 초점을 둔다.

우선 이상형에 대한 베버의 분석이 규범적 의미의 이상(ideal)이 아니라는 주장이 제기되었다. 이상형은 현실세계의 조직들이 어느 정도 가까이 갈 수 있는 한계를 묘사할 뿐이라는 것이다. 일례로, 하먼과 마이어(Harmon & Meyer, 1986: 71－73)는 베버의 이상형을 다음과 같이 해석한다.

> 이상(ideal)이란 단지 관념상으로만(to the mind) 이상을 지칭할 뿐 규범적 판단과는 아무런 관계가 없다. 이상형은 세계를 합리적으로 지능 있게 만드는 데 도움을 주는 독특한 정신적 개념 구상(mental construct)이다. 다른 말로 표현하면, 이상형은 어떠한 의미에서든 현실세계에서는 존재하지 않는다.

덴하르트(R. Denhart, 1984: 28)도 이와 유사한 견해를 피력한다. 그는 이상형이 "바람직하고 추구되어야 할 특정의 사회적 구조를 시사하는 것이 아니라 …… 특별한 문화적 중요성을 초월하는 일련의 요소들을 혼합적으로 추출하고 정교화한 것"이라 한다. 이런 비판들은 부분적으로만 타당하다.

비판가들이 지적하듯, 베버의 이상형은 실존하는 모든 조직의 평균적 특성을 방법론적 개념으로 대변하는 것이 아니다. 또한 완전한 관료제화는 불가능하기에 어떤 경험적 조직도 베버의 논리적 · 과학적 개념 구성에 정확히 일치하지 않는다. 그러나 규범적 판단에 대한 비난이 반드시 이상과 현실 간의 괴리로부터 파생하는 것은 아니다. 이는 베버가 만든 이상형이 대부분의 기존 조직들이 지닌 관료제적 속성을 추상화한 것으로, 최소한 행정의 능률 향상을 위해 필요한 조직적 · 행태적 특성을 담고 있기 때문이다. 즉, 관료제가 다른 조직에 없는 일정한 속성을 지니고 있다면, 이런 속성은 최소한 능률적 운영에 기여해야 한다는 것이다. 더 나아가 이런 속성들은 경험적 증거에 의해 부정될 수 없다. 만약 어느 경험적 연구가 베버의 속성들과 능률 간의 관계가 없음을 발견한다면, 이는 관료제 내에서 양자 간 관계가 존재치 않음을 입증하는 것이 아니라, 연구대상인 조직이 '완전한' 관료화를 이루지 못했음을 보여줄 뿐이다.

베버의 관료제가 (비록 도덕적은 아닐지라도) 조직행태를 위한 규범적 개념구성으로 인식되는 이유가 바로 여기에 있다. 사실, 개념적 준거 틀의 추상적 속성,

처방적 대안, 입증불가능성 등은 모두 규범적 원리의 공통된 속성들이다. 특히, 베버의 합리성이 지닌 추상적 속성은 롤스(John Rawls)의 원리, 공리주의, 그리고 인간의 존엄성에 대한 칸트(Immanuel Kant)의 견해처럼 가치들이 지닌 공통적 속성이라 할 수 있다. 이들은 대개 특정 상황이나 다양한 처방에도 적절히 조화를 이루는 대응책과 유사하다. 아마도 이런 이유 하나만으로도 베버의 합리성이 단순한 정신적 산물에 불과하다는 비판에 반론을 제기할 수 있을 것이다.

베버의 관료제를 둘러싼 또 하나의 논쟁거리는 조직의 운영행태(operational mode)에 관한 것이다. 과연 베버의 관료제는 '합리적' 조직인가 아니면 '능률적' 조직인가? 이 장의 도입부에서 인용된 것처럼, 이 문제를 더욱 복잡하게 한 것은 베버 자신이다.

> 일반적으로 경험은 순수한 관료제적 행정조직이 — 즉, 독재적(monocratic) 관료제 유형 — 전적으로 기술적 관점에서 볼 때 가장 높은 수준의 '능률'을 올릴 수 있고, 바로 이런 점에서 인류에 대한 불가피한 통제를 수행함에 있어서 가장 '합리적' 수단임을 보여주는 경향이 있다(Weber, 1947: 337).

이 장은 베버의 관료제를 가장 합리적 조직양태로 보고 능률보다 광범위한 개념으로 인식한다. 이미 지적했듯이 베버의 관료제는 행정의 능률 제고를 위한 일종의 발견적(heuristic) 장치를 제공한다. 이것만이 베버의 관료제가 행정이론 및 실제에 기여하는 바가 아니다. 후술하는 바와 같이, 베버의 관료제는 모든 조직이 스스로의 생존 및 유지를 위해 추구하는 이론적 모형이기도 하다. 이런 이유로 이 장은 베버의 관료제를 합리적 행정의 두 가지 핵심가치인 능률과 생존을 묘사하는 데 필요한 논리적 근거로 삼는다. 베버의 관료제가 지닌 조직적 특성들을 빌어 합리적 행정을 위한 행태적 가정들(즉, 실질 및 절차적 가정들)을 추출하려는 것이다.

베버의 이상적 관료제는 다음과 같은 주요 원리들로 구성되어 있다. 베버의 글에서 이런 요소들에 대한 묘사는 직접적이고, 행정합리성의 정수와 완전히 일치한다(Gerth & Mills, 1986; Weber, 1947).

공리1: “조직의 목적 달성을 위해 요구되는 정규 활동은 공식적으로 배분되어 있다”(*From Max Weber*, 1946: 196).

공리2: 관료들은 기술적 능력에 의해 채용되고 ‘경력체제’에 의해 임의적 해고로부터 보호 받는다(*The Theory of Social and Economic Organization*, 1947: 333).

공리3: 공식적 업무수행 및 합법적 조직운영은 “규칙에 따른다”(*Ibid.*, 330).

공리4: 행정 관료들은 “명확히 규정된 직위의 계층으로 조직화된다”(*Ibid.*).

공리5: 열정이나 애정이 없는 “공식적 비정의성(formalistic impersonality)”이 이상적 관료들의 직무수행 정신이다(*Ibid.*, 340).

이런 관료제적 특성들은 합리적 행정을 위한 필수조건으로서, 조직뿐 아니라 모든 구성원들이 합리적으로 행동하도록 규제한다. 이런 공리들은 기능이나 중요성에서 동등한 것은 아니다. 처음의 두 공리는 합리성의 실질적 속성과 밀접히 연계되어 있고, 따라서 내용적(실질적) 가치를 논하는 데 보다 적합하다. 이에 비해 나머지 공리들은 합리적 행정의 절차적 가치인 객관적(합리적) 책임을 묘사하는 데 유용하다.

1) 능률(Efficiency)

> 능률은 행정의 가치 영역에서 제일의 공리(axiom number one)이다.
>
> – Luther Gulick(1937: 193)

합리성은 종종 능률, 효과성, 생산성 등 유사 용어들을 포괄하는 개념으로 인식된다. 투입－산출비가 가장 널리 알려진 능률의 개념이다. 가끔 생산성으로 일컬어지는 능률은 주어진 자원으로 최대의 성과를 올리거나, 주어진 목적 달성을 위해 최소한의 자원을 사용하는 일종의 절차적 경제성이다. 이에 비해 효과성은 능률과 동일시되기는 해도 행정의 절차보다 정책의 산출, 즉 주어진 목표의 달성도와 밀접한 관계를 지닌다. 어느 경우에건, 행정의 규범적 논의에서 능률만큼 합리성과 비견되는 개념은 없다. 하먼과 마이어는 이런 용어들의 역사적 발전을 다음과 같이 묘사한다.

> 관리과학이 발전하던 20세기 초반, 관리과학은 '능률'이라는 사고를 행정관료를 위한 중심적 수단가치로 강화시켰다. …… 정부가 사회변화를 위한 보다 창조적 역할을 필요로 할 때, '효과성'이 추가적 관심사로 떠오르면서 업무 및 이의 달성이 조직목표에 미치는 영향에 초점을 두게 되었다. …… 재정적으로 풍요하던 시대에, 우리는 '사업이 우리가 하기로 한 것을 얼마나 잘 달성했는가?'라는 질문을 던지는 사치를 부릴 수 있었다. 풍요로움을 점차 상실하면서, 능률이 '생산성'이라는 새로운 이름을 가지고 선두자리로 되돌아 온 것이다(Harmon & Mayer, 1986: 38-41).

능률은 수단적 가치의 선두주자로서 효과성 및 생산성과 함께 행정의 규범적 벡터를 구성한다는 것이 하먼과 마이어의 논지다.

사실, 능률은 행정가치를 논함에 있어서 늘 정당성을 지녀 왔다. 행정이라는 용어가 능률을 중심으로 세워졌을 뿐 아니라, 정부조직에 적용되는 좋고, 나쁨이라는 용어는 대개 '능률' 혹은 '비능률'을 의미했다. 이런 점에서 귤릭(Luther Gulick, 1937)은 선구자라 할 수 있다. 능률을 사회적 성과를 객관적으로 평가하는 척도로서 하나의 중립적 개념으로 파악한 사람들과 달리 행정을 위한 최상의 가치로 인정한 것이다. 그럼에도 불구하고, 능률은 고전적 문헌에서 다소 혼란을 초래하기도 했다. 왈도(Dwight Waldo)는 한 때 능률이 그 자체로서 가치가 될 수 없다고 했다. 추구하는 목적에 따라 의미가 달라지기 때문이다. 하나의 목적을 위해 능률적인 것이 다른 목적을 위해서는 비능률적일 수 있다는 것이다. "일례로, 곰을 죽이기 위해서는 (음식보다) 커다란 사냥총이 능률적일 수 있으나, 곰을 살리기 위해서는 그 반대가 사실"이다(1948: 202). 그러나 4년 뒤 왈도는 민주행정을 위한 이론을 개발하면서 자신의 이런 입장을 뒤집는 듯한 발언을 했다.

> 민주주의 이론을 개발함에 있어서 가장 중요한 장애가 되는 것은 능률이 '가치중립적' 개념 혹은 (보다 나쁜 경우로서) 능률이 민주주의에 반한다는 사고이다. 능률이 가치중립적임을 주장하고 동시에 능률이 행정과학의 중심 개념으로 쓰여

질 것을 주장하는 것은 …… 개인적인 자기 허무주의를 범하는 것이다(Waldo, 1952: 97).

왈도가 능률과 민주주의를 조화하려 할 때 시인했듯이, 능률의 규범적 속성은 인정되어야 한다. 능률은 투입－산출 비를 측정하는 개략적 척도지만, 경제적으로 한정된 자원 속에서 "다른 조건이 동일하다면 능률이 떨어지는 대안을 선택할 사람은 아무도 없기에" 그 자체의 규범성 검토를 초월하는 '초가치(a meta value)'가 될 수 있다. 그래서 호지킨슨(Hodgkinson, 1978: 184)은 "이를 부정하는 것은 행정철학 전반에 걸친 모든 문제를 드러내는 것"이라 했다.

능률은 성질상 반드시 두 가지 조건이 갖추어져야 측정이 가능하다. 하나는 기대되는 목표나 산출이 알려져야 하고, 다른 하나는 인과관계가 밝혀져서 목표 달성을 유도한 수단과 이를 위해 소요된 비용이 확인되어야 한다. 이는 곧 능률이 수단－목표 연쇄라는 인식론적 본질을 바탕으로 극대화 원리를 추구하는 수단 지향적 가치임을 시사한다.

그렇다면, 바람직한 행정행태를 위해 투입－산출 비가 제공하는 규범적 지침(공리)은 무엇인가? 어떤 행태를 장려하고, 어떤 행태를 금하는가? 이에 대한 답변은 고전적 행정이론에서 가장 취약한 부분이다. 경제적 합리성에서 능률은 단순히 한정된 자원으로 특정 목표를 극대화하는 것이다. 과학적 관리론에서 능률은 에너지를 생산물로 전환시키는 단일 최선안의 척도이다. 이런 개념들은 합리성과 능률을 거의 동일시하고, 따라서 수단－목표 연쇄라는 인식론적 정당화 외에 행정행태에 관한 규범적 논리는 거의 제시하지 못한다. 이런 의미에서 투입－산출 비라는 개념적 명제는 매우 비능률적이다. 능률은 의도하는 것보다 실제 시사하는 바가 훨씬 적은 것이다. 사이먼(H. A. Simon)도 예외는 아니다. 능률에 관한 그의 원리는 엄격한 의미의 원리가 아니다. 좋은 행정행태가 무엇인지를 규명하는 정의(definition)에 불과하다. 어떻게 조직성과가 극대화될 수 있는지는 언급하지 않고, "행정이론이 어떤 조건에서 극대화가 이루어질 수 있는가를 규명해야 한다"(Simon, 1976: 39)고 주장할 뿐이다.

이에 비해 베버의 이상형 관료제에서는 능률적 행정행태에 관한 처방이 비교적 명시적이다. 상기한 '공리 1'과 '공리 2'에 의하면, 관료주의 행정을 특히 능률적으로 만드는 것은 지식에 의한 지배이다. 공리 1은 조직행동을 직무에 연계시킬 때 전문직 구성원의 확보가 가능함을 가정한다. 전문성은 능률 확보를 위해 가장 중요한 요소의 하나이다. 개인이 능률적으로 일하려면 반드시 필요한 기술을 갖춰야 한다. 그러나 이런 요건이 전부는 아니다. 조직의 입장에서 능률은 이보다 더 많은 것을 필요로 한다. 공리 2가 보여주듯이, 조직은 인사정책을 통해 구성원들이 직무에 헌신토록 하고, 성실한 직무수행이 승진에 연계된다는 기대를 갖게 해야 한다. 이런 공리들은 공공 분야의 조직운영을 위해 다음과 같은 행태적 가정들을 처방한다.

첫째, 행정이 능률적이려면 인사기준에서 정실을 배제하고 업적에 의한 승진을 조장하는 경력공무원제도(career civil service system)를 구축해야 한다. 가장 능률적 사례에서, 개인은 "시험 혹은 기술적 훈련을 입증하는 증명서"에 의해 선발되고 "선임순, 업적, 혹은 양자 모두에" 의해 승진을 한다. 이런 승진 전략의 목적은 조직에 대한 충성심과 구성원들 간 팀 정신을 고취하는 데 있다. 더 나아가 조직과 구성원의 일체화는 구성원들로 하여금 집단이익의 제고를 위해 보다 많은 노력을 경주하도록 동기를 부여한다. 그렇다면, 경력공무원제도의 핵심은 공무원을 채용, 승진, 해고함에 있어서 '누가 조직을 위해 가장 봉사를 잘할 것인가'라는 객관적 기준만을 활용하는 데 있다.

둘째, "행정관료들은 스스로를 대변하고, 일반 시민에게는 없는 전문지식에 따라 행동하는 '공무원'(functionaries)이 되어야" 한다(Warwick, 1981: 94).[2] 이런 명제 뒤에는 행정관료들이 전문가이고, 정치인이 아닌 공공봉사자로서 활동한다는 인식이 깔려 있다. 그러나 이처럼 관료들을 공공정책을 집행하는 공무원으로 바라보는 시각은 이들이 정책의 주창자로서 활동하는 현실과 거리가 있다. 이런 관료주의적 기대와 현실 간의 괴리는 충분히 예측이 가능하다. 베버의 관료제는 행정

---

2) 여기서 공무원(functionary)은 이 책에서 통속적으로 일컫는 공무원(public officials)이 아니라 관료(bureaucrat)와 대비되는 개념이다. 관료는 글자 그대로 관료조직 내에서 일하는 사람, 또는 (다소 경멸적으로) 지능적 판단 없이 일상적 업무를 수행하는 사람을 일컫는다. 이에 비해 공무원은 특정한 역량을 갖추고 직무를 수행하는 사람으로서, 특히 정부에서 근무하는 전문직 공무원을 지칭한다.

이 능률적이려면 의사결정권을 조직의 리더로부터 지식을 소유한 전문가들에게 이전해야 함을 주장하기 때문이다.

셋째, 보다 중요한 가정으로 관료들은 정책결정을 단순한 기술적 문제(a technical matter)로 인식하고 행동해야 한다. 이는 정책결정이 가장 지식이 많은 전문가들에게 맡겨질 때 가장 능률적일 수 있음을 가정한다. 이런 주문은 논리적으로 조직 외부의 사람, 즉 일반 시민의 권리나 이해관계를 의사결정 과정에서 배제하는 것이 바람직함을 시사한다. 다만 예외가 있다면, 그것은 시민의 권리나 이해관계가 조직의 능률적 운영을 위해 도움을 주거나, 혹은 이런 권리(이익)의 조장이 조직의 목표인 경우뿐이다.

합리성이란 관점에서 이와 같은 국민과의 협의, 즉 공공의견 수렴(public consultation)을 의사결정을 위한 하나의 수단으로 인식하는 것은 의외가 아니다. 비록 공공의견 수렴이 종종 관료들의 정책결정이나 선택을 정당화하는 하나의 의무일지라도, 상기한 관료제의 합리적 특질은 다음과 같은 세 가지 목적론적(공리주의적) 정당화에 의해 보다 분명해진다.

> 첫 번째 정당화는 기술적 고려에 근거한다. 공공의견 수렴은 그것이 정책의 선택이 초래할 결과나 영향을 받는 당사자들의 선호에 대해 보다 나은 정보를 제공하기에 좋은 것이다. 두 번째 정당화는 '절차적 정당성'을 보장하는 것이 궁극적으로 선택의 집행을 촉진한다는 점을 강조한다. 세 번째 정당화는 이보다 훨씬 범위가 넓다. 의견수렴 과정은 국민들에게 좋은 민주시민이 되도록 가르치기에 가치를 갖는 것이다(Moore, 1981: 22).

이런 정당화 사유들은 모두 공공의견 수렴이 (그 자체가 아닌) 다른 목적을 위해 좋다고 한다. 공공의견 수렴이 그 자체로서 바람직한 것이 아니라, 그것이 조직목표의 구현, 합의 가능성 제고, 혹은 가치문제 해결에 도움을 주기에 바람직하다는 것이다.

요약하면, 능률은 합리성을 논리적으로 반영하는 가치이다. 관료들의 지식이나 전문성에 대한 강조는 능률이 수단과 목표를 분리하는 인식론적 구조에 기반을 둠을 보여준다. 목표가 설정되고 나면 이를 달성하기 위한 행동(수단)이 따른다. 이런 결론은 단지 베버의 관료제가 지닌 두 개의 공리적 속성에서 도출된 것에 불과하다. 하지만 이는 조직이 업무를 능률적으로 수행하기 위해 '어떻게 구성·운영되어야 하는가'에 대한 몇 가지 핵심 원리들을 제공한다. 우리는 베버의 나머지 공리들을 논의함으로써 능률을 보다 정교하게 묘사할 수 있다. 이런 공리적 속성들은 후술하는 합리적 책임에서 보다 자세히 논의될 것이다.

2) 생존(Survival)

> 제도적 유지, 보호, 성장에 대한 관심은 관료적 합리성을 향한 주된 열망이다.
> — Martin Rein(1983: 121)

자연의 제일 법칙이 자기보존이라면 조직의 제일 법칙은 생존이라 할 수 있다. 어떤 면에서 이런 생존은 관료들이 준수해야 할 제일의 의무가 될 수도 있다. 조직이 없으면, 이들이 할 수 있는 일은 아무 것도 없기 때문이다. 카츠와 칸(Katz & Kahn, 1966: 265–266)은 이런 인식을 다음과 같이 표현한다.

> 어떤 조직이건 스스로의 기본적 기능을 수행하려면 생존해야 하고, 이로 인해 생존은 조직의 의사결정자들이 추구하는 하나의 주된 목적이 된다. …… 많은 행정관료들에게, 관료제 보존에 대한 관심은 최상의 중요성을 띠게 된다. 사실, 관료제란 용어는 종종 베버식 관료제가 아니라 자체의 구조 보존 및 용이한 운영에만 관심을 두는 관료집단(officialdom)이란 점에서 사용되곤 한다.

유사하게, 사이먼(Simon, 1976: 122)도 조직을 균형 잡힌 체제(a system in equilibrium)로 묘사함으로써 생존의 중요성을 강조한다.

> 조직이란 금전 또는 노력의 형태로서 기여를 받고, 이에 대한 보답으로 유인체계를 제공하는 하나의 균형 잡힌 체제로서…… 묘사되었다. 이런 유인체계들은 조직의 목표 자체, 조직의 보전 및 성장, 그리고 이 둘에 관련된 유인체계들을 포함한다.

이처럼 생존에 관한 일반적(generic) 견해 외에, 공공조직에 관한 생존도 거론된다. 고스롭(Gawthrop, 1984: 139)은 조직 내의 예우의 윤리(an ethics of civility)를 논하면서, "안정의 유지는 X-이론적 틀에서 형성된 모든 공공조직의 궁극적 목적"이라 한다.

조직이 그 기능을 수행하려면 생존해야 한다는 것, 혹은 조직이 균형(또는 안정)을 유지하려는 동기를 지녔다는 논리가 반드시 생존이 당위성 차원에서 행정가치로 인정되어야 함을 의미하는 것은 아니다. 오히려 관료주의적 생존은 인력의 확충, 예산의 팽창, 그리고 관할권의 확대를 추구하는 팽창주의, 또는 외부의 위협으로부터 조직의 영역을 보호하는 데 주력하는 보호주의를 의미할 수 있다. 그래서 뷰캐넌과 밀스토운(Buchanan & Millstone, 1979: 276-277)은 과연 생존이 행정가치인지에 대해 다음과 같이 응답한다.

> 정부조직과 환경 간의 교호작용이라는 수준에서 조직 지도층의 지배적 동기는 …… 조직이 지닌 전략적 사리사욕을 극대화하는 것이다. …… 이기적 사리사욕은 내재적으로 악한 것이고, [이것이] 보다 큰 공익을 능가해서는 안 된다는 데 대해 넓은 공감대가 형성되어 있다. …… 그러나 우리가 현실을 반영하고 조직의 중심가치를 반영하는 공공조직에 대한 하나의 관점을 발전시키려면, 우리는 정치적 생존을…… 분석적 중요성(analytic import)이라는 차원에서 …… 민주적 도덕성과 동등한 것으로 취급하지 않으면 안 된다.

생존이 지닌 분석적(혹은 사실적) 중요성과 생존이 지닌 규범적 당위성은 다르다. 그리고 생존이 단지 전자의 이유에서만 중요하다면 이는 자칫 자연주의적 오류(naturalistic fallacy)를 범하는 것일 수 있다. 하나의 가치나 규범적 원리는 사실적 근거에서 파생하거나 방법론적 편의주의를 위해 정당화될 수 없는 것이다.[3] 이

---

3) 무어(Moore, 1903: 10, 13-14)에 의하면, 가치나 목표는 사실에 관한 연구나 사실적 객체에 대한 과학적 규범과의 일치로부터 논리적으로 파생될 수 없다. 이는 가치전제가 논리적 전제나 경험적으로 입증 가능한 전제들이 할 수 있는 것처럼 진위(眞僞)로 명명될 수 없기 때문이다. 이런 의미에서 가치전제는 계량적 방법이 미치지 못하는 초사실 혹은 초과학의 영역으로 인식될 수 있다. 따라서 이를 부인하는 것은 자연주의적 오류를 범하는 것이고, 이런 주장은 아무리 많은 사실이나 'is'도 하나의 가치 진술이나 하나의 'ought'를 입증할 수 없음을 의미하는 것이다.

에 대해 뷰캐넌과 밀스토운은 한 걸음 더 나아가 생존이 체제이론, 정치적 다원주의, 점증주의 등 행정 과정에서의 정치적 개념들로부터 정당성 확보에 필요한 이론적 지지를 얻는다고 한다. 이런 이론들은 공통적으로 생존을 모든 사회조직의 본질적 동기로 규정하고, 이처럼 자기중심적 동기가 궁극적으로는 다양한 사회적 이익들이 조화를 이루는 협상 및 타협 과정을 통해 보다 큰 공익을 실현할 것이라 한다. 주지하듯이 이런 이론들은 '어떻게' 혹은 '정말로' 협상, 타협, 상호 조정 같은 정치적 행위들이 공익에 기여하는가에 대해서는 의문을 제기하지 않는다. 이들은 단지 "이런 과정에서 나타나는 것은 그것이 무엇이던지 간에 공익에 있다"고 선언할 뿐이다(Lindblom, 1965; Truman, 1971). 그리고는 생존이 비록 "국민이 보기에는 어둡고, 치사한 정치적 활동"을 조장하는 것 같으나, "행정합리성과 민주도덕성 같이 공공조직의 합법적인"(Buchanan & Millstone, 1979: 272-277) 하나의 행위규범으로서 간주되어야 한다고 주장한다.

생존이 하나의 행정가치로서 정당화되는 것은 바로 이런 맥락에서다. 무언가 반직관적이고 역설적인 주장은 이미 사실적 명제가 아닌 규범적 명제가 되고, 생존을 행정가치로 만들기 위한 일반원리적(nomothetic) 근거를 제공한다. 부언하면, 생존을 위한 규범적 당위성은 생존이 행정의 궁극적 목표 달성에 — 즉, (조직자체보다는) 국민을 위한 봉사에 — 기여한다는 전제로부터 나온다. 이는 마치 조직을 위해 유익한 것은 (그것의 실질적 동기가 무엇이고 현실에서 어떻게 나타나던가에 상관없이) 조직 구성원 뿐 아니라 보다 큰 사회를 위해 유익하다는 것을 전제하는 것과 같다. 그리고 이런 전제는 생존이 곧 합리적 가치의 하나임을 시사한다.

고스롭(Gawthrop, 1984: 141)은 생존을 위한 조직의 명령이 개인 윤리(individual ethics)와 함께 공공관리를 위한 세 가지의 외형적 가치를 — 즉, 경계보호 전략, 기계적 환원주의, 절차적 법률주의 — 산출함으로써 합리적 가치로서의 정당성을 확보한다고 주장한다. 경계보호 전략은 다원주의의 기본 신조를 지닌 사이먼(H. A. Simon)의 균형전략과 동일한데, 목표에 관한 모든 문제를 수단의 문제로 축소시키는 기계적 환원주의의 온상이라는 비판을 받는다. 다원주의는 의도적이고도 장기적인 목표에 초점을 두는 것이 아니라, "신중함, 자발적 적응, 상호주의, 그리고 상황적으로 규정된 실용주의" 등 기계적 가치들을 높이 평가한다는 것이다. 이런 기계적 가치들은 복합적으로 여타의 초월적 가치를 무시하고 오직 합리적 가치들만이 잘 작동할 수 있는 분위기를 조성하는 절차적 법률주의를 강화한다.

점증주의도 다원주의와 동일한 인식론적 사고에 근거한다. 점증주의는 다원주의와 달리 종종 합리주의와 비교되곤 한다. 합리주의가 모든 목표를 한 번에 극대화할 수 있는 정책을 찾고자 한다면, 점증주의는 정책이 한계적으로 채택되는 경향을 지적하고 이런 방식이 바람직함을 강조한다. 정책의 한계적 채택은 경험으로부터 배우고, 너무 깊이 개입할 때 나타날 수 있는 오류를 방지하도록 도와준다 (Lindblom, 1959). 점증주의는 또한 비록 지연에 따른 불이익을 초래할지 몰라도 정책의 실현 가능성 및 국민적 수용성을 높여 준다. 이런 현상은 종종 점증주의가 일종의 민주적 이상을 반영한다는 (혹은 최소한 합리적 정책결정과는 상반된 것이라는) 증거로 인용되기도 한다. 그러나 주목해야 할 것은 점증주의자들이 점증주의 자체를 바람직하다고 하는 것이 아니라는 것이다. 이들은 단지 점증주의가 제공하는 시험적 혜택(trial or error benefit)이나 국민적 수용성 등 다른 목표를 달성하기 위한 수단으로 바람직하다는 것이다. 이런 목적들은 항상 구속력을 지니는 의무론적 가치들과 다르고, 오히려 생존과 유지라는 합리적 목표를 달성하는 것과 밀접히 연계되어 있다.

그렇다면, 생존이라는 가치, 즉 정치적 다원주의, 점증주의, 체제이론 같은 규범적 틀에서 강조되는 바람직한 행정행태는 무엇인가? "글자 그대로 다양한 이익들이 의사결정 중심에 접근할 수 있도록 도와주고, 이들 간의 균형이 유지될 수 있도록 해 주는 것이다"(Harmon, 1981: 151). 슈베르트(Schubert, 1960: 204-215)는 이런 관료들의 역할을 다음과 같이 묘사한다.

> 의사결정 소재의 다원성은 특정의 결정을 변화시키거나 유발하고자 하는 다원화된 이익에 접근을 가능케 한다. …… 공식적 의사결정자가 해야 할 일은 공공정책의 지속성과 안정성을 극대화하는 일, 즉 이해당사자들 간의 형성된 기존의 조화 유형의 손상을 극소화하는 것이다. …… '절차적 정당성'을 신봉하는 사람들은 …… [상충하는 이익들을] 모두 고려한 결과로 …… 나타난 의사결정이 균형이

론에 대한 검증을 거친 것이라 주장한다.

물론 이런 역할은 쉽지가 않다. 경쟁 관계에 있는 이익들에게 공정한 접근기회를 제공하고, 이들 간에 적절한 균형이 유지되도록 하는 것은 행정관료들의 세심하고도 주의 깊은 노력을 필요로 한다.

보다 중요한 것은 이런 상황에서 관료들이 조직의 생존이라는 X이론적 가치를 초월하는 가치는 간과한 채 정치적 편의주의라는 전략적 가치에만 초점을 둔다는 것이다. '좋은 것은 실제 작동하는 것이고, 따라서 작동하는 것은 무엇이든지 좋다'는 실용주의적 신념을 갖도록 사회화되는 것이다. 이에 대한 완곡한 표현은 만약 행정관료가 명백히 규정된 과실이나 비행을 저지르지 않으면, 그는 옳은 일을 하는 것으로 간주된다는 것이다. 이런 상황에서, 관료들의 수동적 행태는 두 개의 목적론적 가정에 의해 정당화된다. 하나는 수단에 대한 합의로부터 목적에 대한 공통된 인식이 나타난다는 것이다. 이는 수단–목표 연계에 의미를 부여하는 것이다. 다른 하나는 존재(being)와 행위(doing) 간의 내재적 관계를 설정하는 것이다. 즉, 행정관료들은 무언가가 '되기 위해' 무언가를 '하지 않으면 안 되는' 것이다.

생존에 근거한 다른 하나의 다원주의 행동규범은 행정관료들이 다양한 이익들이 적극적으로 참여하는 정치적 게임장에서 심판을 보는 중립적 중개인(neutral mediator or broker)이 되어야 한다는 것이다. 일단 다양한 이익들을 정책결정 과정으로 유도하고 나면, 관료들은 이런 이익들이 합의에 도달할 수 있도록 게임을 기술적으로 관리해야 한다. 이런 상황에서, "행정의 성과는 게임이 얼마나 '능률적으로' 진행되고, 모든 참여자들이 얻는 이득의 합이 '극대화'되는가에 따라 평가된다"(Harmon, 1974: 14–15). 이런 행정행태는 능률과 마찬가지로 극대화를 주된 목표로 하며, 단지 극대화를 달성하는 메커니즘이 복잡할 뿐이다. 이는 다원주의가 정책 과정을 사회적 가치가 상충하는 이익들 간에 공정하게 배분되는 숙고하는 과정으로 보지 않음을 시사한다.

만약 행정관료가 사회적 거리감을 유지하지 않고 특정 (고객)집단을 위해 정책과정에 개입하면 어떻게 될까? 아마도 이런 집단에 특혜를 주기 쉽고, 결과적으로는 사회 전체의 산출을 극대화하는 생산방식을 간과하게 될 것이다. 이런 점에서 다원주의는 합리적 의사결정 모형에 공공(公共)의 의미를 각색한 것이라 할 수 있다. 생존의 지배적 원리는 (그 실현을 위해 정치·행정이원론을 강화하는 능률과 달리) 단순히 최대 다수의 국민을 위한 최대 다수의 정치적 만족이 도출될 수 있도록 하는 (이론적으로) 보다 합리적이고 (실천적으로) 보다 현실적인 제도적 장치를 모색하는 것이다.

상기한 두 가지 행태적 가정들은 다소 단순하지만, 다원주의를 지적 배경으로 하는 생존이 지닌 핵심적 요소를 잘 보여준다. 혹자는 이런 분석이 지나치게 수동적이고 편협하다 할 수 있다. 관료들은 종종 정치 과정에서 게임 규칙에 따라 신중히 참여할 뿐 아니라, 권력기관이나 이익집단들과 특별한 관계를 형성하기 위해 능동적으로 움직이기 때문이다. 이는 분명한 사실이다. 이런 움직임은 특히 현상이나 안정을 유지하기 위한 단순한 노력이 공공조직의 지속적 생존을 위해 충분하지 못할 때 나타나곤 한다. 자원을 변형시키는 체제로서 공공조직은 생존에 위협을 가하는 외부 환경으로부터 정치적 지지를 구하거나 정치적 반대를 불식시켜야 할 때가 있다. 이럴 경우, 정부조직은 스스로 정치적 게임에서 경쟁하는 혹은 아마도 가장 중요한 이익집단의 하나가 되기도 한다. 그러나 이런 실용적 행정행태는 로이(Lowi, 1969)의 '이익집단 자유주의' 이론이 보여주듯이 항상 '조직의 건전한 생존이 사회를 위해 좋다'는 보다 높은 수준의 신념을 넘어서지 못한다. 이런 필요성 및 공동선에 대한 합리적 가정이 없다면, 생존은 정당한 행정가치로서 존재할 수 없다.

요약하면, 생존에 관한 다원주의 관점은 주로 행정에 대한 합리적 인식구조에 의존한다. 다원주의는 목적 지향적인 것에 초점을 두는 것이 아니라, 실천적이고도 생산적인 것에 초점을 둔다. 다원주의는 축소 지향적 합리성을 추구하면서 공정성, 형평 등에 관한 인간적(정적) 관심사를 정치적 득실의 비인간적(비정의적) 총체로 변형시킨다. 만약 득이 실을 능가하면, 행정행태는 공공혜택의 배분유형에 관계없이 쉽게 정당화될 수 있다. 생존은 이런 방식으로 기존 상황을 안정(조화)시키고, 절차적 법률주의라는 장치를 통해 이런 목표가 달성될 가능성을 높힌다. 이는 관료들로 하여금 창조적·쇄신적일 것을 요구하지 않고, 단순히 합리적 행위규칙에 적응(순응)할 것을 촉구한다. 이런 맥락에서 관료들은 의사결정 과정에 개입하는 다양한 이익들 간의 균형을 조장하는 기술적 중개인이 되고, 생존은 '조직을 위해 좋은 것은 사회를 위해 좋다'는 전제 아래 최대의 공공복지를 위한 가장 효과적 수단을 개발하게 된다.

2 민주주의와 행정가치

> 만약 행정이 '현대 정부의 핵심'이라면, 20세기의 민주주의 이론은 행정을 포용하지 않으면 안 된다. – Dwight Waldo(1952: 81)

전통적으로 민주주의는 크게 두 가지 관점에서 논의되어 왔다. 하나는 좁은 의미에서 투표, 의회, 권리 보호 같은 관례나 제도를 지칭했다. 이런 관점은 민주주의를 정치적 의미와 경제적(혹은 사회적) 의미로 구분하는 특징이 있다. 다른 하나는 보다 광범위한 차원에서 일련의 가치체계를 암시했다. 민주주의는 단순한 역사적 사건이 아니라 자유, 평등, 그리고 여타 분배적 가치의 실현을 목적으로 한다는 것이다. 이상 두 가지 접근법은 모두 나름대로 정통성과 유용성을 지닌다. 이 장은 관료적 합리성의 가치들과 민주적 도덕성의 가치들을 적절히 비교하기 위해 민주주의를 보다 광범위한 차원에서 접근한다. 이런 접근은 행정이 정치적(공공) 영역뿐 아니라 사회·경제적(민간) 영역에서도 작동해야 하는 현실적 요구에도 부합한다. 민주주의가 일련의 가치를 추구한다고 가정할 때, 우리는 민주주의가 지닌 정치적 의미뿐 아니라 사회·경제적 의미도 함께 고려할 수 있다.

민주적 가치에 부여된 의미들은 다양하고 때로는 상충한다. 가장 추상적 수준에서 민주주의는 모든 사람을 수단이 아닌 목적으로 대해야 한다는 칸트(Immanuel Kant)의 정언명령에 기초한다는 주장이 있는가 하면, 민주적 가치에 대한 엄밀한 구성은 환상에 불과하다는 주장도 있다. 이런 점을 감안하여, 이 장은 민주주의의 의미를 정교하게 조작하거나 명확히 규정하려 하지 않는다. 그리고 약간 다른 시각에서 접근할 수 있는 일련의 가치들을 망라하지도 않는다. 가치에 대한 합의가 불가능함을 전제로, 두 개의 기본적인 '배분적' 가치, 즉 평등과 형평에 초점을 둔다. 평등과 형평은 각각 인간의 복지 및 공공재에 대한 상이한 관점을 바탕으로 특정 제도나 정책을 평가하는 준거를 제시해 왔다. 평등과 형평에 대한 강조는 중요한 민주적 가치의 하나인 자유(liberty)를 논의에서 제외함을 시사한다. 이런 생략은 관심의 결여가 아니라 의도적인 것이다.

자유는 다른 민주주의 가치들처럼 보편적 의미를 수반하는 개념이 아니다. 베를린(Isaiah Berlin, 1969: 121)이 지적했듯이, 자유는 "이의를 제기할 만한 해석이 존재하지 않을 정도로 매우 다공적(porous)이다." 다행히도 행정에서의 자유는 항상 두 가지 의미 중 하나를 지칭했다. 하나는 정부가 개인의 자유를 보장(신장)할 책임이 있다는 것이고, 다른 하나는 정부가 개인의 자유를 침해해서는 안 된다는 것이다. 더욱 다행스러운 것은 자유에 관한 규범적 논의에서 지속적으로 지배적 영향력을 발휘한 것은 후자의 경우라는 것이다. 자유의 침해 방지는 종종 로크식 자유주의(Lockean liberalism)라 일컬어진다. 로크식 자유주의는 본질적으로 개인을 사회로부터 분리된 혹은 사회보다 앞선 존재로 본다. 따라서 자유로운 개인을 정치질서의 기본 단위로 간주하고, 국가의 근본 목적이 개인의 삶과 재산을 보호하는 데 있음을 강조한다. 비록 이런 목표가 달성될 수 있는 수단에 대한 합의는 없지만, 자유주의적 편견은 항상 최소국가(minimal state)를 지향하고, 결과적으로 정부역할의 증대는 불필요하고 위험한 것으로 인식된다.

만약 이것이 자유의 개념이라면, 자유라는 가치는 행정의 도덕성을 논하기에 불충분하다. 도덕적 의무의 부정적·수동적 조건은 충족할지 몰라도, 사회적으로 바람직한 삶을 장려하려는 행정의 능동적 역할을 배제하기 때문이다. 이런 이유로 현대적 의미의 배분적 정의가 자유에 대한 고전적 가정에 도전을 한다. 배분적 정의는 사회 내에 주어진 자유나 자격에 의해 누가 혜택을 얻고, 누가 박탈당하는 지를 따져 공공정책의 사회적 효과를 직접 분석·평가한다. 이런 정의에 관한 이상은 기본적인 자유 개념을 완전히 부정하는 것이 아니라, "자유주의의 제도나 활용이 자동적으로 인간의 복지에 기여하는 것이 아니고, 정부가 공정한 배분을 구성하는 일정한 규칙에 따라 경제적·사회적 과정에 개입하는 것이 필요"함을 주지시킨다(Price, 1981: 148).

배분적 정의에 관한 발상은 사회적 이상(social ideal)에 관한 다양한 구상 중 일부에 불과하다. 그리고 배분적 정의에 관한 철학적 작업은 상당히 현학적인 반면, 자체의 모호성으로 인해 공공문제와 직접적인 관련성이 부족하다. 그럼에도 불구하고 우리가 행정가치를 이런 방식으로 검토한다면, 우리는 도덕성의 철학적이고도 민주적 측면을 다룸에 있어서 최소한 두 가지 분석적 유용성을 얻을 수 있다. 하나는 이미 지적한 바와 같이 공무원들로 하여금 지시에 따라 단순히 반응하는 기계가 아니라 능동적 도덕인(moral agent)으로서 행동할 것을 허락하는 것이다. 이런 준거 틀에서 공무원들은 공공재화나 서비스가 사회 내의 다양한 개인들 간에 평등하고도 형평하게 배분되는지를 보장하는 방안을 모색하게 될 것이다.

다른 하나는 만약 우리가 두 개의 배분적 가치에 초점을 두면, 이는 현대 사회에서 민주주의 이상이 지니는 모든 국면을 포괄할 뿐 아니라, 자유가 추구하는 두 개의 상이한 개념, 즉 ① 모든 사람들이 동등한 몫을 지니는 보편적 권리의 향유와 ② 사회 내에서 개인이 점유하는 상이하고 불평등한 위치를 반영하는 특수이익의 추구를 동시에 수용함으로써 자유주의 전통을 벗어나지 않게 될 것이다. 자유에 대한 첫 번째 개념은 “국가의 권력 및 개인 의지에 반하는 온정주의적 개입을 우려하고” 평등권에 대한 논의를 전통적인 헌법적 특권에 연계하는 경향이 있으나, 기본적 삶의 욕구에 대한 자격을 “효과적인 자유의 구성 요건 또는 필수 조건”으로 파악하는 두 번째 개념과 조화를 이룬다(Price, 1981: 52).

1) 평등(Equality)

다양한 유형의 권리를 포함하는 전통적 민주주의 개념들은 종종 ‘평등한 권리’ 또는 ‘평등한 자유’로 표현된다. 이런 점을 보면, 어떤 종류의 권리도 궁극적으로는 평등이라는 이상을 내포하는 듯하다. 하지만, 평등에 관한 개념 구성은 가끔 가상적 가치판단이나 공허한 명제에 지나지 않는다. 흔히 지적되듯이, “X=Y라는 단순한 등식은 무엇이, 누구에게, 얼마나, 그리고 어떤 기준에 의해 배분되느냐에 대한 상세한 규정 없이는 시사하는 바가 거의 없다”(Yates, 1981: 35-36). 평등 개념을 규정하려면 최소한 ‘누가’ 동등한 몫을 얻고 ‘무엇이’ 균등화되는지를 명확히 하고, 평등의 규범성을 논하려면 이런 개념적 두 요소를 바탕으로 동등한 배분이 측정될 수 있는 규칙을 제시해야 한다. 평등 개념의 두 요소, 즉 평등한 배분의 주체(수혜자)와 객체(대상)는 고전철학에서 각각 인간이 소유하는 '속성'과 인간이 받는(혹은 받아야 할) '대우'라는 개념에 연계되었다.

전자에 의하면, 인간이 평등하다는 것은 이들이 일정한 속성을 공유한다는 것이다. 그런데 인간은 다양한 속성에서 다르다. 타고난 재능에서 다르고, 제도적 변이에서 다르며, (연령, 힘, 지능, 권력, 소유 등) 모든 사람들이 공유하는 양적 속성에서 다르다. 따라서 인간이 평등하다는 것은 특정 차원에서 소유하는 유사점이 차이점보다 중요함을 의미할 뿐이다.

평등의 두 번째 요소는 인간이 비록 상이한 속성을 지닐지라도 동등한 가치나 존엄성을 지녀야 함을 의미한다. 이는 규범적 차원에서 인간이 평등하게 취급되어야 할 '자격'이 있음을 강조하는 것이다. 그런데 개인이나 집단에 대한 동등한 취급은 혜택이나 가치가 이들에게 배분되는 방식에 따라 달라진다. 이런 혜택은 실업수당이나 복지기금처럼 물질적일 수 있고, 정부에서 특정 직위를 점하는 것처럼 기회일 수 있다. 이는 평등에 관한 규범적 명제가 항상 대우에 관심을 갖지만, (동등한 속성을 지녔기에 동등하게 취급한다는 명제에서 보듯이) 속성에 관한 사실적 준거를 내포할 수 있음을 의미한다.

이처럼 비교적 명확한 사실적 · 규범적 구성에도 불구하고, 우리는 그간 공공정책 결정 시 어떻게 평등한 대우를 확보할 수 있는지를 진지하게 논의하지 않았다. 행정에서 평등에 관한 규범적 논의는 배분되는 가치(예: 금전, 기회 등)와 배분 과정에 개입하는 요인(예: 필요, 실적 등) 외에 최소한 동등 배분을 측정하는 기준을 명확히 밝혀야 한다. 이런 문제의식 하에, 이장은 먼저 평등한 배분에 관한 두 개의 규칙, 즉 '누가' '얼마나' 많은 혜택을 얻느냐는 것을 검토하고, 뒤이어 공공재화나 서비스의 평등한 배분에 관한 두 가지 일반 원리를 논한다.[4)]

평등한 배분을 측정하는 규칙은 (암묵적으로든 명시적으로든) ① 배분되는 공

4) 이를 위해 이장은 평등이라는 관점에서 배분규칙을 규정한 오펜하임(Felix Oppenheim, 1981)의 일반적 기준을 준용한다. 이런 분배규칙들은 특별한 규범적 의미 없이 다양한 평등 원리들의 '전체주의적' 혹은 '비전체주의적' 특징을 포착하기 위한 분석적 목적만을 위해 개발되었으나, 이는 평등이 지닌 규범적 공리들을 추상화하는 데 유용한 분석적 도구가 된다.

공서비스, ② 준거집단(reference group), ③ 선택(혹은 대상)집단(selected group)이라는 세 요소에 의해 규정될 수 있다. 이 가운데 준거집단은 규칙이 적용되는 집단으로 대개 공통적 속성에 따라 규정되고, 선택집단은 준거집단의 하위집단으로서 실제로 공공서비스가 제공되는 집단이다. 배분규칙은 모든 국민에게 적용되지 않는다. 국방과 같은 순수공공재를 제외하면 공공서비스를 모든 국민에게 제공하는 것은 불가능하다. 이런 구조 속에서, 배분규칙은 크게 두 가지 형태를 띤다. 하나는 특정의 부가적 속성을 소유한 준거집단의 구성원들이 일정한 혜택을 받도록 규제하는 '선택규칙'이고, 다른 하나는 선택된 집단의 구성원들에게 배당되는 혜택이 개인이 지닌 부가적 속성에 따라 조화를 이루게 하는 '할당규칙'이다.

이제 할당되는 혜택의 양을 고정시키고, 선택규칙만을 고려해 보자. 만약 선택집단의 규모가 준거집단과 동일하다면, 선택규칙은 완전히 평등하다(fully equal)할 수 있다. 이런 선택규칙은 준거집단의 모든 구성원을 동등하게 대우하는 것으로, 어떤 하위집단도 특별한 대우를 받지 않는다. 따라서 완전한 평등을 위해서는 선택집단이 존재하지 않거나, 선택집단과 준거집단이 동일해야 한다. 선택집단의 상대적 규모만이 배분규칙을 위한 유일한 기준은 아니다. 배분규칙은 할당되는 혜택의 양에 따라서도 달라질 수 있다. 할당이라는 차원에서, 배분규칙은 할당의 기준이 되는 속성의 차이에 관계없이 선택집단의 모든 구성원들에게 동일한 양의 혜택을 제공하면 완전 평등을 구현하는 것이 된다. 이것이 바로 개인이 "얻는 것의 양이나 규모에서 동등한 취급"을 의미한 아리스토텔레스(Aristotle, 1946: 1301b)의 '산술적 평등(numerical equality)'이다.[5]

여기서 우리는 공공서비스의 배분이 선택규칙과 할당규칙 모두에 의해 완전히

5) 대안적으로, 선택집단의 구성원들에게 동일한 양의 혜택을 제공하지 않는 할당규칙은 평등한 것이 아니다. 이럴 경우, 할당규칙은 선택집단의 구성원들에게 할당되는 혜택의 양을 구성원들이 지닌 속성의 정도에 따라 달리하기에 비례적(proportional)이라 할 수 있다. 그러나 후술하는 바와 같이 이런 규칙을 아리스토텔레스의 '비례적 평등'이라는 용어에 적용하는 것은 매우 현혹적이다. 이들은 단지 선택집단의 서로 다른 구성원들에게 서로 다른 양의 혜택을 할당한다는 의미에서 비례적일 뿐이다. 이런 점에서, 노직(Robert Nozick)은 모든 "정형화된 배분원리"가 '비례의 원칙'이라 주장한다. 이는 이런 원리들이 "개인의 도덕적 장점, 욕구, 한계생산, 노력의 정도 …… 등에 따라 몫을 배당하듯이 …… 배분이 일정한 자연적 차원에 따라 가변적이라는" 것을 규정하기 때문이다(Nozick, 1974: 156).

평등할 수 있음을 알게 된다. 완전한 평등은 공공서비스가 준거집단의 모든 구성원들에게 동일한 양으로 배분될 때 이루어진다. 예컨대, 하나의 배분규칙이 100% 평등하려면 (일정 요건을 갖춘) 모든 시민들에게 권리를(예: 정부의 의사결정 과정에 참여할 권리) 부여할 뿐 아니라 모든 사람들에게 동일한 혜택을(예: 개진된 시민의견에 대한 적절한 비중 부여) 주어야 한다. 이를 역으로 표현하면, 특정 선택집단에게 부당한(undue) 혜택을 제공하는 것은 국민의 기본권을 빼앗는 것처럼 평등한 것이 될 수 없다. 이것이 바로 평등의 이상을 정의(justice)의 영역으로 확장한 아리스토텔레스의 "동등한 사람에게 동등한 몫(equal shares to equals)"이라는 발상이다. 아리스토텔레스에 의하면, 정의는 "동등한 모든 사람들이 동등한 몫을 할당받을 것"을 요구한다. 이는 "평등한 사람들이 불평등한 몫을 받거나, 불평등한 사람들이 평등한 몫을 받을 때"(Aristotle, 1962: 1131a) 배분규칙이 정의롭지 못함을 시사한다. 아리스토텔레스(Aristotle, 1962: 1131a)는 이런 두 가지 사고를 하나로 묶어, "이제 정의롭지 못한 것이 불평등한 것이라면, 정의로운 것은 반드시 평등해야 한다"고 주장한다.

이것이 바로 행정이 항상 이상으로 추구해 온 평등의 개념이다. 공공정책을 형성함에 있어서, 이런 사고는 국민이 특정 서비스의 제공을 결정짓는 속성에서 동일하다면 반드시 동일한 양의 서비스를 받아야 함을 시사한다. 이런 의미에서, 레드포드(Redford, 1969)의 민주주의 도덕성(democratic morality)에 대한 개념화는 하나의 고전으로 남아 있다. 그는 모든 사람은 평등하게 태어났기에 지위나 부에서의 차이가 결코 특정 집단에게 불평등한 혜택을 제공하는 타당한 이유가 될 수 없다고 한다. 그리고 이를 통해 평등이 지닌 사실적·규범적 준거를 하나의 일관된 명제로 구체화한다. 불행히도 이런 평등의 이상은 종종 행정실제에서 쉽게 훼손되곤 한다. 일례로, 유사한 속성을 지닌 복지 수혜자들이 정부로부터 차별적 재정지원을 받는 것을 들 수 있다. 이들은 욕구의 정도나 필요에서 유사한 입장에 있지만, 자격 요건을 판단하는 과정에서 서로 다른 기준이 적용됨으로서 불평등한 혜택을 받게 되는 것이다.

만약 완전평등이 불가능하다면 어떻게 할 것인가? 차선책은 평등한 배분에 관한 두 가지 규칙 중 하나를 선택해서 부분적(partially equal) 평등을 구현하는 것이다. 할당에서는 평등하되 선택에서 불평등하거나, 아니면 할당에서는 불평등해도 선택에서 평등을 기하는 것이다. 전자의 경우는 준거집단의 소수에게 공공서비스를 제공하되, 제공되는 서비스의 양을 동일하게 하는 것이다. 이와는 대조적으로 후자의 경우는 공공서비스가 준거집단의 모든 구성원들에게 제공되나, 혜택의 양은 각 개인이 지닌 속성에 따라 달라지는 것이다. 전자의 배분규칙은 단순히 특정 집단에 대한 차별대우를 의미하기에 윤리적으로 정당화되기 어렵다. 그러나 후자는 불평등한 혜택을 불평등한 시민에게 배분함으로써 아리스토텔레스가 명명한 '동등한 사람에게 동등한 몫'이라는 원칙에 부합하고, 따라서 도덕적 행정행위를 위한 규범적 준거로서 종종 활용된다. 사실, 동등한 사람에게 동등한 몫(equal shares to equals)을 허락하는 규칙은 암묵적으로 불평등한 사람에게 불평등한 몫(unequal shares to unequals)을 허용한다고 볼 수 있다. 그리고 동등한 사람에게 동등한 몫을 할당하는 것이 정의롭다면, 불평등한 사람에게 불평등한 몫을 허락하는 것도 정의로워야 한다.

아리스토텔레스는 이를 '비례적 평등(proportional equality)'이라 했다. 비례적 평등은 배분규칙이 개인이 소유한 속성과 그가 받는 할당, 그리고 타인이 지닌 속성과 이들이 받는 할당 간의 비율상 평등이 존재할 때 충족된다(Aristotle, 1962: 1131a; 1946: 1301b). 이를 달리 표현하면, 개인에게 배분되는 양이 개인이 지닌 속성에 따라 단순히(monotonically) 증가하면 비례적 평등이 실현되는 것이다.[6] 생활보호 대상자의 수에 따라 공공부조의 양을 늘리거나, 도로 상태에 따라 도로 보수비를 다르게 책정하는 것을 예로 들 수 있다. 각 사례에서 제공되는 혜택이나 서비스의 양은 수혜 대상자(지역)가 지닌 특정 속성의 양(질)에 직접적으로 비례한다.

이런 예들은 너무나 명백해서 논쟁의 여지가 없어 보인다. 그러나 비례적 평등은 종종 모호한 규범적 의미를 전달해서 혼동을 유발하기도 한다. 가장 모호한 것의 하나는 기회균등(equal opportunity)이다. 이미 지적했듯이, 평등이란 규범은

6) 아리스토텔레스(Aristotle, 1946: 1317b)는 단지 실적의 공과(desert of merit)라는 하나의 속성만을 염두에 두었고, 따라서 단지 '공과'에만 근거하여 비례적 평등을 논했다. 이런 견해는 어떤 속성에도 일반적 적용이 가능하다.

모든 사회에 (이들이 얼마나 평등에 대해 관심이 있느냐에 상관없이) 일정 정도의 불평등이 존재하고 불가피함을 인정한다. 동시에 평등을 향한 이상은 어떤 민주주의 사회도 불평등을 쉽게 용인할 수 없음도 인정한다. 이런 모순에 직면해서, 시민들 사이의 불평등을 (특히, 재능과 능력에서의 불평등) 제거하려는 다양한 노력이 경주되었다. 하지만 불평등 제거는 다시 한 번 가능하지 않고, 어떤 면에서는 바람직하지도 않다는 인식이 나타났다. 어느 사회에서나 개인은 다양한 능력을 갖고 태어나게 마련이고, 이에 따라 다양한 직위를 점할 수밖에 없는 것이다. 따라서 '불평등한 사람들을 불평등한 직위'에 일치시키는 작업이 철학자들의 관심을 끌었는데, 이를 반영한 핵심 처방이 바로 기회균등이었다.

행정에서 기회균등은 그 자체로서는 그다지 애매한 개념이 아니다. 모든 시민들이 (가장 매력적인 것을 포함한) 모든 사회적 직위를 점유할 자격이 있음을 의미한다. 하지만 이처럼 단순한 배분규칙은 (비록 모든 사람에게는 아닐지라도) 많은 사람에게 다분히 현혹적 규범에 지나지 않았다. 이런 규칙이 직위 그 자체가 아닌 직위에 대한 '접근(access)'만을 허용함으로써 사실상 경쟁능력(즉, 자격) 있는 시민들에게만 실질적 기회가 주어졌기 때문이다. 이런 접근 논리 뒤에는 보다 나은 자격을 지닌 사람에게 보다 나은 잠재력을 부여하는 것이 불평등할지 몰라도, 혜택이 사회적 직위(공직 포함)에 대한 접근을 의미한다면 능력에 따른 할당(to each according to his ability)이라는 원리에 의해 평등한 것이라는 가정이 깔려 있다. 그러나 상기해야 할 점은 이것이 바로 합리주의자들이 능률을 전제로 '실적주의'를 정당화하는 논리라는 — 즉, 자격 이외에 어떤 개인적 특성도 고려하지 않는다는 논리 — 것이다.

여기에서 행정학도들은 기회균등의 개념적 구성을 놓고 종종 혼란을 경험한다. 과연 기회균등은 도덕적 가치인가, 아니면 합리적 가치인가? 불행히도 대답은 양자 모두일 수밖에 없다. 단지 합리적 주장과 도덕적 주장의 차이가 있다면, 이는 인식론적인 것에 불과하다. 합리론자들은 기회균등을 (사회적 선을 극대화하는 것처럼) 다른 목적을 달성하기 위한 수단으로 간주하는 데 비해, 도덕론자들은 기회균등을 그 자체로서 바람직한 것으로 파악한다. 이로 인해 기회균등은 종종 능력중심적(meritocratic)이고도 배분적(distributive) 개념으로 취급된다. 그리고 행정실제에서는 양자 간의 차이보다 유사성이 지배적이다. 양자 모두 할당규칙이 기준(예: 성, 인종, 교육수준, 부, 능력, 직위 등)에 관계없이 정의롭지 못하다고 본다. 남성이나 대학을 졸업한 사람들에게만 경쟁의 기회를 주는 것은 정의롭지 못하다. 특정 집단이 다른 집단에 비해 수가 적다고 해서 이 집단에게 유리한 방법으로 채용하는 것도 정의롭지 못하다. 더 나아가 지난날 여성들이 공직에 많이 진출하지 못했다 해서 이들이 보다 쉽게 공직에 진출할 수 있도록 하는 것도 똑같이 정의롭지 못하다.

2) 형평(Equity)

평등의 규범성에 대한 강한 공감대에도 불구하고, 공공재화나 서비스를 불평등하게 배분하는 것이 평등하게 배분하는 것보다 낫다는 사례가 종종 있다. 고도의 산업화는 '동등한 사람에게 동등한 몫' 혹은 비례적 평등의 기회균등이 자동적으로 평등한 대우의 이상을 실현하는 것이 아님을 보여주었다. 비록 이런 가치들이 일정한 권리의 평등 배분을 전제로 하나, 평등한 대우를 향한 이상은 수혜자의 근본적 욕구와 선호에서 (종류 또는 정도상) 차이를 고려하는 또 하나의 민주적 배분규칙을 요구하게 되었다. 이런 규칙은 일정한 기본 욕구(basic needs)의 충족을 위한 평등이라 하는 데, 궁극적으로는 사회적으로나 경제적으로 불리한 위치에 있는 사람들을 위해 불평등한 대우를 요청하게 되었다.

이것이 바로 행정학 분야에서 상당 기간 도덕론자들의 주된 관심을 끌어온 형평의 사고이다. 형평은 조직 내적 활동, 인사정책, 생산성 측정, 재무정책, 그리고 정책 분야와 조사방법론에 이르기까지 매우 다양한 분야에서 거론되었다. 그러나 행정실제에서 형평은 전형적으로 두 가지 의미로 쓰여 졌다. 하나는 인간 삶에 필수적인 재화나 서비스를 자유경쟁시장에서 획득할 수 없는 사람들에게 상응하는 혜택을 제공하는 것이고, 다른 하나는 개인들로 하여금 공공 분야의 모든 직위를 점하거나 이를 위해 경쟁할 수 있도록 균등한 기회를 제공하는 것이다. 전자가 최소한의 생존욕구를 충족시키기 위해 복지기금이나 공공주택 등을 제공하는 것이라면, 후자는 (미국의) 적극적 모집행위(affirmative action) 같이 국민들이 법적으로 부여받은 혜택을 받을 수 있도록 보장하는 것이다. 어느 경우에건 형평은 모든 사람에게 평등한 혜택을 부여하는 것이 불가능하다는 '사실적' 이유가 아니라, 이런 획일적 평등으로부터 벗어나는 것이 공정하고도 바람직하다는 '규범적' 사유에서 추구되어 왔다.

형평에 대한 규범적 구성은 행정에 대한 인식을 새롭게 하면서 '사회적 형평'을 핵심가치로 표방한 신행정학에서 잘 나타나 있다. 라포르테(LaPorte, 1971: 32)는 행정의 목적이 "경제적, 사회적 그리고 심리적 고통을 줄여 주고, 조직 내외에 있는 사람들의 삶의 기회를 향상시키는 데 있다"고 했다. 프레드릭슨(Frederickson, 1971: 211)은 "소수민의 소외를 보상하기 위한 변화를 이룩하는 데 실패하는 행정은 궁극적으로 소수민을 억압하는 데 사용될 것"이라 했다. 이런 개념적 인식들은 형평이 무엇인지를 명확히 밝히지는 않으나, 최소한 행정이 공공봉사의 주요 수혜자로 소수민이나 불우한 사람들을 거론하고, 이들의 정치적・경제적 복리신장에 적극 노력해야 함을 강조한다.

롤스(Rawls, 1971)의 정의론은 행정학 분야에서 이런 역사적 발전을 부추긴 철학적 촉매였다. 그의 이론은 "사회적 형평에 관한 실질적 이론"일 뿐 아니라 "형평한 행정관료들을 위한 전문직업적 윤리조항"에 "강력한 규범적 근거"를 제공한 것으로 평가된다(Hart, 1974: 3). 이런 평가는 롤스의 이론이 오늘날 주요 행정실무의 하나인 기회균등을 이론적으로 지지할 때 더욱 두드러진다.

롤스의 이론은 권리와 의무를 할당하고 사회적 유용성을 적절히 분할하는 데 활용될 수 있는 규범 원리들을 설정하는 데 관심을 둔다. 이런 원리들은 정치적 협상이나 사회적 이익의 총합에 구애받지 않는 권리를 보장하는 공정성으로서의 정의(justice as fairness)라 한다. 이런 정의는 자연상태의 원초적 위치(original position)에서 무지의 장막(the veil of ignorance)을 배경으로 구체화 된다. 원초적 위치는 실제 역사적 상황이 아니라, 사람들이 자신들의 현재 욕구나 사회·경제적 상황이 앞으로 자신들의 운명에 미칠 영향을 고려하지 않고 사회구조를 결정하는 하나의 '지적 상태'이다. 이런 원초적 상태에서 사람들은 일종의 현상학적 의미의 도덕적 제휴를 통해 원리를 도출하게 되는 데, 어느 누구도 원리 선택에서 타고난 무능이나 사회적 환경에 따른 불이익을 받지 않도록 보장 받는다. 이로부터 롤스는 우선순위에 따라 두 개의 정의에 관한 원리를 도출한다. 그중 하나는 이미 지적한 바 있는 평등한 자유(equal liberty)에 우선순위를 부여하는 것이다. 다른 하나는 첫 번째 원리를 전제로 사회・경제적 불평등이 ① 모든 사람에게 이익이 되고 ② 모든 사람에게 직위와 업무가 개방되어야 함을 천명한다(Rawls, 1971: 60). 여기에서 ①은 차등의 원리(difference principle)라 하고, 부(wealth)의 배분이 평등하지는 않을지라도 모든 사람에게 이익이 되어야 함을 시사한다. 이에 비해 ②는 공정한 기회균등의 원리로서 차등의 원리와 함께 평등에 대한 Rawls의 민주주의적 해석의 근간을 이룬다(Box 참조).

모든 사람들이 직위나 조직에 접근할 수 있어야 한다는 롤스의 기회균등 개념은 '동등한 사람에게 동등한 몫'이라는 좁은 의미의 절대적 평등과 근본적으로 다르다. 또한 직위를 점하거나 높은 지위에 올라감에 있어서 필요한 물리적・교육적 요건을 갖춘 사람들이 이를 결한 사람들보다 우월한 위치에 서는 능력주의적 평등과도 다르다. 롤스의 기회균등은 개인의 '욕구'(to each according to his need)와 개인의 '능력'(to each according to his ability)을 동시에 고려하는 것으로서, "동등한 수준의 재능과 능력을 지니고 이를 사용할 의지가 동일하다면 사회체제 내의 최초의 위치에 관계없이 (즉, 그들이 태어난 소득계급에 관계없이) 똑 같이 성공할 가능성이 있어야" 함을 주장하는 것이다(Rawls, 1970: 73).

이런 상황에서 행정은 하나의 분명한 메시지를 얻는다. 공무원을 채용함에 있어서 시험성적에만 의존하던 기존 방식을 지양하고, 특정 집단에게 특혜를 줌으로써 특정 직위의 점유를 가능케 하는 직위 재배분을 실시해야 한다는 것이다. 이런 할당정책(quota policy)은 근본적으로 모든 사람이 동일한 선상에서 출발하는 공정한 달리기를 논리적 기반으로 한다. 능력이 부족한 특정 집단에게 추가점을 줌으로써 목적지에 도달할 기회를 주고, 결과적으로 공정한 게임을 가능케 한다는 것이다.[7] 이런 할당제는 비록 선택에서는 불평등할지 몰라도, 할당이라는 점에서는 평등하다. 이런 정책은 기존에 존재해 온 출발선 상의 차등을 근절하거나 최소

7) 공정한 게임에 관한 논리는 선수들이 똑같은 선에서 출발하면 우승할 기회가 균등하게 주어짐을 의미한다. 능력 없는 집단에게 추가점을 준다는 것은 이런 점수가 없을 시 나타나는 현상, 즉 늘 늦게 출발할 수밖에 없고 결과적으로 우승도 할 수 없는 상황을 인위적으로 변경하라는 것이다. 능력이 부족한 집단에게 부여되는 추가점은 이들을 능력 있는 집단과 같은 선상에서 출발할 수 실질적 기회를 제공한다.

한 줄일 수 있는 것이다.[8] 그래서 불평등한 할당제를 비난하는 것은 기회균등 자체를 부정하는 것과 같다.[9] 조직 구성원 채용에 있어서 특정 집단에게 특혜를 주는 조직을 기회균등 고용주(equal opportunity employees)라 하는 것은 바로 이 때문이다.

롤스와 차등의 원리

롤스(John Ralws)는 정의로운 사회를 구상하려면 사람들이 원초적으로, 평등한 상태에서 권리를 비롯한 사회적 가치를 배분하는 원칙에 동의해야 한다고 본다. 그래서 '원초적 상태'에서 '무지의 장막'이란 개념을 사용한다. 사람들이 무지의 장막에 서면 자신들이 누구인지를 전혀 모르게 된다. 그리고 사람들이 이런 상태에 처하면 앞으로 합의를 통해 도출할 원칙이 자신들에게 어떤 영향을 미칠지도 알 수 없게 된다. 따라서 이런 상태에서 이루어진 사회적 합의라면 그야말로 공정한 원칙이 될 것이라 예상한다. 사람들의 불공정한 행위는 모두 자신의 이익을 앞세운 이기심에서 비롯되기에 원초적 위치에서 무지의 장막을 배경으로 한 사회적 합의는 분명 불공정한 합의에 가장 중요한 장애를 제거하는 조건이 될 것이다.

롤스에 의하면, 사람들이 이처럼 원초적으로 평등한 상태에서 자신들을 위한 원칙을 선택한다면, 공리주의는 설 자리가 없게 된다. 무지의 장막 뒤에 있는 사람들은 사회에서 어떤 위치에 놓일지 알 수 없고, 따라서 만족이나 공리에 대한 계산이 불가능하기 때문이다. 그리고 이런 상황에서는 사람들이 억압받는 소수가 되길 원치 않을 것이고, 따라서 불확실한 공리나 경제적 이익을 위해 기본적 권리나 자유를 희생하려 하지 않을 것이다.

---

8) 할당제는 (그리고 일반적으로는 형평) 단지 소수의 준거집단의 구성원에게만 동일한 양의 혜택을 제공하는 '부분적 평등'과 유사해 보인다. 그러나 할당제는 부분적 평등과 두 가지 면에서 다르다. 하나는 일정 요건을 갖춘 준거집단의 구성원들 간에 차별을 하지 않는다는 것이다. 즉, 복지 수혜자, 여성, 일정 소득 등 공공재화 및 서비스의 수혜 요건을 갖추면 모든 구성원들에게 혜택을 부여한다. 다른 하나는 수혜자들이 지닌 속성에 따라 혜택의 양을 차등화한다는 것이다. 이런 의미에서 형평은 개인이 소유한 속성에 따라 혜택의 양을 차등화하는 '비례적 평등'과 더 가깝다. 하지만 다시 한 번 형평은 비례적 평등하고도 다른 데, 이는 '총' 혜택의 양이 수혜자가 소유한 속성에 따라 비례적일 필요가 없기 때문이다.

9) 모든 고용주가 소수집단우대정책(Affirmative Action)에 의한 채용을 환영하는 것은 아니다. 오히려 이는 '역차별'에 지나지 않는다는 비난을 유발하곤 한다. 갤브레이스(Galbraith, 1973)는 이런 비난이 사실일 수 있을지라도 소수집단우대정책이 장기적 기회균등을 보장하는 가장 확실한 길이기에 일정 정도의 역차별은 단기적으로 필요하다고 한다. 그럼에도 불구하고 미국의 경우 1980년대 이후 경제적 불황 속에서 백인 남성들의 역차별에 대한 불만이 심화되었고, 이로 인해 일부 주에서는 소수집단우대정책을 폐기하기도 했다.

그렇다면, 무지의 장막 뒤에서 만들어지는 정의로운 원칙은 어떤 모습일까? 본문에서 지적했듯이 사회적·경제적 불평등을 해소하고 도덕적 임의성을 배제하는 '차등의 원리'다. 차등의 원리는 소득과 부를 똑같이 배분하는 것이 아니라, 불평등하게 배분하자는 것이다. 왜 이것이 평등한 배분보다 나은가? 차등배분이 평등배분보다 사회적 약자에게 더 많은 혜택을 줄 수 있기 때문이다. 예컨대, 단순 육체노동에 종사하는 근로자들보다 고도의 전문지식과 기술을 지닌 전문직업인들에게(예: 의사) 좀 더 많은 보수를 주고, 대신 후자가 전자를 위해 필요한 혜택(예: 의료서비스 제공)을 제공케 하여 결과적으로 모든 사람들의 이익이 증가될 수 있도록 하자는 것이다. 그리고 조직적 상황에서는 특정 분야(예: 기획, 회계 등) 종사자들에게 상대적으로 많은 보수를 주고 이를 통해 조직 전체의 생산성을 제고함으로써 결과적으로 가장 적은 임금(예: 시설 경비)을 받는 사람의 소득을 올리게 하는 것이다. 물론, 이런 차등배분 방식은 사회나 조직에서 약자의 이익이 개선되지 못하면 정당성을 상실한다. 상기한 예에서 보수를 더 받는 전문직 종사자들이 사회적 약자를 위한 서비스 제공에 태만하거나, 누구보다 많은 봉급을 받는 조직구성원이 조직 전체 생산성 향상에 기여하는 바가 없어 가장 적은 봉급을 받는 사람들의 소득이 향상되지 않으면 차등배분은 정당화될 수 없다.

롤스는 차등의 원리를 기회균등의 원리로 연장하면서 사회 내 소득 및 기회의 배분이 임의적 요소에 의해 좌우되어서는 안 됨을 강조한다. 롤스가 지적한 임의적 요소란 봉건사회에서처럼 계급, 제도 등을 의미하고, 이런 요소들에 의해 소득, 재산, 권력 등이 배분되는 것은 도덕적으로 정당화될 수 없다고 한다. 경쟁을 지향하는 자유시장이 재능을 가진 사람들에게 기회(형식적 기회균등)를 주고 법 앞에 평등을 보장하면서 어느 정도 이런 임의성을 교정할 수 있다. 그러나 시장도 애초부터 출발선이 다르다면 공정한 경쟁이 이루어지기 어렵고, 따라서 좀 더 적극적인 개선 노력이 필요하다. 롤스는 여기서 다시 한 번 강제 평등 대신 차등의 원리를 내 세운다. 능력 있는 사람들에게 불이익을 주지 않으면서 재능과 소질에 따른 불평등을 시정하려는 것이다. 그것은 능력이나 재능이 뛰어난 사람들이 자신들의 능력을 충분히 개발·이용하게 하고, 대신 재능의 활용으로 시장에서 거둬드린 소득을 전체 공동체에게 돌아가게 하는 것이다. 이는 곧 롤스가 사람들이 타고난 재능을 일종의 '공동자산'으로 간주함을 보여주는 것이다. 롤스는 여기에서 한 걸음 더 나아가 본문에서 지적한 바와 같이 기회를 배분할 때도 단순한 능력이나 재능뿐 아니라 욕구와 필요도 반영하는 것이 윤리적으로 타당함을 시사한다.

공정한 게임이라는 논리 외에, 할당제는 다음과 같은 두 가지 기대 속에서 채택되기도 한다. 하나는 소수 집단구성원들이 공직에 채용될 경우, 이들이 기존의 무시되었던 소속 집단의 견해를 행정 과정에 반영할 것이라는 기대이다. 이런 사고는 킹슬리(Kingsley, 1944)가 '대표관료제'란 용어를 만들어 낸 1940년대 초까지 거슬러 올라간다. 당시 킹슬리는 만약 정부조직이 일반 국민들의 인구학적 특성을 그대로 반영한다면 공공정책이 국민의 염원을 보다 근접하게 반영할 것이라고 믿었다. 본래 그는 대표관료제를 통해 엘리트 중심의 영국 행정체제가 변하기를 희망했다. 이에 비해, 미국에서는 대표관료제가 공무원들의 인종, 성(sex), 그리고 민족적(소수민족) 배경과 밀접한 관련을 지녔고, 이런 점에서 미국 관료제는 다른 어느 나라보다 대표성이 있는 것으로 평가된다. 우리나라의 경우는 비록 한시적이나마 여성의 고위공직 진출을 장려하기 위해 5급 채용 시 여성할당제가 실시된 바 있다.

소수집단우대정책(Affirmative Action)을 통한 대표관료제는 논리적으로 결함이 있다. 경험적 연구들이 보여주듯이, 특정 집단 출신의 관료들이 자신들이 속한 집단의 이익을 실제 반영할 것이라고 쉽게 가정할 수 없다. 오히려 이들은 자신들의 인구학적 집단이 아닌 관료제 자체나 자신이 참여하는 전문직업 집단의 이익을 대변할 수 있다. 또한 비록 관료들이 인구학적으로 잘 대표된다 해도, 이들의 인구학적 특성이 이들의 행태와 직접 연계될 것이라는 기대도 지나치게 소박하다.[10] 이 두 가지 사실은 대표관료제가 이론적 기대보다 훨씬 더 복잡함을 보여준다. 그럼에도 불구하고, 오늘날 대표관료제의 신봉자들은 이런 결함들이 할당제를 제한할 만한 충분한 사유가 될 수 없다고 한다. 비록 대표관료제가 반응성 확보를 위한 수단으로는 한계가 있을지라도, 특정 집단을 대표하는 관료들이 의식적이던 무의식적이던 그렇지 않은 관료들보다 이들 집단의 욕구(염원)에 더욱 민감할 것이고, 궁극적으로는 보다 민주적 관료제를 실현하는 데 기여할 것이라는 것이다.

> 우선, 이런 사람들이 '모든' 문제에 있어서 자신들이 속한 인구학적 집단의 이익을 대변하지는 않을지라도, [적어도] '중요한' 문제에 있어서는 이들 집단의 이익

10) 다양한 경험적 연구들이 관료들의 인구학적 특성이 이들의 행태를 잘 설명하지 못하고 있음을 보여 준다. 오히려 이런 연구들은 조직에 대한 소속감과 행태 간의 관계가 인구학적 특성과 행태 간의 관계보다 강함을 보여준다(cf. Nigro & Nigro, 1981).

을 대변할 것이고, 따라서 잠재적인 다수의 남용을 견제할 것이다. 더 나아가 의사결정의 핵심에 참여가 가능해지고, 비록 조직이 열등한 기존 집단의 이익에 자동적으로 반응하지는 않을지라도 적어도 영향을 받을 수가 있다(Denhardt, 1984: 128).

할당제를 지지하는 또 하나의 논리는 규범적 측면에서 대표관료제보다 더 설득력이 크고 방어할 만하다. 크란츠(Krantz, 1974)와 윌렌스키(Wilensky, 1980－1981)는 행정에서 형평을 조장하는 중요 이유 중 하나로 공공부문의 고용에 대한 태도 변화를 들었다. 이들에 의하면, 오늘날 현대 사회에서 국가의 총 노동력 가운데 공공 분야의 일자리가 차지하는 비율이 5대 1 내지 (몇몇 국가에서는) 4대 1에 달할 정도로 확대되었고, 따라서 누가 이런 직위에 고용되느냐가 시민의 경제적 향상뿐 아니라 민주사회에서 집단대표라는 측면에서 매우 중요하게 되었다.

공공 분야의 고용은 경제적 안정과 사회적 지위를 제공하는 하나의 중요한 요소가 되었고, 여성 및 소수집단에 대한 사회적 태도가 변함에 따라 공직에 대한 공정한 접근은 특권이라기보다 하나의 권리로서 인식되기 시작했다. 사실 형평에 대한 개념이 변할 때, 이는 하나의 개인적 권리일 뿐 아니라 공직의 적정 비율이 구성원들에게 돌아가야 함을 주장하는 하나의 집단적 권리로 인식되기도 한다(Wilensky, 1980－1981: 1243).

이런 주장은 기회균등에 관한 철학적 사고와 매우 유사하다. 그러나 행정의 고용능력 확대는 형평한 행정을 위해 특별히 다른 규범적 정당성을 제시하는 것은 아니다. 여기서 우리는 롤스의 이론으로 되돌아가 이런 주장을 마무리 짓고자 한다. 롤스의 이론에서 정의로운 사회의 정부는 상기한 기회균등의 원칙을 보장하기 위해 다음과 같은 신념에 바탕을 두고 사회적 지위를 개방해야 한다.

만약 특정 직위가 모든 사람들에게 공정하게 개방되지 않는다면, 소외된 사람들은 그들이 (비록 그런 직위를 얻은 사람들이 경주한 노력에 의해) 이익을 얻었다 할지라도 부당하게 취급되었다는 느낌을 떳떳하게 가질 수 있다. 그들의 불만은

> 자신들이 부나 특권과 같은 직위의 외적 보상으로부터 배제되었을 뿐 아니라, 사회적 의무의 기술적이고도 헌신적 행사에서 나타나는 자아실현을 경험하지 못했다는 이유로 떳떳하게 정당화될 수 있다(Rawls, 1971: 84).

이런 주장은 공공재화나 서비스 배분을 놓고 별도의 외적 평가기준을 요구치 않는 의무론적 가치체제를 논리적으로 반영하는 것이다. 여기에서 요구되는 것은 순수하게 절차적 정의이고, 적절한 절차가 준수될 때 산출 또한 적절할 것이라는 신념이다. 이것이 행정이 실질적 산출의 관계없이 할당정책이나 기회균등 사업을 장려해야 하는 이유다. 옳은 행위는 늘 옳은 것이다.

대학입시와 소수집단우대정책

샌델(Michael Sandel, 2009)은 그의 저서『정의란 무엇인가』에서 소수집단우대정책을 정의 구현을 위한 하나의 정책적 노력으로 파악한다. 그는 대학입시를 사례로 소수집단우대정책을 둘러 싼 논쟁이 기본적으로 몇 가지의 규범적・현실적 가정에 근거함을 지적한다. 대학입시에서 특정 집단(예: 흑인 등 특정 민족 출신의 사회적 소수자)에게 특혜(예: 가산점 등)를 주는 것이 윤리적으로 정당한지를 보기 위해, 소수집단우대정책 지지자들이 내세우는 세 가지의 논리를 ― 즉, ① 시험 격차의 교정, ② 과거 잘못에 대한 보상, ③ 다양성 조장 ― 분석한다.

첫 번째 논리인 시험 격차의 교정은 다른 두 개의 논리보다 설득력이 떨어지나 대학 입장에서는 나름 고려할 요소가 된다. 예컨대, 어려운 환경(예: 저소득층이 사는 지역에 소재한 열악한 공립학교)에서 학습한 학생(흑인)이 좋은 환경(일류 사립학교)에서 학습한 학생(백인)과 동일한 (학업적성)시험 점수를 얻었다면 분명 전자가 후자보다 잘했다고 할 수 있다는 것이다. 두 번째 논리인 과거 잘못의 보상은 흑인의 경우처럼 과거 세대가 저지른 잘못을 후손들이 보상할 윤리적 책임이 있다는 사고이다. 선대 백인들이 잘못된 사회적 제도(노예제)를 남용함으로써 당대의 흑인은 물론 그 후손들에게도 삶의 어려움을 주었기에 이에 대한 보상 차원의 노력이 필요하다는 것이다. 세 번째 논리인 소수집단우대정책을 통한 다양성 증대는 대학이 사회적으로 가치 있는 목적을 구현하기 위해 택할 수 있는 필요조치라는 것이다. 여기서 다양성이란 공동선 추구를 명분으로 내세우는 것으로, 대학은 서로 다른 문화적, 지적 배경을 지닌 다양한 학생들이 캠퍼스에서 활동할 때 지역발전과 공동선에 기여할 만한 유능한 인재들을 양성할 수 있게 된다는 것이다.

[토론 주제]

1. 소수집단우대정책을 우리나라 대학입시 정책에 비추어 살펴보고, 문제점 또는 개선방안을 논의해 보라.
2. 소수집단우대정책과 관련된 보상논리는 집단적 책임이라는 어려운 문제를 수반한다. 즉, 우리는 과거 세대가 저지른 잘못을 보상할 도덕적 책임을 져야 하는가? 샌델은 이 문제에 답하려면, 우리가 개인의 의무만 다하면 되는지, 아니면 공동체의 일원으로서 과거 역사에도 책임을 져야 하는지를 검토해야 한다고 한다. 이런 주장을 어떻게 생각하는가? 우리 사회에서 오랫동안 자신들의 정치적 야욕을 위해 지역 간 갈등을 부추기고 장기집권에 성공한 정치인들이 공직 인사에서 특정 지역 주민들을 차별 대우했다면, 이에 대한 보상적 노력이 필요한 것인가? 마찬가지로, 엄격한 가부장제로 인해 오랫동안 차별 대우를 받아 온 여성들을 위해 국가가 특별히 보상 차원의 정책적 노력을 경주해야 하는가? 그렇다면, 어떤 노력이 필요한가?

제 6 장

절차적 가치로서 행정책임

책임은 행정에 관한 모든 어휘 가운데서 가장 중요한 단어일 수 있다.

– Frederick Mosher(1968: 8)

1 행정책임의 논리

민주사회에서 정부는 책임을 전제로 권한을 행사한다. 책임의 대상은 당연히 주권자인 국민이다. 책임 없는 권한행사는 권한남용이고, 궁극적으로는 행정의 존재근거를 위협한다. 이런 이유로 행정책임은 종종 행정의 제일규범이라 일컬어진다. 행정책임이 지닌 규범적 중요성에도 불구하고, 이를 둘러 싼 학자들 간 논쟁이 지속된다. 논쟁의 주된 내용은 행정책임의 개념적 속성과 행정책임이 행정이론 및 실제에서 수행하는 역할이다.

일반적으로 책임은 “일정 행위를 행위자에게 연계하고 …… 일련의 가치판단을 행위 및 행위자에게 동시에 적용하는” 상호적 개념이다(Winter in Cooper, 1982:

42). 책임을 구성하는 두 가지 활동, 즉 책임소재의 규명과 행위결과의 귀속이 종종 책임을 둘러 싼 논의를 어렵게 한다. 그럼에도 불구하고, 행정책임에 관한 논의에서 비교적 보편화된 현상은 대부분의 사람들이 책임의 근원으로 관료 자신의 객관적 행위나 이를 뒷받침하는 심리적 동기, 혹은 양자 모두를 언급하는 것이다. 이 가운데 전자는 합리성을 바탕으로 행위자 외부에서 강요되는 기대에 초점을 두고, 후자는 도덕성에 근거를 두고 행위자 자신의 책임의식에 관심을 갖는다. 그래서 우리는 전자를 '합리적' 책임, 그리고 후자를 '도덕적' 책임이라 한다.

합리적 책임은 종종 객관적 책임(objective responsibility or accountability)이라 일컬어진다. 합리적 책임은 관료로 하여금 법이나 계층적(혹은 정치적) 상위자에 대한 엄격한 책임을 요구하기에 전통적인 관료주의 접근법과 인식을 같이한다. 특정의 권위나 책임의 중심지가 규명되고, 중요 과제의 해결이 반드시 국민에게 정치적 책임을 지는 사람들(권위자)에 의해 이루어져야 함을 가정한다. 이에 비해 도덕적 책임은 주관적 책임(moral responsibility or responsibility)이라 불리며, 오늘날 관료들이 경쟁과 갈등으로 점철된 권력의 중심에서 활동함에 주목한다. 이런 상황에서 관료들은 상기한 객관적 책임을 사실상 수용하기 어렵고, 따라서 스스로 (정책과제를 효과적 처리하기 위해) 재량적 판단을 하고 대신 도덕적 책임을 질 것이 기대된다.

행정책임이 이처럼 이원화된 관점에서 이해될 경우, 이를 둘러 싼 규범적 논쟁은 실질적 가치처럼 주로 인식론적 논쟁으로 귀결될 수밖에 없다. 그리고 행정책임이 이처럼 인식론적 논쟁의 대상이 될 경우 초윤리적 규범이 존재하지 않는 한 이에 대한 해결은 사실상 불가능해진다. 이런 점에서 이 장은 행정책임을 둘러 싼 논쟁의 해소가 아니라 이런 논쟁의 규범적 성격을 논리적으로 분석하는 데 초점을 둔다.[1] 그리고 행정책임의 핵심 내용을 누가, 누구에게, 무엇에 대해 책임을 지느냐는 일반적 공식에 비추어 논한다.

1) 행정에서의 책임은 다양한 유형으로 나뉘어 거론되고 있다. 롬젝과 덥닉(Romzek & Dubnick, 1994)은 계층적 책임, 법적 책임, 전문직업적 책임, 정치적 책임으로 구분하고, 자브라와 디위베디(Jabbra & Dwivedi, 1988)는 도덕적 책임과 윤리적 책임으로 나누어 논한다.

1) 합리적(객관적) 책임

기술한 바와 같이, 합리성은 종종 조직의 집합적 이익을 극대화하는 것으로 인식된다. 이는 합리적 행위가 조직목표 달성에 기여하는 행위임을 의미한다. 합리적 행위가 이처럼 규정되면, 조직구성원이 책임 있게 행동하는 방법은 (논리적으로) 조직의 규칙을 따르고 자신에게 주어진 임무를 성실하게 수행하는 것뿐이다. 이것이 합리적 책임의 기본 사고이고, 이에 관한 행태적 가정을 제공한 것은 베버(Max Weber)의 관료주의 공리들이다.

제5장에서 기술된 '공리 3'에 의하면, 조직 내의 공식적 업무수행이나 합법적 조직행태는 일정한 '규칙'에 의해 통제되어야 한다. 이런 규칙들은 대개 추상적이나, 특수 상황에 적용될 수 있고, 업무의 통일성을 확보해 업무 간 조정을 촉진한다. 특히, 규칙들은 조직구성원들의 책임과 이들 간 관계를 규정하는 기능을 수행한다. 이에 따라 책임 있는 관료는 종종 "법적 규정, 규제, 승인된 절차 등 모든 합법적 관료주의 규범에 순응하는" 사람으로 인식된다(Warwick, 1981: 114). 더 나아가 행정을 위한 법적 명령은 일종의 정치적 활동의 산물이기에, 이에 대한 복종은 관료들이 개인적 이익이 아닌 공익을 위한 봉사로 해석되기도 한다.

'공리 4'에 의하면, '계층제'도 합리적 책임의 중요한 근원이다. 계층제는 관료 개인이 직속상관의 명령이나 통제를 받을 뿐 아니라, 스스로 자신의 행위는 물론 부하들의 행위에 대해서도 책임질 것을 요구한다. 이런 통제 및 책임 관계는 조직 내 모든 계층에서 발생하고, 따라서 가장 최상위에 있는 사람만이 (또는 부서) 궁극적 권위(책임)를 지게 된다. 이를 한 마디로 표현하면, 상관은 명령권이 있고, 부하는 복종의 의무를 진다는 것이다. 부하가 복종하는 것은 단순히 이들의 능력이나 기술이 부족해서가 아니다. 이는 부하 스스로가 일정한 책무를 수반하는 특정 직위를 자발적으로 수용했기 때문이다. 그리고 부하가 이런 직위를 수용하는 것은 계층상의 기대와 제약의 강요를 수용하는 것으로 간주된다. 따라서 만약 관료 개인이 조직적 통제나 명령에 순응치 않으면 그는 두 가지의 대안 중 하나를 선택해야 한다. 하나는 계약 파기자로서 처벌을 받는 것이고(때로는 해고를 당함), 다른 하나는 자발적으로 사임하는 것이다.

잘 알려져 있듯이, 이런 합리적 책임의 내용은 '민주정부와 행정책임'을 논한 파이너(Finer, 1941)의 글에 잘 나타나 있다. 파이너가 주장한 행정책임은 관료들 행위가 관료들 자신이 아닌 '외부'에 존재하는 객체에 의해 통제되어야 한다는 것이다. 주된 내용은 조직 내의 계층적 통제와 의회에 의한 정치적 통제다. 이런 견해는 근본적으로 민주정부가 지닌 세 가지 원칙과 외부통제 결여 시 나타날 수 있는 관료들의 권력남용에 근거를 둔다.

파이너가 지적한 민주정부의 세 가지 원칙은 ① 행정관료들이 자신들의 주인인 국민이 원하는 것을 (필요로 하는 것이 아니라) 제공하는 것, ② 국민이 스스로 권위를 표현하고 실천할 수 있는 제도적 장치(특히, 의회)를 갖는 것, 그리고 ③ 국민이 이런 장치들을 통해 이익 표명뿐 아니라 관료의 행위를 통제할 수 있는 권한(권력)을 가지는 것이다. 만약 이런 조건들이 충족되지 않으면 관료들의 권력남용이 나타나는 데, 이 또한 상기 조건과 마찬가지로 크게 세 가지 유형으로 나타난다. 첫째는 불이행(nonfeasance) 또는 부작위로서 관료가 게으름, 무지, 또는 무관심으로 인해 법이나 관습이 지시하는 바를 수행치 않는 것이다. 둘째는 불법행위(malfeasance)로서 관료가 의무를 수행하기는 하나 무지, 게으름, 기술적 무능으로 인해 낭비와 손해를 초래하는 것이다. 셋째는 과잉수행(overfeasance) 또는 남용으로서 사적 욕망이나 과잉충성으로 인해 법이나 관습을 벗어나는 의무를 수행하는 것이다. 이런 맥락에서, 파이너는 정부조직의 건전한 운영을 위해 관료들이 기술적 능률, 전문직업적 윤리, 그리고 의무감 같은 내면적 규범체계를 필요로 하고, 권력남용 같은 잠재적 해악을 지속적으로 통제하려면 다양한 외적 통제장치가 반드시 설치·운영되어야 한다고 한다.

파이너의 주장은 외형상 (그리고 규범적 측면에서 볼 때) 별다른 논쟁의 소지가 없어 보인다. 소위 말하는 정치 · 행정이원론에 근거해서 정책결정을 전적으로 조직의 상위자나 정치적 책임을 지는 관료들에게 일임하고, 일반 관료들에게는 이처럼 다른 곳에서 결정된 정책을 그대로 집행에 옮길 것을 요구하는 것이다. 이런 사고를 인식론적 관점에서 보면, 책임확보(즉, 순응과 복종의 확보)란 목표(즉, 계층적 · 정치적으로 규정된 법적 체제)와 수단(즉, 책임 있는 행정행위)을 분리하고, 이들 간 관계를 목적론적으로 설정하는 것이다.

행정책임에 관한 파이너의 규범적 구성은 기술한 합리성의 개념적 요체인 집합적 이익의 극대화를 논리적으로 반영하는 것이다. 개인의 가치를 조직의 가치로 대체하고 개인의 행위를 법적으로 규정된 제도나 계층상 명령에 일치시킴으로써 조직은 구성원들로부터 가장 유용한 기여를 확보할 수 있다. 하지만 이런 상황에서 책임의 확보는 늘 비용을 수반한다. 바로 개인의 자주성(autonomy) 상실이다. 이를 보다 완곡히 표현하면, 가치중립성을 실현하는 것으로, 관료들은 자신들 견해가 아닌 '타인의 견해를 갖고' '타인을 위해' 의사결정을 하는 것이다.[2)] 행정관료들이 종종 국민의 대리인(agent)이나 공복(public servants)이라 일컬어지는 것도 이런 맥락에서이다.

이상의 논의로부터 다음과 같은 두 가지 추론이 가능해진다. 하나는 조직 내에서 합리적으로 형성된 모든 정책의 결과는 실제 정책결정 과정에 개입한 당사자가 아니라 조직 내에서 계층적으로 책임을 지는 사람에게 전가되어야 한다. 역으로, 의사결정을 한 관료는 자신이 (조직의 최상위자가 아닌 한) 직위 점유 시 조직과 합의한 바에 의해 사적(personal) 구속을 받지 않음은 물론, 자신이 초래한 행위결과에 대해서도 사적 책임을 지지 않는다. 물론 이는 관료의 의사결정이 조직이나 법적 지시에 따라, 그리고 조직(궁극적으로는 국민)의 입장에서 이루어졌음을 전제로 한다. 이런 논리는 자칫 합리적 의사결정자로 하여금 자신들 행위에 대한 책임을 다른 사람에게 전가하거나 회피토록 장려할 가능성이 있다. 즉, 행정 관료들은 자신들의 행위를 정당화하기 위해 "법적 혹은 정책적 명령에 포함되어있는 용어들"을 거론하거나 "문제시되는 정책과 결부되기 어려운 매우 포괄적 목표들"을 준용토록 자극을 받을 수 있다. 그리고 때로는 '합리적'이라는 미명 하에, 자신들의 "행위는 잘 묘사하나 자신들의 관할권에 속하는 중요한 사회적 가치들과 쉽게 연계되기 어려운" 조작적 목표들을 내 세움으로써 일상적 도피처를 찾을 수도 있다(Moore, 1981: 11).

하먼(Michael Harmon, 1980－1981)은 이런 책임회피 현상을 구상(reification)

2) 이런 사고는 사이먼(Simon, 1976)의 의사결정 이론에서도 잘 나타나 있다. 사이먼의 이론은 행정행위가 의사결정에 실제로 참여한 개인보다 조직에 귀속된다는 가정에 근거를 둔다. 이는 합리적 개인이 오직 '조직을 위해' 그리고 '조직 편에 서서' 의사결정을 하기 때문이다.

의 문제라 했다. 구상(具象)이란 본래 버거와 루크만(Berger & Luckmann, 1967)이 사용한 용어로서, 인간 행위의 결과가 마치 인간이 아닌 다른 어떤 것에 — 예를 들면, 자연현상, 우주의 법칙, 신의(神意)의 표현 등 — 의해 이루어진 것으로 인지되는 것을 뜻한다. 이는 인간들이 스스로 자신들의 세계를 창조했음에도 불구하고 이를 망각할 능력이 있고, 결과적으로 '비인간화된 세계'로 몰아넣을 수 있음을 시사한다. 만약 이것이 사실이라면 인간은 결국 사회제도 내에서 일어나는 자신들의 행위에 대해 책임을 거부할 수밖에 없다. 하먼이 주목한 것은 바로 이런 논리적 사유였다. 그는 구상의 문제의 전형을 관료들이 자신들의 행위를 정당화하기 위해 "(나는 그 문제에 대해) 선택의 여지가 없었다" 혹은 "(나는 나 자신의 직위 때문에) 그렇게 할 수 밖에 없었다"고 진술하는 데서 찾는다(Harmon, 1980: 81).

유사한 맥락에서, 스피로(Spiro, 1969)는 합리적 책임을 명백한 인과책임(explicit causal responsibility)이라 했다. 조직 내에서 취해진 행위 또는 조직에 귀속된 행위에 대해 계층상 상관들이 부하들을 대신해 책임을 질 때 인과관계를 따지기 때문이다. 인과관계가 성립되려면 최소한 두 가지 요건이 충족되어야 한다. 첫째, 부하들이 조직이나 상관의 지시를 충실히 수행했어야 하고, 둘째 상관의 권위가 충분해서 부하들의 행동을 유발하는 동인이 되었어야 한다. 문제는 이 두 가지가 책임 확보를 위한 최소 요건임에도 불구하고 행정실제에서 좀처럼 충족되기 어렵다는 데 있다.[3] 그리고 이런 문제를 더욱 어렵게 하는 주된 요인 중 하나는 톰슨(Thompson, 1980)이 일컬은 다수(多手)의 문제(the problem of many hands)이다. 복수의 사람들이 정책 결정에 관여함으로써 현실에서는 물론 심지어 원칙적으로도 정치적 산출에 대한 책임 소재를 파악하기 어려운 것이다. 이는 곧 합리적 책임에 관한 한 누가 책임을 지던 간에 — 부하이던 상관이던 — 구상의 문제는 쉽게 해결될 수 없음을 시사한다.[4]

3) 책임에 관한 스피로(1969: 16)의 조건은 상기한 두 조건 보다 더욱 엄격해서 책임확보의 가능성을 더욱 어렵게 한다. 그에 의하면, '명백한 인과책임'은 자원, 지식, 선택, 그리고 목적이라는 네 가지 요소로 구성되어 있고, 이들 가운 데 어느 한 요소가 결핍되면 그 정도에 따라 비례해서 행위결과에 대한 책임도 줄어들게 된다. '목적'이란 행위자가 사전에 성취하려는 바를 아는 것이고, '선택'은 목적 달성을 위해 선택이 가능한 대안들을 소유하는 것이며, '지식'이란 다양한 대안이 초래할 결과를 사전에 알고 있어야 하는 것이고, '자원'은 업무 달성을 위해 필요한 인적 자원, 금전, 전문성, 그리고 기타 물질적 자원 등을 가지는 것이다.

두 번째 논리적 결론은 래드(Ladd, 1970)가 일컬은 부적절성의 배제 원리다. 이 원리는 합리적인 사람이 비정의적으로 (즉, 사적 판단을 배제한 채) 조직목표에 관련된 의사결정을 하는 한, “조직 목적에 관련이 없는 어떤 고려도 조직의 의사결정 과정에서 부적절한 것으로 인식되어 자동적으로 배제됨”을 시사한다(Ladd, 1970: 496). 이런 원리는 조직목표와 관련이 없는 관료 개인의 행위(의사결정)는 조직이 아닌 관료 자신의 행위로 인식되어야 한다는 추론을 낳는다. 따라서 어느 특정의 관료가 잘못을 저질렀거나 또는 합리적 기준을 충족할 수 없는 결정을 내렸을 때, 이런 행위는 관료 자신의 권한을 벗어 난 행위로서 인식되고, 행위 자체도 조직이 아닌 관료 개인에게 귀속되어야 한다. 그렇다면, 행위결과에 대한 책임도 결국 조직이 아닌 관료 자신이 져야 한다.

레이건과 부적절성의 배제

이란－콘트라 사건(Iran－Contra Affair)은 1985년부터 1987년 사이 미국 레이건(Ronald Reagan) 정부 하에서 일어나 정치적 스캔들이다. 레이건 정부는 스스로 테러 국가라 칭했던 이란에 인질 구출을 명분으로 무기를 (불법적으로) 판매했고, 그 수익금을 니카라과 산다니스트 정부에 대항하던 반군(일명 ‘콘트라 반군’)에 지원했다. 이런 레이건 정부의 행동은 당시 민주당이 지배하던 미 의회가 통과시킨 두 개의 법을 위반한 비밀공작이었다. 반테러 정책을 전 세계에 천명하고 동맹국들에게는 이란에 대한 금수조치를 요청하면서 스스로는 무기를 파는 테러 행위를 저질렀고, 거기서 나온 수익금을 (인도적 지원 외에 해서는 안 된다는 미 의회의 결정을 우회하기 위해) 니카라과 반군에 지원하는 불법행위를 저지른 것이다. 더욱이 당시 이란과 니카라과는 모두 미국의 지원을 받아 오던 독재 정부를 국민들이 힘으로 전복한 상태였다. 이란은 수십 년 간 미국의 후원아래 독재를 자행해 온 팔레비 왕조를 회교혁명을 통해 축출했고, 니카라과는 산디니스트 반정부조직이 역시 미국의 후원을 받던 독재자 소모사를 축출하고 좌익정부를 세웠다.

처음 이란과의 비밀스런 무기 협상에 관한 스캔들이 노출되었을 때, 어느 누구도 대통령의 책임을 생각하지 않았다. 단지 누가 핵심 인물인지에 관심이 모아졌다. 상관인 대통령 또한 불법행위에 연루된 개인들이 책임을 져야 한다는 태도를 취했다. 이런 대통령의 태도

4) 사실, 행정실제에서 구상의 문제를 보는 것은 그리 어려운 일이 아니다. 우리의 경우, 이런 현상은 과거 대형사고(예: 성수대교 붕괴, 삼풍백화점 붕괴, 세월호 참사 등) 발생 시 나타난 정부관료들의 행태에서 쉽게 찾아 볼 수 있다.

뒤에는 비밀무기판매는 정부 외교정책의 목적과 일치하지 않고, 따라서 행위를 저지른 사람이 책임을 져야 한다는 가정이 깔려있었다.

이런 논리는 정부의 외교정책이 국민적 지지를 얻는데 실패하고, 정책에 대한 도덕성이 크게 의문시되었을 때도 크게 변하지 않았다. 오히려, 당시 국민들이 국가안보위원회(NSC) 참모인 노스(Oliver North) 중령의 영웅적 행위에 대해 동정적 입장을 보이자 비밀공작이 니카라과 반군을 지원하고 인질을 찾아오기 위한 정부 목적의 일부라면서 이에 대한 방어적 태도를 취하기도 했다. 비밀행위는 외교정책을 전개하는 데 불가피할 뿐 아니라, 국익추구에 필수적이라는 것이었다. 이런 논리는 반군을 위해 기금을 조성하고 테러국가에 무기를 판 개인들을 정부가 나서 옹호한 것이었다.

하지만 이런 입장은 오래가지 않았다. 무기판매 자금이 불법적으로 니카라과 반군에 흘러들어 간 사실이 밝혀지고 이로 인해 정부가 더 이상 국익에 대한 합리화를 할 수 없게 되자, 레이건은 책임에 대한 자신의 입장을 바꾸었다. 레이건은 도덕적으로 정당화하기 어려운 외교정책을 전개한 데 대한, 즉 테러국가에 무기를 팔고 반군을 위해 배후에서 기금 조성을 암묵적으로 승인한 것에 대해 도덕적 책임을 인정하고, 이런 행위에 연루된 부하들의 행위에 대해 개인적으로 책임이 있음을 천명했다. 그러나 레이건은 무기판매 대금을 불법적으로 반군에게 전달한 부하들의 그릇된 행위에 대해서는 그것이 정부의 목적과 일치하지 않는다는 명분 하에(비록 그런 행위가 최소한 자신의 외교정책 목표를 보완하는 것임에도 불구하고) 결코 책임을 인정하지 않았다. 이런 레이건의 처사는 개인적 책임과 인과책임 간의 부적절한 균형을 잘 보여준다.

2) 도덕적(주관적) 책임

합리적 책임에 관한 지금까지의 논의는 크게 두 가지로 요약된다. 첫째는 행정책임의 주된 근원이 법이나 계층 내 상관처럼 행위자 '밖'에 존재한다는 것이고, 둘째는 이로 인해 관료들은 자신들의 행위에 대한 비난이나 책임을 다른 사람에게 전가할 수 있다는 것이다. 이런 형식적(formal) 책임과 달리 행정에서의 도덕적 책임은 다분히 현상학적 혹은 주관적이다. 이는 도덕성이 단지 개인에게만 귀속되고, 따라서 개인만이 도덕적 책임의 주체가 될 수 있다는 가정에 근거한다. 그리고 관료들로 하여금 소유하고 있는 모든 가치체계, 특히 자신이 진실로 믿는 일반적(nomothetic) 가치들에 대해 '직접' 책임질 것을 요구한다. 이런 의미에서 도덕적 책임은 상기한 합리적 책임의 두 요소를 주체와 대상이라는 차원에서 정면으로 도전한다.[5] 전자는 관료들이 (조직의 결정이나 정책보다) 자신들의 도덕적 원리에 순응해야 하고, 후자는 조직이 아닌 관료 스스로가 결정이나 정책에 대해 책임져야 함을 의미한다.

행정학 분야에서 이런 도덕적 책임의 사고를 가장 먼저 표명한 사람은 지각된 책임(felt responsibility)을 인간 행위의 동인으로 파악한 프리드리히(Friedrich, 1940)다. 그는 훗날 파이너(Herman Finer)와 고전적 논쟁을 촉발한 '공공정책과 행정책임의 성격'이란 논문에서 정부가 직면하는 문제들이 날로 복잡해지고, 이로 인해 관료들에 대한 객관적 통제가 어렵게 되었음을 지적한다. 그리고 정치 · 행정 이원론의 실질적 붕괴가 행정책임에 대한 명백한 기준을 확보하는 데 어려움을 주게 되었다고 한다. 그 결과 관료들은 책임 있는 행정을 구현하기 위해 전례나 상위자 지시가 아닌 자신의 전문지식이나 국민의 일반적 감정에 근거해 재량적 판단을 하지 않으면 안 되게 되었다는 것이다.

물론, 도덕적 책임의 근원은 프리드리히의 주장처럼 단지 국민의 일반 감정이나 전문성 같은 기술적 지식에만 국한되는 것은 아니다. 후술하는 바와 같이 도덕적 책임은 배분적 정의, 절차적 공정성 같은 추상적 원리들을 포함할 수 있고, 이런 원리들은 각기 도덕적 기준에 대한 논리적 방어뿐 아니라 결정 주체가 누구인지에 대한 해명을 필요로 한다. 이는 가치이론에 대한 직접적 언급 없이 도덕적 책임을 논하는 것이 사실상 불가능함을 시사한다. 그럼에도 불구하고 프리드리히의 주장이 의미 있는 것은 고전이론과 달리 행정관료들이 상관이나 법적 기준이 아닌 스스로의 내면화된 동기에 의해 행동할 수 있음을 직접 언급했기 때문이다.

도덕적 책임이 지닌 또 하나의 특징은 강한 사적(personalized) 혹은 주관적 관념을 수반한다는 것이다. 도덕적 책임에 관한 프리드리히의 주장이 정치 · 행정 이원론의 붕괴라는 실증적 결과에 근거한 것이라면, 이런 관념은 순전히 규범적이다. 전혀 경험적 사례나 선례를 가정함이 없이 합리적 책임의 인과적 · 수단적 관

5) 톰슨(Thompson, 1985)은 도덕적 책임이 도덕적 판단에 관한 두 가지 가능성을 가정하는 일반적 도덕원리에 근거한다고 주장한다. 도덕적 판단의 두 가지 가능성이란 개인이 스스로 '판단할 수' 있다는 것과 '판단될 수' 있다는 것이다. 여기에서 전자는 이장에서 논의되는 '주체'를 의미하고, 후자는 '대상'을 의미한다.

점을 부정하는 것이다. 일례로, 하먼(Harmon, 1981: 124)은 사적 책임(personal responsibility)의 논리를 정당화하기 위해 다음과 같은 질문을 던진다.

> 합리적-수단적 관계가 결여된 상황에서 책임 있는 행위를 한다는 것은 무엇을 의미하는가? 책임이란 목적이 수단을 정당화하는 것 혹은 목적이 수단에 의미를 부여하는 것 외에 다른 의미는 [없는가]? …… 만약 행정 관료들이 스스로를 [행위의] 원인으로 보지 않는다면, 그들은 자신들의 행위결과에 대해서도 도덕적 책임을 지지 않는 것인가?

이런 질문들에 대한 답으로 제시된 것이 사적 책임이다. 사적 책임은 실존주의적 관념에 근거를 둔 것으로,[6] 관료들로 하여금 먼저 (자신들에게 어떤 실질적 혹은 가상적 제약이 주어졌다 해도) 스스로가 행위의 근원(또는 원인)임을 인정할 것을 주문한다. 그리고 자신들이 선택한 행위에 대해 도덕적 의미의 책임을 질 것을 강조하는 데, 이는 행위에 따른 비난이나 책임을 특정인이나 법, 그리고 심지어 도덕적 원리 같은 외부 기준에 전가해서는 안 됨을 시사한다. 이런 주장은 실존주의의 기본 사고를 감안하면 어느 정도 이해가 간다. 그러나 이 가운데 특히 마지막 부분, 즉 도덕적 원리에 대한 책임전가 불가능성은 매우 강한 어조를 띠고, 다분히 현혹적일 수 있다. 이에 대해 하먼은 자신의 주장이 "원리에 따라 행동하지 말라는 것이 아니고", 단지 "원리들이 강압적 힘을 갖고 있지 않다거나" 혹은 관료들에 의해 "선택되었거나 형성된" 것을 요구할 뿐이라고 한다. 또한 하먼은 사적 책임이 행정관료들에게 완전한 재량을 부여하는 것도 아니라고 한다. 오히려 행정행위란 필수적으로 사회적 상호작용이기에 사적 책임은 개인적 재량뿐 아니라 사회적 이익에 의해서도 유도되어야 함을 강조한다.

이런 도덕적 책임의 사고는 행정관료들이 능동적이어야 한다는 도덕적 명령에 연계될 때 그 의미가 더욱 분명해진다. 기술한 바에 의하면, 합리적 책임은 관료들이 스스로 행위를 선택하기는 하되 선택의 범위가 조직의 상위자나 정치적으로 정

---

6) 실존주의(existentialism)는 본질보다 존재가 선행하고, 인간은 '스스로가' 만들기에 그 책임도 만든 당사자에게 있다는 철학적 사고이다.

당성 있는 집단에 의해 크게 제한된다. 관료들의 책임 있는 행위가 관리적 통제를 목표로 하는 환경적 요인이나 외부 힘에 의해 형성되는 것이다. 이런 견해와 달리 도덕적 책임은 관료들이 사회발전 과정에 능동적으로 참여할 뿐 아니라, 자신들의 욕구, 의도, 그리고 자존심에 따라 행동할 것을 허락한다. 이는 곧 관료들이 이미 "경쟁적 요구로 점철된 바다에서 이러 저리 방황하거나 양심이 결여된 역할에 가두어진" 수동적 행위자가 아니라(Stewart, 1984: 21), 스스로 자각하는 도덕적 의사결정자로서 행동할 것을 주문하는 것이다.

이런 견해의 특징은 인간의 가치가 조직의 가치보다 우선함을 인정하는 데 있다. 인간의 감정이나 욕망이 조직의 집합적 기대나 합리성 보다 우월하다는 것이 도덕적 명령의 요지인 것이다. 그렇다면, 도덕적 관료들은 자신들이 지닌 지식이나 전문성을 활용해 공익의 실체를 파악하고, 이의 실현을 위해 (순종보다) 창조적 활동을 해야 할 책임이 있다. 관료들의 창조적 행위는 단순히 국민욕구에 반응하기 위해 정책관할 내에서 이니셔티브를 포착하는 것에 그치지 않는다. 때로는 국민들이 특별한 관심을 갖지 않을 때도 이런 행위를 할 수 있고, 심지어는 "합법적 의사결정자들이 설정한 목표들을 초월하는 보다 높은 수준의 목표를" 성취하기 위해 노력할 수도 있다(Howe & Kaufman, 1983: 12). 물론 이런 주장은 관료들이 합법적 권위를 무시하거나 국민적 견해를 무시 또는 간과하라는 것이 아니다. 이는 단지 관료들이 사적·도덕적 책임을 지기 위해 주어진 상황이나 제약에 구속받지 않는 독립적 의사결정자가 되어야 하고, 사실로부터 가치를 파악하는—즉, 상관의 의도나 견해 자체를 도덕적인 것인 것과 동일시하는—오류를 범하지 말라는 것이다.

만약 행정관료들이 이처럼 스스로 행위를 선택하고, 특정의 정책 분야에서 실질적 가치판단을 한다면 (그리고 이를 통해 암묵적으로 정부개입의 새로운 당위성이나 전례까지 형성한다면), 이들은 국민들에게 자신들이 선택한 정책의 당위성, 정책이 추구하는 목적, 그리고 정책형성 시 준거한 주요 가치들을 분명히 설명(또는 진술)할 의무가 있다. 이런 설명(진술)은 주어진 선택 상황에서 정부가 취한 행동의 정당성을 제고할 뿐 아니라, 시민들이 정부 역할을 이해하는 데 도움을 줄 수 있어야 한다. 이런 의미에서 행정책임은 종종 관료들이 공공정책을 정당화하는 핵심적 노력의 하나로서 면밀한 가치분석을 해야 할 도덕적 의무임을 암시하기도 한다.

지금까지 논의된 도덕적 책임에 관한 주장들은 윤리적으로 시사하는 바가 많으나, 관료들의 도덕적 행위를 위한 구체적 지침보다 일반적 수준의 의미를 전달하는데 그친다. 특히, 관료들이 사적 책임을 져야 한다는 것은 단지 '집합적 대용물'에 불과한 행정행태를 반박하는 것에 지나지 않을 수 있다. 이런 이유로 1970년대 이후 행정학 분야에서는 도덕적 책임에 관한 실질적 내용을 규명하거나, 책임 있는 행위를 유지(조장)하는 데 도움이 될 만한 도덕률을 모색하는 데 관심이 모아졌다. 그 대표적인 예가 롤스(Rawls, 1971)의 '공정성으로서의 정의'와 로어(John Rohr, 1989)의 '관료들을 위한 윤리'이다. 이 가운데 롤스의 이론은 기술한 바와 같이 행정에서의 형평을 규율하는 일종의 성서적 지침으로 준용된다. 다만 매우 추상적이어서 이론이 전달하는 철학적 의미를 행정실제에 적용하는 데 어려움이 있다. 이에 비해 로어의 이론은 비록 롤스의 이론보다 논리적으로 정교하지 는 못하나, 보다 직접적이고도 접근이 가능한 장점이 있다.

로어에 의하면, 도덕적 관료들은 그가 명명한 체제가치(regime values)를 추구할 책임이 있다. "관료들은 현 체제를 존속시키고 이의 정신과 의미를 상징적으로 천명하는 헌법을 준수하기로 맹세한 바 있기에"(Rohr, 1978: 67), 이들은 재량권을 행사함에 있어서 반드시 헌법으로부터 도덕적 지침을 구해야 한다는 것이다. 이런 사고는 미국과 같이 대법원 판례가 정의, 평등 같은 상징적 개념에 보다 구체적 의미를 부여하는 국가에서 상당히 매력적일 수 있다. 그러나 문화적 차이를 떠나서라도 이런 주장은 다음과 같은 규범적 혹은 실천적 문제를 피할 수 없다. 첫째, 대법원과 같은 사법적 기구의 판단이 항상 국민들의 일반적 견해를 반영하는지 (혹은 반드시 그래야 하는지) 의문이다. 그리고 설혹 그렇다 하더라도 대법원 판례에는 로어가 일컬은 체제가치가 나타나지 않을 가능성도 있다. 둘째, 대법원의 견해는 시간에 따라 가변적이다. 대법원은 종종 시대에 따라 그 견해를 달리하고, 그 견해도 항상 관료들에게 확실한 지침을 제공하는 것이 아니다. 셋째, 관료들의 행동이 대법원 판례에 의존하는 것은 자칫 행정부가 사법부에 귀속됨을 의미할 수 있고, 따라서 삼권분립이라는 민주주의 원칙에 위배될 수 있다. 넷째, 대법원은 사례를 검토함에 있어서 반드시 기존 판례에 의존한다. 이는 도덕적 책임과 관련해 특히 중시되어야 할 요소이다. 관료들은 (비록 도덕적 관료가 아닐지라도) 종종 전례를 검토하거나 의존함이 없이, 공공문제 해결을 위해 쇄신적·창의적으로 접근하거나 미래의 새로운 영역을 개척해 나가야 한다. 이럴 경우, 대법원의 지침은 관료들의 도덕적 행위를 유도하는 데 별다른 도움을 주지 못한다.

톰슨(Thompson, 1980)도 관료들에게 도덕적 책임을 전가하기 위한 도덕적 행위기준을 제시한 바 있다. 그에 의하면, 관료들은 다음과 같은 두 가지 경우에 특정 산출에 대한 도덕적 책임을 져야 한다. 첫째, 이들의 행위나 부작위(omissions)가 산출의 원인이었어야 하고, 둘째는 이런 행위나 부작위가 무지 또는 강압에 의해 이루어지지 않았어야 한다. 책임에 대한 첫 번째 기준은 특정 행위의 산출이 관료의 행위나 부작위가 없었더라면 일어나지 않았을 것임을 가정한다. 두 번째 기준은 의지의 책임(volitional responsibility)이라 불리며, "개인이 스스로 '달리 행할 수 있었을 경우'에 책임질 것"을 명시한다. 이는 역으로 개인이 '달리 행할 능력이 없었을 경우'에는 책임이 면제된다는 것인데, 이런 경우는 "일반적 무능에서 특정 행위에 관련된 구체적 결함까지 다양한 형태가 있을 수 있으나"(Thompson, 1980: 909) 전형적으로 무지와 강압이라는 아리스토텔레스의 두 가지 범주가 거론된다.[7)]

도덕적 책임에 관한 톰슨의 두 가지 기준은 '언제' 그리고 '어떤 조건에서' 관료들이 사적 책임을 지는지를 (혹은 지지 않는지를) 밝혀 줌으로써 기존 주장들보다 다소 진일보한 느낌을 준다. 그러나 우리는 여전히 기존 주장에서 발견되는 유사한 문제점에 직면한다. 무엇보다 톰슨이 제시한 첫 번째 기준은 스피로가 명명한 명백한 인과책임과 큰 차이가 없다. 이는 단지 관료들이 행한 것 뿐 아니라 행하지 않은 것에 대해서도 책임을 질 뿐이다. 따라서 우리는 여전히 다양한 요소들이 복합적으로 작용하는 현실 세계에서 관료들에 대한 책임귀속을 놓고 어려움을 겪는다. 물론 이에 대한 하나의 대안으로, (톰슨이 지적했듯이) 관료들의 도덕적 책임

7) 전자의 부류에 의하면, 관료들의 행위는 단지 그들의 무지가 태만에 의한 것이 아니면 변명할 여지가 있다. 그리고 유사하게 후자의 부류에 의하면 관료의 행위가 단지 특정의 통제 불가능한 제약에 의해 강요되었다면 변명의 여지가 있다.

이 단지 이들이 산출에 기여하는 몫에 비례해서 전가되지 않음을 주장할 수 있다. 그러나 이런 주장도 관료의 책임귀속을 둘러 싼 근본적 어려움은 해결하지 못한다. 비록 '구상의 문제'는 줄일 수 있으나 여전히 '다수의 문제'는 남기 때문이다. 톰슨도 후에 이 점을 인지한 듯, '행정윤리의 가능성'이란 글을 통해 도덕적 책임이 (그리고 일반적으로 윤리적 행정이) 가능함을 입증할 수는 있으나, 이런 것이 행정[책임]이 어떻게 구체화 될 수 있는가를 보여주는 것은 아니라고 했다. 이런 한계에도 불구하고, "행정[책임]이 가능한 이유를 이해하는 것은 이를 [행정]실제에 정착시킬 뿐 아니라 [행정]실제에서 의미 있는 내용을 부여하기 위해 반드시 거쳐야 할 단계"이다(Thompson, 1985: 560).

아몰랑 대통령과 무책임

프랑스의 국제 라디오 방송 RFI 기자 라가르드(Stéphane Lagarde)는 10일 자신의 블로그에 '한국의 메르스 사태, "아몰랑" 박근혜 대통령'이라는 제목의 기사를 실었다. 이 기사는 한국 네티즌들 사이에 책임질 줄 모르는 박근혜 대통령을 조롱하고 비판하는 유행어가 번지고 있다고 전했다.

"공주님 다 잘될 겁니다"라고 시작되는 기사는 SNS상에서 네티즌들이 박근혜 대통령을 "유체이탈 화법"을 쓰는 "아몰랑 여사"라 부른다고 말한다. "아몰랑"은 한국어 '모르다'와 '책임감 결여'의 뜻이 합쳐진 표현으로, 정부의 위기관리 문제에 있어 책임감을 전혀 통감하지 못하는 박 대통령에 대한 비판으로부터 생긴 신조어라고 설명했다.

또 인터넷 포털 사이트는 박 대통령의 "유체이탈 화법"에 대해서도 언급하며, 이는 이탈한 유체가 모든 혼잡 위에 둥둥 떠서 바라보기만 하는 박 대통령 자신과 정부 기관에 대한 거리 두기 화법을 가리킨다고 설명했다.

이런 신조어들은 정부 수장인 박근혜 대통령이 자신을 항상 3인칭으로 말하며 정부와 자신을 분리함으로써 책임을 회피하는 것에 대한 조롱이라고 분석했다. 즉, 메르스 감염에 대한 보건 당국의 늑장 대응이 여론의 의구심과 분노를 일으키고, 메르스 사망자가 계속 늘어나는 등 사태가 심각해짐에도, 박 대통령이 자신은 마치 전염병과는 아무 상관없는 듯 행동하며 책임을 통감하지 않는 데 대한 비판이라는 것이다.

또 박 대통령의 아몰랑과 유체이탈 화법, 다시 말해 책임감의 부재에 대한 문제는 지금의 메르스 감염 위기뿐만 아닌, 1년 전 세월호 참사에서도 나타났던 문제였다고 꼬집었다. 기사는 보건당국이 현재로서는 메르스가 병원 내에서만 감염되고 있다고 확신하는 가운데,

박 대통령이 비난 여론에 결국 굴복, 방미 일정을 연기했다고 전하며 마무리했다.

출처: 뉴스프로(2015.6.12)/번역 및 감수: 김영란

3) 통합적 접근

행정책임에 관한 파이너(Herman Finer)와 프리드리히(Carl J. Friedrich)의 논쟁 이후 책임 행정 확보를 위한 대안들이 계속 거론되고 있다. 책임확보를 위한 수단으로서 파이너와 프리드리히의 책임은 모두 중요한 논리적 한계가 있다. 합리적 책임의 주된 한계는 다수의 문제로부터 야기되는 구상의 문제이다. 만약 파이너의 주장대로 관료들의 책임이 합리적 관점에서 파악된다면 행정책임은 어떤 경우 비책임(irresponsibility) 혹은 완전한 무책임(no responsibility)이 될 수도 있다. 책임확보라는 측면에서 보다 큰 어려움을 주는 것은 도덕적 책임이다. 책임의 실질적 내용이 규명되지 않았을 뿐 아니라, 부정적 책임(negative responsibility)의 위험마저 안고 있다. 부작위의 한계란 사실상 존재치 않기에 행정관료들이 사적 책임을 지기 위해 '거의 모든 것'에 책임을 져야 할 가능성이 있다.

이런 한계에도 불구하고 우리는 종종 양자 간 선택이나 이로 인한 딜레마에 직면하는 듯한 느낌을 갖는다. 물론 이런 인식은 책임에 관한 합리적 명령과 도덕적 명령 간에 갈등이 발생하고 이들 간 조화가 불가능함을 전제로 한다. 하지만 이런 가능성을 행정실제에서 발견하는 일은 그다지 어렵지 않다. 상관이나 정치인들의 정당한 지시가 개인의 윤리적 신념과 거리가 먼 경우가 있을 수 있고, 규칙이나 법이 비윤리적인 것으로 판단되어 윤리적 갈등을 경험하게 할 수도 있다. 관료들의 책임 있는 행위를 규율하는 규범적 명령이 항상 충돌하지는 않을지라도, 관료들은 종종 상충하는 요구와 다양한 책임부과로 인해 선택의 어려움을 겪을 수 있다. 이런 맥락에서, 이장은 행정책임의 분석적 의미와 역할을 분명히 하기 위해 행정책임의 중요성과 딜레마에 관한 일종의 통합적 접근을 강조한다. 통합적 접근은 다음과 같은 몇 개의 명제를 기반으로 한다.

첫째, 공공행정에서 객관적 책임과 주관적 책임은 모두 필수적이다. 이런 명제

는 양자 가운데 어느 것이 옳고 그른 것이 아니라, 양자 모두 옳고도 그를 수 있다는 현실적 판단에 근거한다. 이에 대한 논의를 위해 먼저 호지킨슨(Christopher Hodgkinson), 톰슨(Dennis F. Thompson), 하먼(Michael Harmon) 같은 도덕적 책임론자들의 주장에 의문을 제기해 보자. 과연 행정책임이 전적으로 사적인 (혹은 주관적) 문제일 수 있는가? 만약 그렇다면, 우리는 적어도 논리상으로는 조직적으로 규정된 규범이나 집합적 기대가 존재치 않는 행정체제를 지닐 수 있다. 그리고 이런 체제에서는 관료들에 대한 공식적 제재는 물론 합리적 책임에 대한 비판가들이 일컫듯이 '만인에 의한 만인의 규범적 제재'도 없을 것이다. 물론, 여전히 법이나 어느 정도의 권력, 조작, 또는 통제는 존재할 수 있다. 그러나 전반적으로는 자신의 길만을 가는 — 그 것이 무엇이던 간에 — 관료들이 존재하게 될 것이고, 아마도 이들 중 일부는 (혹은 바라건대 상당수나 대부분은) 도덕적 견해를 갖고 스스로 규범체계를 설정한 후 행동하게 될 것이다.

그렇다면, 보다 이상적(utopian) 행정체제에서 책임이 순전히 사적 형태를 띠게 될 것이다. 하지만 현재 우리가 지닌 현실적 혹은 아주 비이상적 행정체제에서는 책임이 이런 형태로 존재하기 어렵다. 현실은 이상과 너무나 거리가 멀고, 이에 따라 객관적 · 사회적으로 규정된 집단규범이 비록 '필요 악'이라 할지라도 불가피하다. 이런 논지를 강조함에 있어서 우리는 인간 본성에 대해 어두운 가정을 할 필요는 없다. 단지 현실적이기만 하면 된다. 그리고 우리가 현실적이고자 한다면 관료들을 포함한 우리들 상당수가 비록 위선적이거나 사악하지는 않을지라도 — 물론 때로는 이런 면도 있겠지만 — 종종 무지하고, 의지가 약하고, 쉽게 유혹에 빠지며, 또는 자기중심적으로 행동함을 인정해야 한다. 더 나아가 우리는 모두 일생을 통해 상당 기간 미숙성한 상태로 살아가고, 때로는 지나치게 경솔하며, 분별없이 행동하기도 하고, 다양한 형태의 압력에 처하기도 하며, 비록 규범적 견해를 가졌다 해도 스스로 기만적 행위를 할 수 있음을 인정해야 한다.

오늘날 우리가 추구하는 행정체제가 관료들을 전적으로 자신들의 양심에 따라 행동하도록 내버려두어서는 안 되는 것은 바로 이 때문이다. 비록 이들이 양심을 갖고 있다 하더라도 이들은 어떻게든 잘못을 저지르기 쉽고, 만약 일정 형태의 외부 도움이나 계율이 없다면 이들의 개인적 양심은 이들에게 전혀 다른 행동을 (또는 심지어는 규범적으로 용납되기 어려운 행동을) 지시할 수도 있다. 이런 의미에서 행정은 비록 주관적 책임론자들이 반대하는 규칙이나 내용이 있더라도 특정의 외부통제를 실현하기 위한 객관적 책임을 추구해야 한다. 이런 것이 전제되지 않으면, 우리는 정부 관료들의 일시적 기분이나 심적 동요로부터 나타날 수 있는 사회적 부작용이나 공익의 침해를 방지하기 어려울 것이다. 그렇다면, 행정책임은 '논리적으로' 순전히 주관적 형태를 띨 수 있고 이런 형태가 관료들의 도덕적 행위를 조장함에 있어서 가장 바람직하나, '현실적으로는' 법이나 규칙처럼 사회적으로 규정된 규범(또는 집단적 신념체계)도 존재해야 한다.

둘째, 합리적 책임과 도덕적 책임은 서로 '동등한' 중요성을 지닌다. 행정책임에 관한 기존 이론 중 이들 간의 상대적 중요성이나 우선순위를 설정하려는 사례가 있다. 대개는 두 가지 책임 중 하나를 지지하거나 양자의 존재를 인정해도 어느 하나를 크게 도외시하는 경향이 있다. 이런 현상은 연구자들의 관점이 다양한데서 기인하나, 보다 근본적으로는 양자가 다분히 상반된 인식론적 사고에 근거하고 있어 이들에 대한 통합적 접근이 어렵기 때문이다. 이런 의미에서 행정관료들의 사적 책임을 강조한 하먼(Harmon, 1981)의 이론은 다분히 예외적이다. 하먼은 행정이 사적 책임과 객관적 책임 모두를 필요로 하나, 전자는 관료의 행위를 규율하는 최상의 원리인 반면, 후자는 항상 종속적 위치에서만 필요성이 인정된다고 한다. 즉, 가능한 곳에서는 언제든지 '상호이해'의 맥락에서 구축된 사적 책임이 행정을 규율해야 하고, 이런 적용이 불가능할 때만 예외적으로 객관적 책임이 허용된다는 것이다. 이런 주장은 인간의 판단과 주관이 조직이나 집합적 감정에 우선해야 한다는 도덕론적 입장을 반영하는 것이다. 그러나 하먼의 주장은 ① 사적 책임이 최상의 원리로 작용할 수 있는 행정실제가 거의 없다는 것, 그리고 ② 사적 책임과 객관적 책임 간의 이원화된 체계를 규범적으로 정당화하는 논리적 근거가 없다는 점에서 설득력이 별로 없다.

단순한 논리적 주장을 넘어, 객관적 책임과 주관적 책임의 실천적 중요성을 경험적으로 입증한 사례도 있다. 한 때 행정의 과학화를 주장한 사이먼(Simon, 1967)은 윤리적(도덕적)으로 중립적인 관료들보다 전문직업적 윤리나 가치에 깊게 헌신하는 관료들을 더 높게 평가한 적이 있다. 이는 사이먼 스스로가 행한 경험적 연구에서 가치 지향적 전문직업집단보다 가치 중립적인 전문직업집단에서 관료부패가 발생할 가능성이 더욱 큰 것으로 나타났기 때문이다. 이에 따라 사이먼은 평소 자신의 입장과는 다르게 긍정적이고도 목표지향적 가치에 근거를 둔 전문직업적 윤리조항이 공공조직에서 윤리적 행위를 규제하는 가장 좋은 제도적 장치라고 말한 바 있다. 한편 이와는 대조적으로 외부통제의 필요성을 통해 합리적 책임의 중요성을 강조한 경험적 연구도 있다. 건(Gunn, 1981)은 오늘날 국민들이 관료들의 무책임한 행동은 물론 비행, 금품수수, 비도덕적 행위 등 관료부패의 편재로 인해 더 이상 관료들의 전문직업적 윤리를 믿으려 하지 않고, 이로 인해 과거 어느 때보다 정부의 정책결정 과정을 강하게 통제할 것이 요구된다고 한다.

이런 연구들은 책임을 둘러 싼 이론적 논쟁에 좋은 (그리고 다분히 대조적인) 경험적 근거를 제시한다. 우리가 주목코자 하는 것은 이런 연구들이 주관적 책임과 객관적 책임 간의 상대적 중요성을 가늠하는 것이 아니라는 점이다. 오히려 이들은 개개의 통제방법이 지닌 절대적 중요성을 강조하고, 일면으로는 이들 간의 관계가 보완적임을 시사한다. 즉, 건(E. M. Gunn)의 연구는 사이먼(H. A. Simon)의 주장을 정면으로 반박(또는 부정)하기보다 관료의 책임확보를 위한 도덕적 행동기준이 지닌 한계를 지적하고, 이에 대한 대응수단 내지 보완책으로 합리적 통제수단을 강조하는 것이다.

이런 점들을 감안할 때, 행정책임 간의 상대적 중요성을 쉽게 가늠해서는 안될 것이다. 오히려 양자 간에는 긴장이 존재하고 이런 긴장은 관료 자신은 물론 정부 내 혹은 정부조직 간에 지속적인 갈등을 초래할 것이라는 인식이 필요하다. 다소 역설적이지만, 이런 인식이 전제될 때 행정책임에 관한 논의가 보다 유용한 방향으로 나아갈 수 있다. 양자의 동등한 중요성이 인정되면, 행정책임에 관한 논의가 극단적 입장에서 벗어나 현실체제가 실질적으로 필요로 하는 상호 대립적인 규범체제의 조화나 선택에 보다 능률적으로 접근할 수 있는 것이다.

셋째, 행정책임을 둘러싼 선택의 어려움은 개인적(idiographic) 수준이 아닌 일반적(nomothetic) 수준에서 해결되어야 한다. 객관적 책임과 주관적 책임의 당위성과 이들의 동등한 중요성이 인정되면, 양자 간 조화가능성과 이에 따른 선택의 딜레마가 나타날 수 있다. 양자 간 조화나 '동시' 추구가 어려울수록 딜레마의 개연성이 커지고, 선택에 대한 정당화가 어려울수록 딜레마의 규범적 의미는 커진다.[8] 일반적으로 행정실제에서 책임을 둘러 싼 선택의 딜레마는 주로 다음과 같은 세 가지 방향으로 해소된다. 첫째는 특정의 행위를 선택하고 이런 행위의 선택을 정당화하는 것이다. 가장 단순한 방법이나, 선택에 대한 규범적 정당화가 어렵고 선택으로 인한 (사회적 혹은 개인적) 비용이 늘 따른다. 둘째는 선택 자체를 포기하거나 선택을 외부에 전가함으로써 딜레마로부터 벗어나는 것이다. 즉, 행동을 하지 않거나(inaction) 선택상황을 조작함으로써 책임으로부터 도피하는 것이다. 주로 행위선택에 따른 개인적 비용이 비책임(非責任) 또는 부작위에 따른 손실을 능가할 때 기대되는 행위다. 이런 행위는 행정에 대한 규범적 논의를 어렵게 함은 물론, 행정의 존재근거마저 위협할 수 있다. 셋째, 행정책임 간의 갈등을 가능한 한 규범적으로 낮은 수준에서 해결코자 하는 것이다. 이는 일종의 갈등 회피(avoidance) 현상으로 행정책임뿐 아니라 여타의 사적 가치갈등 상황에서도 나타난다 (cf. Hodgkinson, 1978). 상충하는 행정책임이 추구하는 일반적(nomothetic) 수준의 가치를 개인적 혹은 개별적(idiographic or idiosyncratic) 수준으로 '퇴화 (degeneration)'시키고 관료 자신의 이해관계나 선호에 비추어 해석함으로써 규범적 갈등을 해소하는 것이다.

이상 세 가지 방안 중 비교적 (이론적으로나 분석적으로) 많은 지적을 받는 것은 두 번째 부작위와 마지막의 회피 현상이다. 이 가운데 특히 두 번째 현상은 오늘날 행정학 분야에서 정책대안 간의 선택이나 이에 따른 딜레마를 놓고 정책결정자의 대응방안을 분석하는 실증연구에서 종종 발견된다. 정책대안이 내포하는 일반적 가치 외에 대안선택에 따른 정책결정자의 이해관계를 고려해 딜레마 상황을 구성하고, 이에 대한 관료들의 정책대응을 (정책의 선택이나 딜레마의 해소라기보다) 분석적 · 실증적으로 고찰하는 것이다(cf. 염재호 · 박국흠, 1991; 박통희 · 김동환, 1991). 이런 연구들은 공공정책을 형성함에 있어서 관료들의 개인적 선호나 가

8) 사실, 행정책임에 관한 두 가지 규범적 견해가 상반된 인식론적 사고를 근거로 한다 해도 양자가 반드시 갈등을 일으키는 것은 아니다. 오히려 양자는 일치할 수도 있고 때로는 기술한 것처럼 보완적 입장에 처할 수도 있다. 그러나 이런 현상은 다분히 우연적인 것이고, 비록 보편적이라 할지라도 행정책임 간의 발생하는 딜레마보다 규범적인 의미에서 심각성이 덜하다.

치를 배제하기 어렵고, 오늘날 인간의 규범체제가 날로 퇴화하고 있음을 감안할 때 매우 현실적이라 할 수 있다. 그러나 이런 분석은 어디까지나 실증적인 차원에 머무르는 것이며, 이들의 주된 연구대상인 부작위나 회피가 규범적으로 바람직한 행위가 아님을 주지해야 한다. 공공정책에서 바람직한 행태란 결코 관료 자신의 개인적 선호(preference)나 '일반적' 근거를 결여한 사적 가치의 표명만으로는 정당화되기 어렵다.

이런 의미에서 행정책임을 둘러 싼 선택의 딜레마는 '일반적' 딜레마와 '개인적' 딜레마로 구별되어야 한다. 이런 것이 전제되지 않고는 규범적으로 타당성 있는 — 실천적으로든 이론적으로든 — 딜레마의 해소방안은 기대하기 어렵다. 오늘날 관료들이 직면하는 윤리적 과제는 자신들이 균형을 이루어야 할 많은 책임이 존재함을 인정하고 주어진 (혹은 가용한) 대안들의 규범적 시사점을 분석함으로써 책임을 둘러싼 딜레마를 슬기롭게 관리하는 것이다. 이런 과정에서 가능한 한 자신들의 이기적 이해관계를 버리고 공공행정이 추구하는 일반적 가치들을 준거하고자 애 써야 한다. 이런 행위는 결코 쉽지는 않으나, 관료들이 선택의 어려움을 회피(또는 전가)하거나 바람직한 규범체계를 퇴화시키는 것은 인간의 주체성은 물론 스스로의 능동적 권리행사마저 포기하는 것과 같고, 궁극적으로는 공직사회를 단순히 기계적이고도 자기중심적 사회로 전락시키는 촉매가 될 것이다.

행정책임에 관한 학문적 노력 또한 마찬가지다. 행정책임을 둘러싼 갈등이나 딜레마의 해소가 어렵다 해서 어느 하나만을 쉽게 지지하거나 규범체계의 퇴화를 통한 해소를 방관해서는 안 된다. 오히려 일반적 수준의 가치를 내포하는 행동대안 간의 선택을 놓고 딜레마를 경험하는 관료들의 행위를 실증적으로 분석하고, 그 결과를 규범적 차원에 연계함으로써 이들의 행위가 정당화될 수 있는 논리적 근거를 마련하는 데 초점을 두어야 한다. 이런 과정에서 단순히 모든 책임 있는 관료들이 준수해야 할 추상적 덕목의 제시가 아니라 양자의 역할과 중요성이 조화될 수 있는 대안적 방안의 모색이 필요하다.

어떤 면에서, 이런 통합적 대안의 모색은 공공행정에 대한 인간의 인식과 기대 그리고 행정에서의 역할과 기능이 크게 변하지 않는 한 의미 있는 성과를 기대하기 어려울지 모른다. 하지만 '행정의 종말 가능성'을 예견한 스테버(Stever, 1987:

6)가 시사했듯이, 상반된 행정규범을 놓고 우리들이 현재 취할 수 있는 최선의 방법은 지금 같이 모순된 모습을 "위험스럽게" 지속시키거나 어느 한 쪽을 "감상적으로" 지지하기보다, 현재의 모순을 초래하고 있는 요인들을 올바로 확인하고 이들을 통합할 수 있는 전략적 대안을 슬기롭게 모색하는 것이라 할 수 있다. 끝없는 심문과 반성, 그리고 이를 통한 궁극적 원리의 무한한 추구가 철학의 기본 자세라면, 행정윤리나 규범적 논의가 요구하는 것도 바로 이런 모습이라 할 수 있다.

범죄적 실패로서 부작위

기술한 바와 같이 부작위(不作爲)는 해야 할 일을 하지 않는 것이다. 부작위에 의한 실패는 도전 후에 나타난 실패보다 나쁘다. 2001년 9월 28일, 약해 에이즈 사건으로 업무상 과실치사 혐의로 기소된 전 후생성 생물제제과 과장에게 금고 1년, 집행유예 2년의 유죄판결이 내려졌다. 비가열성 제재의 위험성을 알면서도 아무런 손을 쓰지 않은 것은 명백한 부작위이고, 이로 인해 에이즈 감염자를 초래한 것이 범죄라는 이유다. 전직 과장은 마지막까지 자신의 책임이 아니라고 무죄를 주장했으나, 약품 회수를 제약회사에 맡긴 채 자신은 아무 조치도 취하지 않은 것이 죄가 된다는 판결이었다.

전직 과장은 일본적십자사가 크리오 제제의 안전성을 강조했을 때도, "그렇게 말해도 비가열성 제재가 보급되고 있다"며 동조하지 않았다. 게다가 혈우병 환자가 비가열성 제제 투여로 에이즈 바이러스에 감염된 뒤에도, 비가열성 제제를 회수하지 않기로 방침을 정했다. 비가열성 제제에 의한 에이즈 바이러스 감염 사실을 알면서도, 그 위험을 피할 대책을 전혀 취하지 않은 것이다.

백보 양보해서 생각해 보면, 전직 과장은 당시 제약회사나 의학 연구자들과의 관계가 얽혀 있어서 손을 쓰고 싶어도 못 쓰는 상황이었을지 모른다. 그러나 국민의 세금으로 급료가 지급되는 관료는 국민의 생활을 지킬 의무가 있다. 더욱이 국민의 생명을 지켜야 할 후생성 직원이라면 당시 에이즈에 의한 사망을 충분히 예견하지 못했다 하더라도 책임을 피해갈 수 없다. 비가열성 제재를 회수하지 않은 것은 적어도 직접 범죄를 저지른 건 아니지만, 범죄의 발생을 알고도 방치한 것은 분명하다.

스몬 소송이나 미나마타병의 국가배상 소송, 나병 소송 등 지금까지 국가가 부작위 과실에 대한 책임을 추궁받은 적은 있어도, 관료 개인이 부작위로 인해 형사책임을 추궁받은 일은 없었다. 따라서 관료들은 무슨 일이 생길 때마다 항상 '조직의 판단'이라는 변명 아래 아무런 책임을 지지 않으려는 태도를 취했다. '전례가 없기 때문에'라는 잘못된 생각이 관료들의 그릇된 행동을 조장하고 있었던 것이다.

이런 의미에서 그 전직 과장에 대한 판결은 획기적이다. 아니, 이것은 행정과 그 안에 있는 관료의 책임이므로 당연한 일이다. 관료들은 '괜찮겠지' 하는 안이한 사고방식이나 책임회피는 통하지 않음을 자각해야 한다. 지금은 조직을 방패로 개인의 책임을 모른 채 할 시대는 지났다.

출처: 하타무라 요타로(2009: 168−170).

[토론 주제]

1. 우리 주위에 얼마나 많은 행정 부작위 사례가 있는지를 살펴보자.
2. 2011년 여름 폭우로 인해 서울 서초동 소재 우면산이 붕괴되는 사건이 발생했다. 당시, 서초구 관련 공무원들은 100년 만의 폭우라 어쩔 수 없었다고 해명했다. 즉, 천재라는 것이었다. 시민들의 반응은 전혀 달랐다. 평소 서울시를 비롯해 구청이 재난방지에 소홀했고, 붕괴 위험이 있다는 산림청 경고를 무시했으며, 매년 반복되는 수해를 감안할 때 천재가 아닌 인재라는 것이었다. 즉, 재난 방지를 하지 않으면 피해가 있을 것임을 충분히 예상할 수 있음에도 불구하고 전혀 아무런 조치도 취하지 않았다는 것이다. 이 사례는 부작위 사례인가, 아니면 천재인가?

2 합법성은 행정가치인가?

지금까지 우리는 행정책임의 절차적 요소 중 가장 대표적인 것으로 법을 지적했다. 특히 법은 합리적 책임의 가장 중요한 근원으로서, 종종 능률이나 형평 같은 내용가치와 동등한 차원에서 거론되기도 했다. 이른바 '합법성'이라는 이름하에 중요한 행정가치의 하나로 인식되어 온 것이다.

법에 대한 인간의 존중은 아주 멀게는 인성적 자연법을 주장한 소피스트들(Sophists)과 선천적 자연법을 주장한 소크라테스(Socrates)까지 거슬러 올라간다. 소피스트들은 객관적으로 보편타당한 법과 정의를 부인하고, 주관적 관점에서 개인의 이익이 곧 인간 사회의 보편적 정의로 나타난다고 했다. 이에 비해 소크라테스는 실정법을 정의의 한 부분으로 파악하고, 실천을 통해 잘못된 실정법에 대한 복종의 불가피성을 보여주려 했다. 오늘날 많은 사람들이 관습적으로 외치는 준법정신은 바로 이런 소크라테스의 행동을 곡해한 결과이다.[9)]

행정에서 법에 대한 존중은 어쩌면 당연한 것인지 모른다. 행정 자체가 법(정책)을 집행하는 수단으로 출발했고, 행정의 고전적 문헌들이 일관되게 법의 중요성을 강조했다. 베버(Max Weber)는 법에 의한 지배와 규칙에 따른 운영이 능률적 행정의 필수조건이라 했고, 때로는 민주적 의미를 수반한다 했다. 기술한 행정책임을 둘러 싼 프리드리히(Carl J. Friedrich)와 파이너(Herman Finer)의 논쟁에서도 절차적 기준인 법의 중요성이 부각되었다. 공무원의 행동을 유도할 양대 기준의 하나가 곧 [양심과 함께] 법인 것이다.

이런 전통은 현대 행정에서도 그대로 유지되고 있다. 로어(Rohr, 1989)는 정부 정책이 법 규범에 부합해야 하고, 관료들은 '결코' 법을 어겨서는 안 된다고 한다. 잉그함과 로젠블룸(Ingraham & Rosenbloom, 1990)도 행정이 준사법적 기능을 수행하는 한, 헌법적 윤리(constitutional integrity)와 절차적 정의를 가치로 추구해야 한다고 한다. 박동서 교수(1972)는 합법성이 능률성, 효과성, 민주성 등과 함께 바람직한 행정의 규범적 벡터를 구성한다고 한다.

이와 같은 법에 대한 예찬에도 불구하고, 과연 합법성이 행정가치가 될 수 있는지, 혹은 그래야만 하는지에 대한 심도 있는 논의가 이루어진 적이 없다. 법을 준수하는 것이 당연한 것으로 여겨졌고, 특히 우리의 경우는 법을 무시하거나 우회하는 사례가 많아서인지 유난히 합법성이 강조되었다. 그러나 민주사회에서 절차적 정당성을 확보해야 할 실천적 당위성과 합법성이 지니는 의무론적 책무나 규범적 의미는 구분이 되어야 한다. 특히, 법을 준수하는 것이 항상 바람직한 행정을 유도하는지에 대해 비판적 성찰이 필요하다.

이 장은 이런 문제의식을 바탕으로 윤리적 행동지침으로서 법이 지닌 규범적 속성을 자연법(natural law; Latin, *lex naturalis*)에 비추어 비판적으로 검토한다.

---

9) 소크라테스는 종종 '악법도 법'이란 말을 한 것으로 회자되곤 한다. 그러나 소크라테스는 이런 말을 한 적이 없다(권창은 · 강정인, 2005; 김주일, 2006). 비록 그리스의 세속적 법을 긍정적으로 보기는 했으나, 이 때문에 세속법의 의한 죽음을 수용한 것은 아니다. 오히려 그는 세속법을 넘어 보다 높은 수준의 진리를 추구하려 했고, 실정법의 부적절함을 지적한 것으로 이해된다. 그리고 때로는 법이 완벽할 수 없어 인간의 생명을 무고하게 앗아갈 수 있음을 보여주고, 이를 통해 실정법에 대한 맹신을 경고하려 했다는 평가도 나온다. 어느 경우에건, 소크라테스가 '악법도 법'이어서 준수하려 했다거나 단순한 법의 준수로 그의 의도를 해석하는 것, 그리고 부당한 실정법을 준수해야 할 준거로 삼는 것은 모두가 근거 없는 오류이다.

자연법은 자연에서 파생하고 (혹은 자연에 의해 결정되고) '모든' 인류에게 공통적으로 적용되는 옳고 그름(혹은 정의)에 관한 법체계이다(Straus, 1968: 80; Encylopedia Britannica, 2002). 전통적으로, 자연법은 인간이 지닌 개별적 · 사회적 본성을 분석하고, 도덕적 행위규칙을 도출하려는 이성의 활용을 의미했다. 그리고 자연법은 역사적 상황에 따라 인간이 창조하고 지속적으로 변하는 (특정의 정치체제나 국가의) 실정법(positive law)과 달리 불변적 속성을 지니고 있어 실정법의 내용이나 이에 근거한 의사결정을 비판하는 기준으로 기능했다.

이 장에서 우리는 합법성이 관료들의 행동을 유도하는 기준이나 준칙은 될 수 있지만 성격상 조건적이어서 행정가치가 될 수 없음을 주장한다. 이른바 합법성의 대상이 되는 실정법은 자연법에 부합 여부에 따라 규범적 속성이 (혹은 바람직한 행정에 대한 수단적 기능이) 달라지고, 따라서 자연법에 어긋나는 법의 준수는 바람직한 행정과 거리가 멀다. 오히려 이 경우, 법을 개정하거나 폐지하려는 노력이 경주되어야 하고, 법 준수가 아닌 법에 대한 저항이 윤리적으로 정당화될 수 있다. 따라서 우리는 법에 대한 맹목적 신뢰가 아니라, 어떤 법을 준수해야 하는지, 또는 악법도 법이 될 수 있는지에 등에 대해 보다 근본적 의문을 제기하고, 성찰적 자세로서 합법성에 접근함으로써 공동선을 위한 행정의 봉사 기능을 찾아야 할 것이다.

1) 자연법의 의미와 역사적 발전

자연법은 고대 그리스 스토아학파(Stoics)에서 시작하여 중세 기독교 영향으로 스콜라(Schola) 철학에 연계되었고, 스콜라 철학의 거성인 아퀴나스(St. Thomas Aquinas)에 이르러 이론적 틀이 완성되었다. 그리고 한때는 법의 연원을 인간에게서 찾고 사상적 불완전성을 드러냄으로써 법실증주의에 지배적 위치를 내주었다가, 현대에 이르러 새롭게 부활하는 계기를 맞았다. 이하에서는 먼저 이런 자연법의 역사적 발전을 통해 자연법이 추구하는 핵심내용과 자연법과 실정법 간의 논리적 관계를 검토한다.

(1) 자연법의 전통적 이론

자연법의 전통적 이론은 인간 사회에 일정한 도덕률(higher law)이 존재함을 가정하고, 그 내용이 무엇이고 이로부터 어떤 결과가 초래될지를 논한다. 특히, 이런 도덕률이 실정법과 상충할 때 인간이 어떤 행동을 해야 하는지를 알려 준다. 여기에서 도덕률(즉, 자연법)이란 신의 계시, 종교적 문서, 인간 본성에 관한 세심한 연구, 혹은 자연에 대한 고려 등으로부터 나타나는 (혹은 파생할 수 있는) 일종의 법률 같은 기준이다(Bix, 2010).

전통적 의미의 자연법은 사회과학적 법칙이나 인간 행동을 규율하는 제도적 규범이 아니다. 오히려 공동선을 위해 만들어진 일종의 '이성 명령'으로서, '인간 본성'에 내재해 있다 자연스럽게 알려 진다(진교훈, 2002). 이는 자연법이 (존재론적으로는) 인간 본성에 내재하고 이를 반영하지만, (인식론적으로는) 이성적 추리가 아닌 본성적 성향에 의해 '발견'됨을 의미한다. 이 때문에 자연법은 의심의 여지가 없고, 오류도 없으며, 이성을 통하지 않아도 이치에 맞는(reasonable)것이 된다.

전통적 자연법에 관한 철학적 사고는 키케로(Marcus Tullius Cicero)와 아퀴나스에 의해 체계화되었다. 키케로에 의하면, 자연법은 시간과 장소를 초월해 존재하고, 불변하며, 모든 사람들이 이성을 통해 접근할 수 있다. 그리고 공정한(just) 법만이 법이란 명칭을 얻을 수 있는데, 이는 법 개념(정의) 속에 "정의로운 것과 진실한 것을 선택하는 이상과 원리들이 내재되어" 있기 때문이다(Cicero, 1928, Law 11, v. 11－12)

이와 같은 키케로의 중세 자연법사상은 기독교 철학의 거성인 아퀴나스에 의해 이론적 틀이 완성되었다. 아퀴나스는 법을 영원법, 자연법, 신성법, 그리고 실정법으로 구분했다(ST, Q. 91). 아퀴나스는 이 가운데 자연법을 인간이 타락하기 전 상태의 모습이라 하고, (공정한 혹은 정의로운) 실정법이 이런 자연법에서 파생된다 했다. 이는 곧 모든 인정법(human law) 혹은 실정법이 자연법에 순응하는지에 따라 판단되어야 함을 의미하고, 사람들이 정의로운 법과 정의롭지 못한 법을 놓고 어떤 행동을 해야 할지를 알려 준다.

아퀴나스는 법을 정의할 때 4개의 개념적 요소를 사용한다. 법은 ① 공동선을 위해, ② 지역사회를 돌보는 사람이 만들고, ③ 공포하는, ④ 이성의 조례라는 것이다(ST, Q90, A4). 이 네 가지 요건 중 ①은 ②, ③, ④에 우선한다(ST, Q. 90, A. 2). 그리고 공동선을 추구하는 '정의로운' 실정법은 자연법적 요건을 갖춘 법이기에, 양심상 '구속력'을 지닌다(ST, Q. 96, A. 4). 이런 명제는 역설적으로 불공정한 법은 법이 아니고, 따라서 복종할 의무가 없음을 시사한다. 물론 불공정한 법도 정의로운 법처럼 적절한 절차에 따라 제정되고 집행될 수 있다. 그러나 불공정한 법은 명백히 법의 형태로 존재해도, 여전히 그 자체는 법의 곡해에 지나지 않는다.

자연법이 가정하는 도덕률은 일련의 규범적 원리들로 구성되어 있다. 이들은 일반적으로 1차적 유형과 2차적 유형으로 나뉜다.[10] 이 중 일반적 계율로 일컬어지는 1차적 원리는 자명한 원리로서 어떤 상황에서도 예외가 인정되지 않는 불변의 원리다. 가장 보편적으로 알려진 자연법의 1차적 원리는 '선을 행하고 악을 피하라'는 것이다. 아퀴나스는 이를 '실천이성의 제1원리' 또는 '자연법의 제1계율'이라 했다(ST, Q. 94, A. 2).

자연법의 제1원리들을 실현하거나 이런 원리에 따라 살도록 해 주는 것이 2차적 원리들이다. 이들은 십계명이나 황금률에 나타난 것처럼 '살인을 하지 마라', '도둑질 하지 마라', '부모를 공경하라', '계약을 존중하라' 등 다양하게 표현될 수 있다.[11] 이런 행동들은 모두가 인간 본성에 상응하는 것이고, 따라서 이런 원리에 반하는 행동들은 인간 본성을 벗어난 데 따른 좌절, 실패, 패배 등을 경험하게 된다.[12] 그리고 선을 행하라는 1차적 원리와 달리 선을 구현키 위한 2차적 원리들은 항상 자명한 것이 아니고, 이로 인해 종종 오염이 되기도 한다.[13] 예컨대, '살인을

10) 학자들마다 자연법 원리를 유형화하는 방식이 조금씩 다르다. 혹자는 선을 구현키 위한 일련의 활동을 1차적 원리로 파악하는가 하면, 혹자는 이를 2차적 원리로 구분하기도 하고, 혹자는 원리의 구분을 3차원까지 세분화하기도 한다.

11) 아퀴나스는 이런 2차적 원리들이 1차적 원리의 결론으로 도출된다고 한다. 즉, '타인을 해 쳐서는 안 된다'는 1차적 원리로부터 '살인을 해서는 안 된다'는 2차적 원리가 하나의 결론으로 도출된다는 것이다(ST, Q. 95, A. 2).

12) 예컨대, '과음하지 말라'는 계율을 위반할 경우, 사람은 건강을 잃을 뿐 아니라, 스스로 합리적 동물로서 지녀야 할 기본적 사유 능력을 상실할 수 있다. 이는 과음을 금하라는 계율이 Aquinas가 지적한 선의 모든 측면에 간접적으로 연계되어 있음을 보여준다. 과음은 개인의 물리적 삶에 부정적 영향을 주고, 합리적 인간으로서 지녀야 할 복지를 손상시키며, 마지막으로 자칫 건전한 종족 보존에도 부정적 영향을 줄 수 있는 것이다.

하지 말라'거나 '도둑질 하지 말라'는 2차적 원리들은 시공을 초월해 보편적(절대적) 타당성을 지니는 것이 아니다(진교훈, 2002). 사람은 때로는 정당방위로 남을 죽일 수 있고, 매우 궁핍할 때는(예: 극빈한 임산부) 타인의 잉여 재산을 허락 없이 사용할 수도 있다.

더 나아가 자연법에 기반한 도덕적 원리는 외적 행위뿐 아니라 내적 동기에도 관심을 갖는다. 단순히 옳은 일을 하는 것으로는 충분치 않고, 진정한 의미의 도덕적 행위가 성립되려면 그 동기가 좋아야 한다. 예컨대, 누군가에게 좋은 인상을 주기 위해(나쁜 동기) 어려운 사람을 돕는 것(좋은 행위)은 도덕적으로 정당화되지 못한다. 동기는 반드시 기본적(cardinal) 혹은 신성한(theological) 덕목에 부합해야 한다. 기본적 덕목은 자연에 적용되는 이성을 통해 습득되고 모든 사람을 구속하는 것으로서 사려분별, 정의, 절제, 인내 등을 의미하고, 신성한 덕목은 다소 초자연적이고 도덕적 · 지적 덕목과 거리가 있는 신을 대상으로 하는 덕목으로서 믿음, 희망, 박애 등을 지칭한다(ST, Q. 62, A. 2). 아퀴나스에 의하면, 이런 덕목들의 결여는 곧 도덕적 선택 능력의 결여를 의미한다. 그래서 정의, 사려분별, 인내를 소유했다 해도 절제가 없으면 (좋은 의도에도 불구하고) 자기 통제력을 상실하고 쾌락에 대한 욕망을 극복하지 못한 채 도덕적 길을 벗어나게 된다.

(2) 자연법과 법실증주의(Legal Positivism)

근대에 이르러 전통적 자연법사상은 다양한 용례로 발전했다. 그러나 아퀴나스 이후 자연법은 그 연원을 신이 아닌 인간에서 찾는 합리주의적이고 개인주의적 자연법으로 변모하면서 사상적 불완전성을 드러냈고, 19세기에 이르러서는 물질주의, 실증주의, 경험주의 등의 영향으로 크게 쇠퇴했다. 특히, 실증주의와 자연과학의 풍미는 자연법에 대한 거부에 결정적 역할을 했다.

법실증주의는 인간이 지닌 모든 규범이 사회적 구성물(social constructs)임을 강조한다(Green, 2003). 즉, 사람들이 만들었다는 것이다. 이처럼 법이 '사회적' 구

---

13) 1차적 원리들은 이론상 인간의 마음으로부터 결코 오염될 수 없으나, 이성이 이들을 특정 실제에 적용하는 과정에서 방해를 받게 되면 사례별 오염이 가능하고, 특히 2차적 원리들이 사악한 논리나 부패한 관습에 의해 인간의 마음으로부터 오염될 수 있다.

성물이라는 것은 '개인'이 선이 무엇인지를 판단할 수 있는 도덕적·법적 능력이 없음을 시사한다. 더 나아가 법실증주의는 법과 윤리를 인간 본성으로부터 분리하고, 서로 다른 사회(전통)가 서로 다른 규범을 갖고 있음을 (그리고 가질 것임을) 강조한다. 이는 곧 실증주의가 윤리적 상대주의와 논리적 궤를 같이함을 의미한다.

다른 과학 분야와 마찬가지로, 법학에서 실증주의와 자연과학의 풍미는 형이상학을 배척하고 경험적 현실에만 초점을 두는 움직임으로 나타났다. 무엇보다 자연법이 표방하는 정의가 시공에 따라 상대적이고 가변적이며, 따라서 자연법의 절대성과 보편성은 존재할 수 없다는 이론적 입장이 강화되었다. 이처럼 자연법의 보편성을 거부하는 (혹은 가치의 상대성을 강조하는) 논리는 곧 초국가적 보편타당성을 지닌 법률의 존재를 부인하는 근거가 되었고, 궁극적으로는 인간의 기본권이나 자연법적 권리를 무시하는 제국주의 국가의 입법행위를 정당화하거나 국가권력이 인간의 기본권을 합법적으로 제한할 수 있다는 빌미를 제공했다. 그러나 이처럼 자연법을 부정한 실증주의는 "자본주의 사회의 자기모순에 빠져 비판에 직면하게" 되었다. 특히 나치즘(Nazism), 파시즘(Fascism), 식민주의(Colonialism), 제2차 세계대전 등 인류 역사의 파국적 현실들이 대부분 자연법을 부정하는 오만한 실증주의적 사고 속에서 (힘과 자의에 의해) 제정된 법률에 의해 자행되었다는 인식을 갖게 했으며(진교훈, 2002; 원상철, 2004), 아이러니하게 자연법의 부활을 부추기는 요인이 되었다.

(3) 자연법의 현대적 이론

일명 신자연법이론(New Natural Law Theory)이라 불리는 현대 자연법이론은 그리스츠(Germain Grisez), 피니스(John Finnis), 조지(Robert George) 등에 의해 발전했다. 현대 자연법이론은 법실증주의 및 법실증주의자들이 지녔던 자연법에 대한 부정적 시각은 물론 전통적 자연법에 대한 일반적 비판에 대해서도 직접 대응한다.

첫째, 현대 자연법이론은 법을 좀 더 좁은 의미에서 사회적 제도나 관행으로 이해하려 한다. 그리고 (자연법이론과 법실증주의를 분리하여) 법과 도덕을 개념적으로 분리하려는 시도에 이의를 제기한다. 다만, 전통적 자연법이론이 도덕의 지위에 대해 특정의 입장을 견지한 것과 달리, 현대 자연법이론은 특정의 법체계나 개인적 규범의 법적 타당성을 평가함에 있어서 윤리적 잣대가 필요함을 지적한다. 예컨대, 풀러(Fuller, 1958, 1969)는 법을 정부가 일방적으로 명령하고 시민들이 복종하는 것으로 인식하는 법실증주의를 거부한다. 그리고는 법실증주의자들이 주장하듯 법은 권력, 명령, 복종 등이 아니라, 자체의 내적 도덕성(internal morality)에 근거해야 한다고 한다. 법의 내적 도덕성이란 법체제가 법으로 일컬어지기 위해 충족해야 할 (혹은 상당 부분 충족해야 할) 일련의 조건들로서 몇 가지 절차 및 체제적 원리들을 내포한다.[14)]

둘째, 현대 자연법이론은 전통적 자연법이론에 대한 세속적 비판에도 민감하게 반응한다. 자연법이 중세 스콜라 철학과 가톨릭 신학에 근거하고, 이로 인해 이런 전통 밖에 있는 사람들에게 크게 어필하지 못했다는 점을 잘 인식한다. 이에 따라 현대 자연법이론은 자연법과 다른 사상적 체계 간의 어떤 연계도 피하려 한다.

셋째, (가장 핵심적 요소로서) 현대 자연법이론은 형이상학을 피하고 목적론을 부인하는 데 초점을 둔다(Blake, 2011; Goldstein, 2012). 현대 자연법 이론은 전통적 자연법이론이 극복하기 어려운 몇 가지 과제에 직면하는데, 그 중 하나가 사실에 근거하여 도덕적 판단을 하는 이른바 '자연적 오류'이고, 다른 하나는 도덕적 절대성(moral absolutes)를 부인하는 공리주의를 어떻게 적절히 거부하느냐는 것이다(cf. Koterski, 2000). 이에 대한 반응으로, 현대 자연법이론은 크게 두 가지 점을 강조한다. 하나는 인간 사회에 계량화가 불가능한 근본적 선들(goods)이 무수히 존재한다는 것이고, 다른 하나는 이런 선들의 중요성이 자명해서 다른 어떤 이론적 지식으로부터도 추론될 필요가 없다는 것이다.

---

14) 이런 요건들은 아퀴나스가 제시한 요건들에 몇 가지를 더 추가한 것이다. 즉, ① 법은 일반적이어야(general) 하고, ② 법은 공포되어 시민들 스스로 준수해야 할 기준이 무엇인지를 알아야 하고, ③ 소급법의 제정이나 소급 적용은 최소화되어야 하고, ④ 법은 이해 가능해야 하고, ⑤ 법들 간 모순이 있어서는 안 되고, ⑥ 법은 영향을 받는 사람들의 능력을 넘어서는 행위를 요구해서는 안 되고, ⑦ 시간이 가도 상대적으로 일관성을 지녀야 하고, ⑧ 발표된 법과 실제 집행이 일치해야 한다는 것 등이다(Fuller, 1969: 33-91). 풀러는 이런 합법성 원리들(principles of legality)이 '실질적' 자연법과 달리 '절차적' 자연법 이론을 제시하는 데 초점을 둔다고 한다. 그러나 아퀴나스가 시사했듯이, 이런 풀러의 입장은 합법성의 절차적 요건을 과대평가하는 경향이 있다. 독재국가들도 절차적으로는 합법적이나 내용이 사악한 법률을 얼마든지 만들 수 있기 때문이다.

현대 자연법론자들이 거론하는 근본적 선이란 대개 지식, 건강, 놀이, 심미적 경험, 우정, 사회성, 종교, 실천적 합당성(practical reasonableness), 결혼 등이다. 이런 선들은 선택이 자명한 것으로서 사람들의 행위를 정당화하는 데 부족함이 없고, 결과적으로 삶과 지식 같은 특정의 비계량적 도덕적 절대를 보존하면서 공리주의적 가치 계산을 효과적으로 손상시킬 수 있다. 피니스는 이런 선들이 모두가 근본적이고 서로 간의 상대적 가치를 가늠할 수 없어서 이들 간의 객관적 우선순위는 존재치 않는다고 한다. 그리고 아퀴나스의 제1원리(즉, '선을 행하고 악을 피하라')가 이처럼 다양한 선에 대한 단순한 지식을 넘어 이런 선들이 어떻게 인간 번영을 조장하는 방식으로 추구되어야 하는 가를 요구하게 된다고 한다. 이런 맥락에서 (그리스츠와 피니스의 사상을 이어 받은) 조지(George, 2008)는 자연법이론이 웰빙의 구성적 국면과 인간 및 인간 공동체의 성취를 성찰적이고도 비판적으로 설명하는 것이라 한다.

2) 부정한 법(Unjust Law)에 복종해야 하는가?

이론상, 실정법은 ① 자연법의 내용을 그대로 선언(또는 반복)하거나, ② 자연법이 담고 있는 내용을 명확히 천명하거나, 혹은 ③ 자연법에 의해 명해지거나 금해지지 않은 내용들을 다루게 된다(Sheeran, 1993). 이 가운데, 첫 번째 경우는 별 문제가 없으나, 두 번째와 세 번째의 경우는 모든 사람들이 실정법의 해석에 동의하지 않기에 종종 논쟁을 유발한다. 그리고 실천적으로 비록 실정법이 자연법의 구현을 위해 제정된다 해도, 모든 실정법이 자연법에 뜻에 맞게 제정되는 것도 아니다. 실정법은 사회공동체의 존립이나 번영 등 특정 목적의 달성을 위해 제정되기에, 그 내용이 구체적·현실적인 반면, 종종 궤변적 상황논리에 지나지 않을 수 있다. 그렇다면, 자연법에 위배되거나 자연법과 충돌하는 실정법은 어떻게 다루어야 하는가? 아퀴나스의 주장처럼 당연히 무효인 것으로 간주해 거부해야 하나, 아니면 소크라테스처럼 잘못된 (혹은 범죄적) 실정법이라도 복종이 불가피한 것으로 수용해야 하나?

(1) 정의롭지 못한 법은 법이 아니다

모든 자연법론자들은 법을 합리적 행동기준(rational standard for conduct)으로 인식한다.[15] 아퀴나스는 '모든' 실정법이 자연법에서 파생된다고 했다(ST, Q. 95, A. 2). 이 때문에 사람들은 법에 순응하려는 강한 (혹은 단호한) 사유를 갖게 되고, 자연법은 사람들이 법에 순응토록 하는 데 필요한 도덕적 조건의 근원과 한계를 설정해 준다.[16] 이는 곧 합리적 행동기준이 될 수 없는 규칙은 전혀 법이 될 수 없음을 시사한다. 이를 좀 더 잘 알려진 말로 표현하면, "정의에 어긋나는(부당한, 부정한) 법은 법이 아니라"(a unjust law is no law at all: *lex iniusta non est lex*)는 것이다.[17] 이런 주장은 인간의 행동기준이 법의 형식을 갖추었다 해서 모두 법이 되는 것이 아님을 역설적으로 강조하는 것이다. 사실, 아퀴나스는 비록 법이 자신이 명시한 네 가지 형식 요건을 모두 갖추었다 해도, 여전히 법에 대한 복종의무는 조건적이라 했다. 특히, 법의 내용, 즉 법이 합리적 기준에 부합하느냐에 따라 복종의무가 달라진다고 했다. 이런 주장은 법적 타당성 혹은 합법성 개념을 엄격하게 합리성에 제한함으로서, 법과 정의 혹은 법과 도덕 간 연계를 놓고 논쟁이 불가피함을 시사한다. "정의롭지 못한 법은 전혀 법이 아니다"라는 말은 곧 '법과 정의' 혹은 '법과 도덕' 간의 연계를 법적 타당성의 조건으로 내 세우는 것이기 때문이다(Murphy, 2008).

아퀴나스는 이런 맥락에서 자연법에 반하는 실정법을 부패한 법(spoilt law)이라 하고, '구속력'이 없다 했다. 실정법의 존재근거는 자연법의 실현에 있고, 따라서 그 구속력은 입법절차가 아닌 자연법에서 발생하기 때문이다. 아퀴나스는 한 걸음 더 나아가 국민은 반자연적 실정법에 '저항'할 권리를 가진다고 보았다. 다만,

15) 여기서 합리적(rational)이란 용어는 이 책에서 조직행태의 준거로 지칭한 합리성(rationality)과는 다른 용례이다. 이는 전형적으로 고전적 철학에서 이성적 판단을 전제로 한 인간만의 고유한 특질을 지칭하는 것이다.

16) 실제로, 사람들은 법이 공정하다고 생각할 때, 그리고 법 집행에서 절차상의 정의가 있다고 생각할 때, 법을 준수하는 경향이 있다(Tylor, 1990).

17) 이 말은 아우구스티누스(St. Augustine) 또는 아퀴나스(St. Thomas Aquinas)가 한 말로 알려져 있으나, 정확한 표현은 이 두 사람의 문헌에서 발견되지 않는다(Kretzmann, 1988: 100−101). 아퀴나스가 아우구스티누스를 인용해 남긴 정확한 표현은 기술한 바와 같이 "정의롭지 못한 법은 전혀 법이 아닌 것으로 보인다"("a law that is not just seems to be no law at all")는 것이다 (ST, Q. 96. A. 4).

법에 대한 국민적 저항이 법적 질서나 안정성의 침해, 혹은 보다 큰 사회적 폐해를 유발할 가능성이 있을 때는 결함 있는 법질서가 무질서보다 우선할 수 있음을 시사했다.[18)]

(2) 법실증주의의 반론

이런 주장에 대해 법실증주의자들은 강한 거부감을 보인다. 법실증주의자들은 우선 법률의 구속력을 (내용이 아닌) 합법적 절차에서 찾는다. 그리고 어떤 힘이 작용했던, 정당한 절차(due process)를 거쳐 법률로 공포되면, '합법'이라는 이름하에 국민을 구속한다는 것이다. 법률이 구속력이 지니는 이유가 법률이기 때문이라는 것인데, 이는 다분히 어의중복적 진술에 지나지 않는다. 그럼에도 불구하고, 실증법학자들은 주제에 관한 학문적 특성을 들어 논리적 답변을 피한다. 실정법 질서를 파괴하는 혁명적 행위는 정치학의 주제이고, 자연법은 철학의 주제이며, 결과와 무관하게 그 이상은 법학의 소관이 아니라는 것이다.

이태재(1977: 20)는 이런 모습을 보고 가장 현실적이고 실증적이어야 할 법실증주의가 사실과 경험의 문제를 외면한다 했다. 그리고 법률이 지닌 구속력의 원천에 대한 가장 주목할 만한 법실증주의적 견해가 그 원천을 '조직'에서 찾는 것이라 했다. 권력관계에서 조직이 개인을 통제할 수 있다는 것인데, 이런 논리의 극단적 적용이 곧 전체주의 혹은 공산주의 국가의 법률이다. 즉, 전체주의에서는 국가라는 조직이, 그리고 공산주의에서는 공산당 조직이 구속력의 원천이 된다. 이런 논리 뒤에는 국민은 국가를 위해, 그리고 인민은 공산당을 위해 존재한다는 역설

18) 사람들은 때로는 도덕적인 이유로 불공정한 법에 복종하고, 또 그래야만 하는 경우가 있다. 예컨대, 법이 전반적으로 정의로운 법체계의 한 부분이고 법에 불복종하는 것이 법체계 자체를 손상시킬 수 있다면, 불공정한 법에 복종해야 할 도덕적 사유가 발생할지도 모른다(Bix, 2010: 214). 아퀴나스는 불공정한 법에 대한 준수 거부가 "스캔들이나 장애"를 초래하지 않는 한 준수 의무가 없다고 했는데(ST, Q. 96, A. 4), 이는 역으로 불공정한 법에 대한 저항이 보다 큰 피해를 유발할 것으로 판단될 경우, 불공정한 법을 준수할 수도 있음을 시사하는 것이다. 유사한 맥락에서, 라드부르흐(Gustav Radbruch, 1970: 353)도 "정의와 법적 안정성 사이의 충돌은 (실정법과 정의와의 모순이 참을 수 없을 정도가 되어) 법률이 '불공정한 법'으로서 정의에 의해 물러서야 하는 경우가 아닌 한, 법은 그것이 내용적으로 정당하지 않거나 합리적이지 않더라도 우위에 서게 함으로서 해결점을 찾아야" 한다고 주장한다(원상철, 2004: 631 재인용). 이는 법적 안정성이 정의의 한 기능이고, 따라서 실정법에 대한 거부가 그리 간단치 않음을 시사한다.

이 깔려 있다. 이런 역설은 비록 조직을 만들고 힘을 부여한 것은 인간이지만, 막강해진 조직이 오히려 인간을 통제하고 인간 본성을 앗아가 버림을 시사한다.

더 나아가 법실증주의자들은 모든 실정법이 '사실상'의 구속력을 지니고 있음을 근거로 자연법이론을 비판한다. 예컨대, 대표적 법실증주의자 오스틴(Austin, 1995, Lecture V: 158)은 "신성법과 상충하는 인정법이 구속력이 없다는 것, 즉 법이 아니라는 것은 극명한 넌센스"라 한다. "가장 극성의 (따라서 신의 의지에 극단적으로 반하는) 악법도 사법기관에 의해 지속적으로 집행되어" 왔기 때문이다. 유사한 맥락에서 빅스(Bix, 2002: 72－73)도 정말 "부도덕한 법"이 제정되고 강요(집행)되는 사회가 많음을 지적하고, 그렇다고 해서 법이 부도덕하다는 이유로 (그래서 법적 타당성이 없다는 이유로) 법을 준수하는 관료들의 행위를 부도덕한 것으로 판단해서는 안 된다고 한다. 이런 주장들은 한마디로 복종해야 할 '적절한 사유'가 있는 법만이 법이 될 수 있다는 것은 상식과 맞지 않는다는 것이다.

(3) 현대 자연법의 조건적 복종

현대 자연법학자들은 이런 법실증주의자들의 주장에 대해 동의를 한다. 피니스(Finnis, 1980: 364)는 '합리적 행동기준이 아닌 규칙이 전혀 법이 될 수 없다'는 명제는 "순전히 넌센스이고 자기모순"이라 했다. 유사하게, 조지(George, 2000)도 아퀴나스가 '합리적 행동기준이 아닌 규칙은 전혀 법이 아니라'고 하면서 '정의롭지 못한 법'을 함께 거론한 것은 일관성이 없다 했다.

이런 논지들은 '합리적 행동기준이 아닌 규칙은 법이 될 수 없다'는 명제가 비현실적이고 자기 모순적이라는 (즉, 논리적으로 내적 일관성이 없거나 다른 자연법 논리와 상충한다는) 두 가지 비판으로 요약된다. 그러나 머피(Murphy, 2008)가 지적하듯, 이 두 가지 비판은 모두 결정적이지 못하다. 첫째, 상기 명제가 법을 집행하는 관료들의 관행(현실)과 맞지 않는다는 실증적 비판은 그 자체가 역설적이다. 오스틴을 비롯한 법실증주의자들의 논지는 법이 (정의와 무관하게) '구속력' 자체로 존재의 당위성을 확보한다는 것인데, 이는 역으로 제재(구속력)를 수반하지 않는 수준에서 존속하는 현행법들은 법이 아님을 주장하는 것이기 때문이다.[19] 둘

19) 사실, 실정법은 모든 사람에게 구속력이 있는 것이 아니다. 예컨대, 실정법은 채무를 이행치 않고

째, 자기모순이라는 비판도 거의 설득력이 없어 보인다. '정의롭지 못하다'는 수식어를 '합리성이 없는' 것으로 해석하는 데 큰 문제가 없기 때문이다. '가짜' 시계를 시계가 아니라고 하듯, 정의롭지 못한 법을 법이 아니라 할 수 있는 것이다. 비록 합리성이 무엇을 의미하는 지에 대해 이견이 있을 수 있으나, 아퀴나스는 법(합리적 기준)의 조건으로서 정의 또는 도덕을 표방하고 법과 이들 간에 개념적 연계를 시도한 것이다.

이런 맥락에서 현대 자연법이론은 실정법에 대한 복종의 의무를 좀 더 융통성 있게 해석하려 한다. 조지(George, 1996)는 법이 적당히 합리적(adequately reasonable)일 때 복종의 의무를 지닌다고 한다. 이는 곧 실정법에 대한 사람들의 도덕적 의무가 본질적으로 '조건적'임을 시사한다. 그리고 여기서 조건적이란 법이 최소한의 '합당성' 기준을 충족했느냐는 것이다. 아퀴나스에 의하면, 이런 조건은 곧 합리적 행동기준의 충족이었고, 이는 마치 '원은 둥글다' 혹은 '치타는 빠른 동물'이라는 것과 같다. 이를 환언하면, 각을 가진 형체는 원이 될 수 없고, 빠르지 않은 동물은 치타가 될 수 없다는 것이다. 머피(Murphy, 2008: 21)는 이런 조건을 완화해서 빠르지 않은 동물은 "치타가 아니거나" 혹은 "결함 있는(defective) 치타"라 할 수 있음을 지적한다. 여기서 필요조건은 "개개 치타(individual cheetahs)"가 아니고 "치타 종(kind cheetah)"에 적용되는 것이다. 어떤 치타(예: 병든 치타)는 비록 빠르지 못해도 여전히 치타일 수 있다는 것이다.

3) 행정윤리를 위한 자연법이론의 이론적 · 실천적 함의

자연법에 관한 지금까지의 논의는 크게 두 가지 차원에서 의미 있는 이론적 · 실천적 함의를 제공한다. 하나는 그간 행정의 중요한 절차적 가치(객관적 책임)로 인식되어 온 합법성에 대한 이론적 논쟁에 관한 것이고, 다른 하나는 불완전한(혹은 결함 있는) 법에 대한 실천적 대응에 관한 것이다.

숨어 있거나 살인을 하고도 도피 중인 사람은 구속할 수 없다. 그리고 공권력을 전복하는 혁명은 실정법상 가장 큰 위법행위이나 법률이 이를 구속하지 못한다(이태재, 1977). 그 밖에 법률의 내용이 현실적이지 못해 사실상 사문화된 상태로 존속하는 경우도 구속력이 없다.

(1) 합법성은 과연 가치인가?

기술했듯이, 행정학 분야에서 합법성은 종종 하나의 금과옥조로 여겨진다. 박동서 교수(1972)는 합법성이 가장 오래된 행정이념의 하나로서 다른 이념과 달리 행정학이 탄생하기 이전부터 존재했고, 19세기 후반 (자유민주주의와 자본주의 경제를 지향하는) 입법국가 시대에는 사회적 안정, 예측 가능성, 그리고 시민적 자유 등에 대한 사회적 욕구를 충족시켰다고 했다. 다만, 우리의 경우는 합법성을 바탕으로 확립된 영·미 행정과 달리 해방 이후 합법성의 중요성을 강조하면서도 실천적으로 준수되지 않는 모순된 역사가 지속되었다고 한다. 이런 현상이 나타나게 된 주된 이유는 권력자들(중산계층)의 이해관계가 합법성을 요구한 서구와 달리, 우리나라에서는 이런 부류의 사람들이 합법행정을 원치 않았기 때문이었다. 합법행정이 이루어지지 않는 것, 혹은 편법·위법· 탈법 행정이 자신들의 권력과 부를 장악·유지하는 데 유리했다는 것이다.

이와 같은 박동서 교수의 지적은 우리나라 행정이 합법성에 대해 지닌 양면성을 잘 보여준다. 특히, 이상적 차원에서 추구되는 합법성과 현실세계에서 나타나는 합법성이 다를 수 있음을 보여준다. 박동서 교수의 주장에서 보다 주목할 만한 것은 합법성의 충족이 곧 바람직한 행정으로 연계되지 않는다는 것과 법의 내용이 가변적이라는 것이다. 즉, 아무리 합법성을 충족해도 상기한 나머지 가치들이 경시되면 행정의 보다 본질적 모습을 상실할 수 있고, 법이란 변화하는 시대적 흐름에 적절히 부응하기 어려워 발전목표에 비추어 신축적 해석이나 적극적 개정을 요한다는 것이다.

여기서 우리는 과연 합법성이 하나의 행정가치로 추구될 수 있는지에 대해 본질적 질문을 제기하게 된다. 법은 시대적 흐름에 따라 지속적 변화가 불가피하고, 행정이 법을 준수해야 하는 것과 법을 하나의 가치로 추구하는 것에는 분명한 차이가 있다. 합법성이 행정가치가 되려면 최소한 법의 내용이 정의로워야 하고, 당위성 논리가 일관되게 유지되어야 하는 데, 합법성은 이런 전제 조건들을 충족치 못할 수 있다.

앞서 지적했듯이, 왈도(Waldo, 1948)는 한때 능률이 상황에 따라 실천적 유용성과 규범적 의의를 달리하기에 가치가 될 수 없다고 한 적이 있다. 행정가치는 상황 변화와 무관하게 그 자체로서 규범적 당위성을 인정받고 일관되게 추구되어야 하는데, 능률은 상황에 따라 규범적 성격이 변한다고 본 것이다. 자연법이론은 바로 이런 상황 논리의 중요성을 직접 언급한다. 즉, 합법성이 상황이나 법의 내용에 따라 규범적 성격을 달리할 수 있음을 보여주고, 따라서 행정에서 일관되게 추구되어야 할 가치가 아닌 일종의 '조건적 준칙'에 지나지 않음을 시사한다. 이런 함의는 소크라테스의 준법 행위나 법실증주의자들의 신념과 정면으로 배치되는 것이나, 과연 법이라는 이름 때문에 맹목적으로 따라야 하는지, 아니면 정의롭지 못한 법에 의문을 제기하고 보다 윤리적 법을 만들기 위해 저항적 행위를 해야 하는지를 진지하게 검토하게 한다. 특히, 우리의 경우는 상당 부분 후진적 또는 수입된 입법·사법 체계를 지니고 있어 이런 비판적 논의가 헌법을 포함한 모든 실정법을 대상으로 진행되어야 한다.

최근 정부의 입법 및 집행 활동에 대한 헌법재판소의 위헌판단율이 증가함을 보고, 공무원들이 헌법적 가치(자유, 평등, 재산권, 법치주의 등)를 중요한 행정가치로 인식하고 적용할 필요가 있다는 주장이 제기되었다(김근세 외, 2013). 우리나라는 1970년대 발전국가 전략의 추진으로 능률, 경제성 같은 관리적 가치를 강조했으나, 이제는 헌법적 가치의 중요성을 재인식하고 다른 가치와 함께 적극적인 추구가 필요하다는 것이다.

헌법적 가치의 구체적 실체는 나라마다 조금씩 다르겠지만, 자연법이론은 최소한 헌법적 가치와 실정법인 헌법이 동일시되어서는 안 됨을 시사한다. 대부분의 민주주의 국가에서 헌법은 여타의 개별법에 비해 국민의 자유, 재산권 같은 기본권을 보장하는 데 초점을 두고, 국민이 국가의 주인임을 천명한다. 따라서 헌법은 적어도 외형상으로는 공동선을 지향하는 자연법 원리에서 크게 벗어나지 않는다. 그러나 헌법의 경우도 모든 조항들이 반드시 자연법 원리나 정신을 반영하는 것은 아니다. '유신헌법'처럼 과연 공동선을 위한 것인지 의문이 가는 조항을 담을 수 있고, 때로는 이를 통해 오히려 국민의 기본권을 침해할 수도 있다.[20] 따라서 헌법이

---

20) 이의 대표적 사례가 "대통령이 국가위기 상황이라고 판단되면 국민의 자유와 권리를 제한하는 긴급조치를 발동할 수 있다"고 규정한 유신헌법 제53조와 이를 근거로 한 긴급조치 제1, 2, 9호

라 하더라도 이의 준수를 행정가치와 동일시하기보다 헌법에 나타난 기본 정신 가운데 자연법 논리에 부합하는 규범적 요소들을(예: 자유, 재산권의 존중 등) 행동지침으로 삼아야 할 것이다. 헌법이 행정을 위한 바람직한 행동지침으로 기능할 수 있는 것은 그 자체의 규범성 때문이지 헌법이라는 실정법상 우월적 특성 때문이 아니다.

로어(Rohr, 1989)가 주장한 체제가치(regime value)도 같은 맥락에서 이해되어야 한다. 로어는 공무원이 대법원 판례에서 나타난 체제가치를 적극적으로 검토하고 이를 윤리적 행동을 위한 지침으로 삼아야 한다고 했다. 그리고 한 걸음 더 나아가 공무원은 임용 시, 헌법을 수호하고 헌법적 권리를 지지하겠다는 서약을 하기에 결코 법을 위반해서는 안 되고, 헌법을 지키는 수호자로서 행동해야 한다 했다. 그러나 우리의 경우는 과연 사법부(대법원)의 판결이나 판례가 얼마나 헌법적 가치를 반영하는지, 그리고 정말 사법부의 판단이나 판례가 미국의 경우처럼 체제가치로 인정할 만한 합당한 근거가 있는지 의문을 제기하지 않을 수 없다. 그간 사법부가 국민의 법 정서를 외면한 채 윤리적 기준에서 벗어나 정치적 혹은 비합리적 판결을 반복해 사회적 갈등을 부추겼다. 과거 유신체제 시절의 비상식적 사례는 차치하고, 근래에도 이런 현상은 사라지지 않고 있다. 이의 대표적 사례가 2009년 10월 미디어법 통과에 대한 헌법재판소의 판결과 2014년 9월 원세훈 전 국정원장의 공직선거법 위반 혐의에 대한 서울지방지법의 1심 무죄판결이다. 이런 사례들은 모두 우리나라의 사법시스템이나 법치주의, 그리고 절차적 정의에 대한 국민적 신뢰를 크게 손상시켰다.[21] 여기에 박근혜 정권 시절, 대법원과 청와대가 서로

의 발동이다. 그리고 박정희 대통령이 사법적 통제를 무력화하고 자신이 추진코자 하는 정책 사안에 대한 대법원의 위헌심사를 피하기 위해 해당 사안에 대한 개별법적 조항을 아예 헌법에 삽입키로 한 점을 들 수 있다(김근세 외, 2013: 11).

21) 전자는 헌법재판소가 미디어법 권한쟁의 심판 청구 사건을 기각하는 과정에서 국회 처리과정의 '절차적 위법성'을 지적하면서 미디어법 자체의 효력을 인정함으로써 우리 사회에 많은 조롱 섞인 유행어를 — 예컨대, '대리시험은 쳤지만 합격은 인정한다', '커닝은 했지만 점수는 인정한다', '위조지폐지만 가치는 인정한다' 등 — 유포시켰다. 후자는 서울지법(부장판사)이 선거철에 이루어진 국정원의 정치적 개입을 인정하면서도 '선거개입'과는 무관하다는 판결을 내림으로써 현직 판사로부터 지록위마(指鹿爲馬)의 판결이라는 비판을 받기도 했다. 지록위마는 '사슴을 가리켜 말이라 한다'는 사기의 고사성어인데, 윗사람을 농락해 (즉, 명백한 범죄 사실을 놓고 '선거개입'이 아니라고 거짓 결론을 내려) 권세를 누리려 함을 비유한 것이다(연합뉴스, 2014.9.12).

의 조직적·정치적 이익을 위해 비밀리에 교류하고, 사회적 파급력이 크거나 정치적으로 민감한 사건을 사전 조율하기로 했다는 이른바 '사법농단'의 실체가 드러나면서 사실상 사법부 판결의 신뢰성은 회복이 불가능할 정도로 떨어지고 말았다.

자연법이 헌법적 가치와 관련해서 지니는 윤리적 의미는 각국의 헌법이나 실정법 체계에 따라 다르다. 자연법을 실정법에 우선하거나 우선할 수 있도록 법적 환경을 마련한 나라가 있는가 하면, 실정법 조항에도 불구하고 전통이나 관습에 의해 이런 법 적용이 이루어지지 않는 나라가 있다. 영국, 미국, 독일 등은 헌법의 조항이나 판례를 통해 자연법이 실정법에 우선할 수 있는 법적 환경을 마련했다.[22] 이에 비해 우리나라는 미국식 '적법 절차' 조항을 헌법에 갖고 있어도, 아직 판례나 학설을 통해 이런 관행을 정립하지 못하고 있다. 지난날 정권 유지나 정치적 목적에 따라 수정을 반복해 온 우리의 헌정사를 감안할 때, 자연법의 정신이 실정법에 우선할 수 있는 제도적 규정을 적극 활용하는 지혜와 용기가 필요하다.

(2) 불완전한 실정법에 대한 대응

기술한 바와 같이, 아퀴나스는 실정법을 지역사회를 보살피는 사람이 만들고 공포한 이성적 조례로서, 자연법에 순응할 때만 타당성을 지닌다 했다. 이는 입법가들이 법을 제정할 때 자신들의 의지가 아닌 자연법이 명하는 바에 따라 행동을 해야 함을 의미한다(ST, Q. 90, A. 1). 더 나아가 자연법은 이미 제정된 실정법을 해석·적용하는 과정에서도 자연법에 부합할 것을 주문한다. 법이란 추상적이어서

22) 영국은 일찍이 판례를 통해 불변적 속성의 자연법이 영국법의 한 부분으로서 실정법에 우선하고, 후자가 일반권리나 이성에 반하거나, 모순되거나, 실행이 불가능할 때 관습법(common law)이 그것을 통제하도록 했다(조지형, 1997). 미국은 독립선언문에 자연법 정신을 반영했고, 자연권을 정부가 침해할 수 없는 권리로 인정해 오다, 수정헌법 제14조 및 제5조에서 '적법절차(due process)' 조항을 도입했으며, 영국처럼 자연법에 근거하여 법률을 무효화할 수 있는 판례도 가지고 있다(임지봉, 2002; 조지형, 2008). 마지막으로, 독일은 미국처럼 자연법에 반하는 법률을 무효화할 수 있는 판례를 가지고 있고, 연방헌법법원은 헌법에 우선하는 초실정법적 규범(즉, 자연법)의 존재를 인정하면서 실정법을 그에 비춰 심사하도록 했다(권영성, 2007). 이에 비해 우리나라는 9차 헌법 개정 시 헌법 제12조에 미국식 헌법적 적법절차 조항을 명문화했음에도 불구하고, '적법절차'를 형사처벌이나 형사절차에 한정하는 경향이 있고, 자연법적 원리나 정의가 적법절차를 위반한 법률을 무효화할 수 있는지에 대해 이론적으로나 실천적으로 소극적 입장이 대세를 이루고 있다.

항상 해석의 여지를 남기는 데, 그 해석이 어떤 형태를 취하던 모두가 직·간접적으로 자연법의 구현이라는 본래의 입법 목적에 맞게 이루어져야 한다. 마지막으로 자연법은 실정법이 본래 목적을 벗어날 때, 즉 그 이념이 자연법에 맞지 않거나, 이의 구현을 위한 기술적 규제가 '시대나 장소에 맞지 않을 때' 그 시정조치로서 합리적 개정과 폐지를 주문한다. 행정의 입장에서는 이처럼 법의 올바른 집행이나 결함 있는 실정법의 '개폐'가 법의 '제정'보다 우선시 될 수 있다. 결함 있는 실정법의 개폐를 논할 수 있는 가장 적절한 주체는 정치인들이 아니라 행정실제에서 추상적 법을 해석하고 적용해 나가는 공무원들이기 때문이다.

자연법의 추상적 내용을 해석함에 있어 어려움이 따르지만, 개정이나 폐지되어야 할 실정법의 특징은 자연법이론에서 비교적 명확히 제시되고 있다. 특히, 아퀴나스의 개념적 요소와 실효성 요건, 그리고 풀러(L. L. Fuller)의 절차적 요건 등이 의미 있는 판단기준이 될 수 있다. 예컨대, 법이 ① 공동선을 추구하는지, ② 이성적 조례인지, ③ 입법가들의 동기나 행동이 합리적인지, ④ 내용이 선하고 공정한지, ⑤ 인간 본성에 부합하는지, ⑥ 실천 가능한지 (즉, 물리적으로나 도덕적으로 준수가 가능한지), 그리고 ⑦ 재화나 의무를 공정하고 평등하게 부과해야 하는지 등에 비추어 결함 여부를 판단할 수 있다. 이처럼 다양한 요건들 가운데 특히 우리가 주목해야 할 것은 준수가 어려운 '비현실적인 법', 그리고 입법가들의 그릇된 동기에서 비롯된 '악법'들이 우리 사회에 많다는 것이다.

우리 사회에 비현실적 법이 많은 이유는 무엇보다 일제 강점기에 일본이 식민통치 수단으로 악용한 법률체계가 그대로 답습된 사례가 많았기 때문이다(한상범·이철호, 2012). 일제의 법체계는 서양의 근대적 자유주의 시민문화를 올바로 승계하여 만들어진 것이 아니라, 천황을 정신적 지주로 승격화하고 정치적 권력자를 도의적 권위로 숭배하는 원시적이고도 전근대적 법체계였다. 이런 법체계는 시민적 법사상이나 악법에 대한 거부 같은 정치사상을 거부하고, 국민을 탄압하는 폭정의 도구로 전락했다. 특히, 일제의 전형적 지배방식인 법률만능주의 관료지배를 정당화하고 국민을 분열시켜 사회통합을 억제하는 기능을 수행했다. 그리고 이런 기능을 위해 채택된 가장 전형적 방식이 바로 법률을 '복잡하고 어렵게', 그리고 '지킬 수 없게' 만드는 것이었다.

이처럼 그릇된 일제의 잔재는 해방 이후에도 개선되지 않았고, 오히려 유형을 달리하며 비현실적 법이 양산되었다. 그 이유는 근대 민주국가(즉, 정치국가)를 거치지 않고 해방과 함께 행정국가 내지 관료국가로 바로 진입했고, 법치를 위한 기초도 없이 합법성을 수용했으며, 국민의 대표기구인 국회에서 충분한 공론을 거치지 않은 채 미국, 유럽, 일본 등 선진국의 사례를 참고하여 바람직한 이상형 법을 제정했기 때문이다. 그리고 이처럼 비현실적(이상적) 법은 일종의 악순환마저 초래했다. 비현실적 법은 준수가 어려워 법에 대한 불신 풍조를 낳았고, 반면 정부는 이처럼 비현실적 법을 '법대로 하자'는 식으로 밀어 붙여 왜곡된 법치행정을 통해 국민을 불편하게 했으며,[23] 공무원들의 자의적 법 적용으로 불이익을 받은 국민들은 결과를 수용치 않으려는 심리적 저항이나 '법을 지키면 손해 본다'는 후진국적 증세를 갖게 되었다.[24]

이처럼 비현실적 법을 통해 시민들에게 불편을 주는 행위는 행정조직 외에 준행정조직에 의해서도 이루어지고 있다. 이른바 '준법투쟁'이란 것으로, 준정부기관이나 공기업(지하철, 통신, 금융 등) 구성원들이 정부나 회사를 상대로 투쟁을 할 때 일종의 전략적 행위로 선택하는 것이다. 준법행위가 시민들을 불편하게 하고 사회적 갈등을 유발할 수 있기에 법의 준수를 앞세워 자신들의 뜻을 관철하려는 것이다. 이런 현상은 평소 사람들이 현존하는 실정법을 의도적으로 준수치 않거나, 전혀 구속력 없는 법이 유지되고 있음을 의미한다. 그리고 후자의 경우는 그 내용이 공동선을 추구하는 자연법 원리와 거리가 멀거나 아니면 상식적 수준을 넘어 지극히 이상적 수준에 머물러 있음을 시사한다. 특히, 국민의 건강한 삶과 편의를 위해 제정된 법이 준수됨으로써 국민에게 불편을 준다면 과연 이런 법이 법적 타당성이 있는 것인지 자문하지 않을 수 없다. 그럼에도 불구하고 이처럼 비현실적 법을 고치기는커녕, 국민의 안전이나 건강을 보호하기 위한 규제조항이 담겨 있다

23) 우리나라에서 합법성은 종종 법치주의라는 미명 하에 강조되었으나, 대개는 왜곡된 법치주의가 주류를 이루었다. 법치주의가 본래 취지에 맞게 기득권자나 권력자들의 권력을 통제하기 위한 수단이 아니라, 피지배자들을 억압하는 사회적 통제 메커니즘으로 작동하곤 했다.

24) 2010년 법률소비자연맹이 전국의 성인남녀 2,937명을 대상으로 실시한 여론조사에 의하면, 응답자 가운데 42%가 "법을 지키면 손해"라고 응답했고, 2013년 형사정책연구원이 1,770명의 성인남녀를 대상으로 실시한 여론조사에 의하면, 응답자 중 76.3%가 "돈과 권력이 많으면 법을 위반해도 처벌을 받지 않는 경향이 있다"고 응답했다(세계일보, 2014.3.26).

는 형식논리로 방치하거나 반복적으로 자신들의 이익 충족을 위한 투쟁수단으로 활용하고 있는 것이다.

비현실적 법 외에 우리가 관심을 가져야 할 또 하나의 대상이 바로 '악법'이다.[25] 악법은 (준수가 어려운 내용으로 채워지는 비현실적 법과 달리) 형식과 절차상 요건은 갖추었으나 그 내용이 나쁜 법이다. 악법은 대개 입법가들의 그릇된 동기에서 비롯된다. 지역사회를 돌봐야 할 입법가들이 언론매체에 종종 보도되듯(예: 입법로비 비리) 공동선이나 공익이 아닌 사익이나 특수 이익, 또는 당리당략 차원에서 법을 제정하는 것이다. 우리의 경우는 과거 군사정권 하에서 자유민주주의에 위배되는 악법들이 많이 제정되었는데, 이는 독재를 위한 "가장 초보적이고 주요한 수법"이 악법을 제정하는 것이기 때문이었다(한상범 · 이철호, 2012: 69).

마지막으로, 실정법에 적용된 자연법의 원리들은 법 외에 행정의 모든 규칙, 규제에도 그대로 적용되어야 한다. 따라서 비합리적 규칙이나 규제도 동일한 근거에 의해 개폐의 대상이 되어야 한다. 다만 규칙이나 규제는 법과는 달리 개인, 조직, 집단에 의해 만들어지기에, 반드시 공동선(common good)을 목표로 할 필요는 없다.[26] 그럼에도 불구하고, 실정법의 구속력이 자연법에서 나오듯 모든 행정규칙이나 규제 또한 그 존재근거를 자연법의 구현에 두어야 하고, 결과적으로 자연법을 위반해서는 안 된다.

---

25) 악법은 주로 국민의 기본권을 침해하는 데, 노이만(Franz Neumann)은 악법의 전형적 모습으로 "① 인간의 존엄성 침해, ② 인격평등과 기회균등의 위배, ③ 법의 일반성 유린, ④ 실질적 정의 없는 소급입법, ⑤ 정치적 자유 및 비판 · 반대의 자유 탄압, ⑥ 생존을 무시한 형평, ⑦ 사회정의 원칙을 무시한 시장적 공정거래 유린, 그리고 ⑧ 경제적 약자의 생존보장 위협" 등을 들었다(한상범 · 이철호, 2012 재인용).

26) 법은 일상적 규칙이나 규제와 여러 면에서 다르다(cf. Sheeran, 1993). 우선, 법은 인간 이성으로부터 파생한 법령(조례)이라면, 규제나 일상적 규칙은 법을 명확히 하고, 때로는 법의 목적 달성을 위하여 제정된다. 둘째, 대상 면에서 규제는 개별적 선(individual good)을 위한 것이나, 법은 공동선(common good)을 위한 것이다. 셋째, 법을 제정하는 권위라는 차원에서, 법을 제정하는 사람은 (지역)사회를 관장하는 사람이나, 규제를 제정하는 사람은 조직, 집단, 가족 등에 속하는 사적인 권위이다. 넷째, 적용 범위에서, 법은 국가의 범위를 벗어나지 못하나, 규제는 사람이 어느 곳에 가든 구속이 가능하다. 예컨대, 한국법은 미국에서 적용이 불가능하나, 한국공무원을 규제하는 공무원법은 한국공무원이 어느 곳에 가던 적용이 가능하다.

4) 조건적 가치로서 합법성

지난날 우리는 주로 법실증주의 관점에서 법을 인식해 왔다. 비록 준수 여부는 사람마다 다를지라도, 법이 준수되어야 한다는 데는 큰 이견이 없었다. 그러나 역사적 현실은 권력이나 다수의 논리에 의해 제정된 실정법이 인류사회에 미칠 수 있는 잠재적 폐해가 매우 큼을 보여주었다. 이런 역사적 현실은 우리로 하여금 법에 대한 관점을 확대하고, 특히 자연법적 시각을 통해 정의로운 법이 무엇인지를 고민하게 만들었다.

합법성은 공무원들(정부)이 특정 행위를 할 때 준거해야 할 행동지침이나 절차적 기준은 될 수 있다. 특히, 법이 지닌 실질적 영향력을 감안할 때 합리적(객관적) 책임의 가장 핵심이라는 데 의문을 제기하기 어렵다. 그러나 합법성은 그 자체로서 행정가치가 되기는 어렵다. 법이 특정 목적의 달성을 위한 수단으로 제정되듯이, 합법성은 그 자체가 목적(가치)이 아니라 법의 내용이나 윤리적 특성에 따라 규범적 의미가 달라지는 절차상 요건으로 인식되어야 한다. 그리고 법 준수에 따른 사회적 질서와 안정의 중요성을 감안한다 해도, 합법성은 기껏해야 '조건적 가치'의 수준에 머물러야 한다. 합법성이 이를 넘어 보편적 행정가치로 표방될 때 전형적인 '수단－목표 대치' 현상이 초래되고, 실증주의가 지배한 역사적 현실이 보여주듯이 자칫 행정의 본질적 기능이나 목적이 왜곡될 수 있다. 이런 맥락에서 공무원들은 단순히 주어진 법을 집행하는 수동적 의무를 지양하고, 비윤리적이고 부적절한 법에 의문을 제기함으로써 보다 정의롭고 실천 가능한 법을 만드는 데 기여해야 한다. 정부는 정의롭지 못한 법의 집행이 공무원들로 하여금 이를 위반하게 하는 상황이 초래될 수 있음을 주지하여, 단순히 특정 행위가 법에 규정되어 있다 하여 이의 준수를 강요하는 행태를 지양해야 할 것이다.

제 7 장

행정가치의 갈등: 해소인가 딜레마인가?

1 접근방법의 모색

1) 전 제

지금까지 우리는 민주사회에서의 행정윤리가 크게 관료주의적 사조와 민주주의적 사조를 반영하는 목적론적 가치체제와 의무론적 가치체제로 구성되어 있음을 보았다. 그리고 이들 규범체제에 대한 개념과 각 체제를 구성하는 행정가치들의 내용도 고찰했다. 모든 가치를 망라하기보다 핵심가치를 중심으로 접근했다. 관료주의 규범체제에 속하는 가치로 능률, 생존 같은 실질적 가치와 객관적 책임이라는 절차적 가치를 검토했고, 민주주의 규범체제로는 평등, 형평 등 주로 도덕적 가치와 주관적 책임을 분석했다. 더 나아가 우리는 이상의 규범체제는 본질적으로 대립 또는 모순의 관계를 형성하고 있어서 양자 간의 균형 있는 조화가 현대 행정의 주된 과제가 된다고 했다.

그렇다면, 행정가치 간의 조화, 즉 가치갈등의 균형 있는 해소는 가능한 것인가? 아니면 갈등에 대한 이론적 해결이나 조화는 불가능하고, 단지 이에 대한 관리만 가능한 것인가? 행정이론에 관한 대부분의 기존 문헌들은 가치갈등의 필연성이나 조화가능성에 대해 다분히 낙관적으로 접근해 온 듯하다. 행정가치의 비체계적 열거, 개념적 분석, 그리고 (담론적 또는 기술적) 우선순위 설정 같은 피상적 논의가 주류를 이루었고, 가치갈등의 논리나 이를 해소하는 유용한 방법론은 적절히 거론되지 못했다.

이 장은 이런 인식 하에 가치갈등의 해소를 위한 접근방법(모형)을 설정하고, 기존 행정학 문헌에서 산발적으로 제시되어 온 규범이론들을 적용·분석함으로써 갈등해소의 이론적 가능성을 탐색한다. 이런 시도는 가끔 거론되는 윤리교육의 목적, 즉 공공정책에 관한 다양한 논쟁을 적절성, 논리, 그리고 일관성이라는 측면에서 분석·평가하는 데 유용한 준거 틀을 제공하고, 현대 행정에서 가장 보편화된 윤리적 의사결정의 두 접근법(목적론과 의무론) 간의 접합 가능성을 논리적으로 타진하는 기회를 제공한다.

행정에서 가치갈등이나 윤리적 딜레마는 행정인(또는 행정)이 직면하는 다양한 요구나 규범으로부터 발생한다. 이런 요구나 규범은 주된 고객인 국민은 물론 조직 내의 다양한 권위체계로부터 나오고, 때로는 행정인 자신의 내면화된 윤리의식에 의해 강요될 수도 있다. 이 장은 가치갈등을 관료주의 합리성(혹은 합리적 가치들)과 민주주의 도덕성(혹은 도덕적 가치들) 간의 갈등에 한정하고, 갈등을 초래하는 대상도 두 개의 대표적 가치로 제한하여 딜레마 상황을 가정한다. 이 책의 사례 및 인식론적 접근에서 기술되었듯이, 합리적 가치들은 본질적으로 '좋은' 행정(예: 주화)을 구현하려 하고, 도덕적 가치들은 '옳은' 행정(예: 척화)에 관심을 두는 것으로 이해하고자 한다.

2) 접근방법

행정관료가 두 개의 바람직한 행위, 즉 합리적 행위와 도덕적 행위를 놓고 어떤 선택을 해야 할까? (합리적으로) 좋은 행동을 할 것인가, 아니면 (도덕적으로) 옳은 행동을 행할 것인가? 두 개의 강요적 가치가 주어질 경우, 다음과 같은 세 가지의 논리적 반응이 가능하다. 첫째, 설득력 있는 규범적 논리를 가지고 양자 간 선택을 하는 것이다. 이는 옳은 행정을 비합리적으로 수행하거나, 좋은 행정을 비도덕적으로 구현함을 의미한다. 이런 방법은 행정학자들로부터 큰 호응을 얻지 못했다. 이는 아마도 어느 한 가치의 선택이 행정으로 하여금 충분한 정당성을 갖게 하기 어렵기 때문일 것이다.

둘째, 가장 이상적 상황으로서 양자 모두를 추구할 수 있기에 선택할 필요가 없다고 하는 것이다. 행정학 분야에서 가장 다양한 반응을 얻은 접근법이다. 한편으로는 행정실제에서 가치 간 '상호 추구(trade-ons)'가 거의 불가능하기에 주로 이론적 비판의 대상이 되었고, 다른 한편으로는 두 개의 대조적 가치를 조화하기 위한 사색적 노력의 주된 대상이었다. 그리고 크게 두 가지 논리 구조를 띠어 왔는데, 하나는 가치들을 일정한 계층에 배열하고 어느 한 가치에 우선순위를 두는 것이고, 다른 하나는 두 개의 상반된 가치들을 하나의 일관성 있는 '가치 틀'에 개념화하는 것이다.

셋째, 이상 두 가지 답변을 초월하여 주어진 질문을 단순히 잘못된 것으로 돌리거나 질문 자체의 타당성을 부정하는 것이다. 이런 방법은 행정학 분야에서 가장 늦게 주목을 받은 것으로, 행정의 정통적 가치들을 부정하고 새로운 가치들을 추구하거나, 혹은 두 개의 가치체제 간에 일어나는 윤리적 갈등의 가능성을 배제하는 대안 마련에 초점을 둔다.

두 개의 바람직한 행위 간의 선택을 놓고, 이상 지적한 세 가지 방안 외에 특별히 의미 있는 대안은 찾기 어렵다. 이 장은 이상의 다양한 접근방법들을 각각 '양자택일', '양자수용', '양자거부' 모형이라 한다. 그리고 모형에 대한 해석은 다소 자의적일 수 있지만, 각 모형에 속하는 행정이론들이 가치갈등을 형성하는 규범적 명제들을 어떻게 다루었고, 가치갈등의 해소를 위한 대안 마련 시 어떤 논리적 사유를 제시했는지를 중점 고찰한다.

2 가치갈등의 이론적 접근

1) 양자택일 모형

양자택일은 종종 윤리적 대안 간의 갈등이 필연적으로 딜레마를 초래하는 상황에서 나타난다. 명시적은 아니나 다분히 직설적 가정은 행정이 이원론적 가치체제에 의해 창조되는 '규범적 정신분열의 세계'에서 방황할 필요가 없다는 것이다. 중요한 것은 어떤 대안을 선택하느냐는 것인데, 가장 단순한 방법은 합리적이던 도덕적이던 갈등을 일으키는 두 개의 가치 중 하나를 버리는 것이다. 좀 더 복잡한 방법은 양자를 동등하게 취급하되 상황에 따라 보다 중요한 것을 선택하는 것이다. 두 가지 방법은 다소 상이한 전략을 추구한다. 첫 번째 방법은 오직 한 가지 대안만을 고집하는 데 비해, 두 번째 방법은 양자 모두를 존속시키면서 대안을 선택한다. 어느 경우에건, 양자택일 모형은 항상 하나의 윤리적 행위만을 산출로 한다.

첫 번째 방법은 불가능하지는 않으나 매우 어렵다. 래드(Ladd, 1970: 512)는 인간 행위를 규율하는 양대 규범으로부터 나타나는 모순을 논하면서, 이런 어려움을 다음과 같이 묘사한다.

> 만약 우리가 '합리성'의 기준을 포기한다면 …… 우리는 기아, 질병, 무지, 과잉생산과 같은 인류의 지속적이고도 실천적인 문제점들을 해결하기 위한 희망뿐 아니라 문명화된 삶과 진보를 위한 주된 조건의 하나를 포기하게 된다. 반면에, 우리가 상징적인 '도덕적' 행위의 기준을 포기한다면 우리는 사실상 도덕적 존재로서의 자신을 파괴하고 인류 상호 간의 관계를 단순히 기계적이고도 물질적인 관계로 축소하게 될 것이다.

이처럼 설득력 있는 주장에도 불구하고, 세 개의 철학적 사유가 윤리적 대안 간의 분명한 선택을 고집한다. 예상되는 대로 현대 행정윤리의 양대 철학적 지주인 공리주의와 계약론은 두 개의 극단적 선택을 옹호한다. 수단-목표 연쇄와 총효용의 극대화에 헌신하는 공리주의는 의사결정 도구로서 도덕적 가치를 외면한 채 합리적 대안의 선택을 고집한다. 반면에 원칙과 배분적 정의에 관심을 갖는 후자는 이와는 상반된 입장을 견지하며 도덕적 가치의 선택을 장려한다. 마지막으로, '가치다원주의'는 직관주의 혹은 상황적 접근법이라고 불리며, 보다 융통적으로 윤리적 대안 간의 선택에 접근한다.

공리주의자들은 합리적 관료와 도덕적 관료 중 누구를 우리 주위에 두는 것이 나은지를 물어보며 선택문제에 접근한다. 이런 질문에 의미를 부여하기 위해 도덕적 관료는 '원칙'에 맞게 행동하는 사람이고, 합리적 관료는 좋은 '결과'를 초래하는 사람이라 규정한다. 그리고는 규범적 관점에서 볼 때, 합리적 관료를 주위에 많이 두는 것이 좋다고 한다. 이는 합리적 관료들이 자신들 원칙과 일치한다 해서 '우연히' 옳은 일을 하는 도덕적 관료들보다 궁극적으로는 옳은 일을 더 많이 할 수 있기 때문이다(Frankena, 1980: Lecture Ⅱ). 물론 이런 주장은 규범적인 것이 아니다. 하나의 예측으로서 경험적 근거를 필요로 한다. 그럼에도 불구하고, 공리주의자들은 자신들의 주장에 대한 논리적 방어에 그다지 힘쓰지 않는다. 현실세계에서 합리성과 도덕성이 직접 충돌할 때, 늘 후자가 불리한 입장에 처하기 때문이다.

보다 집합적 수준에서도 동일한 논리가 제기된다(cf. Taylor, 1975: ch. 4). '공리'와 '정의' 간의 갈등이 일어날 때, 사회구성원을 동등하게 취급하는 것 보다 다른 사람의 희생을 무릅쓰고라도 어느 특정인(혹은 집단)의 행복을 증가시키는 것이 나을 수 있다고 한다. 물론 이런 상황은 후자가 사회 전체로서의 순 행복(net happiness)을 증가시킬 때이다. 확실히 이런 주장은 공리라는 개념만이 관심의 대상이 될 때 설득력이 있다. 정의라는 것이 어느 개인도 다른 사람의 행복을 위한 수단이나 도구로 사용되어서는 안 됨을 가정하면, 공리주의자들의 주장은 정당화되기 어렵다. 그럼에도 불구하고 공리주의자들은 다시 한 번 이런 비판에 대해 직접 대응하기보다 다음과 같은 두 가지 논리로 자신들의 입장을 정당화한다. 첫째, 이론적 가능성에 대한 추상적 사고를 떠나, 현실세계에서 정의와 효용 간의 갈등은 좀처럼 일어나지 않는다. 둘째, 비록 갈등의 가능성이 역사적 혹은 사회적 발전 과정에서 추출된다 해도, 부정(injustice)은 필연적으로 커다란 비효용(disutility)을 초래하기에 여전히 정의에 대해 특별히 관심을 가질 필요가 없다.

계약론적 정당화는 보다 논리적이고 정교하다. 이런 정당화 논리를 제공한 인물은 기술한 바와 같이 정의의 두 원리를 우선순위에 따라 규정한 롤스(Rawls)다. 그는 첫 번째 원리를 통해 "개개인은 타인이 향유하는 자유와 양립할 수 있는 최대한의 기본적 자유를 동등하게 누릴 수 있는 권리를 가져야" 하고, "사회적·경제적 불평등이 '모든' 사람에게 이익이 될 수 있도록 조정되어야 한다"고 주장한다(Rawls, 1971: 60). 이런 계약론적 논리는 두 개의 도덕적 가치만을 갖고 — 즉, 동등한 자유와 형평 — 가치 간 갈등문제를 우선순위에 따라 해결한다. 여기서 주목해야 할 것은 행정가치의 선택이 합리적 계산을 전혀 필요로 하지 않는다는 것이다. 우리는 도덕적 사고만으로도 충분히 바람직한 사회를 구현할 가치를 만들고 선택할 수 있는 것이다.

마지막으로, 가치다원주의는 두 개의 기본 전제를 갖고 가치 간 갈등상황에 접근한다. 첫 번째 전제는 행정행위의 규범적 근거는 '동시에' 목적론적이고 의무론적일 수 있다는 것이다. 어떤 행위는 지지(또는 반대)하는 규범적 사유가 이들 행위의 결과에 달려 있는 반면, 어떤 행위는 특정 의무에 관한 규칙에 의해 요구(또는 금지)된다는 것이다. 더 나아가 어떤 행위는 양자의 규범적 사유를 모두 지닐 수 있다. 일례로, 조직의 활동을 국민에게 정직하게 알려야 할 도덕적 의무가 국가안보에 중대 위협을 초래할 수 있는 상황을 가정해 보자. 만약 관료가 그의 도덕적 의무를 충실히 수행한다면 좋지 못한 결과가 초래될 것이고, 그렇다고 이런 결과를 피하려 한다면 결국 도덕적 의무를 저버리게 될 것이다. 반면에 이와는 상반된 경우, 즉 특정의 행위를 지지하는 규범적 사유가 목적론적인 반면, 이를 반대하는 사유가 의무론적인 경우도 쉽게 발견할 수 있다. 행정관료가 기회균등을 장려하는 도덕적 명령을 어기고, 프로그램의 효과적 운영이나 조직목표 달성을 위해 가장 능력 있는 사람만을 채용하는 경우를 들 수 있다.

가치다원주의의 두 번째 전제는 모든 행정행위의 옳고 그름을 단정할 수 있는 절대적(혹은 초월적) 원리는 존재치 않는다는 것이다. 이런 전제는 관료가 의무론적 사유와 목적론적 사유가 모두 나타나는 상황에서 어떻게 행동해야 할지를 암시한다. 그것은 특정 상황에서 어떤 규범적 사유가 더 비중이 큰지를 가늠하고, 그 결과에 따라 행동하라는 것이다. 때로는 행위의 결과가 지극히 나빠 이런 행위를 명백히 규정하는 도덕적 의무에도 불구하고 해서는 안 될 경우가 있고, 때로는 이런 도덕적 의무가 행위 결과의 해로움을 능가할 정도로 충분히 무겁고 엄해서 행위 결과에 관계없이 반드시 수행해야 할 경우가 있다. 이런 점에서 가치다원주의는 특정 행위의 선택을 전제로 하는 철저한 공리주의나 계약론적 사고와 차별화된다. 그러나 이런 접근법은 행정행위를 결정함에 있어서 일관된 규범원리나 규칙이 불필요하고, 모든 원리들은 기껏해야 상황에 따라 달라지는 주먹구구식 원리라 함으로써 관료들을 늘 어둠 속에 남겨 놓는다.

이상에서 논의된 철학적 사유들은 행정윤리 혹은 가치에 대한 나름대로의 장점과 함의를 지닌다. 특히, 공리주의와 계약론이 현대 행정이론에서 미친 지대한 영향은 부인할 수 없다. 그러나 극단적 위치에 처한 이들은 개별적으로는 행정을 충분히 합법적인 것으로 만들지 못한다. 행정은 본질적으로 합리적 공공봉사에 대한 국민적 기대나 민주시민에 대한 도덕적 의무 중 어느 것도 쉽게 포기할 수 없는 것이다. 이런 점에서 가치다원주의가 좀 더 융통성이 있어 보인다. 하지만 가치다원주의 또한 행정이론으로서 결정적 한계가 있다. 모든 관료들이 윤리적 대안 간의 상대적 중요성을 가늠할 정도로 예민한 규범적 식별력이 있을 것으로 기대하나, 똑같이 유능한 철학자들도 행위에 관한 다양한 사유의 상대적 중요성을 놓고 종종 이견을 보임을 주지해야 한다.

2) 양자수용 모형

이처럼 가치선택에서 제한적이고 일방적 개념화에 대해 두 개의 양자수용 모형이 제시되었다. 양자 모두 기존 행정이론에 중대한 도전을 했으나, 학문적으로 다양한 반응을 끌었을 뿐 오래 지속되지는 못했다. 이들 모형은 어느 한 가치에(합리적이던 도덕적이던) 상대적 중요성을 부여하나, 궁극적으로는 양자 간의 균형 있는 조화를 모색한다.

이런 사고를 반영하는 첫 번째 모형은 신행정학(New Public Administration)이다. 신행정학에 공감하는 학자들은 가치선택의 문제를 상쇄(trade-off)라는 논리적 틀을 갖고 접근한다. 이들이 논지는 크게 두 가지로 요약된다. 하나는 두 가치 간에 갈등이 존재하고, 이로 인해 어느 한 가치도 다른 가치를 손상시키지 않고는 완전히 구현될 수 없다는 것이다. 다른 하나는 그럼에도 불구하고 행정은 이런 가치를 모두 정당한 것으로 인정해야 하는데, 이는 이들 간에 명백한 상쇄가 가능하기 때문이다(Frederickson, 1980: ch. 3). 예컨대, 한 가치(예: 능률)의 감소는 다른 가치(예: 형평)의 증가에 의해 상쇄될 수 있다.

이런 주장은 전통적 정치학과 발전행정 분야에서 발견되는 행정변화에 관한 대립적 이론에 논리적 기반을 두는 듯하다. 행정변화에 관한 단방향(uni-directional) 이론은 한 방향으로의 변화가 다른 방향으로의 변화와 양립할 수 없는 행정체제를 구상한다. 반면에 행정변화에 대한 다방향(multi-directional) 이론은 이와 같은 제로섬 가정에 의문을 제기하고 변증법적 사고를 취하며 변화가 지향하는 차원 간의 갈등 없이 이루어 질 수 있다는 다분히 사변적 가정을 한다. 그렇다면, 신행정학이 제기한 지적 도전은 합리성이라는 관리적 가치와 형평이라는 공공서비스의 윤리를 조화함으로써 상기한 두 개의 대조적 견해를 하나의 패러다임적 틀에 통합하려는 시도로 이해된다.[1] 하지만, 이와 같은 가치체제는 신행정학이 단지 도덕적 가치에만 상대적 비중을 둘 때 즉각적 의문을 불러일으킨다.

의문의 첫 번째 증거는 신행정학이 반응성, 사회적 형평, 행정책임 같은 민주적 가치들을 달성할 수 있는 대안으로 표방한 수단에서 발견된다. 이런 수단들은 계약, 분권화, 주민통제, 내적 참여, 직무집단의 중복, 권한과 책임의 분산 등인데, 이들은 모두 수평적 혹은 분권화된 조직구조를 지지하는 민주적 대안들이다. 신행정학의 도덕적 가치에 대한 깊은 관심을 고려하면, 이런 입장은 이해할 수 있다. 그러나 이는 도덕성과 합리성 '모두'를 합법적인 것으로 간주한다는 자체의 기본 신조와 맞지 않는다. 두 번째 증거는 이처럼 행정가치의 '불균형적' 추구에 대한 규범적 사유에서 발견된다. 합리성과 도덕성을 상쇄하는 과정에서, 신행정학은 국민들이 "자신들이 선호하는 봉사의 유형", 즉 도덕성(사회적 형평)을 위해서라면 기꺼이 일정 부분 합리성(능률)의 손실을 감내할 것이라는 논리로 후자를 정당화한다(Frederickson, 1980: 33-34). 이런 정당화는 신행정학의 지적 통합을 복잡하게

1) 신행정학은 한 가치의 손실이 다른 가치의 이득으로 '완전히' 상쇄된다고 하지 않음으로써 단방향적 사고와 다르고, 모든 가치가 갈등 없이 동시에 증가할 수 있다고 하지 않음으로써 다방향적 사고와 다르다.

하고, 가치이론으로서의 한계를 보여준다. 신행정학이 간과한 것은 합리성 또한 도덕성 못지않게 국민이 중시해 온 공공봉사의 가치이고, 때로는 역사가 증명하듯 도덕성보다 오히려 더 선호되어 왔다는 점이다. 양 가치에 대한 국민적 선호가 비슷할 때, 신행정학은 자체의 규범적 근거를 방어하기 어렵고, 특히 국민의 다수가 도덕성보다 합리성을 더 선호할 때는 전혀 논리적 방어가 불가능하다.

이와 같은 논리적 모순 외에 신행정학의 난제는 행정실제에서 '상쇄'라는 방식으로 해결할 수 없는 급진적 유형의 갈등이 많다는 데 있다. 이의 전형적 사례가 두 개의 동등한 윤리적 의무가 동시에 나타나고, 양자 간 절충이 불가능한 가부의 선택(yes-or-no choice) 상황이다. 관료가 특정의 행정조치를 취하는 것(taking action)과 취하지 않는 것(not taking action) 간의 선택문제에 직면할 수 있는 것이다. 일례로, 관료들이 특정 지역 주민들의 숙원문제를 해결해 주기 위해 가용 재원을 동원할 수 있으나, 소속 조직의 재정문제를 관할하는 의원들이 이런 재정지출에 반대하고 있는 상황을 가정해 보자. 이 상황에서, 관료들은 재정적 삭감을 각오하고 '행동을 하던가' 아니면 소속 조직의 효과성 및 생존을 위해 '방관하든가' 둘 중 하나를 택해야 한다. 특정 가치의 일부 손실을 다른 가치의 일부 증가로 보전해서 양자 간 조화를 이룰 수 있는 방법이 없는 것이다.

이런 점에서 두 번째 모형인 공공선택이론(Public Choice)은 보다 매력적일 수 있다. 공공선택이론은 다양하게 해석되어 왔으나, 이를 행정학 분야에서 하나의 패러다임으로 부각시킨 것은 '파레토 최적성'과 '반응성'이라는 두 개의 개념을 행정이론에 통합하려 한 것이다. 공공선택이론의 두 가지 개념은 각기 상응하는 가치인 합리성과 도덕성에 연계가 가능하고, 보다 중요하게는 행정학의 전통적 신념과 달리 행정가치들이 반드시 갈등관계에 놓일 필요가 없다는 것이다. 매우 간단한 논리가 이를 입증한다. ① 민주사회에서 국민은 자유스럽게 자신들의 선호를 표명하고 이를 정부과정에 반영할 수 있어야 한다. ② 이런 자유의 존립은 파레토 최적성이 이상인 자유경쟁시장에서 가장 잘 나타난다. 따라서 ③ 만약 국민들로 하여금 공공재를 담은 시장바구니(market baskets of public goods)를 들고 자유롭게 경쟁적 (공공)조직을 오갈 수 있게 한다면, 우리는 공공재화와 서비스가 능률적(합리적)이고도 공정하게(도덕적으로) 제공될 것을 기대할 수 있다.

잘 알려져 있듯이, 이런 분석논리를 행정이론에 적용한 사람은 오스트롬(Vincent Ostrom, 1973)이다. 공공선택이론에 관한 그의 해석은 공공선택이론의 본래 가정들과 완전히 일치하지는 않는다. 반면에 그의 이론은 종종 비판가들에 의해 잘못 해석되기도 했다. 어느 경우에건 그의 주장은 자신이 명명한 민주행정(democratic administration)이란 이론(모형)에서 잘 나타나 있다. 오스트롬은 이론의 출발점으로 윌슨(Woodrow Wilson)의 '좋은 행정'과 베버(Max Weber)의 관료제 모형을 모두 부정한다. 그리고는 자신의 패러다임적 이론을 논하기 위해 경제학과 정치학을 도입한다. 경제학적 사유는 "소비자 효용을 결여한 생산자 능률은 경제적 의미가 없다"(Ostrom, 1973: 62). 여기에 관료조직은 스스로 봉사하고 있는 이익사회에 직접적으로 책임을 져야 한다는 민주적 명령이 가해진다.

이런 사고에 의하면 행정이 경제적 목적(능률성)과 정치적 목적(민주성)을 동시에 달성할 수 있는 유일한 방법은 정부조직이 각기 다른 집단이익에 부응하여 규모의 경제를 유발하도록 다조직적 장치(multi-organizational arrangements)를 마련하는 것이다. 관할의 중복이나 경쟁은 거대한 행정조직이 공공서비스에 대한 시민의 다양한 선호에 효과적으로 대응케 하는 수단이 된다. 권위의 분산이나 분권화는 급속히 변화하는 상황에서 국민의 복지를 향상시키기 위해 요구되는 안정적이고도 민주적 정치질서를 유지하는 데 필수적이다.

하먼과 마이어(Harmon & Mayer)는 이런 오스트롬의 주장을 "가공할" 만하다고 했다. [이는] 그의 주장이 "정부를 보다 민주적이고도 능률적인 것으로 만들기 위한 …… 행정학 및 행정실제에 관한 총괄이론(an overall theory)의 근거를 형성하기" 때문이다(Harmon & Mayer, 1986: 260). 따라서 만약 그의 주장이 유효하다면, '민주행정'은 행정의 가장 지배적 패러다임이 될 수 있을 것이다. 그러나 이런 공공선택이론의 집합논리(collective logic)는 즉각적으로 다양한 비판에 직면한다. 비판의 대상은 주로 공공선택이론의 핵심 가정들과 — 예를 들면, 방법론적 개체주의, 고전적 합리성에 대한 비검증적 가정, 그리고 사익과 효용극대화에 관한 가정들 — 경쟁, 분권화 같은 수학적 연역이론에서 도출된 처방들이다(cf. Golembiewski, 1977; De Gregori, 1974). 이 장은 이런 비판들에 큰 관심을 두지 않는다. 이들에 대해 새롭게 지적할 만한 것이 없고, 이런 주제에 대한 논쟁은 가까운 장래에 쉽게 해결될 것으로 보이지 않는다. 따라서 이 장은 가치이론 차원에서 오스트롬의 민주행정 이론이 어떻게 행정가치를 규정하고 이들 간의 관계를 설정했느냐에 초점을 둔다.

민주행정에서 하나의 독특한 가치인 '파레토 최적성'은 능률에 대한 일종의 변형으로 제시된다. 민주적 가치인 '반응성' 또한 행정조직 운영 시 추구되어야 할 독특한 가치로 묘사된다. 그리고 두 가지 개념의 기술적 배합은 행정으로 하여금 상반된 가치 간의 갈등으로부터 벗어날 수 있는 가능성을 열어 준다. 그러나 (아래에서 보듯이) 이런 논리적 가능성(즉, 합리적 가치와 도덕적 가치의 동시 달성)은 단지 두 개의 '불균형적' 가치가 '인과관계'를 형성할 때만 가능하기에 동등한 가치 간의 갈등을 해소하는 방법론으로서 설득력이 없다.

사실, 오스트롬은 고전적 합리성의 좁은 의미를 정확히 공격했고, 이를 소비자 효용의 개념으로 확장했다. 고전적 문헌에서 능률은 베버의 관료주의에 따라 법적, 계층적 조직을 완벽하게 운영함으로써 나타나는 논리적 산물이었고, 오스트롬은 바로 이런 가정에 직접 도전한 것이다. 그러나 그의 도전이 정말로 고전적 합리성의 본질을 부정하는 것이냐에 대해서는 의문이 따른다. 그의 비판이 단지 관료조직과 능률 사이의 관계가 상당히 의문스럽다는 경험적 증거에 의존하기 때문이다. 그 결과 그의 의사결정에서 능률은 다양한 의사결정 규칙들의 활용을 통해 확보될 수 있고, 어느 규칙이 가장 능률적인지는 자신이 명명한 비용계산법(cost calculus)에 의해 경험적으로 결정될 수 있다. 그의 말을 인용하면,

> 조직이론에서 가장 필수적 과제는 사익을 추구하는 개인들이 특정한 상황에서 특정한 조직편제를 가지고 '극대화' 전략을 선택할 때 나타나는 결과들을 예견하는 것이다. 가장 적합한 조직편제의 선택은 제도적 단점이나 제도적 실패에 관련된 비용을 '극소화'하는 것이다(Ostrom, 1973: 55).

이런 주장은 오스트롬에게 최대의 행정가치는 여전히 능률임을 시사한다. 그의 주된 관심은 고전적 합리성이 지닌 가치에 대한 도전이 아니라 소비자 효용에 대한 (경쟁적이 아닌) 계층적 의사결정 규칙의 가변적이고도 미심쩍은 상관관계를

명백히 하는 데 있다.

오스트롬의 이론에서 민주성은 (근본적 가치인 능률과 달리) 기껏해야 능률을 위한 하나의 수단 또는 도구적 가치에 불과하다. 민주적 반응성의 개념을 주의 깊게 살펴보면, 그것은 시민들로 하여금 그들의 복지를 위해 보다 나은 대안들을 자유롭게 선택할 수 있도록 '기회'를 제공하는 것에 불과하다. 우리는 행정이 이런 기회를 제공하기만 하면, 그것이 무엇이던 간에 '민주적'이라 부르게 되어 있다.

이런 점에서 오스트롬의 이론은 행정의 도덕적 가치인 형평을 상대적으로 강조한 신행정학과 대조를 이룬다 할 수 있다. 자신의 주장과 달리 오스트롬의 이론은 파레토 최적성이라는 공리주의 가치에 지나치게 편향적이며 도덕성과 합리성 간의 관계를 대등한 관계가 아닌 인과관계로 이끌어 간다. 이런 과정에서 정치 · 행정 이원론을 경험적 증거로 비판하나, (반응성에 의해 유도된) 수단이나 절차는 반드시 (파레토 최적성이라는) 목적에 도구적으로 연계되어 있다는 공리주의 논리를 암묵적으로 수용한다. 그리고 이를 통해 궁극적으로는 가치 간의 갈등문제를 단순한 '개념화'에 문제, 즉 어떻게 행정가치를 규정하고 묘사하느냐에 따른 문제로 귀결시킨다. 이런 점을 감안할 때, 오스트롬의 이론은 (그리고 일반적으로는 공공선택이론은) 관료제의 병폐를 치유하기 위한 대안적 의사결정 구조의 새로운 탐색을 촉구하나, 두 개의 동등한 중요성을 지닌 행정가치들을 조화시키는 일반적 가치틀은 제공하지 못했다고 할 수 있다.

1980년대 이후 양자수용 모형과 비슷한 이론들이 행정학 분야에 나타났다. 지난 30여 년 간 행정학 분야의 지배적 패러다임으로 기능해 온 신공공관리론(New Public Management: NPM)과 이의 대안적 이론으로 거론된 신공공서비스론(New Public Service: NPS)이다. 이들은 공공선택이론과 신행정학의 윤리적 지향과 가치를 상당 부분 승계하고, 그래서 마치 행정이론사가 반복되는 듯한 느낌을 갖게 한다.

신공공관리론은 공공부문 변화의 불가피성을 전제로 출발했다. 정부가 너무 크고, 활동이 너무 많으며, 운영이 비능률적이라고 비판한다. 여기에 민간부문의 변화, 기술(ICT)의 변화, 신고전주의 경제이론의 득세 등이 결합해 새로운 패러다임으로 이끄는 동력이 되었다. 이론의 핵심은 시장과 경쟁 같은 민간부문 경영에 적용되는 관리기법들을 공공부문에 도입해 성과(실적)를 제고하고 관료들의 책임을 강화하자는 것이다. 이미 OECD는 NPM을 '돈 가치'라는 차원에서 '결과'를 강조하는 새로운 패러다임이라 했고, 시장 및 시장지향적 메커니즘, 경쟁과 선택, 권한과 책임 간의 조화를 통한 인력 활용 등이 이런 결과를 초래할 것이라고 했다. 가치이론이란 차원에서 신공공공관리론은 적어도 외형적으로는 공공선택이론을 그대로 답습하는 듯하다. 민주적 가치들을 부인하지 않은 채, 성과, 경쟁, 시장, 고객 등 기업이나 경제이론의 핵심 가치들에 초점을 두고, 그러다 보니 자연스레 공공부문의 전통적 윤리관이나 형평 등 민주적 가치를 소홀히 하게 된다.

이에 비해 덴하르트와 덴하르트(Denhardt & Denhardt, 2000, 2015)가 거론한 신공공서비스론은 아직은 NPM을 대신(또는 필적)할 만한 이론체계나 패러다임으로 발전한 것은 아니다. 통제 중심의 전통적 관료주의 모형이나 NPM의 기업적 가치와 시장지향적 접근을 모두 비판하면서 일종의 제3의 대안으로 제시된 것이다. 신공공서비스는 고객, 기업, 능률 등을 중시하는 NPM과 달리 개념 중심에 시민을 놓고, 시민성(citizebship), 지역공동체, 참여 같은 민주적 원리나 가치들을 강조한다.[2)]

신공공관리론이나 신공공서비스론은 공공선택이론이나 신행정학처럼 민주적 가치와 관료적 가치 간의 갈등을 직접 언급하거나 이들 간의 조화를 거론하지 않는다. 오히려 공리주의나 계약론적 접근처럼 경제적 가치 또는 민주적 가치 중 어느 하나에 집중적으로 헌신할 것을 주문한다. NPM이 능률과 생산성 같은 경제적 가치를 중시한다면, NPS는 시민성이나 참여 같은 민주적 가치를 강조한다. 이런 점에서, NPM과 NPS는 시대적 흐름에 부응하는 행정의 가치모형으로는 거론될 수 있으나, 윤리적 딜레마를 해소하거나 관리하는 데 유용한 이론적 모형은 되기 어렵다. 다만 당분간 두 모형은 모두 학자들로부터 비교적 고른 주목을 받을 것으로 예상된다. NPM에 대한 부정적 인식이나 평가가 초기와는 다르게 점차 강해지고 있고,[3)] 학자들의 관심이 민주적 가치와 시장지향적 가치 모두에 반응적이어서

2) 즉, 신공공서비스론은 기본 신조(원리)로서 시민성을 조장하고, 공공담론을 확대하며, 공익을 지향하는 것이 행정이 해야 할 일임을 강조한다.

3) 비록 NPM이 1980년대부터 2010년까지 30여 년 간 행정 연구 및 실제를 지배했지만, "지난 10년 동안에는 한계와 단점에 대한 비판에 직면했다"는 것이다(Raadschelders & Lee, 2011: 25). 비판

NPS의 위상이 상대적으로 높아지고 있기 때문이다.[4)]

3) 양자부정 모형

만약 두 개의 가치 간 선택이 어렵고, 양자의 동시 추구도 어렵다면, 마지막으로 가능한 방법은 행정의 정통적 가치들을 모두 부정하고 새로운 가치를 찾는 것일 수 있다. 현재 두 개의 독특한 이론이 이 부류에 속한다. 이들은 여러 면에서 다르나, 행정을 위한 규범이론이 가치 간의 올바른 상쇄를 위한 정확한 공식을 표명할 필요가 없다는 (혹은 표명해서는 안 된다는) 공통된 사고를 지니고 있다. 이들은 또한 행정이론이 조작적 의미에서 가치 간 우선순위를 규명하려 해서도 안된다고 본다. 이는 이런 요구가 지나치게 과해서가 아니라 단순히 초점을 벗어났기 때문이라는 것이다.

데이어(Thayer, 1973)는 그의 저서『계층제와 경쟁의 종말』에서 두 개의 정통적 행정가치가 기반을 두는 (도덕적) 민주이론과 (합리적) 경제이론을 모두 부정한다. 그에 의하면, 우리가 오랫동안 간직해 온 민주주의는 본질적으로 소외적이다. 이는 민주주의가 "사람들 간의 적대감을 조성하고 타인에 대한 승리만을 유일한 목적으로 하는 선거 과정"에 기반 하기 때문이다(Thayer, 1973: 57). 민주주의는 또한 정책결정 과정과 집행을 분리하고 관료조직 내 상위자와 하위자의 역할을 구분함으로써 계층제를 통한 소외를 조장한다. 그렇다면, 우리가 현대 사회에서 자유와 평등 같은 민주주의적 가치들을 향유하고 있다는 주장은 당치도 않은 궤변에 불과하다. 오히려 계층적으로 조직화된 사회에서 우리는 "자신을 역할(role)로서

의 내용도 '적실성'이나 '정체성' 같은 추상적 수준을 넘어, NPM의 성과나 결과에 주어진다. 예컨대, NPM은 공공서비스 전달을 위한 결함 있는 패러다임으로서, 내적으로는 능률이었지만 외적으로는 비효과적인 공공서비스 조직을 창출했고(Osborne, et al., 2015), 단기적, 내성적, 거래적 접근법에 기초한 공공서비스를 장려함으로써 공공조직의 지속가능성을 사실상 손상시켰다는 것이다(McLaughlin, Osbone, & Chew, 2009; Radnor, 2007). 더 나아가 NPM은 기대한 것보다 덜 능률적(효과적)이었고, 특히 시민과 시민사회에 대한 책임을 손상시켰다는 비판도 받는다(Kelly, 2005).

4) 이런 추세를 바탕으로, 덴하르트와 덴하르트(Denhardt & Denhardt, 2015b)는 NPM이나 NPS 중 어느 것도 지배적 패러다임이 될 수 없다고 한다. 그리고는 앞으로 정부과정에서 점차 시민의 참여와 개입이 증가하는 쪽으로 나아가고 있고, 그 결과 NPM의 실제가 NPS의 이상 내에서 어울려야 한다고 주장한다.

묘사하고” 타인과의 상호작용도 “비실재인(nonpersons)”으로 유지함으로써 “자동적으로 서로와 자신을 소외시키는 체제”를 구성하고 있다(Thayer, 1973: 50).

유사하게 경제적 경쟁 또한 해악에 지나지 않는다. 이상적 기대와 달리 어떤 사람들은 반드시 잃어야 하고, 단지 대규모 조직만이 불공정하고도 형평을 잃은 혜택의 배분을 초래하면서 생존한다. 심지어는 경쟁에 근거한 경제마저도 경제적 자원의 능률적 배분이라는 측면에서 실패한다. 경쟁적 경제라는 것이 기업으로 하여금 가격할인에 근거한 경쟁을 유도하는 것이 아니라, 대량광고, 과잉생산, 그리고 비합리적인 과잉분배체제에 의존토록 유도한다. 그리고 궁극적으로는 (민주주의라는) 정치적 계층제에 의해 창조되는 인간소외의 불행한 결과를 더욱 두드러지게 하는 하위 또는 부수 원리가 된다. 따라서 경제적 경쟁은 정치 부재와 동일시되면서 우리를 위해 “전혀 아무 혜택도” 주지 못하는 허구논리가 된다(Thayer, 1973: 183).

이상의 논지로부터 따르는 필연적 결론은 민주적 이상과 경제적 이상을 모두 포기하고 대신 새로운 가치체계를 추구하는 것이다. 데이어는 이러한 가치체제를 “당사자들 서로가 강요할 수 없는 사회적 상호작용”을 구축하고(Thayer, 1973: 124), 경제원리가 “최소의 소비로 인간의 복지를 극대화하도록” 이끌어 주는 가치체제라 했다(Thayer, 1973: 133). 그리고 이런 이상을 실현시켜 주는 조직형태를 조직화된 비계층제(structured non-hierarchy)라 하는데, 이런 조직에서는 정책결정이 이에 의해 영향을 받는 모든 사람들의 동의 없이는 이루어질 수 없다.

이와 같은 새로운 정치 · 사회적 질서에 대한 견해는 정치적 다원주의, 계약론, 그리고 시장경제이론의 원자론적 개인주의를 근간으로 하는 현대 정치사상이나 행정철학과 급진적으로 다르다. 데이어의 이론에서 보다 미묘한 것은 오랫동안 간직해 온 두 개의 행정가치를 폐지한 후 정작 아무런 가치가 제시되지 않는다는 점이다. 이는 데이어가 인간행태를 규율하는 규범적 명제에 대한 통찰력이 없어서가 아니라,[5] 그 자신 가치라는 것을 “집합적 과정을 통해 창조되고, 하나의 사회적 과

5) 오히려 데이어(Thayer, 1973: 124)는 어떻게 도덕사회가 구조화되어야 하고 어떻게 사회 내의 가치체제가 형성되어야 하는가에 대해 많은 관심을 갖는다. 원자론적 개인들이 범람하는 사회를 구상하는 계약론적 견해를 부정하면서, “모든 자아의 존재가 간인간적 집단(interpersonal group)

정에서 다른 사회적 과정으로 이전될 때 후자에 연루된 사람들에 의해 수용되는" 실체로 규정했기 때문이다(Thayer, 1973: 124−125).[6]

확실히 이런 주장은 비판적이다. 그러나 이런 주장의 이론적 함의는 인정하더라도 두 가지 의문은 불가피하다. 하나는 매우 단순한 의문으로서 과연 데이어의 이론이 정말 행정을 위한 규범이론일 수 있느냐는 것이다. 언뜻 보아서 데이어 주장의 가장 큰 장점은 행정이 가치를 조장할 필요가 없고, 따라서 가치갈등이라는 어려운 문제에 직면할 필요가 없다는 것이다. 혼동을 초래하기 쉬운 것은 데이어의 이론으로부터 도출된 어떤 규범적 함의도 (우리가 흔히 인식하는 의미의) '행정'이라는 것이 존재치 않음을 가정할 때 타당하다. 환언하면, 어느 행정실제도 그의 모형의 적용이 불가능한 것이다. 봉사나 관리의 대상이 있어서도 안 되고, 행정실제를 위해 바람직한 것으로 평가되는 행위가 있어서도 안 된다.

물론, 데이어의 가상체제는 합의형성(consensus building)을 위한 규칙을 지니고 있다. 어떻게 하나의 의사결정이 "조직화된 비계층제"를 통해 이루어져야 하는지를 알려 주는 규칙이 있는 것이다. 그러나 데이어의 가상체제는 이처럼 형성된 합의가 어떻게 집행되어야 하는지를 전혀 언급하지 않고 있다. 설사 합의형성이 합법적 행정의 유일한 과정이라 해도 관료들은 (그들이 누구든 간에) 이와 같은 합의가 형성되고 따라서 그들의 행위를 지도할 만한 가치들이 규정될 때까지 단순히 기다려야 한다. 그럼에도 불구하고, 데이어는 계층제에 대한 자신의 대안이 무정부상태나 무질서를 의미하는 것이 아니라고 했다. 이는 합의협성의 형태가 현재보다 미래에서 더욱 조직화될 것이고, 따라서 궁극적으로는 면밀히 고안된 "조직화된 비계층제"를 형성할 것이기 때문이다. 그러나 무정부상태의 현저한 특징 중 하나는 사회구성원들의 정치 및 사회적 활동을 예견 또는 기대할 만한 방향으로 이끌어 가는 사회적 규범이나 가치체제가 존재치 않는데 있음을 주목해야 한다.

가치이론이라는 측면에서도 데이어의 이론은 결함이 있다. 그는 아마도 사회내부의 계층구조가 존재치 않으면 상위자와 하위자 또는 지배자와 피지배자 간의 '수직적' 관계로부터 나타나는 갈등이 없을 것으로 보는 것 같다. 그러나 이런 비계

내의 회원자격에 의해 구속되는" 도덕사회를 구상한다.

6) 데이어는 이런 실체를 존재에 관한 존재(being−in−relation−to−being)라 했다.

층적 상황에서도 여전히 시민들 간에는 다양한 이해관계로부터 나타나는 '수평적' 갈등은 있을 것이고, 이는 불가피하게 갈등 해소를 위한 규범적 지침을 요구하게 될 것이다. 데이어는 가치를 시민들에 의해 형성된 합의의 산물로 규정하고 있으나, 사회적 합의를 이루기 위한 지도원리 하나 없이 어떻게 사회 내의 '첫 번째' 가치가 창출될 수 있을지 의문이다. '합의형성에서 나타나는 것이 가치'라는 논리는 마치 롤스(Rawls)의 근본적 지도원리에 관한 이론화와 유사하다. 롤스가 비도덕적 상황에서 도덕적 원리를 도출하듯, 데이어는 가치가 존재하지 않는 상황에서 가치가 나타날 것을 기대한다. 그러나 롤스의 '원초적 위치'에 있는 개인들과 달리 데이어 '원초적 상황'에 있는 사람들은 그들 모두가 상호 주관적으로 동의할 만한 규범원리 하나 없이 자신들의 이익을 위해 서로가 절망적으로 투쟁하고 있다. 확실히 시민들 간에 무엇이 옳고 그름에 관한 공감대가 형성되지 않은 채 수많은 개인들 의견이 단지 협상 과정을 통해 바람직한 인간행태를 위한 합의로 나타날 것이라는 것은 지나치게 소박한 견해이다.[7] 이런 견해는 절충 또는 협상으로부터 나오는 것은 무엇이든지 공익에 있다고 하는 정치적 다원주의를 비판적으로 해석하는 것에 지나지 않는다.

보다 정교한 양자부정 모형은 하먼(Harmon, 1981)에 의해 제시되었다. 그의 이론은 롤스식 계약론의 비판적 재조명일 뿐 아니라 합리적 모형에 근거한 가치이론에 대한 직접적 반발이다. 하먼의 이론은 "규범적 행정이론이 전개되는 과정에서 추구되어야 할 가치는 능동적 사회질서 간의 대면관계에서 나타나는 상호성(mutuality)"이라는 명제에 근거한다(1981: 80). 하먼의 상호성은 "타인과의 융화를 위해 필수적인 것"으로 세 가지 전제에 근거한다(Harmon, 1981: 80-81). ① 사람들은 "자신들의 행위에 대해 책임이 있음"을 알고 행동한다. ② "사람들의 행위는 타인을 위한 능동적 배려에서 나타난다." ③ 대면관계는 "과정(processes)이

7) 데이어의 이론에서 시민들은 합의형성 과정에 가치가 아닌 견해 또는 의견(opinion)만을 가져오도록 되어 있고, 상충하는 이익들이 보다 큰 전체의 이익을 위해 흡수될 수 있는 집단 과정을 통해 가치들(values, objectives, ends, goals)을 발견하도록 되어 있다. 이런 접근방법의 효과는 개인과 가치 모두를 비객관화하는(de-objectify) 것이고, 이들을 간주관적인 상호작용의 산물(즉, 합치된 여론)로 변형시키는 것이다. 그러나 데이어는 이처럼 어려운 여론 형성 작업의 실현 가능성을 지지할 만한 규범적 명제는 제시하지 못하고 있다.

실질(substances)을 알려주는 상황”을 마련한다.

이상과 같은 전제 하에, 하먼은 행정가치에 대한 공리주의적 입장과 롤스의 계약론적 입장을 모두 비판적으로 분석한다. 공리주의적 입장은 쉽게 비판의 대상이 된다. 합리적 사익이나 효용극대화 같은 공리주의적 가치들은 실증적 의미에서 목적(즉, 좋은 것)과 수단을 분리하는 실질적 가치로 간주된다. 실증주의에서 목적과 수단은 행정결정의 적절성을 판단하는 주된 개념, 즉 합리성에 의해 연결된다. 이에 반해 상호성은 수단적 혹은 합리적 효용에 따라 좌우되지 않는 하나의 절차적 가치이다. 여기서 우리가 흔히 실질적 가치라 일컫는 것들은 단지 “상호 주관적으로 창조된 상징”에 불과하고 “창조되는 과정에 따라 가변적이다”(Thayer, 1981: 82－83). 실질 및 절차적 가치에 대한 이런 관점은 가치에 대한 합리적－수단적 접근뿐 아니라 정치·행정이원론의 인식론적 근거를 (따라서 행정가치의 공리주의적 패러다임을) 불식하는 것이다.

이와 같은 비판적 관점은 하먼으로 하여금 롤스의 반공리주의 주장이 자신의 행위이론(action theory)과 양립할 수 있다는 결론을 내리게 한다. 양자 모두 도구주의에 대해 비판적이고, 배분적 정의의 공정성을 수용하며, 자아발전을 위한 개인적 권리의 합법성을 강조한다는 것이다. 그러나 하먼은 두 가지 점에서 롤스와 다르다. 첫째는 사회적 정의에 대한 그의 사고가 ‘집합적’ 정책결정의 기초가 되는 규범적 전제로 제시된다는 것이다. 확실히 롤스는 사회적 정의라는 것이 개개의 조우(즉, 대면)를 통해 얻어지는 형평을 집합적으로 더함으로써 실현된다고 믿지 않을 것이다. 바로 이것이 롤스가 공리주의의 극대화 원리에 이의를 제기한 첫 번째 이유이기 때문이다. 둘째는 하먼에게 있어 사회적 정의란 상호성을 사회적 집합체에 논리적으로 연결한 것에 불과하다. 이는 곧 사회적 정의나 형평 같은 가치들이 상호성의 ‘파생물’의 불과하고, 따라서 2차적 가치임을 의미하는 것이다. 그렇다면 하먼의 이론은 행정에서 핵심과제가 행정가치 간의 내재적(고유한) 갈등을 해소하는 것이 아니라 1차적 가치인 상호성을 고취시키는 사회질서를 조장하기 위해 사람들 간의 자연적 유대를 강화하는 데 있다.

하나의 행정가치로서 상호성은 전형적인 현상학적 가치다. 데이어의 합의형성처럼, 상호성은 수동적이고 합리적 (조직)집합체를 불신하고 능동적이고 협동적이며 사회적인 인간의 고유한 특성에 의존한다. 다만, 하먼의 대면관계는 데이어와 달리 하나의 뚜렷한 가치(상호성)를 표명한다. 어찌 보면 이것은 합리적 모형에 대한 부정으로부터 나온 것이기에 당연한 것일 수 있다. 그러나 하먼의 가치는 지나치게 비현실적이다. 이런 평가에 대해 하먼은 아주 독특한 답변을 한다. 상호성은 행정실제에서 (특히, 의사결정과정을 구조화함에 있어서 독특한 개인적 욕구가 고려될 수 없는 상항에서) 좀처럼 추구하기가 어렵기에 대개는 2차적 가치로 관심을 돌려야 한다고 한다.

불행히도 이런 주장은 가치문제 해결에 도움을 주기보다 오히려 문제를 더욱 복잡하게 만든다. 무엇보다 실현 불가능한 가치를 왜 간직하고 행정실제에서 추구해야 하는지가 의문이다.[8] 사실, 하먼의 1차적 가치인 상호성과 2차적 가치인 사회적 정의, 형평과는 아무런 논리적 연계가 없다. 하먼은 2차적 가치들이 상호성으로부터 '파생'된다 했는데, 이런 연계가 어떻게 논리적으로 이루어졌는지 알 수 없다. 상호성을 2차적 가치로 끌어내리는 초원리도 없고, 상호성 그 자체가 이차적 가치들에 규범적 의미를 부여하는 초원리도 아니다. 알려진 유일한 이유는 다음과 같다.

> 사회적 집합체의 특징이나 이에 공통적으로 적용되는 정책을 평가하기 위해 사용되는…… 사회적 정의, 형평 같은 가치들은 '성질상' 근본적인 것이라기보다 파생적인 것이고, 따라서 차선(次善)의 가치들이다. …… 동등한 대우(equal treatment)는 규범적 제일법칙이라기보다 실천적 유용성이라는 측면에서 방어할 만하다. 동등한 대우라는 '집합적' 가치는 참여자 간의 상호 존경에 근거한 '개별적(unique)' 대우라는 가치에 우선해야 한다. 이는 평등이라는 가치가 상호성이라는 가치로부터 파생했고, 따라서 상호성에 대해 2차적이기 때문이다(Harmon, 1981: 84-86).

8) 하먼(Harmon, 1973: 92)에 의하면, (정의, 평등, 형평 등을 산출하는) 집합적 의사결정들이 규범적으로 용인되는 상황은 ① 순수공공재가 문제시되었을 때, ② 비집합적 의사결정이 다른 사람들에게 미치는 부정적 영향이 대면 간 협상을 통해 관리될 수 없을 때, 그리고 ③ 영향을 받는 사람들이 비교적 동질적인 주관적 요구와 선호를 가지고 있을 때 등이다. 그러나 우리가 일상적으로 살아가고 있는 삶의 장소는 물론 대부분의 행정행위가 이루어지는 곳이 바로 이런 상황임을 감안해야 한다.

좀처럼 납득하기 어려운 주장이다. 가치가 비록 2차적이라 해도 단지 실천적 유용성을 위해 '대용물'로 고용된다는 것은 지나치게 급진적 견해다. 2차적 가치들이 1차적 가치로부터 파생되었기에 전자가 후자보다 우선해야 한다는 논리도 동의하기 어렵다. 어떻게 파생된 가치가 본래의 가치보다 더 중요한가? 이런 의문점들은 행정학에서의 이론적 발전의 대부분이 기존 연구에 대한 단순한 비판이거나, "학문 분야에 존재하는 문제점들을 지적하고 이에 대한 치유를 요구하는 …… 산만하게 짜여 진 논평의 집합"에 불과했음을 회상케 해 준다(cf. Denhardt, 1984: 114). 그리고 학문 내에서 발견되는 이와 같은 다양성과 내적 갈등이 궁극적으로는 제기된 문제점에 대한 효과적 해결보다 이를 저해하는 요인으로 작용해 왔음도 간과해서는 안 된다.

4) 딜레마의 재조명

철학자들 간에는 목적(결과)론적 가치체제와 의무론적 가치체제 간의 관계, 특히 양자가 반드시 상호 모순적이냐는 데 대해 약간의 이견이 있다. 철학적 견해가 어떠하든 행정가치들은 상이한 규범체제는(예: 합리성 vs. 도덕성) 물론 동일한 규범체제 내에서도(예: 평등 vs. 형평, 능률 vs. 생존) 상충한다. 이 장에서 제시된 가치모형들은 대부분 이런 가치갈등의 심각성을 쉽게 인식하지 않는 듯하다. 비록 몇몇 모형들이 — 특히 양자수용 모형 — 기꺼이 가치갈등의 내재적 어려움을 인정하고 있으나, 이들 또한 가치갈등을 해결할 수 있거나 최소한 이론적 수준에서 관리할 만하다고 보는것 같다. 그러나 상기에서 본 바와 같이 상상할 만한 모든 접근방법 가운데 어느 것도 만족할 만한 것이 없다.

이 장은 결론에 도달하기 전에 행정학 분야에서 가장 널리 알려진 (혹은 가장 논란이 적은) 두 개의 가치모형을 소개하려 한다. 이들 모형은 행정을 위한 지도원리로서 어느 특정의 가치를 지지하지 않고, 가치 간 갈등을 해소하려고도 하지 않는다. 단지 이들은 우리가 현존하는 행정가치들 간의 역학관계를 어떻게 이해해야 하는 가에 대한 안식을 제공한다. 이 중 하나는 카우프만(Kaufman, 1969)의 3분론적 모형(a trichotomous model)이다. 카우프만에 의하면, 행정이란 대표성, 정치중립적 능력, 그리고 행정지도성이라는 세 개의 근본적 가치를 추구하는 행위로 묘사된다. 이상 세 개의 가치들은 각기 시대를 달리하며 순환적으로 보다 많은 관심을 얻어 왔다. 예를 들어, 19세기 말에는 대표성이 주된 관심사였고, 그 이후에는 개혁운동에 따라 중립적 능력과 행정지도성이 강조되었으며, 1960년대에는 새로운 유형의 대표성이 강력히 요구되고 있다는 것이다.

카우프만의 모형은 반세기 전 주장된 것으로 오늘날 지배적인 행정가치를 묘사하지는 않는다. 그럼에도 불구하고 이모형이 주는 시사점은 주목할 만하다. 이 모형은 특정가치를 위해 다른 가치들을 완전히 무시하지 않는다. 단지 하나의 가치가 항상 다른 가치를 우선할 것이라고 지적할 뿐이다. 따라서 이 모형은 오직 한 가치에 편향되어 있는 사람들을 — 합리주의자든 도덕론자이든 — 크게 귀찮게 하지 않는다. 이모형은 또한 특정 가치에 대한 상대적 중요성을 부여하기 위한 규범적 근거를 명확히 제시할 필요가 없고, 따라서 가치갈등 해소에 따른 규범적 논쟁을 피할 수 있다. 아마도 이런 사실이 카우프만의 모형을 널리 알려 지게 한 요인이 되었을지 모른다. 그러나 한 가지 이유만으로도 카우프만의 모형은 행정을 위한 적절한 가치모형이 되기 어렵다. 그것은 비록 카우프만의 모형이 지나간 행정의 역사는 잘 묘사할지 몰라도, 새로운 가치들이 (그것이 무엇이던 간에) 기존의 강조되었던 가치들과 함께 '동시에' 경쟁적으로 압력을 가하며 나타나는 오늘의 행정실제는 반영할 수 없기 때문이다.

다른 하나는 소위 '딜레마 모형'이다. 공공조직을 가치갈등이라는 관점에서 접근한 뷰캐넌과 밀스토운(Buchanan & Millstone, 1979)은 현대 행정이 직면한 상황을 가치갈등 상황이라 하고, 이를 딜레마로 규정했다. 이는 행정가치들이 — 민주도덕성, 행정합리성, 정치적 생존 — 근본적이고도 필수적이어서 종종 행정기능상의 '동등한' 중요성을 지니는 반면, 특정 가치에 우선순위를 부여할 만한 쉽고도 명백한 방법론이 없기 때문이다. 이런 주장은 비록 일정의 형태의 조화방안의 개발을 촉구하기는 하나 다소 결정론적이다. 또한 딜레마의 성격상, 우리는 이런 모형으로부터 어떤 가치가 행정실제에서 지배적이어야 하는지에 대한 답을 기대하기 어렵다. 그럼에도 불구하고 뷰캐넌과 밀스토운의 모형이 시사하는 바는 행정에서의 '가치 틀'이 "갈등과 변화의 변증법적 논리"에 직접적인 주의를 기울여야 한다는 데 있다. 역사가 입증하듯, 전형적인 딜레마의 해결은 행정과정에 개입하는 다양한 이익들 간의 '절충'(타협)이라는 형태를 띠어왔고, 어떤 형태의 순간적 해결이나 절충도 필수적으로는 "변화가 결정적 과정이라는 명백한 이치를 터득케 하면서" 새롭게 제도화된 가치 간의 갈등을 요청하게 된다(Buchanan & Millstone, 1979: 296).

이 모형은 규범적으로나 경험적으로 가장 납득할 만한 결론을 내린다. 합리성과 도덕성이 규범적으로 동등하다는 것에 이의를 제기하기 어렵다. 우리는 민주주의 도덕성을 주로 평등, 형평, 그리고 자유를 향한 노력으로서 바람직한 것으로 받아들이는 데 별로 주저하지 않는다. 동시에, 우리는 관료주의 합리성을 비록 가끔 병폐를 수반하기는 하나 다양한 '선'(민주주의적 선도 포함)에 수단적이기에 바람직한 것으로 여기거나 아니면 ('바람직하다'는 용어를 원치 않을 경우) 적어도 '필요 악'으로서 수용한다. 불행히도 이상 두 개의 가치체제는 명백히 보완적이라기보다 상반적이고, 따라서 양자 간의 조화나 최적 혼합이 곧 현대 행정의 중심과제가 되고, 이에 반해 '총괄적 초원리'의 부재는 이러한 과제를 해결할 전망을 거의 어둡게 한다.

결론적으로, 현대 행정이 직면한 가치의 문제는 이론적으로 해결되기 어렵다. 특히, 관료들이 가치딜레마를 이론적으로나 철학적으로 푼다는 것은 매우 어려운 일이다. 그럼에도 불구하고, 우리는 관료들이 가치딜레마를 자신들의 생활에서 지속적으로 관리하고 있음을 간과해서는 안 된다. 이들이 직면하는 다양한 의무나 책무는 미묘하게 얽혀져 있어서 대단히 복잡한 가치딜레마를 수반한다. 이들의 대부분은 종국적으로 한 가치의 선택으로 귀결되고, 이와 같은 가치의 선택은 공공정책의 형성, 집행, 평가 등 그들 업무의 전반에 걸쳐 나타난다. 따라서 우리는 가치해결을 위해 지나치게 추상적 방법론이나 논리적 사유만을 모색할 것이 아니라, 행정관료들이 자신들의 업무에서 나타나는 규범적 모호성을 인지하고, 의사결정에 개재된 다양한 가치들을 확인하며, 이들 간의 상대적 중요성을 가늠하고, 궁극적으로는 공익을 위한 최선의 가치선택을 할 수 있도록 교육적 기반을 튼튼히 해야 한다. 이런 노력은 이상적, 규범적 수준에서만 머물러서는 안 되고 현실적 감각을 반영해야 하며, 이를 위해 기존의 연구에서 다루지 못했던 행정관료들의 경험세계를 주기적으로 조사해야 한다.

3 가치갈등의 실천적 접근

가치갈등을 해소함에 있어서 납득할 만한 이론적 모형이 없다면, 과연 관료들은 행정가치를 둘러 싼 딜레마 상황을 어떻게 확인·관리하고 있을까? 이 장에서 우리는 행정관료들이 실제 상황에서 발생하는 윤리적 딜레마를 어떻게 다룰 수 있을지를 검토하려 한다. 이를 위해 이 장은 다섯 개의 시나리오를 설정한다. 이들은 모두 경험적 사실에 기반한 것으로 가치의 행태적 특성이나 갈등사례를 논하는 과정에서 부분적으로 언급되었다. 이 장에서는 가상적 형태로 소개하고, 과거의 경험적 자료를 바탕으로 행정실무가들이 각 시나리오에 어떻게 대응할 수 있을지를 '예시적으로' 보여준다.[9] 이 책의 독자들은 소개되는 경험적 응답을 보기 전에 먼저 각 시나리오별로 자신의 선택이 무엇인지를 주어진 선택지에 비추어 결정하고, 자신이 내린 윤리적 판단이 경험적 자료에서 나타난 실무자들의 판단과 어떻게 다른지를 비교해 보기 바란다.

다섯 개의 가상적 시나리오 중 두 개는 하나의 가치체제에서 발생하는 딜레마를 가정한다. 합리적 가치와 합리적 가치 간의 갈등 혹은 도덕적 가치와 도덕적 가

9) 이 장에서 소개되는 경험적 자료는 미국의 중간관리 이상 공무원들이 응답한 내용을 분석한 것이다(Kim, 1988). 이 장은 크게 두 가지 이유로 미국의 경험을 소개한다. 첫째는 이 장의 목적은 연구결과의 일반화나 과학적 지식의 습득이 아니라 관료들이 행정실제에서 가치 간 갈등을 어떻게 관리해 나가는가를 예시적으로 보여줌으로써 독자들의 윤리적 상상력을 제고하는 데 있기 때문이다. 후술하는 바와 같이 가치갈등의 관리는 갈등의 내용이나 상황, 그리고 행동 주체의 조직적 위치나 가치성향 등 다양한 요인에 따라 달라진다. 그래서 우리는 이 글을 통해 관리의 유형이나 일반적 패턴만 확인하고, 이론적 모형과에 비교를 통해 관료들에게 보다 유용한 방법론이나 행동지침을 개발하는 준거로 삼으면 충분하다. 독자들도 이런 맥락에서 자신의 윤리적 판단과 행정관료들의 선택을 비교하고, 이를 통해 스스로의 윤리적 감수성과 갈등관리 능력을 개발하기 바란다. 둘째는 일종의 추정으로서 미국 공무원들로부터 좀 더 의미 있는 응답을 얻어 낼 가능성이 높다고 생각했기 때문이다. 이른바 '영혼 없는 공무원'은 어느 나라에서나 발견되는 보편적 현상이나. 우리의 경우는 (특히 권위적 대통령 재임 시) 이런 현상이 두드러진다. 정권과 무관하게, 대통령의 말 한마디에 따라 어제의 언행을 오늘 바꾸고, 이런 언행의 변화를 불가피한 것으로 인식하기도 한다. 이런 상황에서 비록 가상적 사례라 하더라도 관료들의 의미 있고 진지한 윤리적 판단(실천)은 기대하기 어려울 것이다. 이런 현상은 향후 덜 권위적인 대통령이 출현하고 보다 민주적 조직환경이 조성되면 점차 개선될 것이고, 공무원들도 양심과 원리에 따라 보다 능동적으로 윤리적 판단 및 실천을 하게 될 것이다.

치 간의 갈등으로, 우리는 이를 '내적' 딜레마라 할 것이다. 나머지 세 개의 시나리오는 두 개의 대립적 가치체제로부터 발생하는 딜레마를 가정할 것이다. 합리적 가치체제와 도덕적 가치체제가 충돌하는 상황으로, 우리는 이를 '외적' 딜레마라 할 것이다. 각 시나리오에서 독자들은 두 개의 주어진 행동 대안 중 어느 하나를 택하던가, 아니면 스스로 독자적 대안을 제시할 수 있다. 하지만 어느 경우에건 실제 상황에 직면했다 가정하고, 어떻게 할 것인지를 표기 또는 기술토록 해야 할 것이다.

1) 가상적 시나리오

[시나리오 1]

S시 상위직 공무원 A씨는 시내 도로 및 주거환경 개선을 위한 예산을 관리하고 있다. 올해 예산으로 5,000억 원이 책정되었다. A씨는 예산을 사용함에 있어서 두 가지 대안을 놓고 고민하고 있다. 하나는 시 예산을 시 전역에 골고루 배분해 그 혜택을 시내 모든 지역에 고르게 분산시키는 것이다. 다른 하나는 도로 및 주거환경 개선이 가장 필요한 특정 지역에(예: 달동네) 집중적으로 예산을 할당하는 것이다.

당신이 A씨라면 어떻게 할 것인가?
① 예산을 시 전역에 동등하게 배분할 것이다.
② 가장 필요로 하는 지역에 집중적으로 배분할 것이다.
③ 나름대로의 답변: ______________________________

이 시나리오는 전형적인 내적 딜레마 상황을 가상하고 있다. A씨에게 주어진 첫 번째 대안은 '평등'을 반영하고, 두 번째 대안은 '형평'을 시사한다. 만약 A씨가 공공서비스가 모든 주민들에게 동등하게 제공되어야 한다고 믿으면, 그는 첫 번째 대안을 택할 것이다. 이에 비해 A씨가 롤스(John Rawls)의 무지의 장막에서 공정성을 고민한다면, 그는 두 번째 대안을 택할 것이다.

(1) 양자택일

이 시나리오에서 주목할 것은 양자 간 선택을 할 때, 다분히 전략적 차원에서 접근할 수 있다는 것이다. 예컨대, ①번(평등 배분)을 택한 이유가 "지역주민 모두에게 고른 혜택을 주는 것이 '미래'에 주민들로 하여금 혜택 받지 못한 지역에 보다 많은 예산을 활용토록 투표를 유도할 수 있기" 때문이다. 이런 선택은 맥락을 벗어난 것 같지만, 공공부문에서 정책대안의 전략적 선택이 지역사회의 장기적 파급효과(즉, 사회적, 경제적, 정치적 효과)를 고려해야 하는 공무원들에게 필요하고도 유용할 수 있음을 시사한다.

(2) 조화(절충)

선택에 어려움에 직면해서, 어느 한 가치에 우선순위를 두고 행동하겠다는 응답이 이런 유형에 속한다. 형평에 우선순위를 두면, '상당한' 예산을 가장 필요로 하는 지역에 사용하고, 나머지 '일부'를 다른 지역에 할당할 수 있다. 이와는 반대로 평등에 중점을 둘 때는 단순히 이런 비중을 바꾸는 것이다. 즉, 70% 정도를 동등하게 사용하고, 30% 정도는 특별한 욕구를 지닌 지역에 사용하는 것이다.

(3) 제3의 방법

주어진 두 개의 대안 중 어느 것도 택하지 않고, 다음과 같은 방식의 대안들이 제시되었다.

> "개선이 우선적으로 필요한 도로에 대한 리스트를 만들고, '시의회'가 결정하도록 제출한다."
>
> "형평이란 차원에서 ①은 지속적인 불균형을 초래할 것이고, ②는 다른 지역 내에서 불균형을 창조할 것이다. '유권자'들로 하여금 투표로 결정하게 하자."
>
> "아마도 '정치적으로' 해결을 모색하는 메커니즘을 만드는 것이 필요할 것이다."
>
> "시 전역에 걸쳐 개선의 우선순위를 보여줄 만한 자료를 작성한 후, '주민 대표'와 '행정공무원'이 만난 협상을 하도록 해라."

이런 대안들의 특징은 한마디로 다른 사람에게 공을 넘기자는 것이다. 스스로 선택에 개입하기보다 주민이나 자신들 행동에 정치적 책임을 진 사람들에게 결정을 미루는 것이다. 이런 접근은 많은 사람들의 지지를 얻기 어려울지 모르나, 윤리적으로는 중요한 의미를 지닌다. 정부가 점차 관료적 민주주의로 변모해 갈 때, 공무원들이 중요한 정책적 결정을 내리지 않으면 우리는 공공철학에 관한 담론을 기대하기 어렵기 때문이다.

[시나리오 2]

> 최근 B씨는 어느 한 정부 부서를 개혁하는 책임을 맡게 되었다. 해당 부서의 핵심 문제는 부서 정책을 형성하고 집행하는 과정에서 지나치게 (정치적) 이익집단에 의존한다는 것이다. B씨는 이런 이익집단들의 정치적 개입이 부서의 유지뿐 아니라 성장을 위해 중요하다고 생각하지만, 동시에 개혁과제를 추진해야 할 의무에 어긋나는 행동을 하도록 작용할 수 있다고 본다. B씨가 추진해야 할 개혁과제란 비용을 줄이고 행정효율을 제고할 것으로 기대되는 관리기법들을 부서에 도입하는 것이다.
>
> 어떻게 할 것인가?
> ① 외부 압력을 배제하고, 소신껏 부서를 개혁한다.
> ② 특수 이익집단들과 친밀한 관계를 계속 유지한다.
> ③ 나름대로의 답변: ______________________________

첫 번째 대안은 행정행위가 능률과 효과성 기준에 부합해야 하고, 따라서 정책결정 및 집행을 방해하는 어떤 외부개입도 격리되어야 한다는 신념을 반영한다. 이에 비해 두 번째 대안은 환경으로부터의 정치적 지원이나 지지는 행정조직의 생존과 성장을 위해 필수적이고 결정적일 수 있음을 가정한다.

(1) 양자택일

첫 번째 가상 시나리오와는 달리, 이 시나리오는 가장 공무원들에게 가장 큰 어려움을 주는 것으로 나타났다. 비록 주어진 대안에 대한 선호가 갈릴지라도, 다음과 같은 표현에서 선택의 어려움이 나타나 있다.

"이는 막다른(dead-end) 상황이다. 만약 그가 밀고 나가면, 특정 이익집단은 그가 축출되는 것을 확실히 보게 될 것이다. 그는 중간 지점에서 양 극단을 유지하는 방향으로 일을 처리해야 할 것이다. 아직까지 어느 누구도 국민을 위한, 국민에 의한 정부를 운영한 방법을 제시하지 못했다. 정부가 특수 이익집단이 없이 운영될 때, 우리는 유토피아를 갖게 될 것이다."

"만약 ①번 대안대로 된다면, A씨는 성장과 유지를 위안 조직적 자원을 잃게 될 것이다. 만약 ②번 대안대로 된다면, B씨는 조직을 효과적으로 개혁할 수 없을 것이다. 어느 경우에건, 그는 몰락하고 해고될 것이다. 그는 그가 적절하다고 생각하는 만큼 조직을 개혁해야 하나, 동시에 즉각적으로 자신을 계속 지지할 수 있는 또 다른 연합이나 강한 정치적 후원을 모색해야 한다. 결코 쉬운 과제가 아니다."

더 나아가, 응답자들은 "양자 간의 균형을 유지하라", "절충하라", "하나를 하면서 동시에 다른 것을 하라"는 식의 애매한 응답을 하거나, 해소를 위한 특별한 지식 없이 두 개의 대안을 "동시에 추구할 수 있다"거나 "할 수 있어야 한다"고 말하기도 했다.

일반적으로 공무원들은 (적어도 외형적으로는) 능률이 생존보다 우선한다고 주장한다. 하지만 이런 주장은 공공부문에서 이익집단이 능동적일 뿐 아니라 집행을 비롯한 정치적 과정에서 매우 영향력이 큰 것을 감안하면 즉각적 의문을 유발한다. 아마도 이런 모순에 대해 두 가지 설명이 가능할 것이다. 하나는 공무원들이 실제 행정 과정에서 하는 것보다 과장되게 혹은 이상적 차원에서 견해를 피력한 것인지 모른다. 다른 하나는 많은 공무원들이 이익집단의 개입에 의해 큰 영향을 받거나 지배당하고 있는 현재의 행정실제에 반감을 표하는 것일 수 있다. 이런 두 가지 설명은 서로 무관하지 않다. 상기와 같이 생존보다 능률에 대한 선호를 표명할 때 공무원들은 다분히 이상적 혹은 매우 감상적으로 반응하기 때문이다. 예를 들면,

"① 정부조직과의 관계에서 특수이익집단이 설 자리는 '전혀' 없다."

"① 당신이 정부조직에서 근무할 때, 이익집단이 당신에게 무엇을 해야 하는지를 처방토록 해서는 안 된다. 당신은 단지 소수가 아니라, 모든 사람을 위해 업무를 수행해야 한다. 이익집단과의 친밀한 관계란 그 혜택이 무엇이던 간에 결코 정당화될 수 없다."

반면에 능률과 생존에 대한 선호는 다음과 같이 표현된다.

"② 이익집단의 정치적 지지 없이 예산은 없다. 어떤 종류의 관리개혁이 정치적 지지를 허용치 않는가? 이는 말도 안 된다."

"② '친밀한'이란 표현은 경멸적이다. 많은 정부조직에서, 이익집단은 변화를 위한 필수적 자극을 제공한다."

이처럼 대조적 견해들은 능률과 생존 간의 갈등이 두 개의 동등한 가치들 간의 갈등이 아니라, '이상'과 '현실' 간의 갈등이라는 인상을 준다. 이런 갈등의 해소는 행정실제에서 이익집단의 역할에 관한 서로 다른 인식에 의존적일 수밖에 없다.

(2) 조화(절충)

(생존보다) 능률이 우선한다고 말하는 공무원들은 전형적으로 두 가지 방안 중 하나를 택한다. 하나는 "이익집단으로부터 직접적 투입이나 개혁 과정에 실제 개입을 구하고, 이들에게 개혁추진의 가치를 설득하는 것이다." 이런 접근은 이익집단에 의한 외부 압력을 줄이고, 궁극적으로는 개혁에 도움을 줄 것이라는 기대 속에 거론된다. 그러나 이익집단들이 제안된 개혁이나 변화를 수용할 것으로 믿는 것은 소박할 수 있다. 다른 하나는 보다 그럴듯하고 설득력이 있는데, 이는 이익집단과의 관계를 '형식화'하는 것이다. 즉, 이익집단으로부터 투입은 받되, 그들의 영향이나 통제력을 최대한 억제 또는 제한하는 것이다.

이럴 경우, 문제는 '어떻게' 이익집단의 영향력을 형식화하느냐는 것인데, 어떤 공무원들은 이익집단이 참여하는 임시위원회나 자문위원회를 설치할 것을 제의한다. 이런 위원회들은 상징적 기제로 두 가지 목적을 동시에 달성토록 해 준다. 공무원들이 이익집단의 투입을 기꺼이 수용한다는 의지를 보여주고, 동시에 이익집단의 실질적 영향력은 줄이는 것이다. 이런 대안을 제시하는 공무원들은 이익집단이 '덜 중요한 문제'에 발언권을 행사하도록 할 수 있다면 더욱 이 방안이 효과적일 것이라 생각한다. 이와 동시에 개혁을 '천천히' 시간을 갖고 점진적으로 추진하는 것도 중요하다고 한다. 급속한 변화는 개혁가의 개인적 안전을 위협할 수 있기 때문이다.

> "나는 외부 압력을 점진적으로 제거하면서 개혁을 추진할 것이다. 만약 내가 외부 압력을 즉각적으로 배제하려고 한다면, 나는 아마도 즉시 이 자리에서 물러나게 될 것이고, 문제는 해결되지 않은 채 남게 될 것이다."

> "만약 B씨가 이익집단을 즉각 배제한다면, 많은 보복이 따를 것이고, 아마도 B씨를 보다 우호적인 관리자로 교체할 것이다. B씨는 외부집단을 '점진적으로' 떼어놓아야 할 것이다."

한마디로, (생존보다) 능률을 강조하는 공무원들은 개혁 임무를 수행하기 위해 이익집단의 압력을 극적으로 줄이거나 배제하기 위한 타개책을 찾으려는 경향이 있다. 이런 타개책의 탐색은 정부관료제의 의사결정에서 이익집단을 배제하는 것이 '실질적으로' 불가능함을 가정한다. 많은 공무원들은 이익집단의 압력 그 자체를 해롭거나 파괴적인 것으로 보지는 않는다. 하지만 자신들이 두 가치를 동등하게 추구할 수 없고, 따라서 두 개의 가치가 충돌할 때는 능률에 우선순위가 주어져야 한다고 생각한다. 이런 견해에 의하면, 생존은 전형적으로 (동등한 행정가치가 아니라) 개혁 임무의 수행을 위한 하나의 '수단'으로 인식된다.

이와는 대조적으로 (능률보다) 생존에 우선순위를 두는 공무원들은 이익집단과 친밀한 관계를 유지하는 것이 불가피할 뿐 아니라, 그 자체로서 바람직하다는 견해를 표명한다. 비록 소수의 공무원이 이런 견해를 표명하지만, 이들은 모두 능률을 위한 개혁은 그것이 이익집단의 의지와 일치할 때만 집행될 수 있다는 점을 강조한다. 다만 능률을 지지하는 공무원들과는 달리, 자신들의 선호를 구현하는 데 필요한 구체적 방안은 제시하지 않는다.

(3) 제3의 방법

이 시나리오에서 딜레마로부터 벗어나려고 시도한 응답은 거의 없었다. 첫 번째 시나리오에서처럼, 선택을 다른 사람에게 미루는 전략적 방법만이 확인되었다. 선택을 주민에게 미루거나, 의사결정에 개입한 정치적 당사자들에게(법적 권위, 일반 국민, 이익집단 등) 미루고, 때로는 이익집단에게 미루는 경우도 있었다. 개혁 노력에 지지적인 이익집단만을 선택적으로 고르거나, 반대 집단에 대응할 만한 세력을 구축하거나, 다양한 경쟁적 이익집단들이 서로 타협하는 자리를 마련하고 거기에서 선택이 이루어지도록 하자는 것이다.

[시나리오 3]

> 중앙부처의 장인 C씨는 소속 기관의 비행을 조사 중인 국회 상임위원회에 출석해 증언을 하도록 되어 있다. C씨는 공무원으로서 소속 부서의 활동을 국민들에게 정확히 알릴 도덕적 의무가 있다. 그러나 만일 그가 진실을 말하면, 이는 소속 조직의 운영이나 효과를 크게 손상시킬 뿐 아니라, 자칫 국가안보에도 위협을 초래할 수 있다.
>
> 어떻게 할 것인가?
> ① 정직하게 증언하지 않는다.
> ② 진실을 말한다.
> ③ 나름대로의 답변: ______________________________

거짓은 항상 그른 것인가? 복(Bok, 1978)은 공직에서 거짓과 기만이 특정 상황에서 설득력 있는 이유를 수반한다 해도 결코 용인될 수 없다고 한다. 기술한 바와 같이, 칸트(Immanuel Kant)도 그의 저서 『형이상학의 기초』에서 거짓을 부도덕한 행위의 으뜸으로 꼽고, 어떤 경우에든 거짓을 해서는 안 된다고 한다. 이런 도덕적 견해들은 어떤 부도덕한 관행도 그것이 보다 큰 수혜를 제공하거나 큰 악을 막을 수 있다면 정당화될 수 있다는 또 하나의 강한 합리적 견해와 충돌한다. 공무원들은 이 가운데 어떤 견해를 지지할까? 세 번째 사례는 바로 이런 상반된 규범적 견해가 충돌하는 가상적 사례이다.

(1) 양자택일

다수의 공무원들은 진실을 외면하기보다 정직한 증언을 할 것이라 답하고, 소수가 이에 반하는 응답을 했다. 그러나 수적인 면에서 차이는 있을지라도, 각각 자신들의 판단에 대해서는 매우 확고한 입장이다. 합리주의자들에게 정직은 관료제에서 높이 평가되는 덕목(행동)이 아니다. 오히려 관료제 내의 행동규칙은 안정과 수용을 위해 적절히 처신하는 것(go along to get along)이다. 따라서 공무원들이 할 수 있는 최선의 행위는 어떤 비용을 치루더라도 조직을 보호하고, 법적 · 행정적 비난(처벌)을 면하도록 치부를 가리는 것이다. 반면에, 도덕주의자들에게 진실을 말하는 것은 구속력 있고, 타협이 불가능하며, 심지어 국가안보의 단기적 손실을 상쇄하고 장기적으로 국가안보에 기여할 수도 있다.

> "② 두 개의 잘못이 하나의 옳은 것을 만들지 못한다."

> "② 만약 조직이 먼저 잘못한 것이라면, 당신은 이미 조직의 효과성을 손상시킨 것이다. 이런 응답은 하나의 자기변명에 지나지 않는다."

> "② 나는 안전을 위해 나의 원칙을 거래하지 않을 나이에 있다. 이것이 국가가 어떻게 세워졌는가를 보여준다. 역사는 스스로 반복하고, 우리가 거래를 하면 할수록, 그리고 압력 때문에 무언가를 마지못해 수용하면 할수록 국가는 더 약해질 뿐이다. 나는 그러한 것을 볼 만큼 충분히 살았다. 우리는 진실로 돌아가야 한다. 아직까지 모든 사람이 휘말린 것은 아니나, 그런 것이 점차 삶의 한 방식이 되어 가고 있다."

> "② 비행은 은폐될 때 결코 치유될 수 없고, 국가안보는 진실해 짐으로써 장기적으로 혜택을 볼 수 있다."

(2) 조화(절충)

두 개의 가치 간 균형을 모색하려 할 때, 공무원들은 다음과 같은 질문은 하는

것 같다: '얼마나 많은 진실의 표명, 얼마나 많은 진실로부터의 이탈, 혹은 얼마나 많은 국가안보의 손상이 적절한가? 이런 부류의 응답들은 쉽게 확인할 수 있으나, 가치 간 균형점이 어디인지는 쉽게 확인하기 어렵다. 혹자는 진실 표명의 장점을 지지하면서 동시에 '어떤' 정부 활동은 국민에게 공개되어서는 안 된다 하고, 따라서 '어떤' 정보는 비록 진실을 희생하더라도 제공되어서는 안 된다고 주장한다. 혹자는 진실의 절대성을 강조하더라도, 진실이 정말 실질적 위험을 초래할 수 있다면 국가안보를 위해 어느 정도 희생될 수 있다고 한다. 국가안보의 합리적 정당화가 제한된 범위에서 인정되어야 한다는 것이다. 이런 응답은 합리주의자들과 도덕론자들의 양 극단을 피하고 일종의 중간적 입장을 취하려는 것이라 할 수 있다. 그러나 이런 입장은 '어떤' 정부 활동이 (국민에게) 비밀에 붙여져야 하는지, '무엇이' 국가안보를 구성하는지, '누가' 하나의 가치가 다른 가치를 능가한다고 판단해야 하는지 등에 대한 의문을 남김으로서 가치문제를 더 복잡하게 만들 수 있다.

(3) 제3의 방법

딜레마로부터 벗어나려는 노력도 이와 크게 다르지 않다. 갈등을 회피하기 위한 몇 가지 방법론들이 공무원들에 의해 제시되었다. 첫째는 비공개 회의에서만 진실을 말하는 것이다. 둘째는 오직 질문에만 답하고 그 이상은 말하지 않는 것이다. 셋째는 헌법상의 묵비권을 행사하는 것이다. 이 가운데 첫 번째 응답만이 규범적 차원에서 주목할 만하다. 공무원들은 의회 청문회를 (직접민주주의가 아닌) 간접민주주의의 정치적 실제로 인식하는 것 같다. 비공개로 증언을 하고 국민의 대표인 의원들이 국민에게 알릴 것인지를 판단케 함으로써 자신들은 선택의 어려움으로부터 벗어나려는 것이다. 만약 국민의 대표인 의원들이 정보를 공개하기로 결정하면, 공무원들은 더 이상 행위 결과에 상관없이 자신들의 행위에 대해 책임을 질 필요가 없게 된다. 물론, 이는 공공부문에서 진실 표명에 담겨 있는 규범적 사유가 아니다. 인지된 대안 또한 의원들이 비공개 회의를 수용할지 모르기에 일종의 희망사항이다. 만약 의원들이 비공개회의를 거절하면, 어떻게 해야 할지에 대한 답이 없다.

끝으로 이 시나리오에 대한 응답(즉, 진실과 거짓 간의 선택)이 얼마나 어려운

지는 다음과 같은 표현에서 잘 나타난다. 이들은 주어진 대안 간 선택도 아니고, 나름대로의 대안도 없으면서 자신의 입장을 명확히 정립하지 못하고 있다.

> "잘 모르겠다. 나는 진실을 말하기를 원할 것이나, 국가안보에 위협을 주기도 원치 않을 것이다. 나는 내가 무엇을 할 수 있을지를 알기 전에, 먼저 그런 상황에 직접 처해 봐야 할 것 같다. (즉, 그런 상황에 직접 처해 보지 않고는 뭐라 확답하기 어렵다)"

> "매우 어려운 선택이다. 나는 아마도 진실을 말할 것이다. 그러나 국가안보 문제에 관심을 가질 것이다."

> "파문(영향력) 때문에, 답을 하기 전에 문제의 모든 국면에 대한 상세한 검토가 필요하다. 상황의 복잡성이 단순한 '가부'의 응답을 허락하지 않는다."

[시나리오 4]

> 정부부처의 인사 담당관인 D씨는 조직 내에 새로이 개설된 프로그램을 운영할 관료들을 충원하는 책임을 맡게 되었다. 그는 프로그램을 능률적(효과적)으로 운영하기 위해 해당 직위에 유능한 전문가들을 채용하고 싶은 욕구가 강하다. 그런데 전문성이나 실적만이 그가 고려할 수 있는 유일한 인사기준이 아니다. 그는 제대군인, 장애인, 여성 등 '소수집단우대정책'이나 정의 구현을 위한 국가정책에 의해 특별한 배려를 받도록 되어 있는 사람들을 뽑으라는 도덕적 명령에 의해 압박을 받고 있다. 소수집단우대정책의 대상(집단)이 반드시 무능한 것은 아니나, 특별 고려를 하라는 것은 암묵적으로 이런 가능성을 시사한다.
>
> 어떻게 할 것인가?
> ① 엄격한 실적주의에 따라 채용을 한다.
> ② 소수집단의 구성원을 특별히 배려한다.
> ③ 나름대로의 답변: ______________________________

실적과 형평은 양립 가능한가? 크란츠(Krantz, 1974)는 전통적 전문직업적 테스트 기준을 택하고 차별적 선발 제도를 배제함으로써, 진정으로 실적주의적 공공서비스의 제공, 즉 모든 '국민을 위한' 서비스와 '국민에 의한' 서비스 제공이 가능하다고 했다. 이런 주장은 논리적으로 가능하나, 두 개의 다른 정책적 지향이 어떻게 행정실제에서 동시에 집행될 수 있는지에 대해서는 알려진 바 없다. [시나리오 4]는 바로 이런 가치갈등(형평 vs. 실적 또는 능률) 상황을 가정한 것이다.

(1) 양자택일

5개 가상 시나리오 중, 대안 간 선택에서 가장 명확한 차이를 보인 시나리오다. 합리주의자와 도덕론자 간의 심한 견해차는 선택에 따른 규범적 혹은 실천적 사유에서 잘 나타난다. 예컨대, 다수의 공무원들은 순전히 실적만을 적용해도 "충분히 소수집단 구성원들을 고용할 수 있기에" 실적을 택한다. 혹자는 "보다 높이 오르려는 사람은 스스로 준비를 해야 하고, 따라서 가장 자격있는 사람들이 소수집단 구성원일 수 있다"는 믿음에서 실적을 택하기도 한다. 그리고 여전히 혹자는 소수집단우대정책은 평범함(또는 하향평준화)을 초래할 뿐 아니라 도덕적으로도 수용이 불가능해 실적을 택한다.

유사하게, 소수집단우대정책을 선호하는 공무원들도 나름대로 좋은 이유를 갖고 이를 선택한다. 혹자는 소수집단 구성원이 불공정한 동기로 인해 역사적으로 무시되어 왔음을 이유로 소수집단우대정책을 택한다. 하지만 이와 같은 규범적 사고는 일반적이기 보다 예외적이다. 대부분의 소수집단정책 지지자들은 다른 실천적 이유로 이 정책을 택한다. 어떤 경우에는 아이러니하게 실적주의적 개념에 근거해 선택하기도 한다. 즉, 소수집단우대정책의 대상이 되는 사람들이 "반드시 능력이 떨어지는 것은 아니기에", "능력 있는 지원자의 선택을 통해 우대정책의 목표가 달성될 때까지 채용이 지속되어야 한다"고 주장한다. 다른 경우에는, 비록 소수집단 구성원들의 능력이 부족할지라도, 무능함은 업무 경험을 통해 치유되거나 혹은 실제 조직의 효과성에 치명적이 아닐 수 있다는 이유로 선택되기도 했다. 그리고 예상대로, 일부 공무원들은 소수집단우대정책이 부서의 정책 또는 정부의 법률에 의해 요구되는 것이기에 선택해야 한다고 주장한다.

(2) 조화(절충)

그렇다면, 형평과 실적 간의 균형은 가능한 것인가? 응답자의 1/3은 그렇다고 생각한다. 이들 중 대부분은 소수집단우대정책이 내재적 가치를 지니고 있지만, 실적을 더 중시해야 한다고 생각한다. 소수집단우대정책을 제한된 범위에서 활용하면서 형평과 실적 간 갈등을 해소해야 한다는 것이다. 최소한 5개 정도의 전략적 방안들이 이런 사고를 반영한다. 첫 번째 전략은 소수집단 구성원들이 "똑같이 자격이 있을 때만" 특별 배려를 해 주는 것이다. 이런 전략은 소수집단우대정책을 (다른 조건이 동일할 때) 일종의 '타이브레이커(tie-breaker)'로 활용하는 것이다. 이와 유사하지만 보다 세련된 두 번째 전략은 높은 자격을 지닌 후보자로 구성된 '잠재적 인력 풀'을 만들고, 그 안에서 소수집단 구성원을 선발하는 것이다. 세 번째 전략은 가용한 후보자 중 가장 좋은 사람을 뽑기 위해 실적을 적용하되, 후보자 중 소수집단에 속하는 사람들이 있으면 이들에게 '추가점'을 주는 것이다. 이 전략은 공정한 달리기를 가정하는 기회균등의 철학적 사고와 유사하다. 네 번째 전략은 "핵심 인력은 실적을 기준으로 선발하고, 나머지는 소수집단우대정책을 통해 선발하자는 것"이다. 미국의 카터(James Earl Carter Jr.) 행정부가 제안했던 것과 유사한 전략으로 할당제가 설정되어도 특별한 배려가 프로그램 운영에 영향을 주지 않을 때 가장 효과적인 것으로 평가된다. 다섯 번째, 단지 "실적에 따른 명확한 선택이 어려울 때만" 소수집단 구성원들에게 특혜를 주는 것이다. 이 전략은 미국의 역사적인 그리그(Griggs) 재판의 결정과 유사하다(401 U.S. 424, 1971). 이 재판에서 미국 대법원은 공무원의 임명 및 승진에서 비실적 요건(non-merit requirement)을 무효화했다. 이 재판의 함축성은 공무원의 선발은 직무성과(실적)에 대한 적절한 측정에 기반해야 하고, 선발절차가 직무성과 측정에 의해 (타당한 것으로) 입증될 수 없다면 정부는 소수집단의 '과소대표'를 바로 잡아야(시정해야) 한다는 것이다.

상기한 응답들이 모두 소수집단우대를 실적에 우선해야 한다는 논리라면, 그 반대의 논리도 똑같이 가능하다. 이런 부류에 속하는 응답들은 실적이 공무원 선발에 중요한 기준이지만, 소수집단이 "현저하게 자격이 떨어지지 않는 한" 채용되어야 한다는 점을 강조한다. 환언하면, 소수집단이 주어진 직무를 '적절히' 수행할 능력이 있는 한, 이들이 반드시 "가장 적임자 혹은 똑 같은 자격을 갖춘 자"일 필요는 없다는 것이다. 이런 주장은 다소 애매할 수 있다. 직무수행 능력에 관한 전제 조건이 논지의 핵심과 모순될 수 있기 때문이다. 그러나 이런 전략이 잘 수행되면 실적과 형평이 모두 달성될 것으로 기대한다. 그리고 비록 이런 부류에 적합한 자격 있는 소수집단 구성원을 찾는 것이 많은 에너지와 시간을 소비할지라도 소수집단우대정책의 목표가 달성될 때까지 지속되어야 한다고 한다. 이는 가드너(Garder, 1961)의 제안과 유사하다. 그는 사회에 가용한 모든 종류의 재능과 기술을 이에 부응하는 직위에 일치시키기 위해 "인간 수월성의 전 영역"을 탐색할 것을 제안한 바 있다. 이런 전략의 요지는 다음과 같은 진술에서 나타난다.

> 가장 높은 수준의 재능을 지닌 후보자를 유인하라. 동시에 다른 후보자보다 크게 자격이 떨어지지 않는 후보자를 선발하는 데 초점을 두면서, 소수집단 구성원들을 집중적으로 채용하라. 성(性), 출신 등은 살아 있는 결정에서 하나의 요인이 될 수는 있으나 지배적인 것은 아니다.

마지막으로, 일부 공무원은 소수집단을 채용하고 이들에게 배울 시간을 줄 것을 제안한다. 채용과 훈련 후, 이들이 업무를 잘 수행할 수 있음을 보여주면, 이들은 계속 조직에서 일할 수 있고, 그렇지 않으면 해고하자는 것이다. 이런 대안은 개인의 능력이나 지식과는 무관하게 소수집단으로 하여금 공직에 접근할 수 있는 기회를 제공한다는 점에서 강한 규범적 의미를 지닌다. 이런 주장은 모집(recruitment)과 선발(selection)이 반드시 동일한 인사절차가 아님을 가정한다. 만약 두 개의 인사절차가 구분되고, 특별한 노력이 경주된다면, 두 개의 목적이 갈등 없이 균형을 이룰 것으로 보는 것이다.

[시나리오 5]

농림부 장관인 E씨는 최근 특정 농촌 지역에서 수많은 사람들이 심한 영양실조에 빠져 있고, 심지어는 기아상태에 있다는 보고를 받았다. 그는 자신의 부서에 이런 기아 문제를 완화시킬 재원을 갖고 있으나, 문제해결을 위한 행동을 쉽게 취할 수가 없다. 이는 소속 부서의 프로그램과 예산에 관할권을 지닌 국회 상임위원회 의원들이 이런 행동을 반대하고 있고, 이들과 반목하거나 적대감을 보이는 것은 소속 부서의 총체적 프로그램에 큰 영향을 줄 수 있기 때문이다.

어떻게 할 것인가?
① 문제를 치유하기 위해 행동을 한다.
② 아무런 행동도 취하지 않는다.
③ 나름대로의 답변: ______________________________

이 시나리오에서는 도덕적 의무와 조직의 생존 및 효과성에 대한 합리적 관심이 대조를 이룬다. 이 시나리오는 균형적 입장을 취하기 매우 어려울 것이라는 기대 아래 작성되었다. 만약 E씨가 아무런 행동을 취하지 않는다면, 그는 문제를 해결할 재원이 있음에도 인간의 기본적 욕구를 충족시키는 데 실패하게 될 것이다. 그는 해당 지역의 배고픈 사람들을 구제하고 싶었으나 대통령이나 의회로부터 그렇게 하라는 지시를 받지 못했다고 변명할 수도 있다. 그러나 이유야 어떻든 그는 공공조직에서 널리 공유되는 신념을 위반하게 되는 것이다. 이와는 대조적으로, 만약 E씨가 도덕적 의무를 다 하고자 한다면, 그는 소속 부서의 프로그램을 위험에 처하게 하고 부서 프로그램의 효과적 운영을 위해 필요한 적정 자금을 잃을지도 모른다.

(1) 양자택일

이 시나리오에 대해 압도적 다수가 합리적 행동보다 도덕적 행동을 취할 것이라 했다. 그 이유는 다양하다. 무엇보다 기아문제는 "너무도 중요한 도덕적 이슈여서 어떤 유형의 정치적 압력도 용인해서는 안 되기" 때문이다. 도덕적 원칙은 어떤 이유에서건, 그리고 심지어는 개인적 지위가 위험에 처할지라도 타협의 대상이 될 수 없다는 것도 중요 이유였다.

> "① 만약 개인의 도덕적 원리가 위험에 처한다면, 의원들의 반감을 사거나 자리를 잃는 것이 더 나을 것이다."

> "① 나는 기아와 영양실조로 허덕이는 사람들을 먹일 수만 있다면 기꺼이 해고의 위험을 감수할 것이다."

혹자에게는 의원들의 압력에 굴복하는 것이 개인적 이익을 위한 근본적 동기를 가리는 변명에 지나지 않는다. 소속 부서의 프로그램은 국민을 위해 봉사하기 위해 설계되었기 때문이다.

> "① 이를 악 물어라. 의원들은 오고 간다. 보호장치가 시스템에 구축되어 있다. '정치적 이유' 뒤에 숨는 것은 하나의 책임회피(또는 변명)다. 만약 우리가 정치인이 아닌 국민들로부터 봉급을 받는다면, 우리는 일부 낡은 가치관을 지닌 의원들이 아니라 국민들을 위해 봉사해야 한다.

이와 같은 강한 규범적 주장들과 달리, 합리적 행동에 대한 주창자들은 별다른 변명을 하지 않는다.

(2) 조화(절충)

예상대로, 이 시나리오를 놓고 중립적 입장에서 양자를 조화하려는 시도는 거의 보이지 않는다. 오히려, 공무원들은 의원들의 반감을 줄이거나 의원들의 지지나 승인을 얻기 위한 다양한 정치적 책략들을 검토한다. 이들은 공통적으로 의원들을 설득하는 데 초점을 둔다. 만약 설득이 성공하면, 합리적 대안을 취할 이유가 없어지고, 반면에 설득이 실패하면 그 때 스스로의 행동을 정하면 된다. 이런 상황에서, 공무원들의 미래 행동은 크게 두 가지로 나뉜다. 하나는 자신들의 전략적 노력의 결과와 무관하게 문제를 치유하기 위한 행동을 하는 것이다. 예를 들면,

"의회의 지원이 필요하다는 논지를 담은 보고서를 작성해 활용한다. 만약에 아무런 조치도 취해지지 않는다면, 내가 행동에 나설 것이다 (아마도 새로운 일자리를 찾을 것이다)."

"기아문제 해결이 필요하다는 것을 의원들에게 설득한다. 만약 많은 노력에도 불구하고 설득이 되지 않는다면, 나는 문제를 치유하기 위한 행동을 할 것이다."

다른 하나는 문제를 해결하기 위한 행동을 취하지 않거나, 최소한 의원들의 반대가 수그러질 때까지 행동을 연기하는 것이다.

"기아문제 해결을 위한 제안서를 마련하여, 부서 프로그램을 관장하는 의원들에게 전달한다. 동시에, 의원들의 반대를 비난하지 않으면서 제안서 내용과 이와 관련된 근본적 문제들을 대외에 알린다. 프로그램에 대한 대중적 지지를 조장하되, 의원들이 안 된다고 하고 난 후에는 하지 마라."

상기한 두 가지 유형은 두 개 가치 모두에 적절한 관심을 두는 것이다. 하지만 이들의 궁극적 선택은 확실치 않다. 대개 '안 된다고 할 것 같은' 의원들의 결정에 달려 있고, 결과는 늘 '행동을 하든가' 아니면 '행동을 하지 않는 것'이다.

4 요약 및 함의

상기한 시나리오들을 바탕으로 우리는 가치딜레마를 관리하는 몇 가지 방안들을 추론하고, 이들이 앞 장에서 논의된 가치모형에 이론적으로 시사하는 바를 검토해 볼 수 있다. 두 가지 유형의 딜레마, 즉 내적 딜레마와 외적 딜레마를 검토했다. 대부분의 행정학적 문헌은 내적 딜레마보다 외적 딜레마를 주로 언급한다. 그러나 공무원들에게는 내적 딜레마가 외적 딜레마 못지않은 어려움을 준다.

외적 딜레마를 해소하는 과정을 보면, 양자택일 모형이 가장 잘 적실성이 있고,

그 뒤를 이어 양자수용 모형과 양자부정 모형이 따른다. 공무원들은 (비록 그 이유는 다양할지라도) 둘 중 한 가치를 선택할 확률이 가장 높은 것이다. 그러나 선호에서 일관된 패턴이 발견되는 것은 아니다. 오히려 공무원들은 상황에 따라 가장 적절하다고 생각되는 가치를 선택하는 경향이 있다. 두 개의 사례에서는 대부분의 공무원들이 도덕적 가치보다 합리적 가치를 택했고, 나머지 한 개의 사례에서는 도덕적 가치를 중시했다. 이런 점에서 공무원들은 순수 의무론자나 순수 공리주의자가 아닌 윤리적 다원주의자라 할 수 있다.

우리는 공무원들이 윤리적 다원주의자로 행동할 때 어떤 규범적 사유를 마음에 두었는지는 알 수 없다. 위의 사례를 통해, 어떤 경우에는 수행해야 할 명백한 의무(*prima facie* duty)에도 불구하고 행위의 결과가 아주 나빠 행동을 하지 않을 수 있고, 어떤 경우에는 주어진 의무가 충분히 무거워 결과에 대한 고려를 배제한 채 행동함을 추론할 뿐이다. 예컨대, [시나리오 3]에서 진실(도덕성)을 말하는 것은 비록 그것이 자명한 의무인 것으로 느껴지더라도, 국가안보(합리성)에 대한 중대한 위협을 초래한다는 이유로 선택되지 않았다. 반대로 [시나리오 5]에서는 행동을 하는 것이 부서 프로그램 운영(합리성)에 중대한 장애가 될지라도, 기아문제를 해결하기(도덕성) 위해 선택되었다. 이 경우, 도덕적 원리가 결과의 나쁨(즉, 의원들의 반감을 사고 따라서 예산을 잃게 됨)을 능가할 정도로 엄중한 것으로 인식되었고, 아마도 조직의 생존을 확보하는 것과 국가안보를 보장하는 것은 우선순위에서 차이가 있다고 본 것 같다.

유사한 패턴이 내부 가치갈등에서도 나타났다. 비록 어느 한 가치가 다른 가치를 우선해야 한다는 이론적 근거는 없어도, 많은 공무원들은 양자택일 모형을 강하게 선호하는 것으로 나타났다.

전반적으로, 가치갈등은 공무원들에 의해 해소되지 않는다. 공무원들은 가치갈등을 다룰 때 모든 것에 우선할 수 있는 원리들을 찾지 않고, 오히려 어떤 가치가 특정 상황에서 보다 중요한지를 인지하고 특정 문제에 대한 해결책을 찾는다. 공무원들은 딜레마의 성격을 확인하고, 어떤 규범적 원리가 문제가 되는지를 이해하며, 마지막으로 딜레마를 관리한다. 공무원들이 가치갈등 상황을 다루는 방법은 양자택일에서 양자수용, 양자부정에 이르기까지 직·간접으로 거의 모든 가치해소에 대한 접근법을 아우르는 듯하다. 공무원들은 또한 이론가들에 의해 순전히 규범적 차원에서 제안되는 다양한 정치적·행정적 전략들을 (규범적 이론에 대한 접근 없이) 지적한다. 심지어는 실현 가능성이나 규범적 함의가 무엇이든지, 보다 구체적인 해소방안을 제시하기도 한다. 이런 점에서 이론과 실제 간의 괴리는 (적어도 윤리적 판단에서 만큼은) 알려진 것보다 크지 않을 수 있다.

제 3 부

윤리적 행정을 향하여

제8장

비윤리적 행위의 이해

1 비윤리적 행위의 유형과 속성

일반적으로 비윤리적 행위(이하 '비리'라 한다)는 옳지 못한 또는 잘못된 행위를 지칭한다. 개념상 쉽게 인지될 수 있는 행위지만, 그 내용과 범위를 놓고 종종 논쟁이 벌어진다. 비리 자체를 둘러 싼 이견이 있는가 하면, 법과의 불명확한 구분으로 인해 혼란이 초래되기도 한다. 이하에서는 비리에 대한 이해 및 윤리성 제고를 위한 전략 마련을 위해 비리의 개념 및 유형을 간략히 고찰한다.

1) 명백한 비리와 조건적 비리

인간의 비리를 명백한 비리와 조건적 비리로 구분하는 사례가 있다(cf. Richter, Burke, and Doig, 1990). 명백한 비리는 대부분의 사람들이 공감하는 비리로서 이를 도덕적으로 정당화하는 사례는 거의 없다. 그래서 혹자는 이를 자명한 잘못(*prima facie* wrong)이라 부르기도 한다. 사기(기만), 부당이득, 부패, 그리고 동료나 고객에게 어려움을 주는 행위 등이 전형적인 사례다. 이런 행위들은 건설적인 인간관계의 상징인 공정한 대면관계와 신뢰를 훼손하고, 민주사회에서 요구되는 책임의 개념을 무력화한다. 이에 비해 조건적 비리는 상황에 따라 행위의 성격이 달라지는 비리다. 예컨대, 거짓이나 유사 기만행위는 항상 그른 것이 아니라 상황에 따라 윤리적 성격이 달라질 수 있다. 그리고 이런 조건적 상황에 대한 해석은 시대에 따라 달라지기도 한다. 과거에는 명백한 비리로 인식되던 행위가 근래에는 조건적 비리로 이해될 수 있다. 심지어 뇌물이나 부패, 그리고 남을 괴롭히는 행위도 보다 '큰' 사회악을 피하기 위해 불가피할 경우 조건적 비리가 될 수 있다.

일견, 그럴듯하고 경험적 근거를 지닌 주장처럼 보인다. 하지만 이런 논리가 모든 사람에게 설득력이 있는 것은 아니다. 목적론자들에게는 매력적일 수 있으나, 칸트(Immanudel Kant)나 복(Sissela Bok)처럼 거짓을 절대적으로 금하는 의무론자들에게는 전혀 설득력이 없다. 조건적 비리를 거론하는 사람들은 과거에 부패가 특정 상황에서 유익할 수 있다는 견해를 피력한 적이 있다. 일례로, 1960년 대 일부 서구 학자들이 후진국이나 개발도상국에서 공무원들에게 공여되는 뇌물이 국가발전의 동인이 된다고 한 적이 있다. 우수한 인력을 공직으로 유인하는 요인이 되고, 국가재정이 빈곤한 가운데 유능한 인재들을 활용할 수 있다는 논리였다. 하나 당시 싱가포르 외교장관이었던 라자라트남(Rajaratnam)은 다음과 같이 반박했다.

> 일련의 오도(誤導)된 학자들이 부패가 아시아와 아프리카에서 급속한 발전을 위해 실천적이고도 효과적인 도구인 양 시사하는 데 실로 가공할 만한 일이다. 한때 서구인들은 …… 아편을 팔아 아시아를 정복하려 했다, 오늘날 절도주의(kleptocracy)에 대한 변호는 아시아의 퇴보와 침체를 영속화하려는 몇몇 서구 지식인들에 의해 고안된 신종 아편과 같다. …… 이와 같은 학자들의 궤변에 즐거워할 사람들은 오직 아시아의 도둑관료(kleptocrats)들 뿐이다(Werner, 1968: 148).

여기서, 우리는 과연 조건적 비리를 인정해야 하는지, 그리고 인정해야 한다면 어떤 경우에 인정해야 하는지를 면밀히 숙고할 필요가 있다.

2) 불법적 비리와 합법적 비리

비리에 대한 인식을 복잡하게 하는 또 하나의 유형은 불법적 비리와 합법적 비리다. 이 가운데 불법적 비리는 명백한 비리처럼 쉽게 비난의 대상이 된다. 이에 비해 합법적 비리는 수적으로 훨씬 많고, 특히 관료들의 윤리적 행위를 확보하는 데 어려움을 주기에 실천적으로 의미가 더 크다. 흔히들 '윤리는 실천보다 말하기가 훨씬 쉽다'(Ethics is much easier said than done)고 하는 데, 이런 말은 합법적 비리의 편재에서 비롯된다. 브럼백(Brumback, 1991)은 합법적 비리의 예로서 다음과 같은 행동들을 들었다.

- 자신의 주장을 그럴듯하게 (때로는 과장되게) 꾸미는 행위
- 개인적 실수나 잘못을 제물로(희생양으로) 삼는 행위
- 마음에 안 드는 일(책임)을 회피하는 행위
- 고의로 부당한 요구를 하는 행위
- 문제를 못 본체하거나 덮어두는 행위
- 성실치 못한 행위
- 약속을 저버리는 행위
- (사실을) 은폐 또는 가장하는 행위
- 중요한 결정을 일방적으로 내리는 행위
- 예산을 편법으로 집행하는 행위
- 빈둥빈둥 시간을 보내거나 늑장을 부리는 행위

3) 부패와 체제적 부패

지난날 우리 사회에서는 윤리보다 부패란 용어가 더 많이 거론되고, 윤리성 제고보다 부패를 통제하려는 실천적 · 학문적 노력이 주류를 이루었다. 최근에는 이런 경향이 다소 바뀌어 공직윤리를 거론하는 사례가 많아졌다. 이런 변화는 공직의 윤리성 제고를 위한 제도 개선과 무관하지 않다. 기존의 부패방지법 외에 청탁금지법이 제정되고 이익(해)충돌, 공직자 재산 등록 및 신고, 퇴직 후 취업, 선물

등을 규제하는 공직자윤리법이 개정되면서 이런 변화가 가시화되었다. 제도를 제(개)정하는 정치인이나 이를 집행하는 공무원들 또한 (자신들이 이런 제도의 주된 규제대상인 만큼) 부패보다는 윤리란 용어에 좀 더 편안해 하는 것 같다.

이 장은 윤리성 제고를 위한 방안 중 윤리적 행위를 장려하는 능동적 방안보다 부패(비리)를 통제하는 수동적 방안에 보다 많은 관심을 둔다. 기술한 바와 같이 부패는 대부분 불법적 비리를 지칭하나, 윤리와 법의 경계가 명확치 않아 부패에 대한 개념적 인식도 다양하다.

(1) 관료부패의 개념

일반적으로 부패는 동·식물질이 썩어 유해물질로 변하거나, 인간의 정신이나 행위가 타락해 쓸모없는 상태로 변하는 것을 의미한다. 같은 맥락에서 관료부패도 인식될 수 있다. 정부관료가 지켜야 할 규범을 어기고 바람직하지 못한 행동을 함으로써 사회에 해악을 끼치는 것이다. 우리나라 부패방지법은 이런 해악적 행위로서 ① 직무상 권한을 남용하거나 법을 위반해 자신 또는 제3자의 이익을 도모하는 행위, ② 공공 예산이나 재산의 사용 및 관리과정에서 법령을 위반해 공공기관에 재산상 손실을 가하는 행위, 또는 ③ 이런 행위들을 하거나 이런 행위를 은폐하도록 강요, 권고, 제의, 유인하는 행위 등을 들고 있다. 이처럼 비교적 명확한 지침이나 사회적 통념에도 불구하고, 관료부패는 다음과 같은 다양한 관점에서 실체적 정의가 내려지고 있다.

첫째, 전통적인 도덕적 시각에서 개인 행위에 초점을 두고 부패를 이해하는 경우다. 관료부패는 공직자의 비윤리적 혹은 부도덕한 일탈 행위를 총칭하는 것이다. 우리가 앞서 거론한 비윤리적 행위의 개념과 유사하다. 행위의 유무는 결국 개인에게 달려 있기에 설득력이 있으나, 지나치게 미시적 접근법이다.

둘째, 공익을 중심으로 부패를 이해하는 경우다. 예컨대, 공직자가 합법적으로 획득할 수 없는 금전이나 기타 보상을 위해 이를 제공하는 특정인에게 혜택을 주고 일반 국민에게 해를 끼치는 것이다. 이런 접근법은 부패를 미리 파악하는 특징이 있다. 공익이 손상되었다는 사실이 드러나기 전까지는 부패의 유무를 가릴 수 없다. 공익이라는 추상적 개념을 사용하는 것도 이 접근법의 하나의 단점이다.

셋째, 공공책무(public duty)나 합법성을 중심으로 부패를 규정하는 경우다. 공직자가 금전 또는 신분상 이익을 위해 자신들에게 부여된 책무에서 일탈하거나, 자신들의 사익 추구 행위를 규제하기 위해 만들어진 법규를 위반하는 것이다. 공익과 마찬가지로, 공공책무의 내용이 무엇이고, 누가 이를 결정하느냐에 대한 합의가 어렵다.

넷째, (시장경제이론에 기초해) 부패를 관료행태에 영향을 주기 위해 유용되는 상품관계로 파악하는 사례이다. 관료는 자신의 행정관할권 내에 존재하는 수요를 파악하고, 공급가치의 양을 측정한 후, 경제원리에 입각해 금전적 이익을 극대화하는 방향으로 행동한다. 완전경쟁이 아닌 비정상적 시장경제, 그리고 합리적 사고를 전제하고 있으나, 정당한 영향력 행사와 그렇지 못한 행사를 구별하기 어려운 난점이 있다.

다섯째, 여론(public opinion)을 중심으로 한 개념이다. 부패의 유무는 궁극적으로 여론에 달려 있다는 것이다. 여론이 특정 행위를 부패했다 하면 그 행위는 부패한 행위가 된다는 것이다. 이런 접근은 국민 여론이 합치되지 않을 경우, 특히 여론이 양분될 경우 해결방법이 없고, 일반 국민과 관료들 생각이 다르고 사회 내 각 이해관계자들 간에도 여론이 다를 수 있음을 간과하고 있다.

이상의 개념을 요약하면, 관료부패는 사회적 여망이나 공식화된 규범에서 일탈하여 금전 등의 사적 이익을 위해 공적 책무를 악용하는 일체의 비윤리적·불법적 행위라 할 수 있다. 이런 부패의 내용상 특질을 적절히 이해하려면 두 가지 점에 유의해야 한다. 하나는 부패를 구성하는 요소들이 상호 보완적 또는 상호 배타적일 수 있다는 것이다. 예컨대, 공익과 여론은 특정 행위를 부패로 규정하는 법규에 구체화될 수 있으나, 특정 행위는 비록 법규에 위배되어도 공익에 순기능적일 수 있다.

다른 하나는 부패를 판별하는 기준이 상대적이라는 것이다. 앞에서 우리는 조건적 비리를 언급했다. 마찬가지로 부패는 본질적으로 규범성을 띠고 있어 시공을 초월한 보편적 행위로 규정되기 어렵다. 이는 부패를 바라보는 기준이 행위가 일어난 상황, 지리·문화·사회적 여건, 그리고 보는 사람의 가치관, 태도 등에 따라 달라질 수 있음을 의미한다. 어떤 행위는 특정 시점에서 보편적 혹은 정상적 행위로 인식될 수 있고, 특정인 또는 특정 사회에서는 용납되지 않는 행위가 제3자 혹은 제3국에서는 용납되는 경우가 있다. 예컨대, 전제왕권 시 통치자에게 바치던 공물(貢物)은 뇌물이 아니었고, 매관(venality)을 비롯한 관직의 세습이나 족벌주의(nepotism)도 자연스러운 행위였다. 과거 기간산업의 육성을 통한 수출증대를 위해 우리나라 관료가 외국 고위관료에게 뇌물을 제공하는 것은 우리 입장에서는 큰 문제가 없었다. 오히려 기업의 이익뿐 아니라 사회 전체의 이익에 기여하기에 일종의 애국적 행위로도 이해될 수 있었다. 심지어 같은 나라 안에서도 부패를 보는 견해와 가치관에 따라 부패에 대한 평가가 달라질 수 있다. 이의 극단적 예가 뇌물이다. 뇌물은 이를 수수하는 공무원과 특정 이익집단에게는 단순한 상부상조 행위로 치부될 수 있으나, 일반 국민은 도저히 용납할 수 없는 부패행위이다. 이처럼 부패에 대한 인식이 상황 및 이해당사자에 따라 달라지는 것이 부패통제를 어렵게 하는 주된 요인이 된다.

(2) 관료부패의 유형

부패의 본질을 파악하는 견해가 다양하듯, 부패를 유형화하는 방법도 다양하다. 이하에서는 가장 대표적 유형론 두 가지만 소개한다.

① 하이덴하이머(A. J. Heidenheimer)와 리트머스 검증(Litmus Test)

부패 판단의 기준 중 여론을 중심으로 부패를 유형화하는 예이다. 하이덴하이머(Heidenheimer, 1970)는 부패에 대한 국민의 판단과 정부관료의 판단이 다를 수 있음을 지적하고, 양자 간의 상호작용에 따라 세 가지 유형의 관료부패가 있을 수 있다고 한다. 첫째는 흑색부패(black corruption)이다. 국민과 관료 모두 부패했다고 판단하고 동시에 반드시 제거되어야 한다고 보는 부패행위이다. 마약밀매에 참여하는 행위, 공금의 횡령, 권한 남용을 통한 특혜의 제공 등이 이에 속한다. 둘째는 백색부패(white corruption)이다. 공직자와 국민 모두 부패했다고 인식하나, 어느 쪽도 규제를 가할 만큼 심하다고는 보지 않은 경우이다. 정당한 절차를 밟지 않거나 순서를 무시하고 민원처리를 해 주고 당사자로부터 소정의 인사치레를 받는 공무원의 행태를 들 수 있다. 물론 이런 합의적 시각도 나라와 시기마다 다를 수 있다. 셋째는 회색부패(grey corruption)이다. 흑색과 백색의 중간 형태로서, 부패 여부를 놓고 국민과 관료가 합의하기 어렵고, 탐지하기조차 어려운 부패행위이다. 회색부패는 민주이론에 따라 만들어진 정부체제에 가장 파괴적인 부패행위이다.

② 제도화된 부패와 우발적 부패

제도화된 부패와 우발적 부패는 부패행위가 정착된 정도에 따른 부패유형이다(김해동, 1976). 제도화된 부패는 부패의 방법, 과정, 보상기준 등이 거의 정형화된(patterned) 부패이다. 특정 기업이 정부기관과 공사계약을 맺을 때, 업자는 먼저 결정권자를 잘 아는 (혹은 영향력 행사가 가능한) 사람을 통해 접촉한다. 그리고 일정한 향응을 베풀고 소정의 사례금(대부분 공사 규모에 따라 관례화되어 있음)을 지불하는 데 이런 절차는 거의 관행화된 것들이다. 한때 우리 사회에서는 이처럼 제도화된 부패가 '백색부패'로 인식되어 공무원이나 일반 국민 모두 관행으로 치부하거나 체념 속에 묵인했고, 이 때문에 잘못된 관행이 반복되기도 했다. 특히, 이런 부패행위에 연루된 당사자들이 별다른 죄의식을 느끼지 않는 것이 특징이다.

우발적 부패는 부패 관행이 조직화되어 있지 않고, 부패행위가 일 회에 그치거나 지속성이 적어 유형화되지 않은 것을 의미한다. 물론 이는 제도화된 부패와 비교할 때 상대적 혹은 정도상의 문제이다. 우발적 부패도 반복되어 빈도가 높아지면 점차 제도화될 수 있다. 중요한 것은 우발적 부패가 일반 범죄처럼 행위에 관련된 자들이 크게 죄의식을 느끼는 것이 상례이고, 공문서 위조, 회계 부정, 정부기금의 횡령처럼 극비로 행해지는 것이 일반적이라는 것이다.

(3) 체제적 부패

체제적 부패(systematic corruption)는 비행이 규범이(norm) 되고, 반면에 공공의 책임이나 신뢰에 따라 조직목표를 추구함에 있어서 필요한 표준적 행위는 (규칙이 아닌) 예외(exception)가 되는 상황을 지칭한다. 이런 조직적 상황은 부패가 규칙적으로 발생하고 제도화되어, 조직이 구성원들의 비행을 지지하고 기존 규범에 맞게 행동하는 사람을 처벌하며, 공공책임이나 신뢰보다 조직에 대한 충성을 강조하는 나라에서 많이 발견된다. 체제적 부패가 나타나는 상황에서 볼 수 있는 증상들은 다음과 같다(Caiden & Caiden, 1977).

① 조직이 내부 실제와는 다른 형식적(외부 전시용) 윤리조항을 표방한다. 즉, 지켜지지도 않고 지킬 의지도 없는 윤리조항을 만들고 공포한다.
② 내부 실제가 형식적 윤리조항의 위반을 장려하고, 부추기며, 숨긴다.
③ 위반자가 보호를 받고, (외부에) 노출되었을 때는 관대하게 취급받으며, 이들을 기소하는 사람들은 조직의 위선을 노출시킨 데 대한 대가로서 괴롭힘을 당하고 심한 구박을 받는다.
④ 윤리조항을 위반하지 않은 사람들은 타락한 (돈으로 매수할 수 있는) 분위기 속에서 질식을 느끼나, 내부 위안이나 구제는 구하지 못하고 많은 외적 불신만 얻는다.
⑤ 내부고발자가 될 만한 사람들은 협박과 탄압으로 침묵하게 된다.
⑥ 용기 있는 내부고발자는 조직의 보복으로부터 보호받지 않으면 안 된다(즉, 조직의 보복이 필수적이다).
⑦ 위반자들은 자신들의 행동 및 이에 대한 보호에 익숙해져 있어서, (자신들의 비리가) 노출되었을 경우, 놀라움을 표하고 결백함과 함께 자신들에 대한 부당한 차별대우를 호소한다.
⑧ 집단적 범죄행위가 내부 실제에 대한 합리화에서 나타나고, 강한 외적 지지가 없는 한 이를 중단할 진지한 의도가 전혀 없다.
⑨ 부패 노출(적발)에 공식적 책임을 진 사람들은 좀처럼 움직이려 하지 않고, 외부 압력으로 인해 그렇게 할 경우에도, 모든 사건을 독립적으로 발생한 것 혹은 좀처럼 발생하지 않는 사건인 양 변명을 한다.

지난날 유신체제나 군부 독재시절, 우리나라 공직사회에서 발생한 비리나 부패 사례를 보면 이 가운데 상당 부분 공감이 가는 현상들이 발견된다. 지금은 비록 과거에 비해 공직사회가 많이 투명해졌지만, 여전히 상기한 현상 중 일부가 종종 정부조직에서 발견되고, 특히 검찰이나 경찰 등 사정기구나 국정원 같은 국가권력기관에서 내부고발에 대한 조직적 보복이나 집단적 비리를 통제하려는 적극적 의지가 보이지 않아 체제적 부패에 대한 우려를 낳고 있다.

2 비윤리적 행위의 원인

공무원은 왜 비윤리적인 행동을 하는가? 공직에서는 왜 윤리적 행동을 하기가 어려운가? 공무원의 윤리적 판단이나 행위에 영향을 주는 요인은 무엇인가? 이런 질문들에 대한 답은 윤리성 제고를 위한 전략 마련에 필요한 기초 자료를 제공한다. 그간 여러 문헌에서 거론된 요인이나 변수들을 보면, 경험적 사례보다 논리적 수준에서 제시된 것이 많고, 경험적 결과 중에는 종종 모순되는 사례가 발견되기도 한다.

공무원의 윤리적 행위는 단순히 의식이나 사고의 발로가 아니다. 다양한 외부환경에 따라 달라지는 조건적 행위이다. 공직자 자신의 도덕적 특질이나 윤리의식은 물론 개인이 처한 조직이나 환경적 요인에 의해서 영향을 받는 것이다. [그림 8-1]은 이와 같은 상황적 관점에서 개인의 윤리적 행위를 묘사하는 행태모형이다.[1] 이 모형에 의하면, 개인은 특정의 (비)윤리적 행위를 하기 위해 먼저 외부자극을 행동으로 전환하는 일련의 심리적 과정(즉, 지각 및 윤리적 판단 과정)을 거친다. 이 과정에서 행위자는 자신이 지닌 규범적 인식이나 태도 같은 개인적 특성 외에 제도나 윤리프로그램 등 조직적 요인, 그리고 더 나아가서는 조직문화나 사회문화 같은 환경적 요인에 의해서도 영향을 받는다. 이하에서는 이런 행태모형에 나타난 변수들을 중심으로 공무원의 (비)윤리적 행위에 영향을 미치는 다양한 변수들을 살펴본다.

1) 이 모형은 위트머(Wittmer, 2005)의 '윤리적 의사결정에 관한 일반적 행위모형'을 응용·구성한 것이다.

그림 8-1 공직윤리의 행태모형

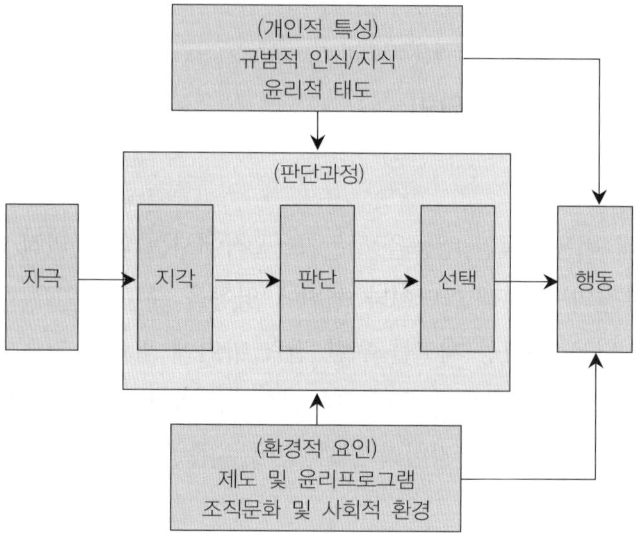

1) 개인적 요인

개인행동의 주체는 행위자 자신이다. 그래서 공직의 윤리는 개인의 문제이고 공직자의 도덕성과 직결된다. 도덕적으로 의문이 가는 사고(태도)를 지녔거나 윤리적 이슈에 대해 무감각한 사람들은 비리를 저지르기 쉽고, 이것이 집합적 현상으로 나타난다. 일견 타당해 보이나, 이런 접근법으로는 도덕적으로 문제가 '없는' 사람들이 종종 비리를 저지르는 현상을 설명하기 어렵다. 우리 주위에는 정직하고, 지적이며, 양식 있는 사람들이 종종 윤리에 무감각하고 그릇된 행동을 한다. 겔러만(Gellerman, 1986)은 이런 현상이 개인이 오랫동안 의문스런 행동을 정당화(합리화)하기 위해 사용해 온 몇 가지 신념에서 비롯된다고 한다. ① 자신의 행위가 '정말로' 불법적이거나 부도덕한 행위가 아니라는 신념, ② 해당 행위가 자신과 조직의 이익에 있다는 신념, ③ 행위가 결코 발견되지 않을 것이라는 신념, 그리고 ④ 이런 행위가 조직을 위한 것이기에 조직이 이를 용서해 줄 것이라는 신념 등이 비리에 무감각한 개인을 만든다는 것이다.

이 가운데, 첫 번째 신념('자신의 행위에 불법성 또는 부도덕한 점이 없다는 신념')은 '특별히 잘못된 것이 없거나' 또는 '특별히 잘못된 것으로 규정되지 않은 한' 모두가 괜찮다는 사고와 통한다. 이런 사고는 조직에서 보상이 따를 때 더욱 확산되는 경향이 있다. 주지하듯이, 상관들은 부하들에게 좀처럼 법에 어긋나거나 비윤리적 행동을 하라고 지시하지 않는다. 상관들은 아무 말을 하지 않거나 혹은 자신들이 알기를 원치 않는다는 인상을 남김으로써 부하들의 비행을 '간접적으로' 부추긴다. 때로는 (고의적으로 혹은 다른 방법으로) 자신들의 결백을 위해 부하들의 책략적 행위와 거리를 두면서, 특정 결과를 초래하는 사람들에게 보상이 있을 것임을 암시해 야망 있는 부하들의 비행을 조장한다.

'비윤리적 행위가 개인 및 조직의 이익에 있다는 신념'은 조직 내에서 항상 국부적 이익을 초래할 가능성이 크다. 특히, 야심 많은 관료들은 다른 사람과의 차별을 원하고 동료보다 나은 업적을 보이려 하는데, 이때 조직이 결과를 중시하거나 이에 따른 보상을 장려하면 비리가 나타날 가능성 크다. 이런 행위는 조직에서 '손을 더럽히지 않고는 (즉, 나쁜 짓을 하지 않고는) 성공할 수 없다'는 세간의 논리가 편재할 때 더욱 확산되는 경향이 있다.

'비행이 적발되지 않을 것이라는 신념'은 대부분의 현실이 그렇기에 가장 다루기 어려운 사안이다. 비리 억제에 가장 효과적인 방법은 (적발된 사람들을 엄하게 처벌하는 것이 아니라) 공무원 스스로가 일차적으로 적발될 확률이 높다는 인식을 갖게 하는 것이다. 이는 마치 거리에 빈 경찰차를 세워 놓거나 골목길에 '순찰 중'이라는 방범표시판을 설치하는 것과 같다. 때로는 관리감사(management audit)나 검열의 빈도를 증가시켜 적발 확률을 높이는 것도 하나의 예방책이 될 수 있다. 물론 지나치게 빈번한 감사는 비용을 초래하고 자칫 불필요한 업무량과 피감사자의 사기저하를 초래할 수도 있다. 그러나 보다 경계해야 할 점은 관리감사가 빈도에 비해 별다른 비행을 발견하지 못한다 해서 빈도를 줄이거나 비용이 덜 드는 감사방법으로도 충분하다는 사고를 갖는 것이다. 이런 사고는 빈번한 감사나 모니터링이 (사후에 적발 뿐 아니라) 사전에 그릇된 행동을 억제하는 효과가 있음을 간과하는 것이다.

마지막으로, '조직이 비행에 관용적일 것이라는 신념'은 오랫동안 내부 관행을 통해 학습한 결과로서 나타난다. 상위자들은 조직에 대한 충성과 조직을 해치는 행위의 차이를 분명히 해야 한다. 상위자들은 부하들로부터 충성을 받을 권리가 있으나, 법이나 도덕성, 그리고 사회적 이익에 반하는 충성을 요구할 수는 없다. 이런 맥락에서 조직의 상위자들은 반드시 (조직이나 상관에 대한 충성으로 인해 발생할 수 있는) 불성실한 고객서비스가 조직에 대한 충성이 될 수 없음을 분명히 주지시켜야 한다. 동시에 조직의 이름을 손상시키는 행위에 대해 상응하는 제재를 가하고, 단순히 조직에 대한 충성이라는 변명이 통하지 않을 것임을 명확히 해야 한다.

2) 조직적 요인

일반적으로 조직의 여건은 구성원들의 윤리적 행위에 부정적이다. 관료주의적 환경은 구성원들의 신념이나 가치관보다 덜 윤리적이고, 구성원들의 윤리적 행동이나 정직한 행동을 장려하지 않으며, 때로는 조직목표의 달성을 위해 구성원들이 윤리기준을 포기하도록 강요하기도 한다. 특히, 정부조직은 비윤리적 행위를 적절히 통제하기 위한 제도적 장치를 갖추지 못한 채, 구성원들의 비리가 조직에 해로움을 준 경우에도 관료주의적 타성에 젖어 재발방지를 위한 전략 마련에 좀처럼 관심을 기울이지 않는다.

경험적으로나 논리적으로 공무원들의 윤리적 행위에 영향을 미치는 조직적 요인은 분업(전문화), 계층 및 통제구조, 의사결정구조, 규칙(법규), 규범(가치), 보상체계, 집단의 응집성, 역할모형, 인사제도, 목표 등 매우 다양한 곳에서 찾을 수 있다. 이 중에서 특히 주목할 만한 것은 가치와 구조이다. 전자는 잘못 작동될 경우, 주로 윤리적 판단을 저해하거나 합법적 비리를 조장하는 데 비해, 후자는 주로 윤리적 행동을 저해하거나 불법적 비리를 조장하는 경향이 있다.

행정가치는 행정윤리를 구성하는 핵심 개념의 하나로서 당연히 그 자체로서는 문제가 되지 않는다. 문제는 특정 규범이 정책결정에서 유일한 기준으로 적용되거나 혹은 배타적 기준으로 작동함으로써 행정이 추구해야 할 규범적 요소들 간의 균형적 고려나 이들 간의 올바른 조화(또는 선택)를 어렵게 할 때 발생한다. 능률에 대한 지나친 강조가 가치판단보다 양적 자료와 사실에 집착케 하고, 이를 통해 가치와 사실을 분리함으로써 공무원들의 윤리적 판단을 어렵게 할 수 있다. 경험적으로도 능률과 비리는 무관하지 않은데, 능률을 중시하는 공무원일수록 불법적이거나 비윤리적 행위를 범하는 사례가 많다. 목적 달성에만 초점을 두고 이를 달성키 위한 수단에 별다른 관심을 두지 않기 때문이다. 이는 곧 성과자체나 목적 달성을 지나치게 강조하는 것이 암묵적으로는 비리를 조장하는 것과 같음을 시사한다.

또 하나의 행정가치인 생존과 충성도 유사한 점에서 문제를 노출할 수 있다. 조직 없는 행정은 불가능하고 행정 없는 공무원은 있을 수 없다. 기술한 바와 같이 생존은 종종 공공조직의 제일법칙으로 인식되고, 이런 논리를 윤리적으로 반영하는 규범이 '조직에 대한 충성'이다. 그러나 조직에 대한 충성은 자칫 능률에 대한 강조와 마찬가지로 윤리적 문제를 야기할 수 있다. 지나친 충성은 조직 이외에 다른 초월적 가치를 배제함으로써 공무원들의 윤리적 판단 능력을 저하시키고 (Gawthrop, 1984), 개인적 책임의식을 크게 손상시킨다.[2)]

가치와 달리 조직의 구조는 윤리적 행동을 저해하거나 불법적 비리를 조장하는 차원에서 관심을 끈다. 특히, 분업, 계층구조, 규칙(절차) 등이 의사결정 시 윤리적 판단이나 비판적 행위를 저해하는 것으로 알려져 있다. 가장 기본적 구조형성 원리의 하나인 분업은 전체가 아닌 부분에 초점을 두게 하고, 행위주체로 하여금 자신의 행위가 초래한 결과나 조직목표에 대한 기여도를 알기 어렵게 함으로써 행위자체에 대한 윤리적 판단을 어렵게 한다. 그리고 개인 업무와 전체 업무 간의 불확실한 연계로 업무성과에 대한 책임확보를 어렵게 하고, 행정책임에서 거론한 '다수의 문제'를 야기 시킨다. 계층상 재량적 판단을 할 수 있는 조직의 상위자들은 하위자들에 비해, 윤리적으로 행동하는 데 보다 유리할 것으로 여겨진다. 하지만, 이

2) 덴하르트(K. Denhardt, 1988)는 관료들이 다음과 같은 경우에 조직에 대해 맹목적 충성을 보인다고 한다. 첫째, 개인의 경력 상 손실이 (예: 일, 임금, 유대관계 등의 손실) 가능할 때이다. 비록 사회나 도덕질서에 대한 충성을 하고 싶어도, 이렇게 하는 것이 종종 상당한 손실을 초래하기에 불가피하게 조직에 대한 충성에 집착한다는 것이다. 둘째, 개인 스스로가 조직의 목표를 높게 평가할 때이다. 비록 조직을 보호하는 것이 사회적 가치를 배반하는 경우에도, 관료 스스로가 조직의 성공이나 생존을 다른 어떤 조직적 요구보다 우선시 하는 경우가 있다. 셋째, 조직의 목표나 관점을 수용하는 것이 보다 쉬운 경우이다. 즉, 도덕질서가 종종 모호성을 띄고 상충하는 해석을 유발하는데 비해 조직의 목표나 관점은 보다 직접적이고 명확히 규정되어 있어 후자를 수용하는 것이다.

런 가정도 현실과 거리가 있거나, 현실과 일치하더라도 일반적 기대와는 크게 다를 수 있다. 우선 공공조직의 경우, 상위층의 권한이 정치적으로나 제도적으로 다양한 제약을 받고 있어서 상위자 개인의 윤리적 행위를 논하는 것이 사실상 무의미할 수 있다. 반면에 실질적 권한이 있는 경우에는 이런 권한이 의사결정 시 자신의 사적 가치와 타협할 기회를 제공하기에 독립적 비판의식을 상실한 채 비리에 가담할 가능성이 커진다.

조직운영의 근간을 이루는 규칙(절차)도 내용이나 범위에 따라 구성원들의 비윤리적 행위와 연계될 수 있다. 우선 규칙이나 절차는 별다른 숙고(deliberation) 없이 적용만을 요구하는 것이 특징이다. 따라서 규칙 자체가 비윤리적인 경우나 (즉, 윤리적 기준에 부합치 않거나) 고객을 위한 봉사보다 조직 내 특정 집단(혹은 조직 자체)을 위해 만들어 진 경우 고객(국민)에게 불편이나 불이익을 주는 비리를 유발할 수 있다. 더 나아가 규칙은 적용 범위의 한정성으로 인해 재량권 행사에 따른 권한남용의 기회를 제공하고, 형식면에서도 비리를 조장할 수 있다. 지나치게 모호할 경우 구성원들의 자의적 해석을 가능케 하여 이현령비현령식 적용을 조장하고, 반대로 지나치게 구체적일 경우는 번잡한 절차(red tape)나 절차주의병을 야기시켜 공무원들을 비리에 유혹적인 환경에 끌어들일 수 있다.

5%

A씨는 중앙부처 감사기관의 내부 감사원으로 발령이 난 초임 관료이다. 그는 6개월에 걸친 견습(probation) 기간을 거쳐 정식 공무원으로 임용된다. 그의 업무는 거의 매일 팀 구성원들과 함께 여러 지역을 돌며 감사 활동을 하고, 여행 시 사용된 경비를 부서에 청구하는 것이다. 청구 내용은 여행거리 (자동차 운행 거리), 숙박료, 음식료 등을 포함한다. 업무 초기, A씨는 사실 그대로를 기록해서 부서에 보고하고 상환 신청을 했다. 그런데 어느 날 한 동료가 찾아와 부서의 모든 사람들이 5% 정도 실제 경비보다 (입증하기 어려운 항목에 추가금을 붙여 — 예: 팁, 추가 거리 등) 많게 작성하여 (때로는 빈 영수증을 식당이나 호텔로부터 얻어 거짓으로 경비를 작성하여) 보고한다는 사실을 알려 주고, 다른 동료들과 함께 행동할 것을 주문했다. A의 행동이 다른 동료들의 행동을 나쁘게 보이게 함을 지적하고, 이들이 그렇게 행동하는 이유로서 ① 실질적인 경비가 작다는 것, ② 불합리하게 인정되지 않는 경비가 있다는 것, ③ 승진을 하지 못한 대가로서 보상을 받아야 한다는 것, 혹은 ④

충분한 봉급을 받지 못하고 있다는 것 등을 들었다.

처음에 A씨는 동료의 주문에 따라 5% 정도를 거짓으로 꾸며 보고했다. 그러나 곧 양심의 가책을 느껴 이를 중단하고 처음처럼 사실 그대로를 보고했다. 그러자, 점차 동료들이 자신을 멀리하고, 자신이 동료들과의 사회적 활동에서 배제되고 있음을 인식하게 되었다. 심지어 어떤 동료는 A를 같은 팀에 배정하지 말도록 상관에게 주문하기도 했다는 소식을 들었다. 마침내, A씨는 무언가를 결심하지 않으면 안 되게 되었다. A씨 곁에 마지막으로 남은 유일한 동료가 해결방법은 5%를 인상하는 길이라고 귀띔해 주었다. A씨는 이를 다시 한 번 거절하고, 상관을 만나려고 결심했다. 상관을 만나기 전에, 자신에 대한 6개월 간 평가가 어떤지를 알아보기 위해 평가결과를 요청했다. 견습 기간 중이어서 평가가 좋지 않으면 해고될 수도 있기 때문이다. 평가 결과에 의하면, 동료들과의 관계가 좋지 못하다는 부정적 사항이 지적되어 있었다.

1) 당신이 A라면, 어떻게 할 것인가? 상관에게 보고를 할 것인가? 상관에 대한 보고 외에 다른 대안을 찾을 것인가?
2) 당신이 새로 부임한 상관으로서 이런 관행을 알게 된다면, 어떻게 조치할 것인가?

출처: Richter, Burke, and Doig(1990)

3) 문화적 요인

기술한 바와 같이 윤리는 본래 말하기는 쉬워도 행동으로 옮기기가 어렵다. 그리고 개인은 윤리적이고 싶어도 그럴 수 없는 경우가 있는가 하면, 반대로 비리를 저지르고 싶어도 그렇게 할 수 없는 경우가 있다. 이는 곧 조직 내 개인행동이 조직의 분위기와 무관하지 않고, 좀 더 나아가서는 조직의 윤리적 행위에 중요한 영향을 미치는 변수로 조직문화가 거론될 수 있음을 시사한다. 심리학적 차별연계(differential association)이론을 적용해 이런 가능성을 분석해 볼 수 있다(cf. Mathews, 1988). 우선, 조직 내 불법적 행위는 '작동적 조건화'에 의해 학습된다. 새로 조직구성원이 되는 사람은 상위자나 동료들의 문화적 행태를 관찰하고, '차별적 강화'를 통해 어떤 행위는 지속하고 어떤 행위는 중단해야 하는지를 배우게 된다. 여기에서 문화적 행태를 강화하는 요인은 칭찬, 금전적 보상, 승진, 팀의 구성원이 되는 것, 그리고 '우리' 의식(we-ness) 등 다양하다. 유사하게, 불법적 행위나 비리를 저지른 타인에게 적용되는 강화를 보고, 또는 스스로 비사회적 분위기 속에서 불법적 행위를 학습하기도 한다. 특히, 조직의 불법적 분위기 혹은 언행이 일치하지 않는 상황이 발생하면 — 예컨대, 상관의 지시와 그의 행동이 일치하지 않거나 조직의 대외적인 발표와 조직 내부의 실제가 다를 때 — 쉽게 불법행위를 학습하게 된다.

이런 과정에서 집단규범이 문화적 행태의 학습을 촉진하고, 불법적 행위에 대한 학습은 강화 요인뿐 아니라 강화상황(reinforcement contingencies)에 의해서도 달라진다. 이런 상황에서 조직구성원의 행동을 결정짓는 가장 중요한 변수는 조직 내에 보편화된 다양한 '합리화' 행태이다. 조직구성원의 비리를 합리화하는 문화적 행태는 한마디로 비리를 윤리적인 것으로 정당화하는 것으로서, 비행에 대한 일종의 변명이라 할 수 있다. 이의 전형적 사례로서 다음과 같은 행위들을 들 수 있다(cf. Brumback, 1991).

- 중요성을 부인하거나 사소한 것으로 폄하하는 행위
  - "누가 피해자인지 보여라"
  - "그것은 불법이 아니다"
  - "덕목(윤리)은 법제화할 수 없다"
  - "그것은 사소한 절차에 지나지 않는다"
- 이중적 기준에 의존하는 행위
  - "도덕은 개인의 문제다"
  - "나는 공사를 혼동하지 않는다"
- 불가피성을 강조하는 행위
  - "내가 안 해도 누군가가 할 것이다"
  - "그것이 내 일이고, 이것이 내 일을 구할 것이다"
- 상대성을 강조하는 행위
  - "다른 곳에서는 이것이 불법이 아니다"
  - "본래부터 불법적 행위는 없다"
  - "우리는 일반 사회보다 더 낫지도 나쁘지도 않다"

• 무지를 내세우는 행위
  –"나는 들은 바 없다"
  –"윤리는 회색지대다"
  –"규칙이란 불가사의한 것이다"

조직 내에서 개인이 윤리적 행위를 실천하기 어려운 또 하나의 이유는 기술한 바와 같은 합법적 비리가 편재하기 때문이다. 이런 비리들은 자체로서는 어느 것도 추문의 대상이 되지 않는다. 그러나 모두가 도덕적으로 적절한 행위(예컨대, 책임, 정직, 공정성 등)에 반하는 것이고, 궁극적으로는 조직 내 냉소주의와 불신을 부추기며, 때로는 상식을 초월하는 행위를 유발할 수 있다.

마지막으로, 윤리성 확보와 효과적인 윤리프로그램의 개발은 윤리적 문화에 의존적이다. 조직이 어느 정도 윤리적 분위기를 지니느냐에 따라 구성원들의 행위는 물론 윤리프로그램의 실효성이 달라진다. 이런 점에서 조직의 윤리적 문화를 조성하려면 단순히 윤리의 중요성을 강조하기보다 ① 먼저 구성원들에게 요구되는 윤리적 행위가 무엇인지를 구체적으로 보여주고, ② 리더가 수범을 보이며, ③ 구성원들이 윤리적 기준에 따라 행동할 수 있도록 지원을 해 주어야 한다(Ethics Research Center, 2006a).

한마디로, 공직의 윤리성을 제고하려면 무엇보다 조직구성원들에게 기대되는 윤리적 규범이 무엇인지를 명확히 알리고, 이를 자발적으로 실천할 수 있는 여건을 마련해 주어야 한다. 이른바 '규범적 풍요화'가 필요한데,[3] 이를 위해서는 범정부 차원의 체계적 노력이 경주되어야 한다. 이런 노력은 법, 행동강령 등의 제도적 장치를 마련하는 정책적 노력과 이런 장치가 조직생활에서 작동할 수 있도록 도와주는 교육, 상담, 분석 및 평가 등의 체계적인 집행 노력으로 나뉘어 실행된다. 우리는 제9장에서 공공조직의 윤리성 제고를 위해 이런 요소들을 중심으로 실천적

---

3) 규범적 풍요화(normative enrichment)란 조직구성원들이 적절한 윤리적 기준이나 규범에 걸맞게 심리적 변화를 느끼고 적응할 수 있도록 하는 것으로서, 조직이 ① 환경에 대하여 명확한 규범적 입장을 취하고, ② 평가체제를 통하여 스스로가 추구하는 규범적 프로파일을 지속적으로 쇄신하며, ③ 내부의 규칙을 구체화함과 동시에 외부에 공개하고, ④ 구성원들에게 윤리성 제고를 위한 특별한 훈련기회를 제공할 때 조성될 수 있다(Boling & Dempsey, 1981).

대안들을 자세히 검토할 것이다.

신자유주의와 신공공관리(NPM)의 윤리적 위험

신자유주의 경제논리에 편승한 신공공관리론이 지난 수십 년 간 행정학의 지배적 패러다임으로 존속했다. 돈 가치를 중시하는 패러다임으로 시장 기능과 기업형 관리방식의 도입을 주장하는 신공공관리론은 효율과 경제성을 내세웠지만, 행정윤리나 부패 차원에서는 매우 위험한 처방을 제시한다. NPM의 전형적 처방은 ① 규제와 복잡한 절차(red tape)를 줄일 것, ② 많은 (전통적으로 정부가 해야 할 것으로 알려진) 공적 기능을 민영화 또는 계약을 통해 처리할 것, ③ 시장 논리를 적용할 것 (특히, 기관 간 경쟁 조장) 등이다.

이런 처방들은 모두가 잠재적으로 부패를 유발하기 쉬운 구조적 특징을 지니고 있다. 규제를 완화하거나 절차를 간소화하는 것은 우선 민간부문의 부정부패를 증대시킨다. 회계기준의 완화가 회계조작 사태를 초래하고, 음식, 환경, 약물 등에 관한 규제완화가 해당 분야에서 국민들에게 위해를 가할 수 있는 기업적 활동을 유발한다. 더 나아가 규제완화는 기업의 독점력을 키우고 기업의 부도덕한 구매 담당자들이 하도급 업체로부터 뇌물을 받을 기회를 증진시킨다. 민영화나 계약 또한 도급계약과 민간부문과의 계약을 증가시켜 뇌물 수수의 기회를 증가시킨다. 실질적으로 가장 많은 부패 사례나 스캔들은 건물, 도로, 무기 등의 자본프로젝트를 대상으로 한 계약과정에서 나타나고 있다. 이른바 이익집단, 정치인, 관료들에 의한 '아늑한 정치(cozy politics)'가 편재하고, 민영화는 이런 정치적 역학에 아주 취약한 것이다. 계약 과정에서 뇌물이나 기만행위도 문제지만, 더 큰 문제는 민주적 정부의 핵심 가치인 공정성이 상실된다는 것이다. 시장은 능률적일지 몰라도 절대 공정하지 못하다는 것이 주지의 사실이다. 정부 절차의 간소화가 필요하거나 나쁜 규제는 완화할 필요가 있으나, 능률성을 위해 공정성이나 시민의 안전을 손상시켜서는 안 된다. 이익충돌, 뇌물, 기만, 직권남용 등 대부분의 정부부패는 정부권위와 공공재정의 사용을 대표하는 관료들과 금전, 혜택, 영향력 등을 원하는 개인(기업)들이 상호작용하는 지점에서 발생하고, 법, 규칙, 사회적 모임이 결여된 곳에서 합리적 개인이나 기업이 사익을 극대화하는 행동이 나타난다.

출처: Frederickson(2005), 장준하(2007)

3 윤리성 제고 전략의 탐색

1) 윤리성 제고 전략의 이해

공직의 윤리성 제고 노력은 공무원들로 하여금 행정이 추구하는 윤리적 규범에 따라 사고(판단)하고 행동할 수 있도록 도와주는 것이다. 이런 지원적 노력은 윤리적 행위를 적극적으로 장려하기 위한 능동적 노력과 비윤리적 행위를 통제하기 위한 수동적 노력을 모두 포함한다. 그리고 개인, 집단, 조직적 차원에서 다양한 실천적 활동이 전개되는 데, 이들은 절차상 크게 두 가지 유형으로 요약될 수 있다. 하나는 윤리적 행위에 관한 기본 방향이나 원칙을 제시하는 제도(틀)를 마련하는 것이고, 다른 하나는 이런 제도가 조직 내부에 알려지고 생활화될 수 있도록 윤리프로그램을 시행하는 일이다. 이는 행정윤리가 '제도'와 '사업'이라는 두 가지 요소에 의존적임을 시사한다.

행정윤리와 관련된 제도는 전형적으로 법 또는 윤리강령(조항)의 형태를 띤다. 우리의 경우 「공직자윤리법」, 「공무원행동강령」, 「부패방지 및 국민권익위원회의 설치 및 운영에 관한 법률」, 「국가공무원법」, 「부정청탁 및 금품등 수수의 금지에 관한 법률」 등이 이에 속한다. 유사하게, 제도의 실질적 구현이나 일상화를 위한 윤리프로그램도 몇 가지 공통된 요소로 구성된다. (행동강령이나 윤리법에 기초한) 윤리지침의 개발, 윤리교육의 실시, 윤리상담의 제공, 비리보고(신고)의 통로(절차) 마련, 그리고 (비)윤리적 행위를 대상으로 한 상벌체계의 확립 등이 그것이다.

더 나아가 공직의 윤리성 제고 노력은 행위주체인 개인은 물론 개인을 둘러싼 환경적 요건을 적절히 통제할 수 있어야 한다. 기술한 바와 같이, 이런 요인들은 개인의 양심, 이기심, 봉사정신 같은 행위주체의 심리적 특성과 조직의 구조, 절차, 제도, 운영환경 등 개인의 활동에 영향을 미치는 조직 내·외의 체제적 요인들을 망라한다. 외국의 경우, 이런 요소들을 통제하는 방안들이 구성원들의 윤리적 행태에 미치는 영향력을 확인하려 한 연구가 있다. 윤리전문가를 대상으로, 조직 내 비리의 원인을 치유하기 위해 사용되는 다양한 수단들의 상대적 중요성을 묻는 설문

조사를 실시한 것이다. 그 결과, 〈표 8-1〉에서 같이 '가장 중요한' 것으로 도덕적 리더십을 비롯한 7개, '상당히 중요한' 요소로 윤리상담가의 배치를 비롯한 6개, 그리고 '비교적 덜 중요한' 것으로 윤리강령 준수확인서 제출 등 6개가 확인되었다.

오늘날 대부분의 정부조직은 이런 요소들을 어느 정도 (부분적이던 종합적이던) 갖추고 있다. 일국의 문화나 정책, 그리고 비리 실태에 따라 그 활용 및 중요성이 다를 뿐이다. 따라서 문제는 '무엇을' 해야 하느냐가 아니라, '어떻게' 이런 요소들을 조직의 목표나 미션에 어울리게 살아 있는 제도로 존속시키느냐는 데 있다. 이는 궁극적으로 윤리성 제고 전략의 효과에 관한 것으로서 윤리적 원칙(원리)을 행정실제에 적용하는 것을 의미하고, 보다 구체적으로는 윤리 관련 제도와 윤리프로그램의 구성 요소들을 조직 내 모든 구성원들의 일상적 활동에 연계될 수 있도록 조직체계에 통합하는 것을 의미한다. 일반적으로 잘 통합된(즉, 효과적인)

표 8-1 윤리성 제고 수단의 중요성

중요성	윤리성 제고를 위한 프로그램 요소 및 수단
가장 중요	• 도덕적 리더십 • 자격심사 기준으로 윤리 도입 • 윤리교육 실시 • 윤리강령의 제정 · 감시 · 집행 • 성과적 관리 과정에 윤리적 요소 삽입 • 비행에 취약한 부분의 지정 및 통제 • 정치자금이나 사례금 수수 금지
상당히 중요	• 윤리상담가(ethics advisor) 배치 • 윤리에 대한 규칙적인 대화의 장 마련 • hotline(직통비상통신망) 설치 • 재산공개의 의무화 • 조직구성원의 윤리의식 조사 • 사적인 사면 범위의 최소화
비교적 덜 중요	• 예산주기나 의원의 재임기간 확대 • 윤리강령 준수확인서 제출 • 처벌규정의 작성 및 활용 • 외부 활동에 대한 승인 절차 의무화 • 정당한 고발을 한 내부고발자 보상 • 높은 봉급의 지급

출처: Brumback(1991).

제도나 윤리프로그램은 미션이나 비전과의 연계뿐 아니라, 조직의 구조, 정책, 실제에 잘 어울리고, 윤리에 대한 구성원들의 기대뿐 아니라 리더의 주된 관심사를 표명한다. 그리고 이런 요건들이 갖추어질 때 조직 내 모든 수준의 의사결정에 도움을 주며, 점차 조직문화의 핵심 요소로 구체화된다.

요약하면, 공직사회의 윤리성 제고 노력은 단순한 법적 제도나 윤리프로그램의 취합이 아니라, 이들이 하나의 통합된 체제로 구체화되고 일상생활에서 작동되어야 한다. 그리고 관료들의 윤리적 행위를 능동적으로 장려하는 긍정적 방안과 비윤리적 행위를 통제함으로써 간접적으로 윤리적 행위를 조장하는 수동적 방안이 모두 동원되어야 한다. 이 가운데 능동적 방안은 윤리가 지닌 정신적 측면을 강조하여 사고의 변화를 주된 목표로 하고, 수동적 방안은 법이나 제도처럼 사고보다는 행위 자체를 통제하는 데 초점을 둔다. 어느 경우에건 이런 방안들은 그 적용에 있어서 행위주체뿐 아니라 행위자를 둘러싼 체제까지도 대상으로 삼는 것이 바람직하다. 이 장은 이런 맥락에서 다양한 윤리성 제고 전략을 크게 제도와 사업이라는 두 개의 차원에서 검토한다. 제도적 차원에서는 윤리강령(행동강령), 공직자윤리법, 청탁금지법 등에 구체화된 개혁적 노력(즉, 내부고발, 이익충돌, 재산공개, 퇴직 후 취업제한, 선물 규제 등)을 검토하고, 윤리프로그램의 집행 차원에서는 윤리지침(조항)의 개발, 윤리교육, 윤리기준 위반에 대한 신고와 처벌, 그리고 윤리분석 및 평가라는 네 개 차원에서 검토한다.[4)]

2) 전략 마련의 전제

공직에서 윤리성 제고를 위한 전략적 방안을 모색하려면 몇 가지 전제 또는 가정이 필요하다(cf. Bowman, 1981). 이런 전제들은 윤리성 제고 노력의 중요성을 지속적으로 확인하고, 윤리사업의 특징과 이에 영향을 줄 수 있는 상황 변수에 대한 주의를 환기시킴으로써 보다 실천 가능하고 효율적 전략 마련에 도움을 준다.

첫째, 국민과 정부 간의 높은 수준의 신뢰성 구축은 민주사회 유지에 필수적이다.

4) 윤리프로그램의 요소들은 보다 세분화해서 논의할 수도 있다. 예컨대, 윤리상담을 행동강령의 집행이나 신고 절차에서 분리하여 별도로 다루거나 신고와 처벌 절차를 분리하여 접근할 수도 있다 (cf. OGE, 2008; Ethics Resource Center, 2006a, 2006b).

둘째, 집단 내 모든 개인은 성문화된 행동조항이나 불문율에 의해 지배를 받기에, 윤리적 행위를 확보하기 위한 노력은 반드시 '문화'에 기반을 두고 행정성과에 밀접한 연계되어야 한다.

셋째, 인간 행동은 학습을 통해 수정이 가능하나 쉬운 일이 아니기에 극적인 변화를 기대해서는 안 된다.

넷째, 윤리사업은 일상적 조직생활에 침투되어 생활화되어야 한다.

다섯째, 윤리를 진지하게 다루는 조직에서는 구성원들이 상호 신뢰하는 분위기가 나타난다.

외국의 경우, 조직의 상위자들이 윤리성 제고를 위한 방안으로 '훈련프로그램'과 '윤리조항'을 선호하고, 내부고발자를 다루는 방안에도 관심을 둔다. 우리의 경우는 이에 관한 조사가 없어서 어느 방안이 선호되는지는 알 수 없다. 분명한 것은 나라마다 적절한 윤리프로그램의 내용이나 요소가 다를 수 있고, 이에 대한 선호 또한 리더십이나 조직적 상황에 따라 달라진다는 것이다. 로어(Rohr, 1976)는 윤리프로그램을 운영함에 있어서 정치적 스캔들이나 이익충돌에 관한 법률 등에 많은 관심을 가질 필요가 없다고 주장한 바 있다. 정치적 스캔들은 행정의 '일상적' 운영과 거리가 멀고, 이익충돌은 일상적 적절성이 없을 뿐 아니라 아주 기술적 문제로서 (윤리가 아닌) 법적 영역에 속한다는 것이다. 그러나 우리의 경우는 이런 요소들이 매우 중요할지 모른다. 훗날 로어 자신도 입장을 바꾸었듯이, 과거에는 일상과 거리가 멀던 스캔들이 정권과 무관하게 반복적으로 나타나고, 이익충돌 같은 고위공직자들을 중심으로 한 비윤리적 행태가 행정윤리의 핵심으로 떠오르고 있는 것이다.

제 9 장

윤리성 제고를 위한 제도적 접근

1 제도적 접근의 유용성

제도적 접근은 크게 두 가지를 목표로 한다. 비윤리적 행위가 나타나지 않도록 사전에 예방하는 것과 비윤리적 행위가 적발되었을 때 이를 적절히 통제해서 같은 비리가 재발하지 않도록 하는 것이다. 상식적 차원에서 이 두 가지 목표 중 보다 바람직한 것은 사전예방을 통한 비리발생의 억제다. 그래서 대부분의 제도적 접근은 비리의 적발 가능성을 높이고, 적발 시 처벌을 강화할 것을 주문한다. 그렇다면, 이런 방법이 과연 실효성이 있을까? 이런 방법이 모든 비리 사례에 적용될 수 있을까? 저명한 행동경제학자 애리얼리(Dan Ariely, 2012)는 이런 의문들이 제기될 만한 이론을 제시한다. 그의 이론은 적발가능성과 처벌 중심의 제도적 접근이 비리의 유형이나 규모에 따라 실효성이 달라질 수 있음을 시사한다.

사람들은 부정행위를 저지를 때 이성적인 비용－편익분석을 한다고 생각한다. 행위를 저지르는 데 따른 비용과 행위로 인해 얻을 수 있는 편익을 비교한 후, 편익이 비용을 능가할 때 부정행위에 가담한다는 것이다. 이런 세간의 인식에 고전적 논리를 제공한 사람은 노벨경제학자 베커(Gary Becker)다(Hartford, 2018). 베커는 인간의 모든 의사결정이 (정직성과 관련된 의사결정을 포함) 오로지 비용편익분석에만 기반을 둔다고 한다. 만약 이런 주장이 맞다면, 우리는 상기한 두 가지 방식으로 사회에 존재하는 부정행위를 통제할 수 있다. 부정행위를 저지른 사람이 체포될 확률을 높이고(예: 경찰관 수를 늘리거나 CCTV를 더 많이 설치), 부정행위를 저지른 사람에 대한 처벌을 강화하면 된다(예: 금고형 처벌의 수위를 높이거나 벌금을 높임).

애리얼리(Ariely, 2012)는 이런 베커의 이론을 범죄의 단순모형(simple model of rational crime: SMORC)이라 한다. 그리고 일련의 실험을 통해 이에 대응하는 이론의 기반이 되는 몇 가지 중요 사실을 발견했다. 하나는 비용－편익이 사람들로 하여금 부정을 저지르게 하는 유일한 요인이 아니라는 것이다. 그는 선량한 자원봉사자들이 부정을 저지르는 모습을 보고, 부정행위를 부추기는 여러 요인들을 검토한다. 검토 결과 부정행위의 수준이 부정행위를 통해 얻을 수 있는 경제적 편익 규모에 큰 영향을 받지 않음을 발견했고, 이를 바탕으로 이른바 퍼지요인(fudge factor) 혹은 오차이론을 제시한다. 더 나아가 애리얼리는 부정행위 수준이 그것이 발각될 확률에도 민감하게 반응하지 않음을 발견했다. 이런 실험 결과는 부정행위가 비용편익분석에 기반을 둔다는 가설에 대한 또 하나의 반증이 된다. 마지막으로 애리얼리는 사람들이 기회가 있을 때마다 어느 정도 범위에서 '사소한' 부정행위를 저지름을 발견하고, 이를 통해 사람들이 스스로를 정직하다고 자위하면서 다른 한편으로는 사소한 부정을 저지르는 모순된 성향을 보인다고 한다. 애리얼리는 이런 인간의 이중적 모습이 가능한 것은 '인지적 유연성' 때문이라 하고, 이런 퍼지요인 때문에 인간은 사소한 부정행위를 저지르면서 이득을 얻는 동시에 스스로를 괜찮은 사람으로 볼 수 있게 된다. 그리고 스스로의 이미지를 훼손하지 않는 범위 내에서 부정으로 이득을 볼 수 있는 기준선을 파악하기 위해 끊임없이 노력한다. 이는 곧 사람들이 누구나 어느 정도의 부정행위가 절대적으로 죄가 되는지에 대해 자기만의 기준을 갖고 있음을 의미한다.

애리얼리 이론은 부정(비리)이 글자 그대로 '큰' 부정이 아니라 공용화장실의 휴지를 가져가거나, 모금함에 놓인 적은 돈을 가져가거나, 시험에서 부정행위를 하는 등 이른바 '사소한' 부정행위를 대상으로 정립되었다. 이런 이론이 공직사회에서 자주 발생하는 횡령이나 이익충돌 비리처럼 대규모의 재정적 이익을 수반할 때도 그대로 적용될지는 미지수이다. 그럼에도 불구하고, 이 이론은 사람들이 범죄를 통해 얻고자 하는 이익, 체포될 가능성, 체포되었을 때 처벌 등을 비교해 범죄를 저지른다는 일반적 인식을 비판적으로 검토할 필요성을 보여준다. 이 장은 이런 점을 염두에 두면서, 공직사회에서 가장 많이 거론되고 있는 제도적 방법들을 검토한다. 제도의 지속적 개정을 감안해 제도적 실태보다는 제도의 이론적 의의와 핵심 요소를 중심으로 검토하고, 제도의 문제점이나 개선방안은 필요한 부분에서만 언급하기로 한다.

2 윤리강령(행동강령)

1) 윤리강령 제정의 목적

윤리강령은 조직구성원들에게 핵심적 윤리기준이 무엇이고 조직이 어떤 윤리적 행위를 기대하는지를 명확히 해 주는 실천적 지침이다. 윤리강령은 대개 일련의 비리나 스캔들이 일어난 후 거론되고, 인간이 옳고 그른 것이 무엇인지를 알 때 보다 많은 옳은 일을 할 수 있다는 가정에서 만들어진다. 이런 점에서 윤리강령은 수용 가능한 행태에 대한 최소한의 기대를 명확히 하려는 보편적 도구라 할 수 있다.

윤리강령이 제정되는 외형적 목적은 조직구성원의 윤리적 행위를 장려하고 비윤리적 행위를 억제하는 데 있다. 보다 구체적으로는 ① 구성원들에게 행위 시 보다 윤리적일 것을 독려하고, ② 구성원들이 간과할 수 있는 업무의 도덕적 측면에 주의를 환기시키며, ③ 소속 조직의 성실성을 방어하고, ④ 도덕적 혼란에 빠질 경우 행동할 방법을 조언하며, ⑤ 국민에게 구성원들로부터 무엇을 기대할 수 있는지(또는 무엇을 기대할 수 없는지)를 알려 주기 위해 제정된다(Ladd, 1990). 그러나 실질적으로는 ① 조직 내 비리, 스캔들 등 위기상황이나 이에 대한 부정적 여론을 무마하기 위해, ② 부패방지법이나 공직자윤리법 등 법적인 요구에 부응해서, 또는 ③ 윤리에 대한 관심이 많은 부서장의 지시가 있어 제정되는 사례가 많다.

2) 윤리강령 제정의 찬반논쟁과 효과

효과적인 윤리강령은 윤리의식을 조장하고, 윤리적 대화를 촉진하며, 조직 내 윤리프로그램의 소유의식을 장려할 것으로 기대된다. 그럼에도 불구하고 윤리강령의 제정은 항상 첨예한 찬반논쟁을 수반한다. 강령 제정에 반대하는 사람들은 윤리강령이 ① 경직적 요구조건으로 가득 찬 가공할 만한 진술이거나 공공관계에 초점을 둔 선전 도구, ② 전문직업적 권위와 지위를 표방하는 지름길로서 비윤리적 행위를 처벌하기 위한 편리한 지침, ③ 일종의 '소망'이 담긴 비현실적, 덜 감명적, 그리고 널리 알려져 있으나 쉽게 잊혀지는 지침 등으로 폄하한다(Schorr, 1983). 이에 더해 윤리강령이 명(命)보다는 금(禁)하는 데 초점을 두고, 구체적인 행태적 질문에 대한 응답이 불가하다는 점도 지적한다.

이에 비해 윤리강령 제정에 찬성하는 사람들은 윤리강령이 만병통치약은 아닐지라도 최소한 없는 것보다는 낫다는 논리를 편다. 윤리강령은 ① 외적으로 존재하는 초월적 가치에 대한 믿음을 제고하고, ② 도덕적 행위가 단순한 개인적 선호가 아닌 공동체의 문제임을 강조하며, ③ 용기 있는 행위를 조장하고, ④ 보다 명확하게 옳은 행위에 대한 진술을 지속적으로 표명한다는 것이다(Bowman, 1983). 그리고 최소한 윤리적으로 동기화된 공직자들의 비리를 억제하는 데 유용하다는 실천적 논리를 편다. 비윤리적 관료는 윤리강령에 관계없이 비윤리적일 것이나, 적어도 윤리적인 사람에게는 윤리적 행동을 하는 데 도움을 준다는 것이다.

결국 윤리강령의 찬반논쟁은 경험적 결과를 기다릴 수밖에 없다. 그런데 정부조직에서 윤리강령이 어떻게 집행되고 기능하는지를 연구한 사례는 거의 없다. 특히, 윤리강령이 공직자 행동에 미치는 영향을 직접 조사하고 그 결과를 일반화하는 경험적 연구는 발견되지 않는다. 이는 공직사회의 행동강령이 대체로 유사한 내용을 지니고 있고, 공직자들이 근무하는 조직적 여건도 비슷해서 행동강령이 초래하는 효과의 변이를 확인하기 어렵기 때문이다. 이에 비해 서로 다른 강령을 제정·운영하고 있는 기업의 경우는 이러한 변이의 확인이 가능하고, 실제 윤리강령이 구성원들의 불법행위에 미치는 영향을 조사한 연구가 있다. 이 연구(Mathews, 1988)에 의하면, 윤리강령과 기업의 불법적 행위는 거의 관계가 없고, 오히려 기업의 유형이나 크기가 불법적 행위와 밀접한 관계에 있는 것으로 나타났다. 이런 연구 결과는 최소한 윤리강령 제정에 대해 보다 현실적 기대를 가질 것을 주문한다. 윤리강령 자체로는 조직의 윤리성을 확보하는 데 한계가 있고, 윤리강령의 실천력을 담보하기 위한 제도적·정치적 노력이 따라야 한다는 것이다.

3) 윤리강령의 내용

윤리강령은 대개 특정의 행위를 조장하거나 금하는 내용으로 구성된다. 그리고 이런 행위를 강화하는 절차와 불응 시 제재를 가할 수 있는 수단을 담게 된다. 대개 기업들은 고객과 관련된 사항보다(예: 안전, 상품의 질, 환경문제 등) 조직 이익에 반하는 행동을 금하는 사례가 많고(예: 뇌물수수 금지), 윤리강령의 근원도 주로 법적 책임에—즉, 법은 최소한의 의무사항—두고 있다. 이에 비해 공공부문에서는 사익을 위한 공직남용을 무엇보다 경계하고 중시한다. 공사를 불문하고 윤리강령은 대체로 집행을 위한 절차를 규정하고, 윤리 문제에 봉착할 경우 법적·공식적 자문을 받도록 권고하며, 직속상관에게 상의할 것을 주문하기도 한다. 더 나아가 '윤리위원회'를 설치하거나 해고 및 해직에 관한 간략한 제재조항을 삽입하기도 한다.

〈표 9-1〉은 미국 주정부를 대상으로 윤리강령의 내용을 경험적으로 분석한 결과이다. 이 연구를 수행한 루이스(Lewis, 1993)는 조사 과정에서 윤리강령이라 불릴 만큼 종합적이고 체계적인 강령을 지닌 주정부가 상대적으로 적었음을 발견했다. 그리고 연구 결과를 토대로 흔히들 윤리조항, 재산공개, 위원회, 벌칙의 제정 등이 도덕적 분위기를 조성하고 부패방지에 기여할 것으로 기대하나, 이는 불행히도 현실과는 맞지 않는 기대라고 주장한다. 어떤 윤리강령도 현실 세계에서는 교묘하고도 의도적인 악한들을 법을 준수하는 관료들로 만들지 못한다는 것이다. 이에 따라 루이스는 "윤리조항은 단지 윤리적 영역에 대한 광범위한 탐색을 위한 출발점이어야만 한다"는 복(Bok, 1978: 250)의 주장을 간접적으로 지지한다.

표 9-1 윤리강령의 핵심내용

구 분	윤리프로그램의 구성 요소 및 수단
조직의 전형적 실제	• 윤리분야에서 법적 권위를 지닌 조직(위원회 등) 설치 • 지명된 관료나 일반 관료에 대한 관할권 행사 • 조사권 소유 • 자문이나 해석을 발할 수 있는 윤리조직을 최소한 한 개 설치 • 도출된 견해를 항상 공개 • 고위공직자에 의한 사적 공개
규제대상 행위	• 사익을 위한 공직의 남용 • 공적 행위에 영향을 주기 위한 특혜 제공 • 정부의 기밀문서 활용 • 선물의 수수 • 공공의 장소에서 개인적 고객을 대변 • 직장 밖의 고용이나 기업 활동 • 정실주의(nepotism) • 경쟁 입찰 • 수수료/강연료(fees/honoraria)의 수수 • 퇴직 후 고용
핵심적 규제사항	• 이익충돌 • 재산공개 • 퇴직 후 고용 • 직장 외 고용이나 수입

출처: Lewis(1993).

우리나라의 공직자 행동강령도 유사한 모습을 갖추고 있다. 우리나라는 2002년 국가청렴위원회(부패방지위원회)가 「부패방지 및 국민권익위원회의 설치와 운영에 관한 법률」(이하 '부패방지법'이라 한다) 제8조 제1항에 근거하여 공무원의 행위 중 통제 또는 제약받아야 할 행위를 중심으로 행동강령을 제정했다. 당시 이 강령은 기존의 윤리강령을 획기적으로 개선한 것으로 사실상 최초의 의미 있는 행동강령이다. 국가공무원과 지방공무원을 대상으로 하는 행동강령은 공정한 직무수행, 부당이득의 수수 금지, 건전한 공직풍토의 조성 등 크게 세 가지 핵심내용으로 구성되어 있다(〈표 9-2〉 참조).

표 9-2 공무원 행동강령

공정한 직무수행	부당이득의 수수 금지 등	건전한 공직풍토의 조성
• 부당한 지시에 대한 처리 • 이해관계 직무의 회피 • 특혜의 배제 • 예산의 목적 외 사용 금지 • 정치인 등의 부당한 요구에 대한 처리 • 인사 청탁 등의 금지	• 이권 개입 등의 금지 • 직위의 사적 이용 금지 • 알선·청탁 등의 금지 • 직무 관련 정보를 이용한 거래 등의 제한 • 공용물의 사적 사용·수익의 금지 • 금품 등의 수수 금지	• 외부강의 등의 사례금 수수 제한 • 금전의 차용 금지 등 • 경조사의 통지 제한

우리나라 행동강령의 특징은 대부분 금지조항으로 구성되어 있다는 것이다. 윤리적 행동을 능동적으로 장려하기보다 '해서는 안 된다'는 조항이 주를 이루는 수동적 접근을 택했다. 대신 공무원을 위한 긍정적 행동지침은 '공무원헌장'이나 '공무원헌장 실천강령', 그리고 공직가치 등을 통해 별도로 천명하고 있다. 공무원헌장은 공무원이 헌법가치의 구현, 국가에 헌신, 국민에 대한 봉사, 국민의 안녕과 행복 추구, 조국의 평화통일과 지속가능 발전에 기여 등을 목적으로, 다음과 같은 세부 실천 행동을 장려한다.

① 공익을 우선시하며 투명하고 공정하게 맡은 바 책임을 다한다.
② 우리 사회의 다양성을 존중하고 국민과 함께하는 민주행정을 구현한다.
③ 창의성과 전문성을 바탕으로 업무를 적극적으로 수행한다.
④ 청렴을 생활화하고 규범과 건전한 상식에 따라 행동한다.

윤리강령이 조직생활의 일부가 되고 살아 있는 문서가 되려면 다음과 같은 조건을 충족해야 한다(Gilman, 2005; Dobel, 1993). 첫째, 글자 그대로 개인의 행동지침으로 기능할 수 있도록 장려하고자 행위와 억제하고자 행위가 분명히 담겨 있어야 한다. 둘째, 달성 가능한 목표를 추구해야 한다. 즉, 실용주의적 목표를 지녀야 한다. 비현실적 기대를 담거나 지나치게 많은 것을 요구(통제하고자)하는 강령은 성공하기 어렵다. 이런 강령은 대개 조직 내·외부에서 조롱거리가 되고 궁극적으로는 실패로 끝난다. 셋째, 그릇된 관행이나 결함의 교정을 유도해야 한다. 처벌적 방식으로 행위자에게 강요된다는 인식을 불식하고, 스스로 잘못된 점을 확인하고 자발적으로 긍정적 행위를 할 수 있도록 유도해야 한다. 이를 위해서는 비리를 조장하는 조건을 확인하고 최소화하는 데 도움을 줄 수 있게 규제조항이 마련되어야 한다. 넷째, 체제에 통합되고 특히 조직의 임무와 부합해야 한다. 예컨대, 국민이 신뢰하고 단호해야 할 국세청은 내부 구성원뿐 아니라 외부 국민으로부터도 '정직성'을 요구할 수 있어야 한다.

윤리강령이 추구하는 실천적 의의와 실효성, 그리고 내면화를 감안할 때, 분산된 행동강령보다 통합된 강령을 통해 보다 체계적으로 해야 될 것과 해서는 안 될 것을 명확히 규정하는 것이 바람직해 보인다. 이런 점에서 미국행정학회(ASPA)가 제정한 윤리강령은 하나의 모범 사례로 거론될 만하다. ASPA 윤리강령은 일반적으로 공직에서 발견되는 윤리강령과는 달리 '해서는 안 될 것'보다 '해야 될 것'을 강조하고, 행정의 핵심가치들을 종합적으로 행정실제에 반영코자 했다는 점에서 높이 평가될 만하다. ASPA 윤리강령(1984)에 나타난 일부 조항을 예시하면 다음과 같다.

① 공익의 증진을 위해 재량권을 행사해야 한다.
② 정책결정 과정에 시민을 참여시켜야 한다.
③ 비생산적이거나 낡은 법, 정책을 개선하고 변화시키기 위해 노력해야 한다.
④ 정부 내에서 정당한 저항행위를 장려하고 조장하며 공직자들의 내부고발 권리를 보호해야 한다.
⑤ 평등, 공정성, 대표성, 반응성, 정당한 절차 등의 헌법적 원리를 조장해야 한다.
⑥ 이익충돌 사례(예컨대, 정실주의, 부적절한 부업, 공공자원의 남용, 선물의 수수 등)를 적극적으로 방지해야 한다.

4) 윤리강령의 제정 및 집행

조직 내에서 윤리강령이 제정되는 방식은 구성원의 참여 여부(또는 정도)에 따라 여러 가지 형태로 나뉜다(cf. ERC, 2006a). 중간관리자 이상이 (하위자의 도움

없이) 주도적으로 개발하기도 하고, 하위자의 투입을 받아 개발하기도 하며, 상위자가 개발하되 수정 과정에서 하위자의 투입을 받는 경우도 있다. 하위자의 투입을 구하지 않는 경우는 대개 강령 개발을 위한 시간이나 자원이 부족하거나, 공식적 자료수집 방식에 대한 불신이 있는 경우, 또는 법적 규정에 따라 자동적으로 결정되기에 투입이 필요 없는 경우 등이다. 어느 경우에건 이론적으로나 실천적으로 바람직한 것은 조직 내 모든 구성원의 투입을 받아 윤리강령을 개발하는 것이다. 참여를 통한 윤리강령의 제정은 규제내용에 대한 수용성을 높히고, 내면화를 촉진하며, 궁극적으로는 윤리강령의 실천 가능성을 높인다.[5]

윤리강령이 아무리 이상적으로 제정되어도 실천에 옮겨지지 않으면 의미가 없다. 오히려 실천과 거리가 먼 윤리강령은 비리통제에 대한 헛된 보증이거나 비리를 인정하는 것과 같은 효과를 초래할 수 있다. 조직의 위선에 대한 국민의 의혹을 유발하고, 상황이 의혹보다 더욱 나쁘다는 생각을 가중시킬 수 있다. 이런 점에서 윤리강령의 집행 시 다음과 같은 두 가지 점을 유의해야 한다(Gilman, 2005; Dobel, 1993). 첫째, 강령이 뜻하는 바와 요구하는 것이 무엇인지를 해석하는 데 도움을 주는 절차를 마련해야 한다. 행동지침서를 만들거나 윤리담당관이나 위원회를 통해 상담 및 자문적 견해를 제공해야 한다. 윤리교육이나 신입 직원 오리엔테이션 시 윤리강령의 내용과 중요성을 강조하고, 윤리위원회가 적절히 운영될 수 있도록 재정적 · 인적 지원을 제공해야 한다. 둘째, 환류를 통해 지지해야 한다. 스캔들에 대한 언론의 초점이 사라지거나 상위층의 지지가 적어지면 윤리강령의 위협적 요소나 가시성은 사라질 가능성이 크다. 따라서 위원회나 윤리상담가 등을 통해서 규칙적으로(정기적으로) 윤리강령의 집행실태를 조사하고 이를 환류해야 한다.

이상과 같은 조건 외에 공직의 윤리강령은 일반 기업의 윤리강령과 달라야 하고, 특히 상황적으로 접근할 필요가 있다. 윤리적 행위는 행위자가 수행하는 역할에 따라 다를 수 있어야 하고, 계층별로도 윤리적 기준이나 내용이 달라야 한다.

---

5) 윤리강령 마련 시 특히 관리자와 집행관료들 간의 협의가 가능토록 하고, 입법 과정이 따를 경우는 의회와 행정부 간의 내용, 제재 수준, 강도 등을 둘러싼 갈등을 줄이려는 노력을 경주해야 한다.

조직의 모든 계층에 공통적으로 적용되어야 할 기준이 있는가 하면, 상하 간의 계층별로 준거해야 할 기준이 있을 수 있는 것이다. 예컨대, 고위공직자나 관리층의 경우는 무엇보다 재정적 이익충돌에 관한 규제를 강화해야 하고, 하위직 공직자에게는 민원서비스나 선물수수에 관한 규제조항을 강조할 수 있다. 이처럼 차별화된 접근은 윤리강령의 수용성은 물론 윤리프로그램의 실효성을 높이는 데 기여할 것으로 기대된다.

5) 행동강령 운영체계

우리나라 공직자 행동강령 운영체계는 [그림 9-1]과 같다. 중앙 및 지방행정기관(지방의회 포함)은 대통령령에 따라 행동강령을 규정하고, 대법원, 헌법재판소, 중앙선거관리위원회 등 헌법기관의 공무원 행동강령은 자체규칙으로, 그리고 공직유관단체는 내부규정으로 제정한다. 그 결과 2017년 현재 우리나라에는 311개의 행정기관 공무원 행동강령, 243개의 지방의회 행동강령, 982개의 공직 유관단체 행동강령이 규정·시행되고 있다.

행동강령의 실질적 운영주체는 국민권익위원회와 각 기관이다. 행동강령의 시행 및 운영에 대한 총괄적 업무는 국민권익위원회가 주관한다. 행동강령의 교육 및 홍보, 행동강령위반행위의 신고 접수 및 처리, 행동강령 이행실태 점검 등을 담당하고, 기관별 행동강령을 심사하며, 그 내용이 부당하거나 형평성에 어긋나는 경우 해당 기관에 시정을 권고한다.

중앙행정기관의 장 등은 행동강령의 시행에 필요한 범위에서 해당 기관의 특성에 적합한 세부적인 기관별 공무원 행동강령을 제정한다. 그리고 그 기관과 그 소속 기관 중 기관장이 4급 이상 공무원이거나 이에 상당하는 공무원을 대상으로 행동강령책임관을 지정해야 한다. 행동강령책임관은 소속 기관의 공무원에 대한 공무원 행동강령의 교육·상담, 강령의 준수 여부에 대한 점검 및 위반행위의 신고 접수, 조사처리, 그 밖에 소속 기관의 행동강령 운영에 필요한 업무를 담당한다. 행동강령책임관이 지정되지 않은 기관에서는 그 상급기관 소속 행동강령책임관이 그 기관의 공무원 행동강령에 관한 업무를 수행한다.

그림 9-1 공직자 행동강령 운영체계

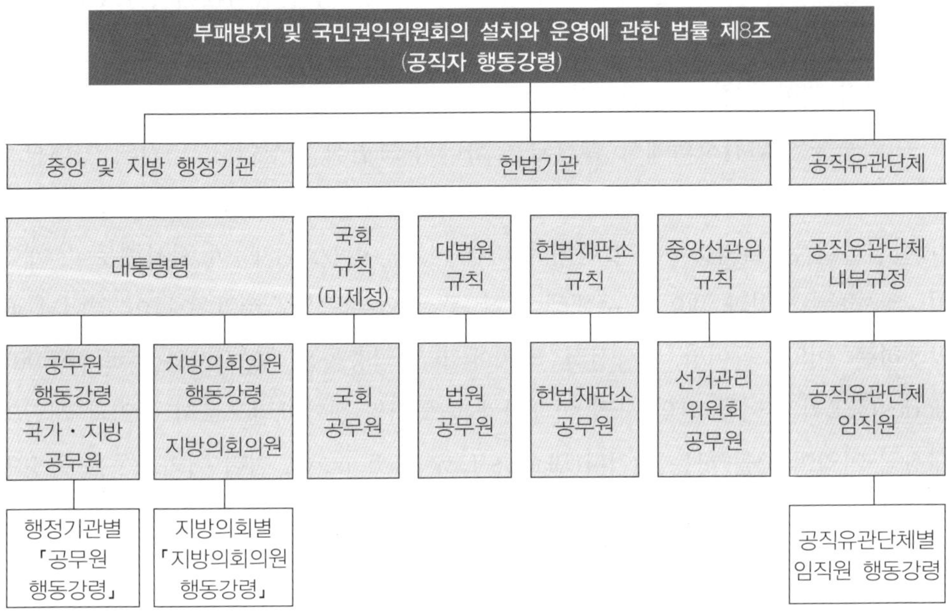

출처: 국민권익위원회(홈페이지, 2017).

3 이익충돌(이해충돌) 규제

> "도덕적 삶에서 이기주의를 제거할 수 없듯이, 민주정치에서 이익충돌을 제거할 수 없다."
> – James Madison, *Federalist*

1) 이익충돌 규제의 의의와 성격

이익충돌(conflict of interest)은 공직사회에서 만연하는 각종 비리나 중요 스캔들의 핵심에 있다. 이익충돌의 규범적 중요성은 이익충돌이 공익추구라는 공직의 당위적 의무에 직접 위배된다는 데 있다. 보다 실천적으로는 공직사회의 비리가 상당 부분 겉으로 드러난 외형적 범죄보다 사적 이해관계(이익)에 기초한 부당 의사결정이나 알선(청탁) 등 이권개입의 형태로 나타난다는 데 있다. 이런 이유로 미국과 같은 나라는 일찍이 공무원의 사익과 공익이 충돌할 때 이를 해소하기 위한 제도적 장치로서 이익충돌 규제법을 마련했고, 이를 자국 공직윤리의 근간으로 삼아 왔다. 이익충돌 규제는 공직의 신뢰성을 보호하고 정부정책의 질을 향상시키는 데 결정적 역할을 한다는 것이다.

이익충돌은 인간사회에서 발견되는 하나의 보편적 현상이다. 인간의 이해관계가 다양하듯 우리 주위에는 늘 무수히 많은 이익충돌이 존재한다. 이 가운데 우리가 관심을 갖는 이익충돌은 일찍이 플라톤(Plato, 1982: 543C)이 시사했듯이, 개인이 추구하는 사익과 개인이 수행해야 할 공적 의무(공익) 간의 충돌이 일어날 때 발생하는 이익충돌이다.[6] 사전적 의미에서 이익충돌은 "공직자와 수탁자(fiduciaries), 그리고 이들 간의 사적 이해관계를 둘러싼 관계개념으로서 공익과 개인의 재정적 이익이 충돌"하는 것이다(Black's Law Dictionary). 이런 이익충돌은 특정의 직책에 부여된 임무를 수행하는 과정에서 어려움을 겪을 때 발생한다(Carson, 1994). OECD(2004: 4)는 이런 양면성을 반영해 이익충돌을 "공직자가 자신의 공적 의무나 책임을 수행하는 데 부당하게 영향을 미칠 수 있는 사익을 소유"하여 "공적 의무와 사익 간의 충돌"이 발생하는 상황이라 정의한다.[7]

이익충돌 규제의 제도적 성격은 이익충돌의 구성 개념인 이익과 충돌에 함축적으로 나타나 있다(Stark, 2000). '충돌'은 공직자가 업무수행 시 지녀야 할 건전한 판단 능력을 상실함을 의미한다. 공직자가 개인의 사익 때문에 공익 추구라는 본연의 임무를 망각하는 것이다. 이는 이익충돌이 객관적 관찰이 불가능한 정신적

6) 플라톤(Plato)은 당시 지배계층이었던 철인(哲人, Philosopher King)의 구성원들에게 국가로부터 제공되는 제한된 보상 외에 어떠한 사적, 경제적 이익도 추구하지 말 것을 권고한 바 있는데, 이는 이런 이익이 공적 임무의 수행과 충돌할 때 바람직한 통치를 기대하기 어렵기 때문이었다.

7) 우리나라에서는 'conflict of interest'를 '이익충돌'이 아닌 '이해충돌'로 해석해 법제화했다. 이 용어가 나타난 것은 비교적 최근의 일로, 2011년 10월 30일 개정된 공직자윤리법 제2조 제2항에서 '이해충돌 방지 의무'가 도입됨으로써 공식적으로 활용된 것 같다(진동균, 2012: 294). 그러나 '이해'는 사전적으로 '이익과 손해'를 뜻하는 것이어서 개념상 혼동을 주기 쉽다. 이런 점에서, 이익충돌 또는 '이해관계충돌'이 보다 적합할 것 같고, 그간 '공익'이나 '사익' 같은 용어를 사용해 온 관례나 정치, 법, 금융 분야에서 이해충돌보다 이익충돌이 더 보편적으로 쓰였음을 감안할 때 이익충돌로 표현하는 것이 보다 자연스러워 보인다. 이 책은 논의의 편의 및 독자의 이해를 위해 이해충돌 대신 이익충돌이란 개념을 사용한다. 특별한 언급이 없는 한, 이 책의 이익충돌은 우리나라 실정법상의 이해충돌을 의미한다.

현상으로서 어떤 제도적 장치로도 완전하고도 실질적인 통제가 불가능함을 시사한다. 따라서 제도상 이익충돌 규제는 '사전에' 공무원으로 하여금 일정 유형의 이익을 소유하지 못하도록 하는 데 초점을 둔다. 공무원이 선물을 제공한 사람에게 심리적 부담을 갖지 않도록 일정 규모의 선물수수를 금하거나, 공무원이 외부적 요인에 의해 정신적으로 영향을 받지 않도록 특정 상황에서 (전직 또는 현직) 동료나 (과거 또는 미래의) 민간인 고용주를 접촉하지 못하게 하는 것이다.

충돌이 (주관적 현상에 대한 관찰이 어려워) 객관적 접근을 강조한다면, '이익'은 대조적으로 '주관적' 접근을 강조하는 경향이 있다. 1960년대까지 이익은 주로 재정적 — 따라서 객관적 — 이익에 초점을 두었으나, 근래에는 주관적 · 심리적 차원의 이익이 강조되기 시작했다. 공직자들의 이념적 편향이라 할 만한 이익들, 예컨대 당파적 애착이나 정치적 충성, 감정, 그리고 심지어는 도덕적 · 심미적 입장 등도 재정적 이익만큼이나 공직자들의 판단을 저해할 수 있는 요인으로 인식되고 있다.

이익충돌 규제는 법이나 행동강령을 수단으로 해서 관료들의 그릇된 정신상태와 이를 유발하는 개인적 행동을 통제하려 한다. 그리고 이를 위해 전형적으로 규제의 적용 범위, 이익충돌 상황, 제척 · 블라인드 트러스트(백지신탁) 등 이익충돌 해소방안과 이런 방안의 실효성 확보를 위한 처벌조항이나 윤리위원회 등의 실행 메커니즘을 제도적 구성 요소로 한다.

우리나라에서 이익충돌과 관련된 규제조항들은 행동강령, 공직자윤리법, 부정청탁 및 금품수수의 금지에 관한 법률(이하에서 '청탁금지법'이라 함) 등에 담겨져 있다. 하지만 어느 제도도 이익충돌이 무엇인지를 명확히 규정하지 않고 있다. 공직자윤리법은 제2조의2(이해충돌의 방지 의무)와 시행령 제2조의2(이해충돌 가능 직무의 회피 등)는 공무원 개인의 재산상 이익과 공정한 직무 수행 간 충돌을 지적함으로써 간접적으로 이익충돌의 의미를 시사한다. 그리고 제14조의4(주식의 매각 또는 신탁)에서 사실상 백지신탁을 이익충돌을 치유하는 하나로 수단으로 지정하고 있다. 한마디로 공직자윤리법은 이익충돌 규제에 관한 체계적 규정이 아니라 이익충돌에 관한 선언적 규정을 마련하고, 백지신탁제도를 통해 이익충돌 상황을 방지하려는 제도적 수단으로 존재한다.

공무원행동강령은 제5조(사적 이해관계 등의 신고)에서 좀 더 구체적으로 이익충돌 회피와 관련된 내용들을 규정한다. 이 조항은 제2장 '공정한 직무수행'을 구성하는 하위조항으로서 직무관련자(이해관계자)의 이해관계 직무의 회피를 규제하는 내용을 담고 있다. 특히, 2018년에는 해당 조항의 전문개정을 통해 이해관계자의 범위를 보다 확대하고 구체화했다. 2016년 시행된 청탁금지법(일명 김영란법)은 (미국의 '부정청탁금지 및 이해충돌방지법'처럼) 본래 이익충돌에 관한 장을 별도로 마련해 공직자의 이익충돌을 규제하려 했으나, 선물 규제를 포함한 부정청탁 부분만 반영되었다.

이익충돌 규제는 이익의 개념과 범위가 어떻게 설정되느냐에 따라 규제상황이 달라질 수 있다. 넓은 의미에서는 계약, 겸직, 부당한 영향력 행사, 공직의 남용 및 공적 행위에 대한 사적 보상, 공직을 통한 사익의 충족, 뇌물, 선물, 부당이득, 기밀정보의 누설 및 활용, 사익의 대변, 외부취업 · 영리 활동, 퇴직 후 활동(취업) 등 공직의 윤리성 제고와 관련된 거의 모든 상황들이 포함될 수 있다(cf. Kellar, 1988; Stark, 2000; Zimmerman, 1994). 이 장은 상기한 다양한 이익충돌 상황을 모두 분석하기보다 이 중 실천적 중요성이 두드러지는 '공직을 활용한 사익의 충족'과 '약인(*quid pro quo*) · 선물'(증여)에 초점을 두고, 이의 치유방안인 백지신탁을 논한다.

2) 규제의 적용 범위: 이해관계자와 이익

이익충돌 규제의 대상이 되는 공무원들은 크게 재량권을 행사하는 사람과 단순히 보조 역할을 하는 사람으로 구분될 수 있다. 이들은 직면하는 이익충돌 상황이 각기 다르다. 이익충돌 규제가 의미가 있으려면 실질적이고도 잠재적 영향력이 큰 이익충돌 상황을 규제해야 하는데, 이런 상황은 대개 이해관계자가 행사하는 재량권의 크기와 비례한다.

이해관계자가 지닌 사익은 직접적이냐 간접적이냐에 따라 규제의 정도나 범위가 다르게 설정될 수 있다. '직접적 이익'은 공무원이 정부와 거래하는 기업의 소유주, 동업자, 혹은 대주주이거나 계약 하에 있는 기업의 이윤을 공유할 때 발생하는 이익이고, '간접적 이익'은 공무원이 계류 중인 정부 현안에 재정적 이해관계를 지

닌 자신의 기업, 고용주, 동업자 혹은 유사 기관에서 소유하는 이익이다.[8)]

우리나라 행동강령과 공직자윤리법은 이익충돌 규제의 대상이 되는 이해관계자의 범위를 명시하고 있다. 행동강령은 이를 '직무관련자'라 하고 공무수행과 관련하여 이익 또는 불이익을 받는 다른 공무원으로서, 그 구체적 범위를 중앙행정기관 등의 장이 정하도록 하고 있다.[9)] 그리고 〈표 9-3〉의 각 호에 해당하는 개인(공무원이 사인의 지위에 있는 경우에는 이를 개인으로 봄) 또는 단체를 직무와 관련이 있는 구체적 사례로 분류하는데, 일본과 달리 비리 발생소지가 큰 분야(예: 병역)나 윤리 담당 분야의 이익충돌 가능성을 강조하고, 특히 정부 활동으로부터 직접 이익을 추구하는 사람 외에 추구할 것으로 '예상되는' 사람도 규제하고 있다. 더 나아가 행동강령은 제5조(사적 이해관계의 신고 등)를 통해 자신과 가족은 물론 민법 제767조의 친족에 속하는 4촌 이내의 친족도 직무관련자에 해당될 수 있음을 규정하고 있다.

행동강령이 이해관계자의 범위를 개인과 단체로 한정하고, 그 구체적 범위를 부처(기관)의 업무 특성에 비추어 설정코자 한 반면, 공직자윤리법은 이해관계자의 범위를 '직무'라는 차원에서 보다 구체화한다. 즉, 공직자가 이해관계를 갖고 그 결과 이익충돌을 초래할 가능성이 높은 직무로서 정부보조금의 지급, 인·허가, 검사 및 검수, 계약, 조세의 부과 및 징수 등의 직무와 기업체의 운영 및 재산상의 권리에 직접적으로 상당한 영향을 미칠 수 있는 직무, 그리고 "심사위원회가 직무관련성이 있는 것으로 인정하는 직무" 등을 명시하고 있다(공직자윤리법 제2장, 시행령 제27조의8).

8) 여기에서 재정상 이익이란 반드시 현금만이 아니라 금전으로 환산이 가능한 (모든) 비실현 손익을 포함한다.

9) '중앙행정기관 등의 장'이란 중앙행정기관의 장(대통령 소속기관 및 국무총리 소속기관의 장을 포함), 지방자치단체의 장 및 특별시·광역시·도의 교육감 등을 지칭한다.

표 9-3 이해관계자(직무관련자)의 범위(행동강령 제2조 1)

가. 다음의 어느 하나에 해당하는 민원을 신청하는 중이거나 신청하려는 것이 명백한 개인 또는 법인·단체
나. 인가·허가 등의 취소, 영업정지, 과징금 또는 과태료의 부과 등으로 이익 또는 불이익을 직접적으로 받는 개인 또는 법인·단체
다. 수사, 감사(監査), 감독, 검사, 단속, 행정지도 등의 대상인 개인 또는 법인·단체
라. 재결(裁決), 결정, 검정(檢定), 감정(鑑定), 시험, 사정(査定), 조정, 중재 등으로 직접적인 이익 또는 불이익을 받는 개인 또는 법인·단체
마. 징집, 소집, 동원 등의 대상인 개인 또는 법인·단체
바. 국가 또는 지방자치단체와 계약을 체결하거나 체결하려는 것이 명백한 개인 또는 법인·단체
사. 정책·사업 등의 결정 또는 집행으로 이익 또는 불이익을 직접적으로 받는 개인 또는 법인·단체
아. 그 밖에 중앙행정기관의 장(대통령 소속 기관 및 국무총리 소속 기관의 장을 포함한다), 지방자치단체의 장 및 교육감(이하 "중앙행정기관의 장 등"이라 한다)이 부패 방지를 위하여 정하는 업무와 관련된 개인 또는 법인·단체

3) 이익충돌 상황: 공직을 이용한 사익의 추구와 선물·약인

공직을 이용한 사익의 충족은 공직자들이 공직으로부터 파생하는 지식, 기술, 전문성, 지위, 혹은 직위 등을 이용해 일정 형태의 (유형 또는 무형의) 사적 수익을 올리는 상황(행위)을 의미한다. 기업의 의사결정 기구나 자문기구(예: 위원회)의 구성원이 되는 것, 전문직업적 서비스를 제공하고 수수료를 받는 것, 강연을 하고 대가를 받는 것, 자선골프대회에 초청되는 것 등이 이에 해당한다. 이런 사례에서 공직자는 민간인의 이익에 직접 영향을 줄 수 없기에 별도로 공적 행위를 통해 시장가격에 맞는 서비스(보답)를 제공해야 할 빚(debt)이 없다.

전통적인 이익충돌법은 선물을 하나의 뇌물로 간주했다. 뇌물은 공직자가 업무수행 시 영향력 행사를 대가로 무언가를 받는 행위로서, 공직자의 건전한 판단을 손상시키기에 이익충돌법은 이를 비예방적 범죄행위로 규정한다. 이에 비해 약인(*quid pro quo*)은 공직자와 시민(집단) 간에 발생하는 가치 교환으로서, 사실적으로나 규범적으로 뇌물 수준에 못 미치는 당사자 간의 양도 행위이다. 약인을 구성하는 *quid*(증여)는 시민이 공직자에게 제공하는 것으로서 대개 재정적 형태를 취하나(예: 접대, 교통편의, 물질 제공, 혹은 캠페인 기부금 등), 가끔 로비활동과 같이 구두로 개입하는 것, 혹은 특정 인물을 특정 직위에 추천하는 것처럼 일정 상황에서 공직자의 판단에 영향을 주는 것도 포함한다. 이에 비해 *quo*(보답)는 공직자

가 보답으로 제공하는 것으로서, 특정 정책의 채택, 특정 법안의 지지, 행정 부처에 개입과 같이 특정 시민이나 집단에 특혜를 주는 공적 행위를 의미한다.[10)]

(1) 공직을 이용한 사익의 충족

행동강령은 공정한 직무수행을 조장하고 부당이득을 금하며 건전한 공직 풍토를 조성하기 위해 공직을 이용한 사익 추구를 포괄적으로 규제하고 있다. 공무원은 직위를 이용해 부당한 이익을 얻거나 타인이 부당한 이익을 얻도록 해서는 안 되고, 자신의 사적 이익을 위해 소속 기관의 명칭이나 직위를 이용 또는 이용케 해서도 안 된다(제10조 이권개입 등의 금지). 그리고 공무원은 자기 또는 타인의 부당한 이익을 위해 다른 공무원의 직무수행을 저해하는 알선·청탁 등을 해서는 안 되며(제1조 알선 및 청탁 금지), 직위를 이용해 다른 공무원의 임용, 승진, 전보 등 인사에 부당하게 개입해서도 안 된다(제9조 제2항). 특히, 제15조(외부강의등의 사례금 수수 제한)는 사례금 규제와 관련하여 공무원이 대가를 받고 세미나, 공청회, 토론회, 발표회, 심포지엄, 교육 과정 등에 참석할 경우, 요청 명세(외부강의 등의 요청자, 요청 사유, 장소, 일시 및 대가 등)를 소속기관의 장에게 신고토록 하고 있다. 공무원은 신고하는 경우에도 중앙행정기관장 등이 정하는 기준을 초과하는 대가를 받아서는 안 되고, 초과해서 받은 경우 제공자에게 그 초과금액을 지체 없이 반환해야 한다. 이 경우, 해당 공무원은 증빙자료를 첨부하여 반환 비용을 소속기관의 장에게 청구할 수 있다.

(2) 선물과 약인

선물 규제는 공직자윤리법, 행동강령, 청탁금지법을 통해 이루어지고 있다. 공직자윤리법(제3장 선물신고)에 따르면, 공무원(지방의회의원 및 교육위원 포함)

---

10) 약인은 공무원이 자신에게 가치 있는 것을 제공하는 민간인의 이익에 영향을 줄 수 있고, 따라서 '공직을 이용한 사익의 충족'과는 달리 보답을 위한 공적 행위의 빚을 지는 특징이 있다. 이에 비해 약인과 선물은 종종 그 경계가 분명치 않다. 전형적인 불법 선물은 *quid*와 *quo* 간의 연계가 명확하나, *pro*가 애매할 때는 문제가 발생한다. 선물은 주로 *quo*의 영역에서 논의되고 이에 대한 규제는 약인에 대한 예방적 접근을 취하나, 이를 위반하는 것은 범죄행위가 아니다. 그 수준이 뇌물이나 불법적 선물 수준에 올라가야만 *quo*의 범위와 증거를 따지게 된다.

또는 공직 유관단체 임직원 및 그 가족은 외국 또는 직무와 관련해서 외국인(단체 포함)으로부터 미화 $100 이상 또는 10만 원 이상의 선물을 받은 경우 신고해야 하고(시행령 제28조), 선물을 신고 또는 인도하지 않을 경우 해임 또는 징계의결을 받을 수 있다(제22조).

이에 비해 행동강령은 공무원으로 하여금 특정 금액 이상의 금품 등을 받거나 요구해서는 안 됨을 규정한다(제14조). 직무 관련 여부나 기부·후원·증여 등 그 명목에 관계없이 '동일인'으로부터 일정 금액(1회에 100만 원 또는 매 회계연도에 300만 원)을 초과하는 금품 등을 받거나 요구해서는 안 되고(제14조 1), 직무와 관련해서는 '대가성' 여부를 떠나 상기한 금액 이하의 금품 등을 받거나 요구 또는 약속해서도 안 된다(제14조 2). 다만, 외부강의 등에 관한 사례금이나 〈표 9-4〉에 나타난 바와 같은 예외적인 경우를 인정하는 데, 이는 청탁금지법 제8조(금품등의 수수금지) 조항에 열거된 예외 조항과 동일하다. 여기서 주목해야 할 것은 '직무관련공무원'으로부터 금품을 수수하는 경우에도 ① 통상적인 관례를 벗어나지 않는 소액의 선물, ② 직원 상조회 등에서 일정 기준에 따라 제공되는 금품, 그리고 ③ (위로, 격려, 포상 등) 사기앙양을 위하여 하급자에게 제공되는 금품 등은 예외로

표 9-4 예외적으로 허용되는 금품 등(청탁금지법 제8조 제3항, 행동강령 제14조 제3항)

1. 공공기관이 소속 공직자등이나 파견 공직자등에게 지급하거나 상급 공직자등이 위로·격려·포상 등의 목적으로 하급 공직자등에게 제공하는 금품등
2. 원활한 직무수행 또는 사교·의례 또는 부조의 목적으로 제공되는 음식물·경조사비·선물 등으로서 대통령령으로 정하는 가액 범위 안의 금품등
3. 사적 거래(증여는 제외한다)로 인한 채무의 이행 등 정당한 권원(權原)에 의하여 제공되는 금품등
4. 공직자등의 친족(「민법」 제777조에 따른 친족을 말한다)이 제공하는 금품등
5. 공직자등과 관련된 직원상조회·동호인회·동창회·향우회·친목회·종교단체·사회단체 등이 정하는 기준에 따라 구성원에게 제공하는 금품등 및 그 소속 구성원 등 공직자등과 특별히 장기적·지속적인 친분관계를 맺고 있는 자가 질병·재난 등으로 어려운 처지에 있는 공직자등에게 제공하는 금품등
6. 공직자등의 직무와 관련된 공식적인 행사에서 주최자가 참석자에게 통상적인 범위에서 일률적으로 제공하는 교통, 숙박, 음식물 등의 금품등
7. 불특정 다수인에게 배포하기 위한 기념품 또는 홍보용품 등이나 경연·추첨을 통하여 받는 보상 또는 상품 등
8. 그 밖에 다른 법령·기준 또는 사회상규에 따라 허용되는 금품등

한다는 점이다.

더 나아가 행동강령은 소속 친목단체나 가족이 관련된 금품 수수행위를 엄하게 규제하고 있다. 우선, 공제회 등이 공개적으로 제공하는 금품의 경우에도 장기적·지속적으로 친분관계를 맺고 있는 자가 직무관련자 또는 직무관련공무원으로서 금품 등을 제공할 때에는 그 수수 사실을 소속 기관의 장에게 신고해야 한다(제4항). 그리고 공무원이 자신의 배우자나 직계 존속·비속이 자신의 직무와 관련해 제14조 1, 2항에 따라 받는 것이 금지되는 금품 등을 받거나 요구하거나 제공받기로 약속해서는 안 되고(제5항), 다른 공무원에게 또는 그 공무원의 배우자나 직계 존속·비속에게 수수 금지 금품 등을 제공하거나 그 제공의 약속 또는 의사표시를 해서도 안 된다(제6항).

마지막으로, 가장 늦게(2016년) 제정된 청탁금지법도 선물이나 금품수수를 규제하는 조항을 담고 있다. 청탁금지법은 시행(2016년 9월) 초기 이른바 '3-5-10 원칙'으로 널리 알려졌다. 공무원과 사립학교 교직원, 언론인 등이 직무관련자로부터 제공받을 수 있는 음식물, 선물, 경조사비를 각각 3만 원, 5만 원, 10만 원까지로 한정했고, 이를 초과하면 대가성이 없더라도 처벌하도록 규정한 것이다. 2018년 1월 시행령이 개정되어 '3-5-10'은 '3-5(10)-5(10)'이라는 기형적 원칙으로 바뀌었다. 소비위축이나 농축산가의 어려움 가중 같은 입법취지를 훼손하는 논리를 바탕으로 인해 선물은 5만 원을 유지하되 농수산물, 가공식품의 경우는 10만 원까지 가능토록 했고, 경조사비는 (화환과 조화를 10만 원 으로 하는 예외 규정과 함께) 오히려 5만 원으로 줄였다.[11]

김영란법은 본래 공직자 등의 비리를 규제하는 강력한 반부패법안으로서 그 명칭이 '공직자의 사익추구방지법'이었다. 이 법안은 기존 형법상 뇌물죄가 직무관련

11) 청탁금지법은 제정 과정에서 과잉입법이라는 위헌논란을 야기했다. 법 적용 대상에 언론인과 사립학교 교원을 포함시켰고, '부정청탁,' '사회상규' 등의 의미가 명확치 않으며, 수수가능 가액을 대통령령에게 위임한 것, 그리고 배우자의 금품수수 신고의무 및 처벌 조항 등이 논란의 대상이 되었다. 헌법재판소의 판결로 위헌 논쟁은 종식되었지만, 법 시행 전후에 정치권과 언론을 중심으로 각계각층에서 입법취지를 훼손하거나 무력화하는 발언들이 지속되었고, 특히 소비위축으로 경제가 파탄난다거나 농축산가의 어려움이 가중된다는 등의 주장이 제기되기도 했다. 시행령에 명시된 음식물은 "제공자와 공직자 등이 함께하는 식사, 다과, 주류, 음료, 그 밖에 이에 준하는 것"을 말하고, 경조사비는 축의·조의금, 그리고 선물은 금전과 유가증권을 포함한다.

성을 입증해야 하는 부담이 있고, 이로 인해 공직자가 금품·향응을 받았더라도 처벌하지 못하는 허점이 있었다. 이에 따라 김영란법은 직무 관련성을 따지지 않고 금품수수 자체를 규제하고, 그간 금품이 오가지 않으면 처벌하지 않았던 부정청탁도 처벌 대상으로 규제하려 했다. 원 법안의 목적(제1조)은 "공직자에 대한 부정청탁을 금지하고 부정한 금품 등의 수수를 금지하며, 공직자의 직무수행과 관련한 사익추구를 금지하여 공직과의 이해충돌을 방지함으로써 국민의 공공기관에 대한 신뢰를 확보하고 공직자의 청렴성을 증진"하는 데 있었다. 하지만 통과된 법안에서는 이해충돌 부분이 삭제되고, 그 목적을 "공직자 등에 대한 부정청탁 및 공직자 등의 금품 등의 수수(收受)를 금지함으로써 공직자 등의 공정한 직무수행을 보장하고 공공기관에 대한 국민의 신뢰를 확보하는 것"에 두었다. 한마디로, 원안에 있었던 세 가지 핵심요소—즉, 부정청탁금지, 금품수수금지, 이해충돌방지—중 이해충돌방지 조항이 빠진 반쪽짜리 법안으로 제정된 것이다.

4) 이익충돌의 치유

1960년대 이전까지 이익충돌을 치유하기 위한 방안들은 주로 '제척'이나 '박탈' 또는 '백지신탁'에 한정되었다. 제척은 이해관계를 지닌 공직자로 하여금 이익충돌을 야기하는 공적 역할을 수행치 못하도록 하는 것이다. 이익충돌 상황에 관한 일반 법 규정은 공무원으로 하여금 특정 정부행위에서 기대되는 재정적 이익이 있으면 이를 공개하고, 스스로 의사결정 과정에서 제척될 것을 주문한다. 박탈은 특정 역할을 수행하는 공직자로부터 충돌을 유발하는 이해관계를 제거하는 것이다. 실질적으로 박탈의 효과를 초래하는 백지신탁은 공직자가 자신이 이해관계를 지닌 기업의 고객이 누구인지 모르고, 고객 또한 공직자가 어떤 기업과 연계되어 있는지를 모르게 함으로써 양자 간의 주고받는 행위를 예방코자 하는 것이다.

1960년대 후반, 이런 전통적 치유법 외에 '이익의 균형'과 '공개'라는 두 가지 정치적 대안이 등장했다. 이익의 균형은 집합적 의사결정 과정에서 다양한 이해관계를 적절히 개입시켜 어느 한 이익이 주도적 역할을 하지 못하도록 하는 것이다. 즉, '특정'의 이익충돌을 치유하기 위해 '다양한' 이익들을 충돌시키는 것이다. 이에 비해 공개는 신탁에 근거를 둔 박탈이나 백지신탁과 달리, 시민들이 공직자의 판

겸직과 이익충돌 규제

미국은 이익충돌 규제를 중심으로 공직윤리에 접근하고 있다. 미국에서 이런 현상이 나타난 이유로 공무원의 겸직이 거론되기도 한다. 우리나라와 달리 겸직금지 조항이 없어서 '하위직' 공무원들이 부업(outside job)을 갖고 있고, 이로 인해 개인의 경제적 이익과 공적 의무가 빈번히 충돌할 수밖에 없다는 것이다. 이런 주장을 뒷받침하듯 뉴욕시처럼 윤리위원회(Board of Ethics)의 명칭을 이익충돌위원회(Conflict of Interest Board)로 변경한 사례도 있다. 그러나 이익충돌 규제는 사실상 하위직 공무원보다 중요 사안에 대한 의사결정권을 지닌 고위직 공무원들에게 초점을 두어야 한다. 특히, 우리의 경우는 더욱 그렇다. 하위직에서 자신의 이익에 영향을 줄 수 있는 의사결정에 참여할 기회는 그다지 크지 않고, 설사 있다 하더라도 그 영향은 고위직의 경우와 비교가 안 된다.

이런 맥락에서, 캐나다에서 의회 소속인 이익충돌위원회가 행정부 '고위직만'을 대상으로 이익충돌법을 적용하고 있고, 나머지 공무원들은 행정부 내 재무청 주관 하에 행동강령의 적용을 받고 있음을 주목할 필요가 있다. 미국의 경우도, 우리처럼 모든 영리적 행위를 금하는 제한은 없지만, '업무 외 취업제한'에 대한 명백한 규제 조항이 있다. 정부윤리법 제501조는(업무 외 소득제한)은 매년 업무 외소득이 행정부급여표 11등급에 해당하는 연봉의 15%를 초과해서는 안 됨을 규정하고, 제502조(업무외 취업제한)는 "기업에 고용되어 보수를 받을 수 없고, 자신의 성명이 기업 등에 의해 사용될 수 없으며, 보수를 받고 기업의 이사 또는 간부로서 재직할 수" 없도록 하고 있다. 이는 겸직의 의미가 ① 하나의 정규직을 갖고 봉급을 받는 것이냐, ② 부업처럼 봉급 외에 부수입을 올리기 위한 것이냐, 혹은 ③ 어느 정도 부가소득을 인정하는 것이 타당하냐의 문제일 뿐, 사실상 직무수행에 영향을 줄 수 있는 범위에서 통제하는 점에서 동일하다.

단뿐 아니라 동기도 판단할 수 있도록 관련된 이해관계를 모두에게 공개토록 하는 것이다.

우리나라의 행동강령은 공무원이 수행하고 있는 직무가 자신의 이익과 관련되거나 4촌 이내의 친족(민법 제767조에 규정된 친족)이 직무관련자에 해당되어 공정한 직무수행이 어려울 때, 해당 직무의 회피 등의 조치를 소속 기관장에게 신청할 수 있도록 하고 있다. 동일한 신청을 직무관련자 또는 공무원의 직무수행과 관련해 이해관계가 있는 자도 할 수 있다. 이때 직무관련 공무원이나 이해관계자가 신청할 수 있는 조치는 ① 직무 참여의 일시중지, ② 직무 대리자 또는 직무 공동

수행자의 지정, ③ 직무 재배정, 그리고 ④ 전보 등이다. 이런 신청을 받은 소속 기관의 장은 소속 공무원의 공정한 직무수행을 저해할 수 있다고 판단할 경우 해당 공무원에게 상기한 각 호의 조치들을 할 수 있다. 다만 이런 판단에도 불구하고, ① 직무를 수행하는 공무원을 대체하기 지극히 어려운 경우나 ② 국가의 안전보장 및 경제발전 등 공익 증진을 이유로 직무수행의 필요성이 더 큰 경우에는 해당 공무원에게 그 직무를 수행하도록 할 수 있다(제5항). 이 경우 소속 기관의 장은 행동강령책임관에게 공정한 직무수행 여부를 확인 · 점검하도록 해야 한다(제6항). 공직자윤리법은 공직자들이 재산상 이익과 관련하여 공정한 직무수행을 어렵게 하는 상황을 만들지 말 것을 선언적으로 표명하고, 2016년 개정된 시행령에서는 이해충돌 가능 직무의 회피에 관한 의무를 '상담 후 직무수행'과 함께 선택사항으로 명문화했다.[12)]

이익충돌 치유와 관련하여 주목할 만한 제도적 노력은 2005년 공직자윤리법이 개정되면서 주식백지신탁제가 도입된 것이다. 직무상 취득한 정보가 불공정한 재산증식에 활용되거나 주식을 보유한 기업에게 유리한 방향으로 정책이 결정되어 부당하게 재산이 증식될 가능성을 방지하기 위해서이다. 재산등록의무자 중 공개대상자와 일부 재정 관련 부처(예: 재정경제부와 금융감독위원회) 공무원을 대상으로 보유 주식이 3,000만 원 이상인 경우 주식백지신탁위원회의 '직무관련성' 여부 심사 결과를 의뢰하고, 그 결과에 따라 당해 주식을 매각하거나 신탁에 관한 계약(주식백지신탁)을 체결하도록 되어 있다. 신탁된 주식은 60일 이내에 처분되어야 하고, 처분이 어려울 경우 공직자윤리위원회의 승인을 얻어 횟수와 무관하게 30일씩 연장하도록 되어 있다. 백지신탁제도는 고위공직자의 주식 소유를 금하는 것이 아니라, 직무와 관련 있는 주식을 매각하거나 백지신탁 하도록 하는 것이다.

제도 도입 이후, 백지신탁은 공직에 대한 신뢰를 높이는 데 일정 부분 기여한 것으로 평가된다. 하지만 신탁주식이 처분되지 않을 경우 주식을 보유한 채 업무를 추진하고 있어서 이익충돌 상황이 장기화되는 문제를 남기고 있다. 참여연대가

12) 즉, "공직자는 자신이 수행하는 직무가 자신의 재산상 이해와 관련되어 공정한 직무수행이 어려운 경우에는 그 직무를 회피하거나 직근 상급자 또는 감사담당 부서의 장과 상담한 후 그 직무를 수행하여야 한다"(시행령 제2조 2).

제도 시행(2005년)부터 2015년까지 백지신탁주식의 처분 실태를 조사한 바에 의하면, 제도 도입 이후 65명이 백지신탁을 체결했으나 이 중 신탁주식이 매각된 경우는 13명(20%)에 불과했고, 23명(35.4%)은 신탁주식이 매각되기 전에 퇴직해서 주식을 회수해 갔다. 그리고 신탁주식이 처분되지 않아 신탁주식을 보유하고 있는 26명의 공직자(40%) 중 1명을 제외한 나머지는 모두 처분시한 60일을 넘겨 장기 보유하고 있는 것으로 나타났다.

이런 실태를 개선하기 위해 정부는 2016년 9월 주식백지신탁에 관한 두 가지 제도적 방안을 추진했다(〈표 9－5〉 참조). 하나는 이익충돌 해소방안으로 주식의 매각 및 백지신탁 외에 '직위 변경'을 도입한 것이고, 다른 하나는 '직무회피 의무'를 명문화한 것이다. 전자는 주식 매각의무나 백지신탁 의무가 발생한 고위공직자가 소속 기관장에게 직위 변경을 신청해서 해당 직무와 무관한 직위로 변경되고, 직무관련 심사를 청구해 관련성이 없는 것으로 결정나면 주식의 매각 또는 신탁의무를 면제받는 것이다(제14조의13). 이에 비해 후자는 ① 주식이 매각되지 않은 기간과 ② 직위변경을 신청한 후 변경된 직위에서 직무관련성이 없음을 결정받기 전까지 발생하는 이익충돌 상황을 해소하기 위한 것으로 주식과 관련성이 있는 직무에 대한 관여를 금지하는 것이다(제14조의11).

표 9-5 2016년 공직자윤리법 개정

주식 백지 신탁	이해충돌 방지 방안 확대	(신설)	직위 변경 후 직무관련성 없음 결정 시 매각·백지신탁 의무 면제
	직무회피 의무 도입	(신설)	① 백지신탁한 주식의 처분 완료 시까지, ② 직위변경 신청 후 직무관련성 심사 완료 시까지 해당 주식관련 직무 관여 금지
	직무관여 사실 사후신고 및 공개	(신설)	직무회피가 불가능한 경우, 직무 관여사실 사후신고·공개
	백지신탁 사항 공개	백지신탁 계약체결 사실 공개	백지신탁 계약체결 사실 및 백지신탁한 주식 처분완료 사실 공개
	백지신탁 해지근거 추가	(추가)	직위 변경 시, 변경된 직위와 백지신탁 운용 중인 주식 간 직무관련성이 없는 경우

5) 이익충돌 규제 위반에 대한 처벌

이익충돌 규제의 핵심은 실효성 확보에 있다. 그럼에도 불구하고 대부분의 국가들은 이 점에서 소극적이다. 규제 조항을 위반한 사례를 적발하는 데 수동적일 뿐 아니라, 적발 사례를 놓고 제재를 가함에 있어서도 미온적이다.

이런 현실과 달리 이익충돌법은 규제조항을 위반한 공무원들에게 견책(징계)에서 벌금, 수감에 이르기까지 다양한 처벌을 부과하고 있다. 일반적으로, 여타 비행 관련 법안처럼 '고의성'이 이익충돌법의 중죄 요건이 된다. 만약 고의성 요건이 없다면, 공무원은 실질적인 참여 여부를 떠나 단순히 사적 이해관계가 있다는 증거만으로도 기소될 수가 있다. 따라서 부주의나 소홀로 인한 이익충돌 외에 의도적인 법령 위반도 이를 판단하는 기준이 되는 것이 일반적 관례이다.[13]

이익충돌 규정 위반 시, 각 법률이나 윤리규정은 상이한 벌칙을 적용하고 있다. 공직자윤리법(제3장 선물신고)은 선물을 신고 또는 인도하지 않은 대상자에 대하여 해임 또는 징계를 할 수 있도록 하고 있다. 행동강령은 강령에 규정된 조항을 위반할 시, 위반 사항에 관한 신고를 접수하면 사실 확인과 함께 당사자 소명을 거쳐 행정징계를 할 수 있도록 하고 있다. 즉, 공무원이 강령을 위반했을 때는 소속 기관의 장이나 기관의 행동강령책임관에게 신고토록 하고(단, 소속 기관의 장과 차관급 이상의 공무원의 위반행위는 국가청렴위원회에 신고), 신고자는 본인 및 위반자의 인적 사항과 위반 내용을 명시토록 하며, 소속 기관의 장이나 행동강령 책임관은 신고 내용을 비밀로 하여 신고자가 불이익을 받지 않도록 보호 조치를 취해야 한다(제19조). 여기에서 위반자로 신고된 공무원은 소명자료를 제출해야 하고, 위반 사실이 확인 될 경우 소속 기관장은 해당 공무원을 '징계할 수 있다.' 부패방지법도 공무원 행동강령 위반 시 다양한 징계처분이 가능토록 하고 있다(제8조 제3항). 그리고 제4항은 제3항에 규정된 징계의 종류, 절차, 효력 등을 준용하여 당해 공무원이 소속된 기관의 징계관련 사항을 규정한 법령에 따르도록 하고 있

---

13) 공무원이 금지된 이익에 관한 법령을 몰랐을 경우, 이런 법에 대한 무지는 법적 행위를 무효화하는 요인이 될 수 없다. 법령의 위반은 의도성이나 고의성에 관계없이 공직에서의 퇴출을 유도할 수 있다. 다만, 법에 대한 무지의 고백은 공직에서의 퇴출 외에 다른 처벌을 받거나 또는 가혹한 배상금을 포함한 민사처벌로부터 공무원을 보호할 수는 있다.

표 9-6 청탁금지법 금품수수 관련 징계 및 벌칙

위반 행위	제재 수준
1) 1회 100만 원 또는 매 회계연도 300만 원 초과 금품 등 [형사처벌] • 동일인으로부터 직무관련 및 명목과 무관하게 1회 100만 원 또는 매 회계연도 300만 원을 수수한 공직자 • 배우자가 수수한 금품 등을 신고하지 않은 공직자 • 금품등을 공직자 또는 배우자에게 제공한 자	3년 이하 징역, 3,000만 원 이하의 벌금
2) 100만 원 이하 금품 등 수수 [과태료 부과] • 직무와 관련하여 대가성 여부와 무관하게 100만 원 이하의 금품 등을 수수한 자 • 배우자가가 수수한 금품 등을 신고하지 않은 공직자 • 금품 등을 공직자 또는 배우자에게 제공한 자	수수금액의 2배 이상 5배 이하 과태료
3) 기준 초과 강의 사례금을 수수한 공직자 [과태료 부과]	500만 원 이하 과태료

다. 마지막으로, 청탁금지법은 금품수수와 관련하여 금액의 규모에 따라 형사처벌 내지 과태료를 부과할 수 있도록 하고 있다(〈표 9-6〉 참조).

6) 개선방안

전반적으로 우리나라의 이익충돌 회피 규정은 비교적 엄한 편이지만, 주식백지신탁을 제외하고는 그 내용이 매우 포괄적·수동적이어서 효율적 치유방안으로 기능하기 어렵다. 특히, 제척을 이해관계자의 판단 및 요청에 따라 이루어지도록 한 것은 지나치게 이상적 접근이다. 미국에서처럼 일정 조건을 충족하는 이익충돌이 발생하면 무조건 이해관계자를 제척하는 '당연 조항'으로 수정하고, 회피의 경우도 회피 사유를 다른 의사결정자에게 알려 주고 이를 문서화하여 이익충돌에 대한 불필요한 오해를 낳지 않도록 제도화하는 것이 바람직하다. 그리고 보다 구체적으로는 제척이나 회피가 불가피한 이익충돌 상황을 구체화하는 것도 한 방법이다.[14] 백지신탁의 경우는 비교적 상세하게 규제 내용을 공식화하고 있으나, 신탁

14) 미국 캘리포니아에서는 어떤 공직자도 직급을 막론하고 자신의 재정적 이해관계에 영향을 미치는 정부결정을 하거나, 이런 결정 과정에 참여하거나, 자신의 직위를 이용하여 이런 결정에 영향을 미치려 해서는 안 됨을 명시하고(주정부 법률 871100), 보다 구체적으로 해당 공무원이 주가 설정한 네 가지 요건에 모두 적용되어 이익충돌이 있는 것으로 판단될 경우, 의사정족수에 포함되지 않고, 투표를 하거나, 결정을 하거나, 어떤 방식으로든지 참여하거나, 또는 그 결정에 영향을 미치려고 해서는 안 됨을 규정하고 있다. 다만, 이른바 '필요성의 원칙'에 의한 예외 상황으로

후 백지신탁이 실질적으로 유지될 만한 여건을 조성하는 제도적 장치가 미흡해서 개선이 요망된다. 현재 백지신탁과 관련하여 거론되는 문제점들은 직무관련성 판단, 백지신탁 대상 및 범위의 확대에 관한 것이다.

(1) 백지신탁제도의 개선

① 직무관련성 판단기준의 마련

이익충돌 규제에서 직무회피를 제도화해서 신탁 주식이 처분될 때까지 직무회피를 의무화하고, 직무회피의 대상이 될 범위를 지정하고 있으나(시행령 제27조의 11), 여전히 직무관련성을 판단하기가 쉽지 않다. 이에 따라 판단기준을 직무관련성에서 (미국처럼) '이익충돌 심사기준'으로 바꾸어야 한다는 주장도 제기된다. 미국은 주식으로 인한 이익충돌 가능성이 있을 때 백지신탁에 앞서 업무수행 '회피'를 우선시 한다. 그리고 미국 공직자는 임명될 때, 윤리동의서에 서명하는 데, 서명 후 3개월 이내에 재산과 관련해 처분, 신탁, 직무회피, 사임, 전보, 면제(매우 소수의 증권을 가지고 있을 때) 등을 선택하는 과정에서 주로 직무회피를 권고받는다. 이때 직무회피가 어려우면, 백지신탁을 통해 주식을 처분토록 한다.[15]

② 부동산을 백지신탁 대상으로

적어도 한시적으로라나마 부동산을 백지신탁 범위에 포함시키는 방안을 검토해 보아야 한다.[16] 주식 못지않게 재산 증식 수단으로 활용되고 있고, 특히 정부

서, ① 해당 공무원 외에 어느 누구도 그 결정을 내리거나 이에 참여할 법적인 권한이 없고, ② 그 공무원의 경제적 이해관계가 공적 기록에 남아 있으며, ③ 그 공무원이 공식적 집회 이외의 곳에서 다른 사람들의 결정에 대해서 영향을 미치려 시도하지 않은 경우는 정부결정에 참여가 인정된다(규칙 18701). 그리고 이익충돌이 있는 공무원이 내린 결정이라 하더라도 자동적으로 무효가 되는 것은 아니고, 법원이 ① 결정을 한 공무원이 이익충돌에 직면하였고, ② 그 공무원의 행동이 없었더라면 그러한 결정이 내려지지 않았을 것이며, ③ 그 결정을 무효화하더라도 선의의 제3자에게 피해가 없을 것으로 판단될 때는 결정의 무효가 가능하다(주정부 법률 91003b).

15) 인사혁신처 주식백지신탁 심사위원회가 주식의 직무관련성을 판단하나, 주식 관련 정보에 관한 직·간접적 접근 가능성과 영향력 행사 가능성을 기준으로 판단해야 한다고 할 뿐 구체적인 내용이 없어 객관성과 일관성에 대한 논란의 소지가 있다. 특히, 일부 고위공직자의 경우는 수행하고 있는 직무의 범위나 내용이 포괄적이어서 사실상 보유 주식을 모두 매각하거나 백지신탁해야 할 경우도 있다. 그리고 국회의원들의 경우는 상임위만 바꾸면 쉽게 직무관련성 문제에서 벗어나고 뒤에서 간접적으로 영향력을 행사할 수 있다. 실제로 2013년 백지신탁심사위원회는 안철수 의원이 보건복지위원회 소속이라는 이유로 '안랩' 주식이 직무관련성이 없다고 판정했다.

고위공직자는 물론 부동산 관련 입법을 하는 의원들이 부동산 가격 급등으로 사회적 물의를 빚고 있는 특정 지역의 부동산을 소유하고 있어서 실효성 있는 정책이나 법안 마련이 어렵기 때문이다.

2018년 현재, 지역구 국회의원 252명 중 지역구와 무관하게 강남 3구(강남·서초·송파)에 집을 보유하고 있는 사람이 25%에 달한다. 강남구를 지역구로 둔 7명 의원을 제외하면, 사실상 지역구 의원 중 4명 당 한 명이 자신의 지역구와 무관한 장소(강남)에 살고 있는 것이다. 여기에 비례대표 47명 중 12명도 강남에 집을 보유하고 있어, 총 299명의 국회의원 중 83명(28.6%)이 본인이나 부인 명의로 강남에 주택을 보유하거나 전세를 얻어 놓고 있는 것으로 밝혀졌다(노컷뉴스, 2018.9.27). 이런 현상은 정부 부처로 오면 더욱 심해진다. 정부의 부동산 정책을 책임지는 정책기관과 사정기관 고위공직자들의 2명 중 1명(46%)이 강남 3구에 주택을 갖고 있다. 이런 실태는 부동산 관련 정책을 입안하고 집행하는 고위공직자들이 집값 폭등으로 이익을 보는 구조여서 정부의 부동산 대책이 신뢰를 얻기 어렵다. 이에 따라 소득(자산)의 불평등을 해소하고 이익충돌 문제를 해결하려면 고위공직자들이 부동산에 대한 기득권을 포기해야 한다는 비판이 설득력을 얻고 있다.

③ 신탁자 범위의 확대

현행법은 신탁 대상이 되는 공직자를 재산등록자 중 공개대상자와 기획재정부 및 금융위원회 소속 공무원 중 대통령령으로 정하는 사람들로 한정하고 있다.[17] 이는 재산등록의무자보다는 범위가 좁고, 등록재산 공개대상보다는 많은 상황인데, 다른 부처의 고위직 공직자들도 직·간접적으로 정책결정 과정에 간여할 수 있는 여지가 많고, 결과적으로 이익충돌을 경험할 가능성이 크다. 이런 점을 감안해, 과학기술정보통신부, 산업통상자원부, 중소벤처기업부 등 담당 업무가 기업의

16) 미국은 주식 외에 현금, 채권, 뮤추얼펀드, 부동산을 백지신탁 대상으로 하고 있다.

17) 기획재정부와 금융위원회 소속 공무원이란 기획재정부의 금융정책·은행·증권·보험 등 금융에 관한 사무를 관장하는 국(본부·단·부·팀을 포함) 소속 고위공무원단에 속하는 공무원 및 4급 이상 공무원(이에 상당하는 공무원을 포함)과 금융위원회 소속 고위공무원단에 속하는 공무원 및 4급 이상 공무원(이에 상당하는 공무원을 포함한다)을 지칭한다(시행령 제27조3).

활동이나 주가에 영향을 미칠 수 있는 공직자들에게 신탁 대상 범위를 확대할 필요가 있다.

(2) 이익충돌 규제법규 위반에 대한 처벌

기술한 바와 같이, 대부분의 국가들은 이익충돌 규제를 위반한 데 대한 처벌조항은 갖고 있으나 이를 실제 적용하는 과정에서는 매우 소극적이다. 이런 현상은 우리나라에서도 마찬가지이다. 비록 윤리법상 선물 신고 및 인도와 관련하여 해임 등의 징계가 가능토록 되어 있으나, 이는 경험적으로 볼 때 거의 현실성이 없는 상징적 조항에 불과하다. 그리고 보다 현실적이라 할 수 있는 행동강령의 경우도 규정상 필요한 징계 조치가 무엇인지 불분명하고, 위반 시 징계가 따른다는 당연 조항이 아니라 '할 수 있다'라는 임의 조항으로 되어 있어서 사실상 적극적이고도 능동적인 제재를 기대하기 어렵다.

이런 점을 개선하기 위해 보다 구체적으로 처벌 내용을 일정 범주에 따라 제시하여 각 기관들이 준거토록 하던가, 아니면 최소한의 처벌 조항을 마련해 행동규정의 구속력을 확보하는 방향으로 처벌 조항을 개선해야 한다. 그리고 규제 위반 시 징계를 '할 수 있다'는 가능성이 아니라 청탁금지법처럼 '해야 한다'는 의무 규정으로 개정하고, 청탁금지법의 금품수수처럼 유형별 징계 수준을 명시하는 것이 바람직하다. 더 나아가 위반 사항에 따라 민사 및 형사상 벌금을 부과하여 징계수준의 적절성을 확보하고, 특히 기존 윤리 관련 법규의 맹점을 치유하기 위해 제재 조치에 대해 '부당한' 이의제기(소송)를 억제하도록 제도화할 필요가 있다.

4 내부고발과 공익신고

행정윤리에 관한 논의에서 내부고발 만큼 많은 주목을 받은 주제는 없다. 내부고발이 지닌 윤리적 중요성과 실천적 어려움을 동시에 보여주는 예라 하겠다. 사실, 내부고발은 잠재적 파급효과가 가장 큰 비리통제 수단이다. 대신 가장 실천이 어렵다. 내부고발이 어려운 것은 우리나라처럼 폐쇄적이고 권위주의가 강한 조직 문화를 지닌 곳에서만 나타나는 것이 아니다. 모든 나라에서 나타나는 보편적 현상으로 나라에 따라 정도나 빈도에서 (상대적인) 차이가 있을 뿐이다. 그리고 같은 나라에서도 부처(기관)별로 내부고발에 대한 인식이나 대응에서 차이가 있을 수 있다. 내부고발은 경찰, 보안(정보), 군대 등 정보나 기밀 관련 부서에서 금기시 하는 경향이 강하다. 내부고발이 공직사회의 윤리성 제고를 위한 수단으로 기능하려면, 무엇보다 내부고발에 대한 올바른 인식이 공직사회에 파급되고, 내부고발을 장려하거나 내부고발자를 보호하기 위한 제도적 장치가 마련되어야 한다. 이 장은 이런 점에 주목하면서, 내부고발을 이해하는 데 필요한 중요 요소들을 개관한 후, 우리나라의 제도적 실태를 살펴본다.

1) 내부고발의 이해

(1) 내부고발과 내부고발자의 의미

내부고발은 불법적, 비윤리적, 그리고 국민에게 해가 되는 정책이나 행정을 인지한 공직자가 조직 내부에서 만족할 만한 해결책을 찾지 못할 때 마지막으로 조직 외부에 알리는 행위이다. 이는 내부고발자가 공공의 안녕과 이익을 위협하는 불법적, 비능률적 정부행위를 공개적으로 알리는 사람임을 의미한다.[18] 그러나 일반적으로 내부고발자는 조직 내의 말썽꾸러기나 이단으로 낙인찍히는 것이 상례이다. 조직은 이런 사람들을 어떻게 다루어야 할지를 잘 알고, 내부고발자 또한 이러한 조치가 개인에게 무엇을 의미하는지를 어느 정도 예견할 수 있다. 대개의 경우 비행에 대한 치유보다 조직을 보호하거나 내부고발자를 처벌하는 데 조직적 노력이 경주된다.

내부고발에 대한 조직 내・외부의 반응은 대조적이다. 정부조직의 진실과 정의를 알기 원하는 국민들은 내부고발자에 대해 동정적이나, 정부조직과 많은 관료들은 이들에 대해 적대적이다. 조직 내에서 내부고발을 억제하는 중요한 요인 중 하

---

18) 미국의회(U.S. Congress, 1980: 196-197)는 내부고발을 "불법적 행위나 그릇된 행정, 심한 재정적 낭비, 권한의 남용, 혹은 공공의 건강이나 안정에 대한 위협" 등을 조직 내・외에 폭로하는 것이라 정의한다.

나는 바로 이처럼 내부고발(자)에 대한 그릇된 혹은 적대적 인식이다. 내부고발을 마치 조직에 대해 불만을 (혹은 급진적 사고를) 지닌 사람들이, 스스로의 이익을 위해, 조직이나 동료들을 배신하면서, 우발적으로 저지르는 일종의 '정신 이상적' 행위로 인식하는 것이다. 조직의 상위자들은 자신들의 권위에 대한 모독이나 명령에 대한 도전으로 인식하고, 동료나 하위자들은 장래에 대한 두려움이나 불이익 때문에 지지하기를 꺼린다. 그러나 대부분의 내부고발자들은 이처럼 불만에 가득 찬 불평가나 정신질환자들이 아니다. 오히려 조직의 병리현상이 치유되기를 원하는 의미에서 건전한 사고의 소유자라 할 수 있다. 그리고 내부고발은 조직을 배신하거나 동료들에게 해를 끼치기 위해 이루어지는 것도 아니다. 이는 조직의 불법적, 비윤리적 활동으로부터 공익과 국민의 안전을 보호하기 위해 이루어지는 것이다. 더 나아가 대부분의 내부고발은 우발적이거나 즉흥적으로 이루어지지도 않는다. 대개는 조직 내부의 권한계층에 대한 보고를 통해 문제가 해결될 것이라는 소박한 기대가 무너졌을 때 마지막으로 절망 속에서 불어대는 호루라기인 것이다 (Westin, 1981).

(2) 내부고발의 윤리적 중요성

내부고발은 윤리적 행위의 정수이다. 행동 없는 양심이 없듯이, 이의제기 없는 의문은 없다. 만약 윤리적 행위가 옳고, 그름에 관한 비판적 성찰을 전제로 한다면, 옳지 못한 행위에 대해 의문을 제기하는 것은 윤리적 행위의 가장 기본적 형태라 할 수 있다. 그래서 조직이 진정으로 윤리적이기를 원한다면, 구성원들의 내부고발을 억제해서는 안 되고, 오히려 이를 장려해야 한다. 오늘날 우리의 경우처럼 내부고발을 억제하면서 윤리적 행위를 추구한다 하는 것은 일종의 기만에 지나지 않는다. 물론 후술하는 바와 같이 '정당한' 혹은 '이상적' 내부고발은 흔치가 않다. 그렇다고 해서 이런 이유로 내부고발의 당위성을 부정한다면 이는 윤리적 행정을 포기하는 것과 마찬가지이다.

(3) 내부고발의 성격, 조건 및 결과

내부고발은 일종의 당사자 간의 분쟁이다. 그러나 내부고발은 여타의 조직 내

분쟁과 다른 점이 있다(Perry, 1994). 첫째, 내부고발은 행위자의 사익이 아닌 애타적 동기에서 비롯된다. 물론 제3자가 보기에는 내부고발이 실질적으로는 애타심보다 이기심의 발로일 수 있다. 둘째, 권력의 비대칭성을 수반한다. 내부고발은 불평등한 권력을 지닌 당사자 간의 분쟁으로서, 대개 조직 내에서 권위를 지니지 못한 사람이 조직을 변화시키려는 시도이다. 셋째, 분쟁 해결에 개입할 중립적 장치가 없다.

내부고발은 종종 그 정당성에 의문이 제기된다. 내부고발이 정말 '정확히' 인지된 비행의 보고 행위인지, 내부고발이 잘못된 인지나 불충분한 정보에 의해 이루어 진 것인지, 그리고 내부고발이 기회주의적 이기심에서 이루어진 것인지(즉, 자기보호나 이익을 얻기 위한 조작) 등에 대한 의문이 제기된다. 따라서 내부고발이 정당성을 지니기 위해서는 몇 가지 요건이 충족되어야 한다. 이른바 흔치 않은 '이상적' 내부고발이어야 한다. 일반적으로 거론되고 있는 이상적 내부고발의 요건은 ① 내부고발자가 건전한 동기를 지닐 것, ② 공개하기 전에 조직 내에서 가능한 모든 이의제기 절차를 밟을 것, ③ 설득력 있는 증거를 확보할 것, ④ 문제가 심각하고 구체적일 것, ⑤ 사안이 내부고발자의 책임에 상응할 것, 그리고 ⑥ 성공할 가능성이 있을 것 등이다(Bok, 1979; Bowie, 1982; Raven-Hansen, 1980).

경험적 결과에 의하면, 내부고발처럼 외부 힘에 대한 호소는 조직의 자율성을 감소시키고, 결과적으로 책임을 증가시킬 수 있다. 그러나 전반적으로 기존의 제도적 틀 속에서 (즉, 규칙 아래에서) 내부고발은 특정의 남용을 교정하거나 조직적 변화를 조장하는 데 있어서 아주 제한적 역할을 수행한다. 이론적으로 기대되는 만큼의 효과를 거두지 못한다는 것이다. 이는 역으로 내부고발이 조직의 성과 및 통제에 영향을 미치려면 내부고발자를 보호할 수 있는 제도적 장치가 마련되고 여론 및 정치적 지지가 따라야 함을 시사한다.

(4) 내부고발에 대한 보복

이론적으로 내부고발에 대한 조직적 대응은 포상, 보복, 미조치 등 세 가지로 나타날 수 있다. 포상은 내부고발자에게 물질적 보상이나 인사고과상의 혜택을 주고, 내부고발을 조직혁신의 계기로 삼는 것이다. 보복은 이와는 반대로 해고, 징계

등 주로 인사상 조치를 통해 내부고발자에게 불이익을 주는 것이다. 마지막으로, 미조치는 내부고발의 문제를 인식하고도 조직 내에서 아무런 조치도 취하지 않는 것이다.

세 가지 유형 중 가장 전형적인 것은 두 번째 보복이고, 이는 국가를 초월해 나타나는 보편적 현상이다. 트룰슨(Truelson, 1991)은 조직이 어떻게 내부고발자에 대해 보복을 가하는지를 확인하기 위해 내부고발이 발생한 44개 조직을 대상으로,[19] 내부고발의 장점, 보복의 심도, 내부고발 과정, 내부고발자가 활용한 지원 장치, 조직의 크기 등에 비추어 분석했다. 그 결과 조사대상 조직의 '전부'가 어떤 형태로든 내부고발자에게 보복을 가했음을 확인했다. 내부고발로 인해 조직으로부터 영구히 분리된 23명 가운데 16명(70%)은 해고당했고, 6명은 사임을 강요당했으며, 1명은 은퇴했다. 10명은 흑색 명부에 올랐고, 이 중의 6명은 내부고발 이후로 결코 일을 할 수가 없었다. 내부고발 과정 및 보복의 심도에 비추어 볼 때, 종합적 차원의 보복으로는 참모회의에서 배제, 특권(부수입)의 상실, 덜 선호하는 업무의 배정, 보다 많은 업무부담, 보다 엄격한 업무비판, 소송취하에 대한 압력, 개인적 접촉을 꺼리는 동료들이 지적되었고, 가혹성 차원에서는 나쁜 업적평가, 정직, 다른 지역으로 전보, 강등, 승진의 거부, 물리적 폭행, 내부고발자 혹은 가족에 대한 협박 등이 지적되었다.

트룰슨은 이런 현상이 나타난 근본적 이유로 '체제적 부패'를 들었다. 체제적 부패가 내부고발에 대한 심한 보복을 유발하는 촉매가 되고, 미국의 법적 체제가 제도적 무법천지를 낳는다고 했다. 법적인 내부고발자 보호장치가 너무나 취약해서 내부고발자에 대한 보호를 허락할 수 없다는 것이다. 그리고 법으로는 체제적 부패를 막을 수 없다고 했다. 법이란 무엇보다 반응적(reactive) 제도에 불과하기 때문이다. 반면에 체제적 부패에 대한 내부고발은 문화적, 제도적 변화를 통해 나타나는 정치적 지지가 뒷받침되면 어느 정도 보호가 가능하다고 했다.

우리나라에서도 유사한 조사결과가 보고된 바 있다. 2013년 호루라기재단은 내부고발과 관련된 42명을 대상으로 심층면접을 실시했다. 그 결과 내부고발로 인해

19) 1960년대 이래 미국에서 발생한 내부고발 사례 가운데, 320개를 모집단으로 해서 이 중 1,000명 이상의 조직 42개와 작은 조직이나 심한 보복을 가한 2개의 조직을 선정해 분석했다.

파면이나 해고를 당한 사람이 25명(59.5%)으로 가장 많았고, 그 다음 순으로 자진사퇴, 전보, 긴급체포 등의 불이익 조치를 받았다. 총 42명 중 76%에 해당하는 32명이 신분상 불이익을 받았다. 2013년 당시, 파면이나 해임을 당한 25명 중 11명만 구제되었고, 4명은 소송 중에 있었다. 그리고 좌천성 전보를 당한 2명 중 한 명과 긴급체포를 당한 2명은 국민권익위원회의 지원으로 법적 구제를 받았다. 특히, 총 42명의 내부고발자 중 6명을 제외한 36명이 내부고발 이후 심한 정신적, 신체적 고통을 경험했고, 6명은 정신과 치료를 포함한 병원치료를 받았으며, 다수는 스트레스, 분노, 불면증, 악몽, 우울증, 자살충동, 거식증 등의 증세로 고통을 받은 것으로 나타났다.[20]

(5) 내부고발의 장려와 내부고발자 보호

조직 내에서 내부고발에 대한 그릇된 인식을 불식하고 이를 장려하려면 법률자문가나 재정자문가에 버금가는 윤리자문가를 조직 내에 배치하거나, 내부고발이 있어야 할 조건을 개발·명시함으로써 조직구성원으로 하여금 선택에 대한 부담이나 갈등 없이 내부고발을 할 수 있도록 해 주어야 한다. 보다 효율적인 방법은 내부고발자를 보호하기 위한 제도적 장치를 마련하는 것이다. 내부고발로 인해 부당한 처사나 불공정한 대우를 받은 사람들을 구제해 주는 제도적 절차를 마련하거나, 내부고발을 접수하고 조사하는 별도의 기구를 조직 내에 설치해서 내부고발을 위한 일종의 통로를 마련해 주는 것이다. 전자의 방안은 조직 스스로가 조직의 윤리성 제고를 위한 노력에 지지를 보내고 있음을 구성원들에게 알려 줄 뿐 아니라, 이런 행위를 했을 때 따르는 부정적 효과를 법적 구제 절차를 통해 보상해 줄 수 있다는 장점이 있다. 이에 비해 후자는 조직 내부의 비행을 외부에 알리지 않고 자체 고발케 하며, 이를 익명으로 하게 함으로써 내부고발자가 가질 수 있는 조직적, 개인적 보복에 대한 두려움을 해소시켜 줄 수 있다.

각 방안은 모두 한계가 있다. 전자는 내부고발자를 보호하는 데는 도움을 주지만 내부고발이 추구하는 근본적 목적을 달성하는 데는 별다른 도움이 되지 못할

20) 우리나라 내부고발자들이 직면하는 시련과 고난에 대해 박흥식·이지문·이재일(2014)을 참조할 것.

수 있다. 특히, 내부고발자가 상관이나 동료들로부터 받는 심리적 비난이나 냉대에 대해서는 여전히 보상할 방법이 없다. 이에 비해 후자는 익명의 고발로 인한 사건 조사는 가능하나 고발자와 피고발자 간의 대화가 불가능해 근거 없는 비난을 조장하기 쉽다. 그리고 조직 내부의 비행을 별도의 기구에 보고함으로써 업무량의 과다나 미해결과제의 축적 등 또 하나의 관료제적 병폐를 유발할 가능성도 있다.

2) 내부고발의 제도적 실태

우리나라는 부패방지법과 시행령, 그리고 공익신고자보호법 및 시행령 등을 통해 내부고발자를 제도적으로 보호하고, 여기에 더해 시, 도, 교육청이 조례를 제정해 제도적 실효성을 제고하려 한다.

2002년 시행된 부패방지법은 내부고발자 보호를 위한 독립법이 아니라, 일부 조항을 통해서 내부고발자들을 보호하고자 했다. 그리고 내부고발자가 보호받을 수 있는 부패행위를 공직자의 부패행위와 공공기관에 재산상 손해를 가한 행위로 한정했다. 따라서 공공기관이 내부고발자에게 행한 보복성 징계는 원상회복할 수 있지만, 민간기업이나 단체의 내부고발자는 법적으로 보호를 받을 수 없었다. 2007년 개정된 부패방지법은 이런 점을 반영해 내부고발자가 공직자가 아닌 경우에도 보호받을 수 있도록 했다. 민간기업이나 단체 소속 공익신고자들도 부패행위 신고를 이유로 신분상 불이익을 받았을 때 국가청렴위원회(2008년 이후, 국민권익위원회)가 원상회복 조치를 요구할 수 있도록 한 것이다. 그 후 우리나라의 내부고발자 보호 및 보상제도는 2011년 공익신고자보호법이 제정되면서 현재와 같은 이원적 체제를 갖추게 되었다. 공공부문은 부패방지법, 그리고 민간부문은 공익신고자보호법을 통해 내부고발 및 공익신고를 보호하게 된 것이다.

(1) 신고자

부패신고나 공익신고는 누구나 할 수 있다. 단, 일반 국민의 부패신고나 공익신고는 자의적이지만, 공직자의 부패신고나 공익신고는 '의무'이다. 이는 공무원이 비리를 인지하고도 신고하지 않으면 위법이란 것인데, 흥미롭게도 신고의무 위반 시 어떤 체재나 처벌이 가해지는지 아무런 제도적 규정이 없다.[21] 비록 내부고발이나 공익신고자를 보호하는 데 초점을 두는 법이기는 하지만, 이처럼 의무조항을 남발하는 것은 법적 규제의 효율을 떨구는 요인이 된다.

공익신고자보호법은 2014년 제정 시에는 '공익신고자'(제2조 제4항)만 지정했지만, 2015년에 개정을 통해 '내부 공익신고자'를 추가했다. 공익신고자란 공익신고를 한 사람이고, 내부 공익신고자는 "피신고자인 공공기관, 기업, 법인, 단체 등"에 소속된 재직자 또는 퇴직자, 그리고 이들 기관과 계약 등의 업무를 수행했거나 하고 있는 사람 등을 지칭한다. 2015년의 법 개정은 공익신고가 조직 내부와 외부에서 행해질 수 있고, 모든 경우의 공익신고자를 보호하려는 것을 명확히 한 것으로 이해된다.

(2) 신고대상

부패방지법은 공적 영역을 대상으로 부패행위에 대한 신고를 규정하고, 공익신고자보호법은 민간부문만을 대상으로 공익침해행위를 보호하려 한다. 기술한 바와 같이, 부패방지법에 규정된 부패행위는(제2조 제4항) ① 공직자가 직무 수행 시 지위(권한)를 남용하거나 법령을 위반해 사익(또는 제3자의 이익)을 도모하는 행위, ② 예산사용, 공공재산의 취득·관리·처분 또는 공공기관을 당사자로 하는 계약 과정에서 법을 위반해 공공기관에 재산상 손해를 끼치는 행위, 그리고 ③ 위 두 가지 사항과 관련한 행위나 이의 은폐를 강요, 권고, 제의, 유인하는 행위 등이

21) 2009년 7월 7일, 국민권익위원회는 공직사회 부패추방과 공직자의 청렴의식 제고를 위해 동료, 부하직원 등의 부패행위를 알고도 신고하지 않은 경우 처벌을 강화하는 「부패행위 신고의무 위반 공무원에 대한 징계처분 강화 방안」을 마련해 각급 행정기관의 '징계양정기준'에 반영토록 촉구할 계획임을 발표했다. 이 계획의 근거로 공직자의 부패행위 신고의무를 규정하고 있는 부패방지법 제56조와 공무원의 직무상의 의무 위반에 대한 국가공무원법(제78조)과 지방공무원법(제69조)을 들었다. 당시 법적 규정이 없었던 탓인지, 구체적 징계 수준까지 발표했다. 직근 상급자에 대해서는 부패행위자보다 1단계 낮은 징계처분, 소속부서의 동료직원 등 기타 공무원에 대해서는 부패행위자보다 2단계 낮은 징계처분을 제안했다. 더 나아가 각급 기관 감사부서장에게는 부패행위자 발생 시 부패행위자의 직근 상급 지휘·감독자, 소속 부서(과) 직원 등을 상대로 부패행위 사전 인지 여부 등을 반드시 확인·조사하도록 했다. 그리고 이런 「징계처분 강화방안」이 시행되면 내부 부패통제 시스템이 강화되고 공직사회 청렴문화가 확산되어 우리 사회의 청렴도가 한 단계 향상될 것이라고 기대했다. 유감스럽게도 이런 계획이 발표된 후, 동료, 부하직원의 비리를 신고하지 않아 처벌을 받았다거나 부하 직원들의 부패행위에 대한 사전 인지 여부를 조사하지 않아 징계를 받았다는 사례는 보고되지 않았다.

다. 이에 비해 공익신고자보호법의 공익신고는 법적으로 규정된 공익침해행위를 모두 신고대상으로 한다. 이런 행위는 "국민의 건강과 안전, 환경, 소비자의 이익, 공정한 경쟁 및 이에 준하는 공공의 이익을 침해하는 행위로서" 284개 법률의 벌칙 또는 인·허가의 취소, 정지 등 대통령령으로 정하는 행정처분의 대상 행위 등이 이에 속한다.[22] 이는 공익신고보호법이 공익 제보라는 차원에서 중시되어야 할 '배임'이나 '횡령' 등 형법상 비리를 신고대상에서 제외하는 것이어서 문제로 지적된다. 반면 그간 많은 논란의 대상이 되었던 사학비리에 관한 신고는 2017년 4월 부패방지법이 개정되면서 신고대상에 포함되었다.[23]

(3) 신고방법

부패행위를 신고하거나 공익신고를 하려는 사람은 반드시 (공익)신고자의 이름을 포함한 인적 사항과 신고 취지 또는 이유를 증거물과 함께 제출해야 한다. 신고자 신분을 밝히도록 한 입법취지는 무분별한 신고나 고발을 막기 위한 것인데, 익명의 공익신고를 가능케 하는 것이 합리적이다. 기명으로 할 경우, 신고자의 신분이 드러나고 이에 따른 보복행위가 따를 가능성이 있는 반면, 신고 시 부패행위나 공익침해에 관한 입증자료를 신고자가 제출토록 하고 있어서 무분별한 신고는 사실상 많지 않을 것이기 때문이다. 최근 법 개정 과정에서 신분 노출에 따른 신고자의 두려움을 해소하기 위해 변호사를 통한 내부고발이나 (캐나다처럼) 미디어를 통한 신고를—즉, '대중 신고'—보호대상으로 하자는 의견이 있었으나 개정안에 반영되지 못했다.

(4) 신고의 보호와 신분보장

공익신고자보호법은 공익신고자가 신고에 따른 보복이나 피해를 당하지 않도

---

22) 공익신고자보호법이 규제하는 공익침해행위에 적용되는 구체적 법률은 2011년 제정 시 11개에서 2015년 279개, 그리고 2017년에 284개로 늘어났다.

23) 개정된 부패방지법 제2조(정의)는 "공공기관" 범위에 제한적 요건을 달아 사학을 포함시켰다. 즉, 「초·중등교육법」, 「고등교육법」, 「유아교육법」, 그 밖의 다른 법령에 따라 설치된 각급 사립학교 및 「사립학교법」에 따른 학교법인으로서 국가나 지방자치단체로부터 출연금 또는 보조금을 받는 기관을 공공기관으로 지정했다.

록 다양한 제도적 장치를 마련하고 있다. 무엇보다 공익신고자의 인적 사항이나 이를 유추할 수 있는 정보를 타인에게 알려주거나 공개하는 행위를 금한다. 이를 위반할 시, 5년 이하의 징역 또는 5천만 원 이하의 벌금에 처할 수 있다. 공익신고자는 자신의 신분이 노출되었을 때 국민권익위원회에 신분공개경위 확인요구를 할 수 있고, 국민권익위원회는 그 경위를 확인해서 공익신고자의 인적 사항 등을 공개한 위반자를 징계하도록 '요구할 수' 있다. 하지만, 이런 공익신고자 보호 규정에도 불구하고 국민권익위원회에 제보한 신고자들의 신분이 지속적으로 노출되고, 특히 신고인의 인적사항 등을 공개하거나 피신고자에게 알려준 위반자에 대한 처벌이 제대로 이뤄지지 않고 있다.

〈표 9-7〉에서 보듯이 2014~2018년 9월까지 5년 동안 국민권익위원회에는 총 28건의 공익신고자 신분공개 경위 확인요청이 있었다. 이 중 공익신고자의 인적사항이 공개된 것으로 확인된 경우는 6건에 불과하고, 나머지 22건(약 80%)은 기각 또는 취하되었다. 인용된 6건의 경우도 국민권익위원회가 소속기관에 위반자에 대한 징계요청을 했으나, 소속기관의 조치결과는 모두 주의, 훈계 등 가벼운 처벌이었고, 한 건은 국민권익위원회가 검찰 고발까지 했으나 불기소 처분되어 소속기관에 대한 주의 조치로 끝났다(공감신문, 2018.10.4).[24]

표 9-7 신분공개 경위 확인요구 사건 처리 현황

(단위: 건)

연 도	처리 결과			계
	인 용	기 각	취 하	
2014년	3	4	2	9
2015년	1	1	1	3
2016년	1	2	1	4
2017년	1	5	1	7
2018년 9월	–	2	3	5
계	6	14	8	28

출처: 2018 국정감사 자료(2018.10.4).

24) 이 건은 2018년 국정감사에서 밝혀진 것으로서 2015년 한국토지주택공사 '아파트부실공사에 대한 신고를 접수한 관계자 등 신고자 신분노출' 사건이다. 이외에도 2018년 10월 호루라기재단은

(5) 불이익조치와 보호신청

어느 누구도 부패신고자나 공익신고자에게 신고 등을 이유로 불이익조치를 해서는 안 된다. 부패방지법은 부패신고자가 신고와 관련해 신분상 불이익이나 인사상 차별을 당했거나 당할 것으로 예상되는 경우, 국민권익위원회에 불이익처분의 원상회복이나 시정을 위한 조치들을 요구할 수 있도록 하고 있다. 국민권익위원회는 요구 내용이 타당하다고 인정될 경우, 요구자의 소속 기관의 장에게 적절한 조치를 요구할 수 있고, 요구를 받은 소속 기관의 장은 특별한 사유가 없는 한 적절한 조치를 해 주어야 한다. 만약 국민권익위원회의 조치요구를 이행하지 않으면 1년 이하의 징역 또는 1천만 원 이하의 벌금에 처해진다. 이런 제재 조치는 동법 상 업무상 비밀 이용이나 비밀누설죄가 각각 최대 7년 이하의 징역 또는 7천만 원 이하의 벌금과 5년 이하의 징역 또는 5천만 원 이하의 벌금인 것을 감안하면 지나치게 낮은 처벌로서 범죄의 내용(중요성)과 처벌 간의 비례관계가 형평에 맞지 않는다(〈표 9-8〉 참조). 심지어 신고자에게 신분상 불이익을 주거나 근무조건상의 차별 조치를 한 자에게 1천만 원 이하의 과태료를 부과하고 있어서, 내부고발자를 보호할 수 있을 정도의 억제력을 지닐지 의문이다. 부패방지법은 신고자가 받게 될 불이익조치를 징계조치 등 신분상 불이익이나 근무조건상 차별로 비교적 간단하게 규정하고 있다. 이에 비해 공익신고자보호법은 신고자가 받게 될 불이익조치의 내용을 상세히 열거하고 있다.[25]

공익제보자의 신원을 유출한 조사관을 중징계하고 재발 방지대책을 수립할 것을 감사원에 요청한 바 있다. 2016년, 한국가스공사 직원이 2014년 경남 통영 굴삭기 침수사고 축소·은폐를 시도했던 한국가스공사에 대한 감사를 감사원에 요청한 바 있다. 그런데 감사원은 한국가스공사 감사실에 해당 직원의 인적 사항과 내부고발 사실을 그대로 넘겨주어 공익제보자의 신원을 그대로 노출시켰다. 이는 공익신고자 등의 비밀보장 의무를 규정하고 있는 '공익신고자보호법 제12조 제1항'에 명백히 위반하는 행위이다. 게다가 감사원은 해당 조사관에 대한 공익제보자의 문책 요청에도 정식 징계가 아닌 주의 조치만을 내렸다.

25) 제2조 제6항은 "불이익조치"로서 (가) 파면, 해임, 해고, 그 밖에 신분상실에 해당하는 신분상의 불이익조치, (나) 징계, 정직, 감봉, 강등, 승진 제한, 그 밖에 부당한 인사조치, (다) 전보, 전근, 직무 미부여, 직무 재배치, 그 밖에 본인의 의사에 반하는 인사조치, (라) 성과평가 또는 동료평가 등에서의 차별과 그에 따른 임금 또는 상여금 등의 차별 지급, (마) 교육 또는 훈련 등 자기계발 기회의 취소, 예산 또는 인력 등 가용자원의 제한 또는 제거, 보안정보 또는 비밀정보 사용의 정지 또는 취급 자격의 취소, 그 밖에 근무조건 등에 부정적 영향을 미치는 차별 또는 조치, (바) 주의 대상자 명단 작성 또는 그 명단의 공개, 집단 따돌림, 폭행 또는 폭언, 그 밖에 정신적·신

표 9-8 부패방지법상 처벌 규정

벌 칙	내 용	처 벌
업무상 비밀 이용의 죄 (제86조)	업무상 취득한 비밀을 이용한 사익 추구	– 7년 이하의 징역 또는 7천만 원 이하의 벌금 – 취득한 재물 또는 재산상의 이익을 몰수 또는 추징
업무상 비밀 누설 죄 (제87조)	부패방지 업무처리 중 알게 된 비밀의 누설	5년 이하의 징역 또는 5천만 원 이하의 벌금
인적 사항 공개 등 금지 위반의 죄(제88조)	신고자의 인적사항이나 그가 신고자임을 미루어 알 수 있는 사실을 다른 사람에게 알려주거나 공개 또는 보도	3년 이하의 징역 또는 3천만 원 이하의 벌금
비위면직자 등의 취업제한 위반의 죄 (제89조)	비위면직자 등이 취업제한기관에 취업	2년 이하의 징역 또는 2천만 원 이하의 벌금
조치요구에 대한 불이행의 죄(제90조)	– 신고자에 대해 신분상 불이익이나 근무조건 상 차별을 한 자가 국민권익위원회의 조치 요구 불이행 – 신고자에 대해 신분상 불이익이나 근무조건상의 차별을 한 자가 국민권익위원회의 불이익처분 일시 정지 요구 불이행	1년 이하의 징역 또는 1천만 원 이하의 벌금 6개월 이하의 징역 또는 500만 원 이하의 벌금
과태료(제91조)	– 신고자에게 신분상 불이익이나 근무조건상의 차별 조치 – 진술이나 자료 제출 등에 관한 요구·조회 및 조치에 불응 – 정당한 사유 없이 신고자의 불이익 조치에 관한 위원회의 조치요구 불이행	1천만 원 이하의 과태료

(6) 보상 및 포상

부패 및 공익신고로 공공기관의 수입의 회복·증대 또는 비용 절감을 가져오거나 그에 관한 법률관계가 확정된 경우, 신고자는 국민권익위원회에 보상금 지급을 신청할 수 있다. 이 경우 보상금은 불이익처분에 대한 원상회복 등에 소요된 비용을(치료, 이사 또는 실직·전직 등으로 지출된 비용 등)을 포함하고, 최고 30억

체적 손상을 가져오는 행위, (사) 직무에 대한 부당한 감사(監査) 또는 조사나 그 결과의 공개; (아) 인·허가 등의 취소, 그 밖에 행정적 불이익을 주는 행위, (자) 물품계약 또는 용역계약의 해지(解止), 그 밖에 경제적 불이익을 주는 조치 등을 열거하고 있다.

원 범위 내에서 몰수, 추징, 환수 금액의 4~30%까지 지급할 수 있다.[26] 이와 함께 국민권익위원회는 신고에 의해 공공기관의 직접적인 재정수입 등이 발생하지 않더라도, 부패행위 신고로 인해 현저히 공공기관에 재산상 이익을 가져오거나 손실을 방지한 경우 또는 공익의 증진을 가져온 경우 최대 5억 원까지 포상할 수 있다.[27] 보상금과 포상금은 부패신고를 장려하고 부패예방 및 통제의 실효성을 높이기 위해 법 제정 이후 계속 상향 조정되어 왔다. 반면 전문신고자(파파라치)의 무분별한 신고로 인한 행정력 낭비, 서민의 피해 등을 예방하기 위해 2016년 1월 이후에는 '내부 공익신고자'만 공익신고 보상금을 신청할 수 있도록 법을 개정했다.

보상금의 상향 조정은 공익신고의 장려하는 차원에서 어느 정도 긍정적 효과가 기대된다. 그러나 어떤 논리로 보상대상가액별 지급기준(비율)이 달리 설정되었는지 알 수가 없다. 어차피 신고가 없었더라면 발생했을 재정상 손실이라면 (또는 기대하기 어려웠던 수입 증대라면), 굳이 가액별 보상기준이나 비율을 달리해 정부의 인색한 보상 태도를 보일 것이 아니라 일정 비율(예: 회복 또는 증대된 수입의 20%)로 정해서 공익신고를 장려하는 것이 바람직해 보인다.[28] 그리고 공익신고 후 생계의 어려움을 호소하는 사람들이 있는 현실을 감안해 구조금 제도를 적극 활성화할 필요가 있다. 『2017 국민권익위원회백서』에는 제보자들의 피해사례가

---

26) 보상대상이 되는 경우는 몰수 또는 추징금의 부과, 국세 또는 지방세의 부과, 손해배상 또는 부당이득 반환 등에 의한 환수, 계약변경 등에 의한 비용절감, 그 밖의 처분이나 판결이 난 경우(다만 벌금·과료·과징금 또는 과태료의 부과와 통고처분 제외) 등이다(부패방지법 시행령 제72조). 다만, 부패행위의 감사·수사 또는 조사업무에 종사중이거나 종사하였던 공직자가 자기 직무 또는 직무이었던 사항과 관련하여 신고한 경우에는 보상금을 지급하지 아니할 수 있다. 2008년 이후 2017년까지 10년 동안 총 80여 건의 신고에 6억 2,974만 원의 포상금이 지급되었다(포상금제도는 2005.7.21. 이후 신고부터 적용).

27) <보상금 산정 기준>(시행령 제77조 제1항 관련)

보상대상가액	지급기준
1억 원 이하	20%
1억 원 초과 5억 원 이하	2천만 원+1억 원 초과금액의 14%
5억 원 초과 20억 원 이하	7천 6백만 원+5억 원 초과금액의 10%
20억 원 초과 40억 원 이하	2억 2천 6백만 원+20억 원 초과금액의 6%
40억 원 초과	3억 4천 6백만 원+40억 원 초과금액의 4%

28) 실제 2008년부터 2017년까지 10년 동안 공공기관 환수액(1,370억 1천 2백만 원) 중 보상금으로 지급된 것(412건)은 8.7% 수준인 118억 5,400여 만 원에 불과하다.

표 9-9 부패방지법과 공익신고자보호법의 주요 내용 비교

내 용	부패방지법	공익신고자보호법	특 징
신고 대상	부패행위	국민의 건강, 안전, 환경, 소비자 이익, 공정경쟁을 침해하는 행위	공사 부문을 분리하여 신고자를 보호
신고 방식	• 신고취지, 이유 등을 기재한 기명문서 • 관련 증거 제시 필요	• 신고서 제출 • 신고자의 인적 사항 • 피신고자 및 공익침해 내용 • 신고 취지와 이유 • 증거자료 첨부 필요	익명 제보 불허
신고자 비밀보호	• 신고자의 동의 없는 인적 사항 비공개 • 조사 및 형사절차에서 특정신고자동보호법 준용 • 경찰관서를 통한 신변보호	좌동	
신고내용 처리	• 필요 시, 감사원, 수사기관, 해당 공공기관의 감독기관에 조사 이첩 • 고위공직자에 대한 검찰 고발 및 불기소 처분 시 재정신청 • 신고자에게 조사결과 통지 • 재조사 요구 및 검사의 불기소 처분에 대한 재정신청 가능	• 조사기관, 수사기관에 이첩 • 조사 및 수사종료 후 해당 기관이 결과를 국민권익위원회에 통보 • 국민권익위원회는 통보된 결과를 신고자에게 통지	국민권익위원회는 신고 내용에 대한 독립적 조사 권한 없음
신고자 보호조치	• 신분상 불이익 또는 근무 조건상 차별 금지 • 인허가 취소 등 경제적·행정적 불이익 금지	• 공익신고에 따른 불이익 조치, 신고방해나 취소강요 금지 • 신고자의 정당한 인사조치 요구 우선 배려 • 불이익조치 우려에 따른 금지 권고	
보상 및 포상	• 국가, 지자체의 수입 회복이나 증대 시, 보상금 지급 • 포상금 지급	• 국가, 지자체의 수입 회복이나 증대 시, 보상금 지급 • 포상금 지급 • 공익신고로 인한 피해에 대한 구조금 지급	
벌칙	• 신고자 인적 사항 등의 무단 공개행위 • 신고자에 대한 불이익조치 및 이에 대한 원상회복 조치요구의 불이행	• 신고자의 인적 사항이나 신고 내용의 무단 공개 • 신고자에 대한 불이익 조치 • 보호조치 결정의 불이행 • 공익신고의 방해, 신고취소의 강요	국민권익위원회의 조사에 대한 거부 시, 과태료 외에 형사처벌 규정 부재

출처: 권창국(2012) 요약, 인용.

보고되는 현실과 달리 구조금 지원에 대한 실적이나 보고가 전혀 없어 구조금 제도가 사실상 형식적임을 보여준다.

3) 문제점과 개선방안

국민권익위원회는 내부신고 이첩사건 조사결과 및 조치내용을 발표하면서 내부신고가 부패적발 효과를 낳았다고 평가했다.[29] 그리고 최근에는 부패신고자 보호조치의 실효성을 제고하고 안정된 신고환경 조성을 위해 부패방지법을 개정했다.[30] 이런 성과 및 개선노력에도 불구하고, 두 가지 점은 개선이 필요해 보인다.

우선, 국민권익위원회의 조사권 부재와 신고인의 입증 부담의 문제이다. 국민권익위원회는 조사권이 없기 때문에 부패행위에 대한 수사를 일명 조사기관이라 하는 감사원, 수사기관 또는 감독기관 등에 이첩하도록 되어 있다. 게다가 부패혐의 대상자가 고위공직자일 경우에만 국민권익위원회 명의로 검찰에 고발할 수 있다.[31] 더 나아가 현행법은 부패행위를 신고하려는 자가 신고 대상과 부패 행위의 증거 등을 함께 제시해야 한다고 명시하고 있다. 진위 여부가 필요할 시 국민권익

---

29) 2002년 1월 25일 구 부패방지위원회 출범 이후 2017년 12월말까지 부패신고, 공익침해신고, 공직자행동강령 위반 신고사건 등 총 44,583건의 신고가 접수되었다(월평균 232건). 이 중 조사기관에 이첩된 사건은 2,112건인데, 401건은 2017년 12월 현재 조사기관에 의해 수사 또는 조사 중이고, 나머지 1,711건에 대한 부패혐의 적발률은 72.4%이다. 조사기관에 이첩된 사건(2,112건) 중, 내부신고가 차지하는 비율은 51.8%(1,093건)이고, 조사 결과가 통보된 901건에 대한 혐의 적발률은 74.9%로서 전체 혐의적발률(72.4%)보다 약간 높은 수치이다. 내부신고 이첩 사건 중 부패혐의가 적발된 675건의 조사결과 3,646명에게 기소·징계 등의 처분이 내려졌다. 이 과정에서 부패적발로 추징·환수의 대상이 된 금액은 6,430억여 원으로 전체 사건의 추징·환수 대상액(7,821억여 원)의 82.2%를 차지한다.

30) 2016년에는 위원회의 보호조치 결정을 이행하지 않는 경우 '이행강제금'을 부과함으로써 위원회 결정의 실효성을 제고하려 했다. 그리고 신고자 비밀보호의 실효성 및 보호결정의 이행력을 제고하기 위해 처벌 규정을 강화했다. 비밀준수 의무 위반 시, '3년 이하의 징역 또는 3천만 원 이하의 벌금'으로, 그리고 보호조치 요구 불이행 시 '2년 이하의 징역 또는 2천만 원 이하의 벌금'으로 각 각 상향 조정했다. 2017년 4월에는 그간 논란이 되었던 '사립학교' 교직원의 부패행위 신고를 제도화했고, 10월에는 신고자의 비밀보장 범위를 확대해서 (2018년 2월 시행) 위원회 및 조사기관의 종사자 뿐 아니라 누구든지 신고자의 동의 없이 인적사항이나 신고자임을 추정할 수 있는 사실을 공개 또는 보도해서는 안 되도록 했다. 더 나아가 신고로 인한 이사·치료비용 등을 보상금과는 별도로 신청할 수 있는 구조금 제도를 도입했고, 신고 취소를 강요하거나 신고 방해 행위를 한 자에게 형사처벌을 할 수 있는 근거를 마련했다.

31) 제59조 제4항에 규정된 고위공직자는 (1) 차관급 이상의 공직자, (2) 특별시장·광역시장 및 도지사, (3) 경무관급 이상의 경찰공무원, (4) 법관 및 검사, (5) 장관급 장교, (6) 국회의원 등이다.

위원회는 자료 제출을 피고발인이 아닌 고발인에게 요구하는 것이다. 이처럼 증거 제출 책임을 전적으로 신고자에게 전가하는 것은 국민권익위원회의 조사권이 없고 심사권만 있다 보니 불가피한 현상이다. 이런 점에서 내부고발이나 공익신고자들을 제대로 보호하려면, 국민권익위원회가 부패 통제 주무기관으로서 위상을 갖추고 접수된 건에 대한 조사권을 행사하며, 필요한 경우 제한된 범위에서라도 계좌 추적권과 비리 발생 기관에 대한 문서 제출을 요구할 수 있어야 한다.

둘째, 보호조치와 행정소송에 관련된 문제이다. 2015년 7월, 공익신고자보호법이 개정되면서 내부고발자 보호조치 결정의 실효성을 높이기 위한 이행 강제 제도가 도입되고,[32] 행정소송 중에도 효력이 유지되도록 했다. 하지만, 보다 근본적인 제도개선이 필요하다. 국민권익위원회가 공익신고로 인해 불이익을 받았음을 인정하는 '보호조치' 결정을 내렸을 경우, 불이익조치를 한 자들이 이에 대한 행정소송을 자제토록 해야한다. 기존의 내부고발 사례들을 보면, 국민권익위원회의 보호조치 결정이나 시정조치에 대한 권고가 있어도 불이익조치를 한 대상기관들이 국민권익위원회의 권고를 그대로 받아 드린 경우가 거의 없고, 일단 국민권익위원회 권고의 부당성을 주장하거나 불이익조치를 부인하는 행정소송을 제기하곤 했다.[33] 이처럼 행정소송이 진행되면, 신고자는 행정소송이 끝나고 그 소송에서 해당기관이 패소할 경우에만 원상복귀가 가능하고, 오랜 기간 불이익조치를 감내해야 한다. 이런 사례는 행정소송 기간 동안 보호조치 결정의 효력이 유지된다는 현행법 상 규정이 얼마나 형식적인 것인지를 보여주는 것으로, 신고자가 먼저 불이익(피해)을 당한 후 사후에 원상회복시키는 전형적인 법적 구제의 맹점이다.

불이익조치를 가한 피고발기관의 무분별한 행정소송을 막으려면, 패소 판결에 대한 책임 소재를 '기관'뿐 아니라 '기관장' 등 소송을 제기한 당사자들에게 일부 전가하는 방법을 고려해 볼 수 있다. 부당한 소송으로 인한 비용 발생이나 신고자

32) 위원회가 보호조치 결정을 내린 후 정해진 기간까지 보호조치가 취해지지 않으면 2천 만원까지 이행강제금을 부과한다. 다만, 이런 규제 조항은 국가나 지방자치단체에는 적용이 되지 않는다.
33) 한 때 여론을 크게 환기시켰던 K통신 사례의 경우, 제주 세계 7대 경관 국제전화 요금부정 의혹을 폭로한 신고자가 안양지사에서 가평지사로 발령이 났을 때, 국민권익위원회는 공익신고자보호법에 따라 원상복귀 명령을 내렸지만 K통신은 전보발령이 공익신고 때문이 아니라 징계에 대한 후속조치라는 이유로 국민권익위원회의 명령을 거부한 채 행정소송을 제기했다.

가 겪은 심리적, 물리적 피해에 비추어 상응하는 인사상 불이익이나 국고에 부담이 되게 한 책임을 물어 일종의 구상책임을 부과한다면, 보다 신중하게 소송을 제기하게 될 것이고, 지금처럼 소송을 제기한 후 아니면 말고 하는 식의 보복적 대응으로 일관하지는 않을 것이다.

[토론 주제]

익명인가, 무기명인가

효과적 내부고발의 조건 중 하나가 기명이라는 주장이 있는가 하면, 부담감과 보복의 위험을 줄이기 위해 익명으로 해야 한다는 주장이 있다. 어떤 주장이 더 설득력이 있는가?

5 재산신고와 퇴직 후 취업제한

우리나라는 공직의 윤리성 제고를 위한 제도적 노력의 하나로 공직자의 재산등록 및 공개와 퇴직 후 취업제한을 공직자윤리법을 통해 규제하고 있다. 이 두 가지 제도는 이익충돌과 마찬가지로 주로 고위공직자나 직무 특성상 비리를 저지르기 쉬운 특정 분야의 재직 또는 퇴직 공직자들을 대상으로, 공직사회의 부정적 영향을 줄 수 있는 직·간접적 요인들을 통제하려는 것이다.

현행 우리나라 공직자윤리법은 엄격하기로 이름난 미국 공직자윤리법을 모형으로 한 것으로, 비교적 상세히 규정하고 있다. 다만 전반적으로 법의 형식을 갖추는 데 초점을 두고 실효성 확보 방안을 소홀히 해서 의도한 바의 성과를 거두기 어려운 실정이다. 이처럼 법의 형식적 요건이 중시된 것은 대부분의 사례에서처럼 외국제도(법)를 모방하면서 우리 현실을 고려한다는 미명아래 정치인들이 사리사익이나 당리당략을 앞 세웠기 때문이다. 이하에서는 이런 점에 주목하면서 공직자 재산신고와 퇴직공직자 취업 제한에 관한 규정(취업제한, 업무취급 제한, 그리고 부정한 청탁 및 알선 금지)을 검토한다.

1) 재산공개

공직자윤리법은 개인의 재산상태나 거래당사자들로부터 받은 선물(호의) 등을 노출 시키려고 한다. 이처럼 윤리법이 노출을 강조하는 이유는 재정적 이해관계가 노출될 때 공직자들이 보다 적절한 행동을 할 것이라는 기대가 있기 때문이다. 이런 기대 뒤에는 언론이나 국민들이 이런 노출에 관심을 가질 것이라는 또 하나의 기대가 있다. 재산공개는 바로 이런 공직자윤리법의 노출 요건을 가장 직접적으로 반영하는 제도이다. 그리고 공직자들이 지닌 잠재적 이익충돌을 노출시킬 뿐 아니라, 사적 이득의 취득을 위해 공직을 남용하려는 그릇된 시도를 억제한다는 점에서 공직자윤리법의 최소한의 요건 또는 '초석'이라 불린다.

(1) 기본적 요건

공직자의 잠재적 이익충돌을 효과적으로 노출시키려면 가능한 한 모든 재산을 등록케 해야 한다.[34] 재산상태의 등록이 '종합적'이어야 하는 것이다. 다만, 자산이나 소득 내역을 지나치게 상세히 등록할 경우, 특별히 유용한 정보를 제공하지도 못하면서 공연히 등록자들에게 지나친 부담을 주거나 실수를 범할 기회만 증가시킬 수 있다. 따라서 재산 등록 시 공직자의 개인적 권리와 공공에 대한 노출 간의 균형이 유지되도록 해야 한다, 그리고 재산공개제도의 목적이 개인의 재산 규모를 평가하는 데 있는 것이 아니므로 재산의 가치 범주를 (정확한 금전 가치가 아니라) 적절히 구분해서 공개자의 실질적인 재정적 이해관계가 드러나도록 해야 한다. 이런 점에 비추어 보면, 우리나라의 공직자윤리법은 비교적 공개대상을 종합적으로 규정하고,[35] 재산 가치의 범주도 적절하게 설정되어 있다고 볼 수 있다. 다만, 타

34) 미국의 경우, 재산공개가 공직자의 이익충돌을 예방하는 데 목적을 두고, 불법적 재산 증식을 예방하기 위한 것은 아니라는 주장이 제기되기도 한다(진동균, 2002). 그러나 우리의 경우는 사실상 이익충돌의 예방보다도 오히려 재임 중 그릇된 방식의 재산 증식을 방지하기 위한 차원에서 도입된 성격이 더 강하다. 미국처럼 재임 중 외부에서 받은 급여를 등록하는 데 초점을 두기보다 일정 기간 동안 증식된 재산의 규모를 포괄적으로 검증하고, 주식, 금융자산, 부동산 등을 통해 재산변동의 적정성을 판단하는 데 초점을 두는 것이다.

35) 등록대상 재산은 부동산에 관한 소유권 · 지상권 전세권; 광업권 · 어업권 그밖에 부동산에 관한 규정이 준용되는 권리 등; 소유자별 합계액 1천만 원 이상의 현금(수표 포함), 예금, 주식 · 국채 · 공채 · 회사채 등 증권, 채권, 채무; 소유자별 합계액 500만 원 이상의 금 및 백금(금제품 및 백금제품 포함); 품목당 500만 원 이상의 보석류, 골동품 및 예술품; 권당 500만 원 이상의 회원

인 명의의 차명재산이나 사인 간 채무 및 채권 관계를 추적할 방법이 없어서 소유의 크기 및 이익충돌을 정확히 반영하기 어려운 문제가 있다.

단순히 공직자들의 재산상태를 등록(또는 보고)하라는 것만으로는 부족하다. 재산공개제도가 효과적이려면 글자 그대로 등록사항이 공개되어야 한다(must be public). 등록사항이 언론, 국민, 그리고 기타 공익집단에 공개될 때 크게 세 가지 효과를 기대할 수 있다(McCullough, 1994). 첫째는 등록대상자가 보다 완벽하고 정확하게 법을 준수하도록 유도하는 것이고, 둘째는 윤리법의 집행기관인 윤리위원회가 보다 성실하게 이익충돌 가능성을 자문하게 될 것이며, 셋째는 공직자들의 위반사실을 국민에게 노출시켜 이에 대한 교정이 이루어질 수 있도록 해 준다. 이런 기대효과들을 한 마디로 요약하면, 공직자, 윤리위원, 그리고 일반 국민 모두가 윤리법을 진지하고도 성실하게 수용토록 해 준다는 것이다. 이런 점에서, 등록의무자 중 1급 이상 고위공직자를 공개대상자로 지정하고, 그 외의 등록의무자의 등록사항은 범죄수사를 비롯한 특정 상황에서만 열람토록 한 것은 바람직하지 못한 입법사례이다. 현행 공직자윤리법(제10조 제3항 및 제4항)은 공개대상자를 제외한 등록의무자의 재산등록 사항의 열람, 복사를 위해 사전에 허가를 받도록 하고, 허가도 ① 등록의무자 본인이 신청하거나(공직자윤리위원회 또는 등록기관의 장이 허가) ② 비위조사, 범죄수사, 재판상 필요, 그리고 국회의원의 요구(공직자윤리위원회가 허가)가 있을 때만 가능토록 규정하고 있다. 이런 강제조항은 노출을 통해 재산공개의 효과를 얻으려는 공직자윤리법의 기본 취지에서 벗어난다. 비록 공개대상자의 사례처럼 관보 또는 공보에 게재하지는 않을지라도 열람 자체를 금하는 것은 윤리법에 대한 냉소주의를 유발할 수 있다. 이런 점에서, 우선 등록재산 열람에 대한 조건적 조항을 삭제하고, 공직자의 재산공개서를 법적으로 하나의 공공기록(a public record)으로 규정함으로써 모든 사람들이 신원을 밝히지 않고도 열람할 수 있도록 하는 것이 바람직하다.[36]

권; 소유자별 연간 1천만 원 이상의 소득이 있는 지식재산권; 자동차 · 건설기계 · 선박 및 항공기; 합명회사 · 합자회사 및 유한회사의 출자 지분; 그리고 주식매수선택권 등이다.

36) 미국의 경우는 연방정부, 주정부, 지방정부가 공직자의 재산보고서 열람을 놓고 서로 다른 접근을 취하고 있다. 연방정부는 일정한 등록기간 안에 사유를 명시해 사본을 요청하는 경우에 한해 인적 사항을 기재한 후 공개를 한다. 시카고는 공직자의 재산공개서의 복사나 단순한 열람을 요

(2) 재산등록자의 범위

재산등록의 대상자는 나라마다 다르다. 모든 공직자를 대상으로 하는 나라가 있는가 하면(예: 싱가포르, 말레이지아, 필리핀, 인도, 터키, 멕시코, 브라질, 볼리비아 등), 우리나라를 비롯한 대부분의 국가처럼 선출직이나 특정직 혹은 특정 직급에 한해 재산을 등록토록 하는 경우가 있다. 그리고 공직자 본인의 재산만 보고하는 경우가 있는가 하면, 공직자와 직계존비속 모두에게 보고의 의무를 지우는 경우도 있다. 이런 요소들에 대한 구체적 기준은 각국의 문화나 전통, 그리고 법제도에 따라 달라질 것이나, 이익충돌 가능성에 비추어 대상을 선정하는 것이 바람직하다.

현행 공직자윤리법은 상기한 4급 이상 공무원들 외에, 시행령으로 일부 특정 분야의 7급 이상 공무원을 등록의무자로 지정했다. 경찰과 소방의 경우 각 각 경사와 소방장까지, 그리고 조세(국세 및 관세)의 부과 및 징수를 담당하는 공무원 및 건축·토목·환경·식품위생 등 이른바 취약 분야에서 대민업무(인·허가, 승인, 검사·감독, 지도단속 업무 등)를 담당하는 5급 이하 7급 이상 공무원들을 지정한 것이다. 공직사회의 이익충돌이나 부정한 재산증식은 공직자 스스로가 재량권을 행사하거나 금전을 통제할 수 있는 위치에 있을 때 발생할 가능성이 크다. 이런 점에서 상기한 민원관련 취약분야에서 규제, 구매, 인허가 등의 업무를 담당하는 경우에는 직급에 관계없이 모든 공무원들에게 등록의무를 확대할 필요가 있다. 이런 방안에 대해 다른 직종과의 형평성이나 보직 변경에 따른 혼란 야기라는 문제점이 지적될 수 있으나, 이런 문제는 윤리적으로나 법적으로 하자가 없다. 오히려 가장 효율적 방법으로 부패통제 효과를 얻을 수 있다는 점에서 그 전략적 의의가 인정되어야 한다.

등록(공개) 대상을 공직자 본인에 한정할 것인지, 아니면 가족 및 존비속을 모두 포함시킬지도 일국의 사회적 여건에 따라 다르게 설정될 문제이다. 현행 공직

청한 경우, 반드시 신청서에 이름 및 주소를 밝히도록 하고, 신청자의 이름 및 주소를 다시 해당 공직자에게 알려 준다. 이에 비해 하와이는 1992년까지는 이와 유사한 제도를 지녔으나, 1992년에 주법원이 개인의 재산공개서가 법적으로 하나의 공공기록으로 규정되는 한 이런 정보를 보고자 하는 사람에게 이름을 밝히도록 하는 것은 위헌이라는 판결을 내렸다.

자윤리법 제4조는 본인, 배우자(사실혼 관계자 포함), 그리고 직계 존·비속을 (출가한 직계비속 여성, 외·증조부모 및 외·증손자녀는 제외) 등록(공개)대상의무자로하고, 재산등록사항의 고지거부권에 관한 예외규정(제12조 제4항)을 두어 '피부양자'가 아닌 직계존비속을 사실상 등록대상에서 제외하고 있다.[37] 이런 예외 규정은 우리 사회의 구조적 여건이나 관행에 비추어 볼 때, 재산등록(공개)제도의 실효성을 크게 저하시킬 우려가 있다. 현행 공직자윤리법이 부부별산제를 인정하는 법적 조항에도 불구하고 배우자 명의의 재산을 등록(공개)케 한 것은 현재 우리 사회의 관행이 이를 불가피하게 만들기 때문이다. 그런데 단지 경제적 독립이라는 이유만으로 피부양자가 아닌 직계존비속이나 형제, 자매를 등록대상에서 제외한 것은 차명재산의 은닉이나 재산의 편법분산을 조장할 가능성이 있다. 지난날 전직 대통령이나 고위직 관료들이 개입된 비리사례를 보면 현행 공직자윤리법(제4조)이 기존 조항에서 민법상 직계존비속 중 출가한 직계비속 여성 외에 외(증)조부모 및 외(증)손자녀를 제외키로 한 것도 사실은 개선이 아닌 개악이란 비난을 받을 소지가 있다.[38] 실제 그간의 실태를 보면, 다수의 고위공직자들이 혼인, 타인 부양, 또는 독립생계 유지 등의 이유를 들어 본인의 직계비속 재산의 고지를 거부했고, 심지어 이명박 대통령은 누구보다 공직윤리 확립에 앞 장서야 할 행정부의 수장임에도 불구하고 장남의 재산을 밝히지 않아 재산공개의 취지를 크게 훼손했다는 비난을 받았다.[39]

37) 고지거부 허가요건은 크게 두 가지이다. 하나는 피부양자 요건으로(영 제27조의2 제1항) 소득이 없거나 저소득으로 인해 독립적 생계 유지가 불가능하고 등록의무자의 부양을 받는 직계존비속이어야 한다. 다른 하나는 독립 생계 유지 요건으로(영 제27조의2 제2항), 직계존속의 경우는 나이, 취업 등 직업 유무, 보유재산의 정도 및 취업, 사업 또는 재산을 통해 발생하는 정기적 소득의 정도를 종합적으로 판단하고, 직계비속의 경우는 나이, 주민등록표상 별도의 세대 구성 여부, 취업 등 직업 유무, 취업 등의 기간 및 취업, 사업을 통해 발생하는 정기적인 소득의 정도 등을 종합적으로 판단한다. 고지 거부에 대한 허가권자는 원칙적으로 관할 공직자윤리위원회이나, 예외적으로 중앙행정기관 4급 이하 심사권 수임기관이 될 수도 있다.

38) 1981년 공직자윤리법 제정 당시에는 본인의 직계존비속의 예외 대상으로 '출가한 여'만 (그리고 등록의무자가 혼인으로 부 또는 처의 가에 입적한 때에는 그 배우자의 직계존비속) 지정했으나, 1994년 12월 개정 시 출가한 여 외에 '외조부모 및 외손자녀를 제외'하는 규정이 추가되었고, 2009년 2월 개정 시에는 '외증조부모, 외조부모, 외손자녀 및 외증손자녀는 제외'하는 것으로 예외 대상이 더욱 확대했다.

39) 2014~2017년 사이에 전체 재산등록 공직자(135,000~138,000명) 가운데 직계존비속 재산 고지를 거부한 공직자가 약 21~22%(29,000~31,000명)에 달하는 것으로 나타났다. 특히, 재산 고지

2) 퇴직 후 취업 제한

'퇴직 후 취업제한' 또는 '퇴직 후 활동 제한'은 본래 기업과 공직을 오가며 경력을 추구하는 이른바 회전문(revolving door) 관행에 따른 비윤리적 로비활동을 방지하기 위한 제도이다. 이런 제도는 공직자가 기업을 위해 일할 목적으로 공직을 떠날 때, 재직 시 취득한 정보나 형성한 대인관계를 사익을 위해 활용할 수 있고, 이럴 경우 정부의 도덕성에 대한 국민적 신뢰가 손상됨을 전제로 한다. 그리고 이런 전제는 퇴직 공직자가 다른 사람이 지니지 못한 극비 정보를 소유하거나, 현직 관료에게 접근할 수 있는 이점을 지니고 있다는 사실을 강조한다. 이런 점에서 퇴직 후 취업제한은 모든 시민과 기업이 동등하게 공공 정보를 접할 수 있도록 하고, 정부조직에 의한 동등한 대우를 보장하기 위해 고안된 제도라 할 수 있다. 우리의 경우, 한 번 퇴직한 공직자가 다시 공직에 들어오는 사례가 많지 않아 순수한 의미의 회전문 관행은 큰 문제가 되지 않는다. 다만 공직자가 정부 부서에서 근무할 때 알게 된 정보가 특정 기업에게 유리하게 작용할 수 있고, 장차 기업에서 근무하길 원하는 공직자가 미리 현직에서 미래의 고용주에게 유리한 정보를 제공하거나 특혜를 줄 수 있어 공익의 손상은 물론 이익충돌이라는 관점에서 주의를 기울여야 한다.

현행 공직자윤리법(제17조)은 공직자와 영리사기업체의 유착가능성을 방지하고 직무의 공정한 집행을 위해 재산등록의무자인 공직자가 퇴직 전 5년 간 담당했던 업무와 밀접한 관련이 있는 이른바 '취업제한기관'(매년 인사혁신처장이 확정고시)에 퇴직 후 3년 간 취업할 수 없도록 규제하고 있다. 퇴직 공직자는 퇴직당시 소속되었던 기관의 장에게 취업개시 30일 전까지 취업제한여부 확인 요청서를 제출해 윤리위원회의 승인을 얻어야 하고, 국가기관 및 공직유관단체의 장은 취업제한대상자가 퇴직한 경우 퇴직 후 3년 간 (법 제17조에 규정된) 관련 영리사기업체에 취업했는지를 확인해 매년 1회 이상 그 점검결과를 위원회에 보고해야 한다(법

거부를 신청한 공직자(7,740명) 중 고지거부 허가를 받은 사람이 88%(6,818명)을 상회하는 것으로 나타났다. 참여연대는 이런 실태를 근거로 고지거부 규정을 폐지하고, 등록대상재산에서 혼인한 직계비속 여성, 외(증)조부모, 외(증)손자녀의 등의 예외 규정을 재검토할 필요가 있다고 주장한다(참여연대, 2018a).

第19조의2). 하지만 이런 규정은 거의 형식 수준을 넘어서지 못한다. 지난 6년 간 공직자윤리위원회에 접수된 취업 승인 신청 건수는 총 2,128건인데, 이 중 90%에 가까운 1,894건이 '직무와 관련이 없다'는 판단(취업 가능)을 받았고(〈표 9-10〉 참조), 업무관련성을 전제로 한 취업 승인 신청의 경우도 75%가 특별사유가 인정되어 취업승인을 받았다(〈표 9-11〉 참조). 그나마도 위원회는 대부분 신청인이 퇴직 전 5년 간 담당했던 업무와 취업하고자 하는 기업체가 직접적으로 관련이 없다는 퇴직 전 소속기관장의 사전 검토의견을 그대로 수용해 승인한 것으로 인식된다.

표 9-10 퇴직공직자 취업제한 여부 확인 심사 결과(2012~2017)

(단위: 건)

	2012	2013	2014	2015	2016	2017	계	%
요청	213	222	212	347	470	664	2,128	100
취업 가능	209	206	178	309	447	545	1,894	89
취업 제한	4	16	34	38	23	119	234	11

심사 내용: 퇴직 전, 5년 간 소속부서 또는 기관과의 업무관련성 존재 여부.
출처: 정부공직자윤리위원회(2013, 2014, 2015, 2016, 2017, 2018).

표 9-11 퇴직공직자 취업승인 심사 결과(2012~2017)

(단위: 건)

	2012	2013	2014	2015	2016	2017	계	%
취업 승인 신청	5	6	8	36	69	88	212	100
취업 승인	4	6	2	28	50	69	159	75
취업 불승인	1	0	6	8	19	19	53	25

심사 내용: 퇴직 전 5년 간 소속부서 또는 기관과의 업무관련성은 있지만, 법령에서 정하는 특별사유에 해당하는지 여부.
출처: 정부공직자윤리위원회(2013, 2014, 2015, 2016, 2017, 2018).

이와 같은 온정적 승인절차는 퇴직공직자가 공직자윤리법 제18조의 규정을 어기고 취업제한심사나 취업승인심사를 받지 않고 임의로 취업한 경우에도 유사하게 나타난다.[40] 2012년부터 2017년까지 정부공직자윤리위원회가 일제조사를 통해 밝

40) 취업심사대상자가 퇴직일부터 3년 동안 취업제한기관에 취업을 하려는 경우에는 국회규칙, 대법원규칙, 헌법재판소규칙, 중앙선거관리위원회규칙 또는 대통령령으로 정하는 바에 따라 퇴직 당

혀낸 794명의 임의취업자 가운데 취업가능 · 승인 결정을 받은 심사대상자는 65%(518명)인 반면, 취업제한 결정을 얻은 사람은 35%(276명) 지나지 않는다(〈표 9-12〉 참조). 이런 취업제한 비율은 취업 전에 정상적 법적 절차를 밟아 취업제한이나 불승인 판정을 받은 비율이 각 각 11%와 25%인 것을 감안하면 상대적으로 높은 수치이다. 하지만 사전에 취업승인 절차를 밟지 않고 임의취업을 했다는 것은 밀접한 업무관련성이 있는 기관에 취업했을 가능성이 높기에, 상기한 심사결과는 엄격하지 못한 심사에서 비롯되었다는 의혹을 받을 수 있다. 더 나아가 2014~2017년 동안 적발된 임의취업자 648명 중 '해임요구'(18명)나 '과태료 부과 요청'(219명) 등 제재조치를 받은 퇴직공직자는 36.6%에 불과했고, 나머지 63.4%(411명)은 아무런 제재도 받지 않았다(참여연대, 2018b).

이처럼 취업 승인에 관한 관리가 느슨하거나 온정주의로 흐르는 것은 무엇 보다 상기한 바와 같은 취업제한자에 대한 취업확인 및 신고 절차가 지켜지지 않고,[41] 취업제한 규정 위반 시 이에 상응하는 법적 제재가 따르지 않기 때문이다.

표 9-12 퇴직공직자 임의 취업자 적정성 심사 결과(2012~2017)

(단위: 건)

	2012	2013	2014	2015	2016	2017	계	%
심사	83	63	40	155	224	229	794	100
취업 적정/승인	73	52	29	89	135	140	518	65
취업해제 요청	3	1	1	6	6	5	22	3
자진퇴사	7	10	10	60	83	84	254	32

출처: 정부공직자윤리위원회(2013, 2014, 2015, 2016, 2017, 2018).

시 소속되었던 기관의 장을 거쳐 관할 공직자윤리위원회에 취업이 제한되는지를 확인하여 줄 것을 요청해야 한다(제18조, 취업제한 여부의 확인 및 취업승인). 그리고 국가기관, 지방자치단체 또는 공직유관단체의 장은 1년 1회 이상 취업심사대상자의 임의취업 여부를 일체조사 하도록 되어 있다. 방법은 직접 확인하거나 국민건강보험공단(직장보험가입자 여부) 등 관계기관에 조회할 수 있고(법 제19조의2 제1항), 조사 결과를 관할 공직자윤리위원호에 보고해야 한다. 만일 퇴직공직자가 관할 공직자윤리위원회에 취업제한여부의 확인을 요청하지 아니하고 취업제한기관에 취업한 경우에는 1천만 원 이하의 과태료가 부과되고, 사후 취업제한여부 확인 심사결과 밀접한 업무관련성이 발견되면 해임을 요구하고, 불복할 시에 고발조치한다.

41) 취업예정자로서 법적 규정에 따라 취업 전 사실을 전 직장에 신고하지 않는 사람이 적지 않은 가운데, 각 부처는 퇴직자에게 이러한 법적 규정을 알리거나 제도 운영의 기본인 퇴직자의 취업 여

퇴직 후 취업제한이 법적 제도로서 갖추어야 할 기본적 요건을 제대로 갖추지 못한 것도 제도의 형식적 운영을 초래하는 하나의 요인이 된다. 퇴직 후 취업제한 제도가 실효를 거두려면, 취업대상자의 범위는 물론 퇴직자의 로비활동을 제한하는 주제별 규제사항, 로비활동에 대한 시간적 제약, 그리고 직급별 규제조항 등이 윤리법에 명문화되고, 이를 윤리위원회는 물론 취업제한대상자가 명확히 알고 준수할 수 있어야 한다.

퇴직 공직자의 불법 취업 시, 공직자윤리위원회 위원장이나 국가기관 또는 자치단체의 장에게 불법 취업자에 대한 해임을 요청토록 하는 것은 사실상 퇴직 공직자들의 불법 취업을 묵인하는 것과 같다.[42] 퇴직 공직자의 불법 취업에 대한 신고 없이는 불법 취업을 확인할 길이 거의 없기 때문이다. 퇴직 공직자들의 취업 승인 신청을 장려하고 불법취업을 억제하려면 취업신청 의무조항을 위반할 시에 따르는 처벌을 강화하고, 동시에 (공직자윤리위원회 등 국가기관의 장이 아닌) 퇴직 공직자를 채용하는 기업들이 이들의 적법성 여부에 대한 판단을 해당 공직자윤리위원회에 요청토록 함으로써 불법취업의 기회를 근본적으로 줄여야 한다. 물론, 이런 과정에서 해당 기업이 법적 의무조항을 위반했을 때 처벌을 강화하여 기업이 퇴직 공직자를 불법으로 채용코자 하는 동기를 줄여야 함은 재론의 여지가 없다.[43]

오늘날 퇴직 공직자들의 기업을 위한 로비활동은 거의 모든 정부 분야에서 나타난다. 미국 공직자윤리법은 이런 분야를 특정 사안(particular matter)이라 하고, 모든 유형의 신청, 계약, 논쟁, 비난, 소송, 체포, 조사, 결정요구, 정책결정, 혹은 사법적 절차 등을 이에 포함시키고 있다. 퇴직 후 취업제한 제도는 이런 특정 사안

부를 확인하는 데 소극적이다. 이처럼 퇴직 후 활동에 대한 부처의 규제 노력이 소극적인 이유는 공무원의 직업 선택권에 대한 지나친 제한이라는 공직 내부의 공감대가 형성되어 있기 때문이다.

42) 개정된 공직자윤리법(제19조, 제1, 2항)에 따른 불법 취업자에 대한 해임 요구는 공직자윤리위원회위원장 및 국가기관의 장에게 불법 취업 퇴직자를 발견하여 관계 중앙행정기관의 장에게 취업해제조치를 취하도록 요청하고, 이러한 요청을 받은 관계 기관의 장이 다시 해당 퇴직자가 취업하고 있는 영리사기업체 또는 협회의 장에게 해임을 요구하는 절차를 따르도록 되어 있다.

43) 공직자윤리법은 자료 제출 요구를 정당한 사유 없이 거부하거나 거짓 자료를 제출한 취업제한기관에게 2천만 원 이하의 과태료를 부과토록 하고 있다(제30조 제2항). 이런 처벌은 기업이 불법 취업한 퇴직공직자로부터 얻을 수 있는 정보나 영향력 행사로부터 얻을 수 있는 이익에 비하면 터무니없이 약하다 할 수 있다.

에 관련된 퇴직공직자들의 로비활동을 무조건 규제하는 것이 아니다. 이런 사안에 관한 로비활동을 규제하려면, 국가가 특정 사안에 대해 직접적이고도 실질적 이해관계를 지녀야 하고, 퇴직 공직자가 과거에 이런 사안에 직접적으로(개인적으로) 혹은 실질적으로 참여(개입)했어야 한다. 그리고 윤리법은 퇴직 관료가 근무하던 전직 부서와의 의사전달이나 전직 부서를 상대로 한 로비활동만 제한할 뿐, 다른 부서나 조직을 상대로 한 로비활동은 제한하지 않는다.

윤리법이 전직 부서를 상대로 한 퇴직 공무원의 로비활동을 금하는 것은 공직에 재임 시 취득한 정보가 1년 내지는 2년 간 그 가치를 유지할 것이라는 가정 때문이다. 그러나 재임 시 얻은 기밀정보의 가치는 이처럼 단기간에 줄어들지 않을 수 있고, 때로는 정보의 가치가 떨어진다 해도 재임 시 쌓아 놓은 긴밀한 대인관계는 여전히 수 년 동안 가치를 지닐 수 있다. 이런 점에서 우리나라의 공직자윤리법처럼 모든 퇴직공무원을 대상으로 로비활동 기간을 획일적으로 설정하는 것은 바람직하지 못하다.[44] 이런 문제점을 보완하기 위해, 우선 퇴직 공직자의 로비활동의 범위, 즉 특정 사안의 내용을 보다 명확히 하고, 제한 기간의 설정에 있어서 특정 사안에 개입 정도뿐 아니라 직급에 따라서도 차별화 하는 방안을 고려해 볼 수 있다.

2011년 7월 법 개정을 통해 신설된 퇴직공직자 '업무취급제한' 및 '행위제한' 제도는 이런 입법취지를 일부 반영한 것이다. 퇴직공직자 업무취급제한제도는 '모든' 공직자를 대상으로 본인이 재직 중 '직접' 처리한 '일정 업무'(법 제17조 제2항 각 호의 업무)에 대해 '영구히' 취급을 금지하는 것과 등록의무자 중 기관업무기준 취업심사대상자가 퇴직 전 2년부터 퇴직할 때까지 근무한 기관이 (퇴직 공직자가 취업한) 취업제한기관에 대해 처리하는 일정 업무를 퇴직한 날부터 '2년 동안' 취급하지 못하도록 하는 것을 내용으로 한다.[45] 이에 비해 행위제한제도는 '모든' 퇴직공직자를 대상으로 퇴직 전 소속기관의 임직원에게 법령을 위반하게 하거나 지

44) 공직자윤리법(제17조 제1항)은 직급에 관계없이 모든 등록의무자를 취업제한대상자로 규정하고, 그 기간도 특정 사안에 대한 참여 여부의 확인도 없이 무조건 3년으로 획일화하고 있다.

45) 단, 관할 공직자윤리위원회는 국가안보나 공공이익을 위해 해당업무의 취급이 필요한 경우에는 그 취급을 승인할 수 있고, 취업제한기관에 취업한 기관업무기준 취업심사대상자는 퇴직 후 2년간 1년마다 업무내역서를 관할 공직자윤리위원회에 제출해야 한다.

위 또는 권한을 남용하게 하는 등 공정한 직무수행을 저해하는 부정 청탁이나 알선을 금하고, 재직 중인 모든 공직자는 부정 청탁이나 알선을 받았을 때 이를 소속 기관장에게 신고할 것을 의무화하고 있다.[46]

이런 법 규정에도 불구하고, 업무취업제한 및 행위제한 심사는 다른 퇴직 후 취업 관련 심사와 마찬가지로 형식적 심사라는 비판을 면키 어렵다. 〈표 9-13〉은 2011년 10월 법 개정에 따라 업무취급제한 및 행위제한제도가 신설된 후 실제 취급 업무의 위반사례와 부정 청탁·알선행위의 신고사례를 보여준다. 지난 6년 동안 총 422건의 (취업제한 기관에 취업한 기준 심사대상자의) 업무내역서가 윤리위원회에 제출되었는데, 업무활동 분석 결과 제한 업무취급 위반 사실이 있는 것으로 판단되어 과태료를 부과 받은 것은 단 4건(1%)에 불과했고, 99%(나머지 418건)는 위반사실이 없는 것으로 확인되었다. 그리고 공공이익 등을 이유로 재직 중 본인이 직접 처리한 일정업무를 퇴직 후에도 처리할 수 있도록 요청한 9건에 대해서는 2건(22%)만 취업 불승인을 했고, 나머지 7건(78%)는 모두 필요성을 인정해 취업 승인을 했다. 마지막으로 행위제한과 관련해서는 공직자 본인이 재직 중 직접 처리한 업무를 퇴직 후 취급했거나 퇴직 공직자자가 재직 중인 공직자를 대상으로

표 9-13 취업제한기관 취업 심사대상자의 업무내역서 심사 결과(2012~2017)

(단위: 건)

		2012	2013	2014	2015	2016	2017	계
업무내역서 제출		0	64	77	23	56	202	422
업무 취급 위반 판단	업무 취급 사실 없음	–	63	76	23	56	200	418(99%)
	업무 취급 사실 있음	–	1	1	0	0	2	4(1%)
업무 취급 승인 요청	업무 취급 승인	–	–	–	1	1	5	7(78%)
	업무 취급 불승인	–	–	–	–	1	1	2(22%)
부정 청탁·알선 행위 신고		0	0	0	0	0	–	0

출처: 정부공직자윤리위원회 연차보고서(2012, 2012, 2013, 2014, 2015, 2016, 2017).

46) 더 나아가 현행 윤리법은 재직 중인 취업심사대상자가 일정업무와 관련한 취업제한기관을 상대로 본인의 취업을 청탁하는 행위를 금하고 있고, 국가기관, 지방자치단체 또는 공직유관단체의 장이 해당 기관의 취업심사대상자를 퇴직 전 5년 동안 처리한 일정업무와 관련된 취업제한기관으로 취업을 알선하는 행위 또한 금하고 있다(제218조의5).

부정 청탁이나 알선행위를 했다고 신고한 사례는 한 건도 없었다.

이런 이유로 취업심사위원회를 공직자윤리위원회로부터 독립시키고, 급변하는 재취업 환경을 적절히 분석할 수 있는 전문인력을 보강해서 실질적인 조사와 심사가 이루어질 수 있도록 해야 한다는 주장이 설득력을 얻는다. 절차상으로는 취업심사의 객관성과 공정성을 제고하고 엄격한 심사를 위해 취업심사 결과 뿐 아니라, 심사결과에 대한 사유와 회의록을 공개해야 한다는 목소리도 높다. 특히 엄격한 취업심사는 임의취업과 '직무관련성' 조건을 우회하기 위해 이른바 '경력관리'를 (즉, 퇴직 전 5년 간 근무이력을 퇴직 후 취업하려는 기업과 무관한 곳으로 관리하는 것) 통한 취업을 막기 위해 필수적이다.[47] 2017년 공직자윤리법이 취업 승인 요건으로 퇴직 전 담당 업무기간을 2년에서 5년으로 늘렸지만, 이런 법규의 허점을 이용한 취업 사례가 범정부 차원에서 지속적으로 발생하고 있는 것이다.

3) 공직자윤리위원회

공직자윤리법을 집행하려면 독립된 위치에서 이를 통제할 수 있는 윤리위원회의 설치가 필수적이다. 그리고 윤리위원회를 효율적 통제기구로 만들기 위해 법적 지위나 권한, 그리고 예산과 인력 면에서 적절한 요건을 충족시켜 주어야 한다.

(1) 조 직

윤리위원회를 설치할 때 크게 두 가지 모형을 준거할 수 있다. 하나는 전통적 모형으로 국가 부서별로 해당 조직 내에 윤리위원회를 — 즉, 의회윤리위원회, 정부윤리위원회, 사법윤리위원회 등 — 설치하는 것이고, 다른 하나는 범정부적 차원에서 윤리법을 통제할 국가윤리위원회(national ethics commission)를 행정부의 한 부서 혹은 별도의 독립된 조직으로 설치하는 것이다.

이 가운데 전자는 국가 권력기구의 독립성 및 권력분립의 원칙을 충족시킨다는

47) 2018년 금융감독원에 근무했던 고위공직자들이 유관기관에 재취업을 위해 집단적으로 경력관리를 받아 온 것이 적발되었다. 공직자윤리법 17조를 피하기 위한 일종의 편법으로서, 2010년부터 2018년까지 퇴직한 77명의 금융감독원 고위공직자 중 65명이 경력관리를 받은 것으로 추정되었다(UPI뉴스, 2018.10.10). 더욱 심각한 것은 이런 현상이 금융감독원뿐만 아니라, 다른 기관에서도 발견되고 있다는 것이다.

점에서 의의가 있으나, 집행이 효과적이지 못하고, 특히 재직자들의 윤리문제를 중립적 위치에서 다루기가 어렵다. 이런 이유로 전통적 모형은 대개 민간인들의 참여를 장려하는데, 문제는 그 구성 비율의 관계없이 여전히 위원회가 독립적이지 못하다는데 있다. 이에 비해 후자는 윤리위원회 자체의 독립성을 유지하고, 윤리규정을 통일적으로 적용하며, 운영에서 효율을 기할 수 있으나, 전통적 모형과는 반대로 자칫 윤리법의 적용을 받는 조직의 독립성을 해칠 가능성이 있다. 예컨대, 국회가 아닌 다른 조직이 의원들을 징계하거나 탄핵하는 권한을 행사하게 될 경우, 이는 의원의 면책특권 등 헌법으로 보장된 국회의 독립성을 손상시키는 것이 된다.

우리나라의 공직자윤리법은 범국가적 차원에서 제정되었으나, 이의 집행은 전통적 모형에 따라 각 국가 기관에 설치된 윤리위원회가 통제하고 있다. 따라서 적어도 외형상으로는 공직자윤리위원회가 권력분립상의 독립성을 유지하고 있다 할 수 있다. 문제는 후술하는 바와 같이 위원회 구성이 객관적이지 못해 심사의 공정성이 크게 훼손되고 있다는 것이다.

(2) 권한 및 기능

윤리위원회는 정치적 편견을 지닌 '이 빠진 감시견'에 불과하다는 비난을 종종 받는다. 법적 통제 효과를 초래할 수 있는 권한을 지니지 못한 채 정치적 영향력에 따라 법 집행을 달리하고, 결과적으로 비리 공직자들에게 면죄부만 제공하기 때문이다. 윤리위원회가 스스로의 통제 임무를 제대로 수행하려면 적절한 구조 및 기능상의 요건을 갖추어야 하고, 특히 충분한 권한을 소유해야 한다. 이런 권한은 여러 가지 있을 수 있으나, 적어도 윤리법 위반사례에 대한 조사, 구속력 있는 자문적 견해의 피력, 증거 및 증인의 소환, 국가에 대한 불평 제기, 그리고 재산등록 및 공개에 대한 통제 권한이 요구된다.

우리나라 공직자윤리위원회는 이런 다양한 권한 가운데 재산등록에 관한 부분적 통제권만 지니고 있다. 비록 규정상으로는 재산등록사항에 관한 심사 및 심사결과 처리, 법무부장관(국방부장관)에게 조사 의뢰(또는 조사의뢰 승인), 금융기관의 장에게 금융거래 자료 제출(혹은 제출 승인) 요구, 그리고 취업제한대상자의 취업 요구를 승인하는 등 다양한 권한을 지닌 듯하다. 그러나 다른 윤리제도와 마찬가지로 이들은 모두 형식적 권한에 불과하다. 위법사항이나 불성실 신고에 대한 조사 (혹은 조사의뢰) 요구가 자체심사 결과나 해당부처로부터의 의혹이 제기된 경우에 한하여 가능토록 되어 있고, 이들 기관의 의혹혐의나 조사결과에 따라서만 상응하는 행동을 취할 수 있다. 이는 곧 현행 공직자윤리법이 해당부처가 제대로 심사를 했는지, 혹은 법무부(국방부)가 은닉재산에 대한 조사를 제대로 했는지를 평가할 방법이 없고, 이에 대한 시정이나 책임을 확보할 만한 제도적 장치도 갖추지 못했음을 의미한다.

〈표 9-14〉는 2014년부터 2017년까지 정부공직자윤리위원회가 핵심 기능의 하나인 재산심사의 결과를 보여주는 자료이다.[48] 심사결과에 의하면, 정부공직자윤리위원회 관할 심사대상자 중 95%가 문제없다는 '자체 종결' 평가를 받았다. 문제가 있는 경우에도 대부분(2/3)은 '보완명령' 조치를 받는 데 그쳤다. 이에 비해 5천만 원 이상의 금액을 누락하거나 직무상 알게 된 비밀을 이용해 재정적 이득을 취한 경우에 내려지는 '경고 및 시정조치' 이상의 처분은 전체 심사대상의 4.5%에 불과했고,[49] 특히 '징계의결 요청' 처분은 극소수였다.[50] 다만 이런 결과는 각 기관

48) 정부공직자윤리위원회는 중앙행정기관 재산등록의무자, 중앙행정기관 관할 공직유관단체 임·직원, 지방자치단체(시·도, 시·군·구)의 장 및 광역(시·도) 의회의원, 지방자치단체 및 교육청 소속 3급 이상 공무원 및 시·도 교육감 등을 대상으로 재산심사를 한다. 재산심사는 대상별로는 재산공개자(국가·지방 정무직, 1급 공무원 등 전원 심사)와 재산비공개자(공개자를 제외한 등록의무자로 기준에 따라 선별 심사)로 나뉘어 실시되고, 내용상으로는 ① 등록재산의 거짓 기재, 잘못 기재한 내역 등을 확인하는 재산 성실등록 심사와 ② 재산취득경위, 소득원 등 부정한 재산증식 등을 심사하는 재산형성 과정 심사로 나뉜다. 윤리위원회는 심사결과 등록대상재산을 거짓으로 기재하거나 중대한 과실로 빠트리거나 잘못 기재하거나 직무상 알게 된 비밀을 이용하여 재물 또는 재산상 이익을 취득한 사실이 인정되면 경고 및 시정조치, 과태료 부과, 일간신문 광고란을 통한 허위등록사실의 공표, 해임 또는 징계(파면 포함) 의결요청을 해야 하고, 다른 법령 위반이나 부정한 방법으로 재산상 이득을 취한 경우에는 관계기관에 위반사항을 통보하거나 법무부장관에 조사 의뢰를 할 수 있다(공직자윤리법 제8조의2).

49) 재산등록사항 심사 및 처분기준에 의하면, 3억 원 이상의 금액을 잘못 신고해야 징계(해임)나 과태료 부과의 처벌을 받게 된다. 5천만 원 이상 3억 원 미만은 경고, 2천만 원 이상 5천만 원 미만은 보완명령, 2천만 원 미만은 실무종결된다. 퇴직자의 경우는 3억 원 이상 잘못 신고했어도 무족선 과태료 처분을 받는다(정부공직자윤리위원회 2017연차보고서).

50) 정부공직자윤리위원회(2017연차보고서)는 해당 처벌에 대해 다음과 같은 기준을 제시했다. '보완명령'을 받은 경우는 착오 등 과실에 의한 경미한 사항에 대한 정정인 경우, '경고 및 시정조치'처분은 주로 예금 및 주식, 금융채무 등 금융자산을 잘못 신고한 경우 또는 상당 가액을 부주의로

에 위임되어 심사된 결과보다 4배 가까운 것이어서, 정부공직자윤리위원회의 재산심사가 각 기관에 위임된 심사보다 다소 엄격하게 진행되었음을 보여주고 있다.

심사결과 '이상 없음'이 많다는 것은 긍정적으로 해석될 수도 있다. 문제는 공개제도의 핵심이 부정한 재산증식을 억제하기 위한 것인데, 과정심사에 대한 객관적 기준이 없어 재산심사가 재산형성보다는 성실등록에 초점을 두고 있다는 데 있다.[51] 재산심사 중 재산형성 과정심사는 등록재산이 과다하게 증식된 경우에 진행되는 데, 이런 심사는 전체 심사의 2%도 안 된다. 그리고 각 기관에 위임된 재산심사의 경우에는 재산형성 과정에 대한 소명자료를 제출한 현황이 없어서, 위임된 재산심사가 제대로 이루어지지 않거나 아니면 정부공직자윤리위원회가 제대로 관리하고 있지 않음을 추론케 한다.

표 9-14 2014~2017년 재산심사 결과 및 조치 결정 현황

(단위: 명)

재산심사 기관	심사대상자 구분	재산심사를 받은 대상자 수(A)	재산심사 결과 각 조치 결정 건수					
			이상 없음/자체 종결 (B)	보완명령 (C)	경고 및 시정조치 (D)	과태료 부과 (E)	징계의결 요청 (F)	경고·시정 조치 이상 처분 비율 (D+E+F)/A
정부 공직자윤리위원회	재산 공개자	10,818	9,446	868	423	78	3	4.7%
	재산 비공개자	9,94	7,733	1,347	375	19	20	4.4%
	소계	20,312	17,179	2,215	798	97	23	4.5%
각 기관 위임	재산 비공개자	160,154	115,627	43,159	1,226	16	126	0.9%
합계		180,466	132,806	45,374	2,024	113	149	1.3%

출처: 참여연대(2018a).

잘못 신고한 경우, '과태료 부과' 및 '징계의결요청'처분은 허위기재 또는 중대한 과실로 잘못 신고한 재산이 상당하거나 건물임대채무, 사인 간 채권·채무, 비상장 주식 등 비조회성재산을 심히 불성실하게 잘못 신고한 경우 등이다. 그리고 '과태료 부과'는 공무원 징계령의 적용을 받지 않는 '공직 유관단체 임직원, 정무직(선출직)'의 경우가 대상이 되었다.

51) 정부공직자윤리위원회는 이런 통계에 대해 '대부분'의 재산공개자들의 '성실히' 등록한 것으로 해석하고 있다.

이런 문제점을 해소하기 위해, 공직자윤리위원회에 의혹혐의가 있는 사례를 조사할 수 있는 권한을 부여하거나,[52] 위임된 심사결과를 검토하고 재심을 요구할 수 있는 권한을 부여하거나,[53] 아니면 최소한 감사원 같은 다른 사정기관에 조사를 의뢰할 수 있도록 하는 방안을 검토해 볼 수 있다. 지난 20여 년 동안 일부 정치권과 시민단체를 중심으로 고위공직자의 재산형성과정에 대한 공직자윤리위원회의 조사권을 부여하는 방안이 지속적으로 제기되었으나, 정치권이나 사정기관의 이해관계, 그리고 개인의 재산권을 침해할 소지가 있다는 반대여론에 부딪혀 좌절되곤 했다. 이런 반대 논리는 공직자 재산등록(공개)이 지닌 기본 취지를 망각하고 개인적 비리의 노출을 두려워하는 일부 이해당사자들의 궤변일 수 있다. 법적 보호의 대상이 되는 재산은 부정한 재산이 아니라 정당한 방법을 통해 취득한 재산이고, 재산등록(공개)제도는 공직자가 재임기간 동안 부정한 방법으로 재산을 증식하는 것을 억제하여 공직윤리를 확립하자는 데 목적을 두는 것이다.[54] 따라서

52) 현행법에 따르면, 공직자윤리위원회는 재산심사 과정에서 허위등록이나 직무상 비밀을 이용한 사익취득이 의심되는 경우, 해당 공직자에 대한 조사를 법무부(검찰) 또는 국방부(군검찰)에 의뢰할 수 있고, 재삼심사를 위임 받은 기관들도 필요시에는 공직자윤리위원회의 승인을 얻어 조사를 의뢰할 수 있다.

53) 2015년 12월, 공직윤리법 개정을 통해 제9조의2(공직자윤리위원회 직권 재심사 기능을 추가했다(제9조의2) 재산심사나 취업심사에 따른 결정이 이루어진 후 ① 결정의 기초가 된 증거자료가 위조·변조 또는 고의로 누락된 사실이 밝혀지거나, ② 심사과정에서 조사가 이루어지지 아니한 중요한 증거가 새로 발견되거나, ③ 심사과정의 심의·의결 절차 등에 관한 위법이 발견되었을 경우, 공익상 필요성인 인정되면 일정 기간 내에 자체 제적위원 2/3의 찬성으로 직권 재심사를 할 수 있다. 하지만, 이런 재심사는 최초 결정 후 3년 이내, 그리고 명백한 재심사 사유가 발견될 후 6개월 내에 자체적으로 재심사하는 것으로서, 기관에 위임된 심사결과를 놓고 의문이 가는 경우에 해당 기관에 재심을 요구하는 것과는 성격이 다르다.

54) 윤리위원회는 본래 조사권이 없는 것이 당연하다는 실무자 견해를 소개한 사례가 있다(진동균, 2002). 뉴욕시 이익충돌위원회 집행부서장(Carolyn Lisa Miller)의 말을 빌어 균형과 견제라는 차원에서 윤리위원회는 조사권이 불필요하고 위반사례가 발견되었을 때 벌금이나 형사처벌을 소속기관에 권고하면 된다는 것이다. 더 나아가 미국 연방정부의 정부윤리청의 경우도 정책수립이나 일반적 규정의 제정, 이익충돌 상황에 대한 조언·해석·권고·교육, 재산공개 관리 등의 정책업무만 하고, 조사는 FBI 등 수사부서, 정직, 해고 등 행정적 제재는 각 부서, 그리고 민·형사상 제재는 법무부가 담당함을 들러 윤리위원회나 정부윤리기구의 기능을 정책적 업무로 한정하는 것이 타당함을 시사한다. 이런 견해는 우리나라처럼 견제와 균형이라는 관행이 정착되어 있지 못한 국가에서는 설득력이 떨어진다. 과연 조사권 없는 윤리위원회의 그간 어떤 성과를 거두었는지, 반면에 부패통제 관련부서가 조사는 물론 수사권을 갖고 있는 싱가포르나 홍콩에서는 어떤 성과가 있었는지를 비판적으로 성찰하고, (미국과 달리) 캐나다는 의회 소속 윤리위원회에서 미국정부윤리청과 같은 정책 기능 외에 이익충돌법 위반사항에 대한 조사권을 갖고 $500 한도에서

윤리위원회의 권한 강화를 정치적 논리로 부정하기보다 윤리위원회의가 심사 기능을 보다 효율적으로 수행할 수 있도록 감사원 같은 비리 통제기관과 긴밀한 협조관계를 맺도록 해 주어야 한다.[55] 공무원의 부패행위는 단순히 재산상 관계뿐 아니라 다양한 직무에 연계되어 있기 때문이다.

마지막으로, 윤리위원회의 소극적 기능과 관련해 위원회의 인적 구성이 종종 논란의 대상이 된다. 공직자윤리법(제9조)은 윤리위원회를 위원장, 부위원장을 포함한 11인으로 구성하고, 이 중 위원장을 포함한 7인을 "법관, 교육자, 학식과 덕망이 있는 사람 또는 시민단체"(「비영리민간 단체 지원법」 제2조에 따른 비영리민간단체를 지칭)에서 추천한 사람 중에서 선임하도록 규정하고 있다. 그런데 2013년부터 2018년까지 5년 동안 정부공직자윤리위원회 민간위원 중 시민단체의 추천을 받아 선임된 위원은 한 명도 없었고,[56] 이 때문에 위원회가 운영의 편의성을 위해 내부감시나 견제역할을 할 만한 시민단체 위원을 배제하려 한 것 아니냐는 의혹을 낳고 있다. 이런 의혹은 윤리위원회가 철저한 비공개원칙을 고수하면서 허술하고도 온정적 재산 및 취업심사를 반복해 왔기에 더욱 커진다. 윤리위원회가 중립적 입장에서 주어진 기능을 제대로 수행하려면 위원회 구성원을 모두 민간인으로 대체하고, 위원 선임에서 여야의 정치적 영향력이 극소화될 수 있도록 해야 한다. 그리고 현행 공직윤리법의 주된 내용의 하나가 재산실태의 심사 및 공개에 있으므로, 학식이나 덕망 같은 추상적 기준 외에 이 분야에 대한 전문적 지식을 갖춘 사람들의 위촉을 장려해야 할 것이다. 특히, 학자들의 경우는 단순한 학문분야가 아니라 '세부전공'이 해당 업무의 내용을 처리하는 데 직접적 연관성이 있는지를 보고 위촉토록 해야 할 것이다.

행정벌도 부과하고 있음을 주목해야 한다.

55) 미국의 경우, 감사원장 이 그의 법적 의무를 수행하기 위해 공직자윤리법에 따라 제출된 재산공개보고서를 검토하고, 정기적으로 법 조항들의 효율적 실행여부를 검토하고 있으며(공직자윤리법 제108조), 연방정부윤리국은 재산신고서의 수리, 심사, 공개를 받은 공무원이 성실하게 그 직무를 수행하고 있는가를 감독하고 있다(동법 제402조).

56) 해당 기간 동안 주로 교수(행정학, 경영학, 법학)들과 법조인이 위원으로 선임되어 활동을 했다.

제 10 장

윤리프로그램

1 윤리프로그램의 구성 요소

윤리프로그램의 성공적 운영을 위해 가장 중요한 것은 프로그램에 대한 구성원들의 명확한 인지이다. 아무리 잘 구성된 프로그램이라도 이들의 의도가 잘못 전달되거나 윤리적 전략들이 구성원의 적극적 참여를 이끌어 내지 못하면 실패할 수밖에 없다. 이런 맥락에서 조직 내 의사소통을 활성화하기 위한 조치가 주된 관심사로 부각되는 데, 이를 위한 전략적 메커니즘이 곧 윤리강령의 개발, 교육훈련, 윤리상담, 그리고 비리보고 통로(절차)의 마련 등이다. 이런 메커니즘이 개발 · 작동될 때 조직의 윤리적 기준은 명확히 표명되고, 구성원의 내면화를 위한 기회가 증가한다. 이하에서는 이런 요소들을 중심으로 윤리프로그램의 핵심 내용을 검토한다.

윤리프로그램을 시행하다 보면 프로그램 요소들 가운데 어느 것이 보다 유용한지에 대한 의문이 제기될 수 있다. 전략적 차원에서 프로그램 요소에 대한 선택과 집중이 필요할 수 있는 것이다. 이런 의문에 응답하듯, 기업조직을 대상으로 윤리프로그램의 핵심요소인 윤리적 리더십, 집행수단, 그리고 윤리교육의 효과를 분석한 사례가 있다(Adam & Rachman-Moore, 2004). 이 연구에 의하면, 윤리교육이 리더십이나 집행수단보다 더 중요한 것으로 나타났다. 반면에 기대와는 달리 집행수단(즉, 맹세서약, 성과평가 등)은 구성원들이 윤리적 규칙에 따라 행동하도록 하는 데 있어 가장 영향력이 적은 것으로 나타났다. 이런 결과는 조직의 집행수단이 통제수단으로서 가장 중요하고, 구성원들 행동에 효과적으로 영향을 미친다는 일반적 믿음과 대조되는 것이다. 그럼에도 불구하고 이론 및 실무 차원에서 보편적 견해는 상기한 모든 프로그램 요소들을 (선택적이 아닌) '종합적으로' 활용하는 것이 바람직하다는 것이다. 윤리프로그램 요소들의 효과는 획일적이라기보다 조건적이고, 대상 조직의 주어진 상황에 따라 다양하게 나타날 수밖에 없기 때문이다.

1) 윤리교육

윤리교육은 가장 전형적인 프로그램 요소이다. 윤리교육은 구성원들 간의 윤리에 관한 의사소통을 가능케 하고, 구성원의 윤리의식을 일깨우며, 구성원들의 의문사항에 답할 기회를 재공한다. 더 나아가 윤리교육은 윤리에 대한 조직적 관심을 표명하고, 구성원들과 관리자들 간의 윤리적 대화를 자극하여 윤리프로그램에 대한 소유의식을 장려할 수도 있다. 이에 따라 윤리교육은 윤리담당관들의 입장에서 볼 때 조직 내 윤리적 관행을 조장하는 가장 중요한 수단이 되고, 적어도 여타 공무원들에게는 소속 조직의 윤리성에 대해 보다 긍정적 태도를 갖게 하는 계기를 제공할 수 있다(OGE, 2000). 그러나 이런 기대나 가능성과 달리 윤리교육의 실질적 성과는 그다지 고무적이지 못하다. 긍정적 실적보다 부정적 평가가 많다. 이는 윤리교육 자체의 문제가 아니라, 교육의 목적, 내용, 방법 등 주로 기본적 구성요소에서 결함이 발견되기 때문이다.

윤리교육이 기대한 만큼의 성과를 거두지 못하는 가장 큰 이유 중 하나는 교육목적에 대한 잘못된 인식 또는 올바른 인식의 부족이다. 도덕적 규범들을 피교육자들에게 그대로 침투시키거나 일방적으로 강요함으로써 교육자들에게 윤리규범이나 도덕기준을 비판적으로 성찰할 기회를 제공하지 못하는 것이다. 이런 현상은 특히 권위주의적 정부에서 두드러지는데, 성인들을 대상으로 한 교육에서 획일적으로 '해야 될 일'과 '해서는 안 될 일'을 거론하고, 때로는 구체적 행동대안이나 문제해결 방안도 가르친다. 올바른 윤리교육은 이처럼 관습적 윤리를 강요하는 것이 아니다. 윤리적 규범에 대한 개인적 상상력을 불러일으키고 이들을 행정실제에 적용함에 있어서 도움을 줄 수 있는 올바른 사고의 방법을 습득케 하는 것이다.

윤리교육의 내용도 부정적 결과를 초래하는 요인의 하나이다. 도덕질서나 핵심가치의 내용은 조직마다 다르고, 따라서 구체적 교육내용도 약간씩 다를 수 있다. 그럼에도 불구하고, 윤리교육은 일반적으로 윤리적 문제에 대한 해답을 찾는 과정에서 도움을 줄 수 있는 규범이론이나 이런 과정에서 사용되어야 할 올바른 사고의 방식을 다루어야 한다. 윤리이론, 윤리강령, 전문직업적 권리나 의무, 관리철학, 행정에 고유한 윤리적 문제 등이 이러한 맥락에서 활용될 수 있다. 이런 소재들을 내용으로 하는 윤리교육은 크게 일반적 윤리의식과 직무 관련 윤리의식을 모두 갖추도록 하는 데 기여할 수 있어야 한다. 넓은 의미의 조직윤리와 윤리적 기준, 정책, 절차 등에 대한 인지를 자극하고, 동시에 조직이 수행하고 있는 직무와 관련해 발생하는 윤리적 이슈들에 대한 민감성(자각) 높이는 것이다. 그래야만 구성원들은 비윤리적 행위의 전제조건과 윤리의 최저선이 무엇인지를 이해하고, 윤리를 습관화하기 위해 어떤 노력이 필요한지를 균형 있게 고려할 수 있다.

마지막으로 교육방식의 결함을 지적할 수 있다. 윤리교육의 방식은 담당 주체나 활용 매체에 따라 다양하다. 예컨대 ① 교육담당관 개인이 아니라 조직 내 다른 부서(인사담당 부서, 또는 여타 부서)와 협력을 통해서, ② 외부전문훈련가의 도움을 얻어서, ③ 이미 교육을 받은 조직구성원들과 함께, 혹은 ④ 윤리담당관의 도움을 얻어 관리자들이 실시할 수 있다. 그리고 구성원들이 비디오 등을 통해 스스로 학습할 수 있고, 전문직업적 교육이나 외부교육기관을 통해 위탁교육을 실시할 수도 있으며, 토론식 교육이나 사례연구 등 다양한 교육방식을 도입해 실시할 수도 있다. 이처럼 다양한 교육방식의 효과는 확실치 않으나, 적어도 두 가지 사실은 분명한 것 같다.

하나는 지나친 교육을 피하고 '산교육'을 중시하라는 것이다. 교육의 효과는 제한적일 뿐 아니라 대부분의 비윤리적 행위는 개인적 요인이 아닌 상황적 요인에 따라 달라진다. 따라서 지나치게 빈번한 교육은 오히려 교육에 대한 포만효과를 일으켜 효과를 떨어트릴 수 있다. 그리고 어떤 교육방법도 인간이 직접 보고 배우는 것만큼 많은 것을 가르칠 수는 없다. 여기에서 우리는 조직이 비리에 대해 관용을 베풀고 비리에 무감각할 때 구성원들이 쉽게 비리를 학습하게 됨을 잊어서는 안 된다.

다른 하나는 최선의 교육방법을 찾기보다 다양한 교육방식의 장점을 고루 활용해야 한다는 것이다. 관리자에 의한 교육은 다른 관리자들의 참여를 조장하고, 참모진들과 관리자들 간의 윤리적 대화를 조장할 수 있다. 이에 비해 관리자나 지정 근로자에 의한 교육은 프로그램의 소유의식을 조장할 수 있고, 전문윤리훈련가 및 자기보조 훈련자료(비디오 등)는 보다 정확하고 일관되게 윤리에 관한 정보를 제공하는 데 유리하다. 마지막으로 자기 보조적 훈련자료(self-paced ethics materials)는 저비용 훈련이 가능한 장점이 있다. 사례연구와 역할연기 방식도 적당히 활용할 필요가 있는데, 양자가 지닌 단점에 유의해야 한다. 사례연구는 업무에 대한 지식을 쌓고 문제해결이나 기획능력을 향상시키는 데 유용하나, 지나칠 경우 윤리를 지적 활동으로 몰아넣거나 윤리훈련을 만병통치제로 처방할 가능성이 있다. 그리고 소집단 내의 역할연기는 비윤리적 행위에 대한 합리화에 대처하고 태도와 동기를 변화시키는 데 유용하나, 상당한 기술을 요하고 결정론적으로 목표달성 대안을 도출하는 수단으로 활용될 때 비효과적일 수 있다.

2) 윤리담당관과 리더십

윤리프로그램의 성공적 운영을 위한 리더의 역할이나 고위직의 지원은 새삼 거론의 여지가 없다. 조직의 윤리적 문화를 조장하고 유지함에 있어서 감독자들의 역할은 거의 절대적이다. 조직에서 리더십의 지원적 역할은 무엇보다 윤리사업에 적극적인 참여를 통해 나타난다. 참여해서 조직의 발전과 성공을 위해 윤리가 중요함을 구성원들에게 알리고, 조직 내 윤리학습에 대한 장기적 지원을 보장해야 한다. 만약 윤리위원회나 조사위원회가 구성된다면 이의 구성원이 되어 수범적 리더십을 보여야 한다. 리더가 수범을 보이지 않고 단순히 말로만 부하들의 윤리적 행위를 기대하고 장려하는 것은 윤리성 제고와 관련된 어떤 효과도 초래할 수 없다. 진정한 의미의 윤리적 리더들은 행동을 통해 평소 '자신들이 말하는 바를 정말 믿고 있음'을 보여주고, 직업적 또는 개인적 삶 속에서 스스로가 천명한 윤리기준에 따라 행동하는 모습을 보인다.

3) 윤리기준 위반자의 처벌

대부분의 국가들은 비리통제는 크게 외치지만 막상 비리를 적발하는 데는 소극적이다. 하물며 윤리적 행위를 장려하는 데는 더 말할 것이 없다. 그럼에도 불구하고, 이 보다 더 나쁜 상황은 비리를 적발하고도 적절한 제재를 가하지 않는 것이다. 대외적인 공신력이나 조직 내 파급효과를 우려해 비밀에 붙이거나 적당히 해결코자 하는 것이다. 이와 같은 잘못된 대응은 타인의 비리에 적용되는 강화가 관찰학습의 대상이 되고, 조직 전체로 확산되며, 궁극적으로는 윤리사업 추진에 치명적일 수 있다. 비리를 제재하는 과정에서의 실패는 조직 내 비리를 조장하는 요인이 될 뿐 아니라, 내부고발 같은 윤리적 행위를 억제하는 효과도 지녀 윤리사업을 실패로 이끄는 기폭제가 될 수 있다.

4) 윤리적 의사소통 매체와 윤리분석 및 평가

윤리프로그램의 성공적 집행은 조직 내 윤리에 관한 대화나 토론이 활성화되고, 특히 조직이 원하는 윤리기준이 구성원들에게 명확히 알려질 때 가능하다. 윤리기준을 구성원들에게 공식적으로 알리는 방법은 의사소통 매체나 수단에 따라 다양하게 나타날 수 있다. 예컨대, 교육과정에서 전달하던가, 윤리상담 핫라인(hot-line)을 설치하던가, 혹은 구성원의 윤리적 행동을 승진, 전보 등 조직 인사에 반영하는 수단을 택할 수 있다. 윤리 관련 메시지를 전달하고 더 많은 대화를 조장하기 위해 e-메일, 웹사이트, 뉴스레터, 포스터, 비디오, 연설, 강연 등을 활용할 수도 있다. 특히 윤리에 관한 설문조사(ethics survey)는 구성원들의 윤리적 행위에 관한 다양한 정보를 수집·분석하는 데 유리하고, 윤리상담을 위한 핫라인 설치는 윤리에 관한 구성원들의 질문에 응하고, 비리를 고발하는 수단으로 활용되며, 대면을 통한 대화나 윤리문제에 대한 토론을 위한 하나의 대용물이 될 수 있다.

성공적 윤리프로그램을 위한 마지막 과제는 추진 중에 있는 윤리프로그램의 진행 실태를 수시로 측정하고 그 결과를 환류해 적절한 대응책을 마련하는 것이다. 이런 환류 기능은 조직 내에 존재하는 윤리적 문제의 성격, 범위, 심각성 등을 정확히 파악할 때 제대로 작동할 수 있다. 소속 소직의 윤리적 상황을 분석하는 윤리분석(ethics review)은 바로 이런 지식을 얻는 데 필수적이고, 더 나아가 실행정책의 효과성을 측정하고 벤치마킹하는 데도 유용하다. 이와 같은 윤리분석의 유용성을 다음과 같은 다섯 가지로 요약될 수 없다(Kaptein & Avelino, 2005).

첫째, 시그널 효과이다. 구성원들을 (조사에) 참여시킴으로써, 관리자들이 윤리에 관심을 갖고 있고 구성원들의 견해를 중시한다는 것을 보여줄 수 있다. 윤리와 투명성에 관한 관심이 조직 구성원 모두의 문제임을 명확히 보여주는 것은 효과적 윤리사업의 전개를 위해 매우 바람직한 일이다. 둘째, 각성효과이다. 조직이 조사내용(사항)을 얼마나 중시하는가를 보여줄 때, 구성원들은 자신의 행동 및 조직 환경의 윤리성에 대한 자각을 증진시킬 수 있다. 셋째, 윤리적 검토를 통해 윤리적 이슈에 대한 논쟁을 장려하는 분위기를 창조한다. 넷째, 역행불가(irreversible)이다. 구성원의 (조사)참여는 조사결과가 부정적일 경우 조직의 윤리 수준을 긴급히 개선해야 한다는 기대감을 높인다. 그리고 만약 이런 결과에 대해 아무런 조치가 취해지지 않으면, 이는 구성원들의 동기 수준에 부정적 효과를 초래할 수 있다. 다섯째, 가치 있는 정보를 제공하는 효과이다. 구성원들의 의견을 묻는 것은 이들의 지각이 곧 현실임을 반영하는 것이고, 따라서 필연적으로 이들의 행동에 영향을 미치게 될 것이다.

윤리분석과 달리 윤리감사(ethics audit)는 윤리정책의 환경, 조항, 집행 등에서 변화가 필요한지를 결정하는 사정활동(appraisal activity)이다. 이는 회계감사나 재정관리 감사와 달리, 조직행위의 윤리성을 따지는 것이다. 조직에서 윤리감사는 흔치 않다. 무엇보다 비리를 통제하기 위한 노력으로 나타날 경우, 구성원들에게 위협적일 수 있기 때문이다. 왜 이런 감사가 필요한지에 대한 의문을 제기하고 불안해하는 것이 일반적 반응이다. 감사에 필요한 정보가 종합적이어야 하고, 모든 구성원을 대상으로 하는 것도 부담이 된다. 시간과 노력 면에서도 도전적이고, 이에 따른 소요예산 또한 만만치 않아 감사를 실시하기가 쉽지 않다. 마지막으로 구성원들이 감사의 익명성에 대한 의혹을 버리지 못하는 것도 종종 감사가 이루어지지 못하는 이유가 된다(cf. Menzel, 2007). 어느 경우에건 윤리감사는 조직분위기에 대한 점검처럼 윤리사업이 적절히 시행되고 있는지를 점검하는 것으로서 환류기능에 필수적인 만큼 주기적으로 시행하는 것이 바람직하다.

2 윤리프로그램의 실태

1) 분석모형

윤리프로그램의 효과가 조건적이라는 것은 '모든' 조직에 효과적인 윤리모형이 없음을 의미한다. 그렇다고 해서 모든 모형이 동일한 유용성을 갖는 것도 아니다. 문제는 어떻게 하면 주어진 조직에 가장 적합한 모형을 선정하느냐에 있다. 이런 점을 감안하면서, 지금까지 논의된 윤리사업의 주요 요소들과 이들 간의 잠재적 관계를 요약하면 [그림 10-1]과 같다. 그림의 개인적, 조직적(제도 및 프로그램), 조직문화적 변수의 세 가지는 공직윤리 확보에 영향을 줄 것으로 기대되는 요인들을 체계적으로 분석하기 위해 나눈 것이다. 이 장에서 소개되는 프로그램 실태는 이런 변수들에 대한 공무원들의 설문응답을 통해 확인된 것이다.[1]

그간 우리나라에서 추진된 윤리사업이나 프로그램의 실태를 체계적으로 확인하려는 노력이 거의 없었다. 공직사회의 윤리성 제고를 위해 경주된 제도적·의식적 노력들이 어떻게 작동하는지, 그리고 어떤 효과를 낳는지에 대한 체계적인 검토가 없었던 것이다. 과거의 부패방지위원회나 청렴위원회, 그리고 현재의 국민권익위원회 등 이른바 사회 전반의 부패를 통제하고 공직의 윤리성 제고에 책임을

---

1) 이 장의 실태분석에 필요한 자료를 제공한 사람들은 2007년 한국행정연구원이 실시한 설문조사에 참여한 581명의 공무원들이다. 전체 50개 중앙행정기관(18부, 5처, 19청, 2실, 7위원회) 중 무작위로 추출된 12개 기관에 근무하는 700명의 공무원을 대상으로 얻게 된 총 581개의 유효설문을 바탕으로 공직윤리프로그램의 실태를 확인한 것이다. 행정환경과 윤리제도가 지속적으로 변해서 정부조직의 윤리적 실태나 이에 대한 공무원들의 인식 또한 변할 수 있다. 하지만, 조직의 윤리적 실태나 구성원들의 인식은 문화적 성격이 강해서 제도가 바뀌었다 해서 단기간에 쉽게 바뀌는 것은 아니다. 이런 점을 염두에 두고, 이 장에서 소개되는 윤리 프로그램의 실태를 이해하기 바란다.

그림 10-1 공직 윤리성에 영향을 주는 변수들

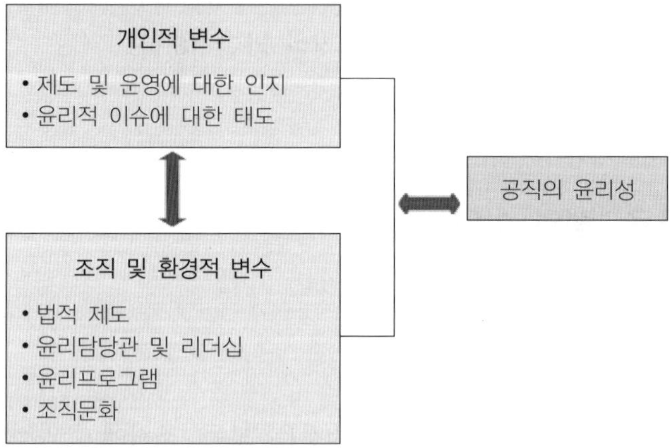

지는 기관들조차 이런 실태를 체계적으로 조사해서 발표한 사례가 없다. 주기적으로 공직사회에 대한 부패인식도나 청렴도 조사 등을 통해서 전반적인 윤리수준을 확인하고, 이에 대한 실천적 방안들을 제시하거나, 제도적 개선을 논하는 것이 일반적 접근이었다.[2]

이런 현상은 매우 아이러니하다. 비리 문제에 적절히 대처하고 윤리성을 제고하려면 무엇보다 추진된 사업(프로그램)의 성과를 검증하고 환류하는 노력이 따라야 한다. 이는 마치 새로운 상품을 개발·판매한 기업이 판매 과정 및 실적을 확인하고, 이에 기초하여 새로운 마케팅 전략이나 새로운 상품개발 계획을 수립하는 것과 같다. 그동안 윤리사업의 실태나 실적에 대한 평가(환류)가 없었다는 것은 어쩌면 처음부터 윤리성 제고에 큰 관심이 없었다는 느낌마저 갖게 한다. 다른 개혁사업과 마찬가지로, 정부의 윤리사업은 진행 과정에 대한 평가와 환류 없이는 그

2) 유사하게 한국행정연구원도 2000년부터 매년 설문조사를 실시하고 한국 공공부문의 부패 실태와 추이를 분석해 오고 있다. 조사내용은 부패의 정도(심각성), 부패취약 분야, 부패경험, 부패발생 요인 등이고, 조사결과를 바탕으로 부패통제를 위한 정책적 대안들을 제시해 오고 있다. 그간 제시되어 온 방안들은 국가 전반에 걸친 부패통제시스템의 구축에서 행정의 투명성 제고, 의식이나 문화개선 등 거의 모든 유형의 부패통제 방안이 거론되어 왔다. 하지만 이장의 기술적 자료를 제공한 연구 외에는 제시된 실천적 방안들이 어떻게 정부에서 추진(또는 정책과정에 구체화)되고 있는지, 그리고 어떤 성과를 낳고 있는지에 대해서는 거의 알려진 바가 없다.

성과를 기대하기 어렵다. 윤리사업은 상당 부분 조직 상황에 의존적이면서도 동시에 조직 내부의 문화적 타성이나 저항을 극복하려는 창조적 노력을 필요로 한다.

2) 행동강령의 제정 및 집행

기술한 바와 같이, 2003년 제정된 「공무원 행동강령」은 그 시행을 위해 각 기관별로 자체 실정에 맞는 행동강령을 제정·운영할 것을 규정했고(제24조), 이에 따라 중앙행정 기관들이 해당 규정에 부응하는 행동강령을 만들어 운영해 오고 있다. 이런 강령들이 어떻게(어떤 방식으로) 제정되었는지, 그 내용(윤리적 기준)이 구성원들에게 명확히 전달되었는지, 그리고 강령 운영에 필수적인 행동강령책임관이 설치·활용되는지에 대해서 거의 알려진 바가 없다. 기술한 바와 같이 이런 요소들은 실효성 있는 행동강령 집행의 필수요소라 할 수 있다.

조사결과, 소속 조직이 표방하고 있는 행동강령을 모르는 공무원들은 거의 없었다. 문제는 이런 행동강령이 과연 효율적 행동지침으로 기능하느냐에 있는데, 일단 공무원들은 행동강령의 유용성에 대해서 다분히 긍정적이었다. 상당수 공무원들이 행동강령의 규정들이 업무에 관한 의사결정이나 직무수행 시 윤리적 갈등상황에 직면했을 때 유용한 지침이 된다고 응답했다. 반면에 강령의 유용성을 부정하는 공무원은 10%도 되지 않았다. 이런 긍정적 실태와 달리, 강령의 제정이나 개정 같은 절차적 활동에서는 다분히 부정적 모습이 나타난다. 소속 조직의 행동강령을 '제정'할 때 참여한 공무원은 반 정도에 불과했고, 개정 시에는 그 수가 더욱 줄어 약 1/3 정도만 참여했다. 특히, 외부전문가들의 자문을 구하거나, 이해관계자를 참여시킨 사례는 거의 없었다. 이런 참여 실태는 행정기관들이 행동강령의 제정이나 개정 시 다분히 소극적으로 접근했음을 시사한다. 기관별 행동강령의 제정을 통해 보다 능동적으로 소속 공무원들의 윤리적 행위를 장려하거나 비리를 억제하기보다 「공무원 행동강령」의 의무규정에 순응하려는 의도가 강해 보인다.

새롭게 제정된 「공무원 행동강령」의 특징 중 하나는 공무원들이 직면하는 윤리적 문제에 관한 조언이나 공직윤리에 관한 상담을 위해 부서별로 행동강령책임관을 두도록 한 것이다. 공무원 중 이런 행동강령책임관을 모르는 사람이 상당 수 있었고, 행동강령책임관을 찾는 사례는 거의 없었다. 업무와 관련해 윤리문제를 놓고 질의를 하거나 상담을 받아 본 공무원은 극소수에 불과했고(4%), 그나마도 소속 조직의 행동강령책임관보다 다른 곳에서 (예컨대, 상관, 인사부서, 동료 직원, 조직 외부의 상담가 등) 상담을 받은 사례가 더 많았다.[3)]

이런 활용실적과 관련해 두 가지 점에 주목할 필요가 있다. 하나는 저조한 상담 실적에도 불구하고, 행동강령책임관과의 상담이 유용한 것으로 평가되었다는 것이다. 상담을 받은 공무원들은 모두 상담이 '업무와 관련된 윤리적 이슈를 이해하는 데' 또는 '의사결정이나 업무 집행 시' 도움이 되었다고 생각한다. 이와는 대조적으로 다른 곳에서 (특히 동료 직원) 상담을 받은 공무원들은 윤리적 문제해결에 큰 도움이 되지 못했다고 생각한다. 이런 결과는 제도적 기반을 갖춘 행동강령책임관을 적극적으로 활용할 필요가 있음을 시사한다.

다른 하나는 윤리상담을 받지 않는 이유이다. 대부분의 공무원들은 윤리적 문제(갈등)로 상담을 받아 본 경험이 없지만, 이는 윤리적으로 중요한 의미를 지닐 수 있다. 특히, 공직이 옳고 그름 간의 선택뿐 아니라, 옳은 행위 또는 좋은 행위 간의 선택을 놓고 갈등을 겪는 규범적 영역이어서 윤리적으로 무관하다는 것은 결코 바람직한 모습이 아니다. 그렇다면, 공무원들은 왜 윤리적 상담을 받지 않았을까? 우려한 대로, 가장 많은 응답(401명, 57%)은 '윤리적 문제가 전혀 없어서'였다([그림 10-2] 참조). 이는 공무원들이 업무수행 시 실제로 윤리적 문제로 인한 갈등이나 이에 따른 심리적 부담을 거의 경험하지 않고 있음을 보여주는 것으로 두 가지의 부정적 함의를 전달한다. 하나는 대부분의 공무원들이 능동적으로 정책문제에 접근하고 이의 해결을 위해 규범적 판단을 내리기보다 권위주의적 문화 속에서 수동적으로 주어진 업무나 지시를 수행하는 데 그친다는 것이다. 다른 하나는 공무원들이 공직에서의 '윤리 문제'를 옳은 것 혹은 좋은 것 간의 선택보다 단순히 옳고 그름 간의 선택 내지 옳지 못한 행동을 피해야 하는 불법적 또는 부도덕한 상황에 한정해 생각하는 경향이 있다는 것이다. 상담을 받지 않은 이유 중, '윤리적 문제나 갈등을 스스로 해결할 수 있어서'라는 것이 두 번째로 많은(11%) 응답

3) 비록 적은 수이지만 이처럼 부서 내 행동강령책임관이 아닌 다른 곳에서 상담을 받는 이유는 윤리상담을 받을 만한 다른 사람(곳)이 있거나, 상담 이후 아무것도 행해지지 않을 것이라 생각되었거나, 혹은 윤리적 문제 제기로 곤란한 상황에 처할까 두려웠기 때문이다.

을 보인 것도 이런 의구심을 더 하게 해 준다. 공직사회에서 발생하는 윤리적 문제나 갈등은 단순한 선악의 구분을 넘어 가치 간 선택을 수반하는 것이어서 실무가는 물론 이론가 수준에서도 그리 쉽게 해결될 사안이 아니라는 것이 일반적 인식이기 때문이다.

그림 10-2 윤리적 상담을 받은 경험이 없는 이유

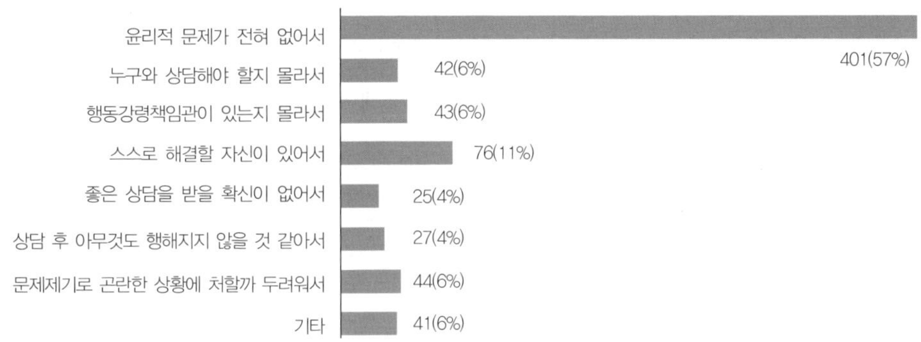

3) 윤리교육

공직자의 비윤리적 행동과 윤리적 위험 간의 관계에 제재와 교육이라는 두 가지 변수가 어떤 영향을 주는가를 측정한 연구가 있다(박흥식 외, 2010). 연구 결과, 제재는 양자 간 관계에 영향을 주는 준조절적 변수로 작용하지만, 교육은 통계적으로 유의미한 결과를 보이지 못했다. 다만, 두 변수는 모두 비윤리적 행동보다 윤리적 위험을 줄이는 데 효과적인 것으로 나타났다. 이런 연구결과는 두 가지 궁금증을 낳는다. 하나는 윤리교육의 효과가 없는 것이 교육 자체의 내재적 한계인지, 아니면 교육의 내용이나 형식(방식)에서 문제가 있어서 그런 것인지 불분명하다는 것이다. 다른 하나는 윤리교육이 '비리 억제'에 도움이 되지 못한다면, '윤리적 행위'를 장려하는데는 기여할 수 있느냐는 것이다. 이를 다르게 표현하면, 윤리적 위험을 낮추는 것이 윤리성 제고를 자극하는 기능이 될 수 있느냐는 것이다.

설문에 참여한 공무원 3명 중 2명은 매년 윤리교육을 받았다. 그 중 과반수 정도는 2회에 걸쳐 교육을 받았고, 3회 이상 교육을 받은 사례도 상당수였다. 얼핏 보면 높은 수치인 것 같지만, 설문 응답자 중 1/3 가량은 전혀 윤리교육을 받지 않았다는 점에 주목해야 한다. 이는 윤리교육을 년 1회 이상 의무화한 공무원 행동강령의 지침이나 청렴(부패방지)교육을 의무화한 부패방지법 조항과 거리가 있는 것이고, 윤리교육이 (윤리강령과 마찬가지로) 비교적 유용성이 있는 것으로 평가되었다는 점에서 개선이 필요한 부분이다. 윤리교육을 받은 응답자 중 상당수는 윤리교육이 업무와 관련된 윤리적 이슈를 이해하거나 의사결정이나 업무 집행 시 도움이 되었다고 평가한다.4) 보다 구체적으로는 윤리교육이 윤리적 이슈를 이해하는 데 도움을 준다거나 의사결정이나 업무 집행 시 도움이 된다고 보는 공무원들이 과반을 상회하는 데 비해, 상기한 두 가지 사례에서 별로 도움이 되지 못한다고 하는 공무원은 소수에 불과했다([그림 10-3] 참조).

그림 10-3 윤리교육의 유용성

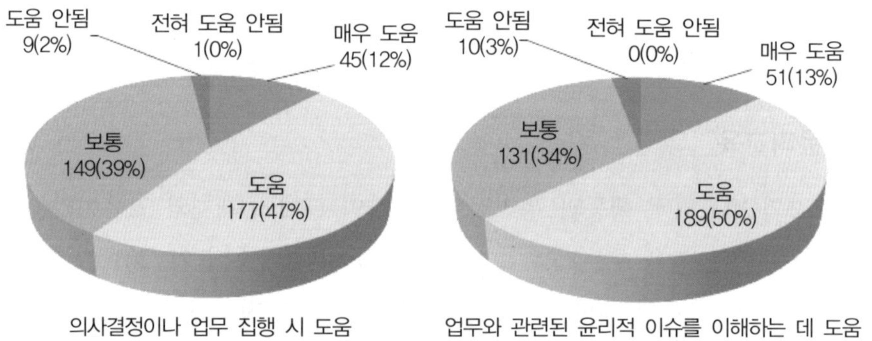

이런 실태를 반영하듯, 교육에 참여한 대부분의 공무원들은 윤리교육의 필요성을 강조했다. 참여자의 93%가 필요성을 인정했고, 필요 없다고 응답한 공무원은 5%에 불과했다. 그리고 필요성을 강조한 참여자 중 1회 정도면 충분하다고 한 사람은 38%인데 비해, 2회 이상은 되어야 한다는 사람은 47%, 심지어는 3회 이상을

4) 해외 사례에서도 유사한 연구 결과가 발견된다. 브루스(Bruce, 1998)는 미국 지방정부에서 행해지는 있는 윤리교육이 공무원들의 지각이나 행태에 영향을 줄 수 있음을 — 즉, 교육을 받은 사람과 그렇지 않은 사람 간에 직무 관련 의사결정이나 직무관련 행태에 대한 반응이 다름 — 발견했다.

해야 한다는 사람도 15% 정도였다. 이런 응답은 일단 고무적인 것으로 평가될 수 있다. 특히 지난날 공무원 윤리교육이 특정의 이념이나 체제 가치를 주입시키고 공직윤리에 대한 조직적 관심을 외부에 과시하기 위한 일종의 정신교육으로서 상당한 불신을 초래했음을 감안하면, 매우 획기적인 변화라 할 수 있다. 이는 공무원들이 더 이상 윤리교육을 획일화된 정신교육이나 홍보수단으로 인식치 않고, 본래 취지에 맞게 공직사회의 윤리적 행동을 유도하기 위한 실천적 노력으로 인지하고 있음을 보여주는 것이라 할 수 있다.

윤리교육의 빈도만큼 중요한 것은 윤리교육의 내용이다. 교육에 참여한 공무원들은 윤리교육에서 가장 많이 거론된 주제가 '공무원 행동강령에 관한 일반적 사항'이라 했다. 대부분(92%)의 교육훈련 참여자들이 이에 관한 교육을 받았다. 그 다음으로 많이 논의된 주제는 선물이나 경조금 등의 수수에 관한 것으로서, 정부 외부(개인 또는 단체)로부터 선물을 받거나(83%) 직장의 다른 공무원과 선물을 주고받는 것(76%), 그리고 경조사 통지 및 경조금 수수와 관련된 사항 등이다. 이런 주제보다 다소 빈도는 떨어지나 60% 정도의 공무원들은 공직 외부의 활동이나 겸직에 관한 것, 강의를 하거나 저서를 출판하는 것, 정부의 재산, 시간, 자원, 지위를 개인적으로 이용하는 것 등에 관한 교육을 받았다. 여기서 주목할 것은 상대적이나마 이익충돌(48%) 및 퇴직 후 취업 제한에 관한 주제(52%)들이 다른 주제에 비해 덜 다루어진다는 것이다. 현재 우리나라 공직사회에서 윤리적 차원에서 가장 문제가 될 만한 사안은 바로 고위공직을 중심으로 나타나는 이익충돌 비리와 공직자윤리법의 퇴직 후 취업 제한에 관한 규정을 위반하는 불법행위이기 때문이다.

예상대로, 윤리교육의 가장 보편적 방식은 강의였다. [그림 10-4]에 나타난 바와 같이, 강사에 의한 강의는 교육에 참여한 대부분(82%)의 공무원들이 경험할 만큼 많이 활용되었고, 그 뒤를 이어 윤리 관련 법령자료나(53%) 팸플릿/브로슈어(58%) 등이 활용되었다. 이에 비해 비교적 교육적 효과가 높을 것으로 기대되는 토론방식이나 사례연구 등은 상대적으로 활용이 저조했다. 참여자의 18% 정도만이 토론방식에 의한 교육을 받았고, 사례연구 방식은 참여자의 15% 정도만이 경험할 수 있었다.

상기한 윤리교육들은 주로 부서 내의 자체교육을 통해 이루어졌다([그림 10-

그림 10-4 윤리교육의 방식

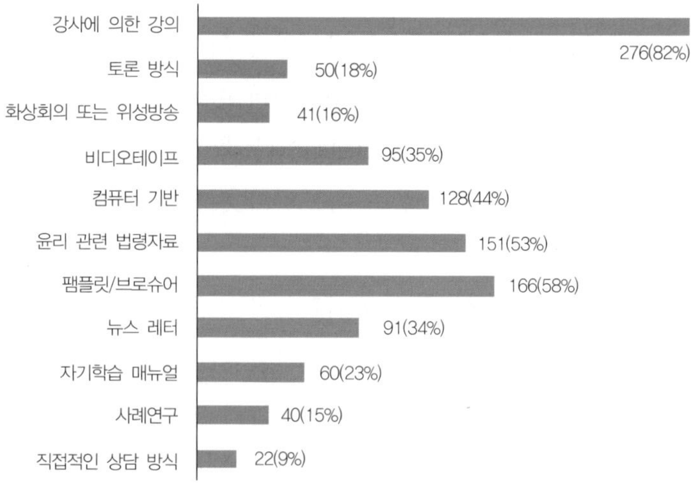

5] 참조). 부서 내 윤리담당관이 교육을 담당하거나 조직의 리더(부서장)가 윤리교육을 주도하는 사례가 합쳐서 약 70% 정도에 달한다. 이에 비해 외부위탁을 통한 교육이나 공무원 교육원에서 교육을 받는 사례는 각각 10% 미만인 것으로 나타났다. 이처럼 윤리교육이 주로 조직 내부에서 이루어지는 것은 윤리에 대한 집단적 관심을 자극하고, 특히 리더십의 적극적 지원 의지를 보여줄 수 있다는 점에서 긍정적으로 평가될 수 있다. 그러나 다른 한편으로는 교육의 방법이나 내용 면에서 전문성이 저하되고 자칫 상식적 수준의 규범이나 특정의 윤리기준을 강조하는 공민교육이 될 가능성이 있다. 따라서 외부 전문가를 초빙하거나 전문적 교육기관에 의한 위탁교육을 보다 확대하여 내부교육과 외부교육 간의 균형을 이루도록 해야 할 것이다. 올바른 윤리교육이란 윤리에 관한 학문적 지식과 조직 및 관리 실제에 대한 지식이 모두 갖추어질 때 가능한 것이다.

4) 윤리기준 위반행위의 처벌과 신고

공직사회의 윤리성을 제고 하려면 윤리기준이나 행동강령에 위반하는 행위를 적발하고, 이에 대한 적절한 제재를 가하는 것이 필요하다. 단순히 추론적 차원에

그림 10-5 **교육 장소 및 방법**

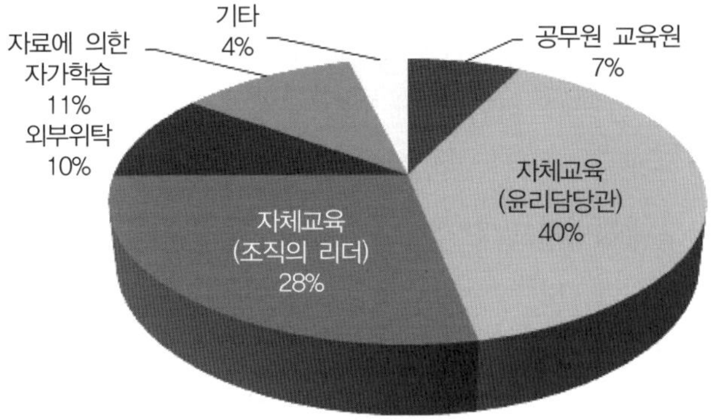

서 기대되는 인지학습뿐 아니라, 관찰학습의 기회를 제공해서 조직 내 윤리기준 위반행위를 억제하는 통제메커니즘이 작동함을 보여주어야 한다.

우리나라 정부조직에는 과연 이러한 통제메커니즘이 존재하는가? 존재한다면 어떤 모습으로 작동하는가? 조사결과에 의하면, 정부조직의 60% 이상은 조직 행동강령 위반사례를 적절히 제재할 수 있는 수단이나 절차를 갖춘 것으로 보고되었다. 이에 비해 이런 수단이나 절차를 갖추지 못한 조직은 10%도 안 되었다. 공무원들은 행동강령을 위반했을 때, 어떤 제재가 따르는지도 비교적 잘 알고 있었다. 더 나아가 이런 제재수단들은 어느 정도 효과를 낳고 있었다. 조직의 관리자들은 직원들이 윤리기준을 위반했을 때 상응하는 처벌을 내리는 편이다. 이를 요약하면, 공무원들의 1/3 정도는 행동강령 위반과 이에 따른 통제메커니즘을 명확히 이해하지 못하는 반면, 2/3 정도는 그 내용을 알고 있을 뿐 아니라 실제 작동하고 있다고 믿고 있다.

공직윤리 위반사례에 대한 처벌은 위반사례에 대한 적발을 전제로 한다. 이는 곧 상기한 통제메커니즘이 암묵적으로 조직 내 비리를 제보하거나 신고하는 채널을 가정하고 있음을 시사한다. 실제, 우리나라 공무원들의 1/2 정도는 조직 내 공직윤리 위반사례를 발견했을 때 이를 익명 또는 비밀로 보고할 수 있는 방법이 있음을 알고 있고, 반면에 나머지 1/2은 잘 모르거나(40%) 없다(7%). 이런 현상을 보면, 우리나라 정부조직에는 공직윤리 위반사례를 익명으로 보고할 수 있는 통로는 어느 정도 마련되어 있고, 기관별로도 큰 차이가 없음을 알 수 있다.

그런데 여기서 유의해야 할 점은 대부분의 공무원들이 소속 조직 내에서 공직윤리 위반사례를 '한 번'도 목격한 적이 없다는 사실이다. 최근 1년 동안 조직 내에서 공직윤리 위반사례를 목격한 공무원은 10%도 안 된다. 이런 현상은 우선 공직윤리 위반행위가 부패행위와 마찬가지로 겉으로 잘 드러나지 않는 속성이 있을 수 있음을 보여주는 동시에, 다른 한편으로는 공무원들이 평소 공직윤리 위반사례를 주로 불법적 성격이 강한 비리 행위에 국한해 인지하는 것이 아닌지 하는 의구심을 갖게 한다. 이는 오늘날 공직 사회에 비윤리적 행위가 만연해 있다는 일반적 인식이나 연구 결과와 크게 다르기 때문이다. 결국 양자 간의 차이는 기술한 바와 같이 윤리적 혹은 비윤리적 행위에 대한 인식(관점)의 차이에서 비롯된 것 같고, 결과적으로 공직윤리프로그램이 제대로 작동하려면 무엇보다 비윤리적 행위에 대한 공무원들의 인식 변화가 따라야 할 것 같다.

비록 소수의 공무원이 공직윤리 위반사례를 목격했지만, 이들이 이런 현상을 목격한 후 취한 행동은 윤리적으로 중요한 의미를 지닐 수 있다. 기술한 바와 같이 위반사례에 대한 대응 노력이 조직 내 윤리적 분위기를 조성하거나 확산시키는 데 기여할 가능성이 크기 때문이다. 설문조사 당시 40개의 공직윤리 위반사례가 목격되었는데, 이 중 관리자나 적절한 사람에게 보고된 사례는 35%(14개)에 지나지 않았고, 나머지 65%(26개)는 전혀 보고되지 않은 채 위반 당사자만의 행위로 남았다. 이런 실태는 동료의 결함이나 문제를 들추지 않으려는 우리 사회의 문화적 풍토와 무관하지 않고, 자연스레 두 가지 의문을 자아낸다. 하나는 공직윤리 위반사례를 발견하고 보고했을 때 어떤 방식을 택했냐는 것이고, 다른 하나는 공직윤리 위반사례를 발견했음에도 불구하고 왜 이를 관리자나 기타 적절한 사람에게 보고하지 않았냐는 것이다.

첫 번째 의문의 경우, 비리 목격자 14명 중 가장 많은 6명이 '직속 상관'에게 보고했다. 이에 비해 기대와는 달리 위반행위 관련 부서(예: 감사실)나 행동강령책임자에게 보고한 사례는 3건에 지나지 않았다. 그리고 그 외에 동료에게 알린 경우가 2건, 인사부서나 다른 관리자에게 알린 경우가 각 1건, 그리고 공무원 노조 대표에게 알린 경우가 1건이었다. 결과적으로 조직 외부에 알리거나 핫라인 등을 통해 신고(보고)한 경우는 한 건도 없었다. 이런 실태는 우선 행동강령책임관의 존재나 역할이 크게 부각되지 않은 반면, 직속상관은 윤리적 문제를 포함한 조직 내 모든 문제를 놓고 상의하기에 가장 적합한 (또는 1차적으로 접촉해야 할) 인물로 인식됨을 시사한다. 그리고 더 나아가 조직 내부에서 발생하는 비윤리적 문제는 조직 내부에서 충분히 해결될 수 있거나 또는 해결되어야 하는 것으로 인식하고 있음을 시사하기도 한다.

두 번째 의문과 관련해서는 다양한 사유가 제시되었는데, 이들은 정책적 차원에서 시사하는 바가 있다. 보고하지 않은 이유 중, 가장 많이 거론된 것은 '비윤리적 행위가 보고할 만큼 중요한 것으로 생각되지 않아서'(7명), 그리고 '익명이 보장되지 않을 것 같아서'(6명)였다. 비윤리적 행위가 보고할 만큼 중요치 않다는 것은 역으로 비윤리적 행위의 심각성과 이에 따른 파급효과의 중요성을 올바로 인식하지 못한 데 따른 결과라 할 수 있다. 그리고 익명성 보장에 대한 의구심은 아직도 우리나라 정부에서 윤리적 문제를 다루는 방식이 비체계적이고 특히 내부고발자들 보호에 대한 조직적 노력이 크게 부족함을 시사한다. 비록 공무원행동강령(제23조)이 위반행위의 신고접수 및 조사처리, 그리고 상담과정에서 모든 내용을 대외비로 처리할 것을 명문화하고 있으나, 이런 규정은 거의 선언적 수준에 머무르고 있고, 여전히 행정실제는 제도와 거리가 먼 상태로 작동하고 있는 것이다.

5) 윤리분석 및 평가

조직이 윤리프로그램의 추진 실태를 파악하고 환류하는지를 알아보려면 근무성적평정 시 특별히 구성원들의 윤리적 행동이 반영되는지, 그리고 평가결과에 상응하는 강화(예: 물질적 보상이나 승진, 전보 등 인사에 반영)가 따르는지를 확인해 볼 필요가 있다. 조사결과, 다음과 같은 다소 상반된 결과를 얻었다. 우선, 공무원의 1/2 정도(275명)는 윤리적 행동이 평가에 반영되는지를 잘 모르고 있었다. 나머지 1/2 정도(303명)는 평가 여부를 지적하는데, 이들의 견해는 명확히 둘로 나뉜다. 154명(전체 응답의 27%)은 반영된다 하고, 149명(전체 응답의 26%)은 반영되지 않는다고 한다. 이런 견해 차이를 보면, 아직은 우리나라 정부조직에서 윤리적 행위가 성과관리 차원에서 폭넓게 평가에 반영된다고 보기는 어려울 것 같다. 소수의 기관이나 부서에서 윤리적 성과를 반영하려는 노력이 경주되고 있으나, 여전히 다수의 조직에서는 윤리가 개인적 실적을 평가하는 중요한 잣대로 인식되지 못하고 있고, 주로 비윤리적 행위의 실체나 부정적 효과의 가시성이 클 경우 간헐적으로 개인적 성과에 반영되는 것 같다.

윤리적 성과가 평가결과에 반영될 경우, 승진, 전보 등 인사에 직접 반영하는 사례가 가장 많았고, 그 뒤를 이어 표창을 하고 다른 구성원들에게 알려 자긍심을 고취시키는 사례가 많았다. 비록 소수지만 장려금이나 특별수당 등 금전적 보상을 하는 사례(15명)도 있었다. 이런 실태는 비속 소수지만 윤리적 행위에 대한 강화가 따를 경우 실질적 의미의 강화요인이 제공되고 있음을 시사한다.

6) 실천적 함의와 개선

실태분석 결과, 우리나라의 공직윤리프로그램은 제도나 형식적 요건은 어느 정도 갖추었으나, 실효성을 거두기에는 미흡한 요소가 많이 발견되었다. 일부 실태는 예상대로 기대에 못 미치는 모습을 보이는 반면, 때로는 기대 수준을 넘는 모습을 보이기도 했다.

기대 이상의 실태는 프로그램 요소 중 주로 행동강령과 윤리교육에서 발견된다. 공무원들은 행동강령의 규정이나 행동강령책임관과의 상담이 모두 직무수행이나 윤리적 갈등 상황에서 유용한 수단이 된다고 본다. 이런 반응은 행동강령이 더 이상 선언적·추상적 문구가 아닌 실천적 행동지침으로서 조직 내부의 윤리의식 및 행동을 조장하는 기능을 수행할 수 있음을 시사한다. 또 하나의 예상치 못한 결과는 윤리교육의 효과에 관한 것이다. 윤리교육의 목적과 성과에 대해 다분히 부정적인 전통적 인식과 달리 공무원들은 윤리교육의 유용성을 인지하고 있고 이를 토대로 윤리교육의 필요성을 강조한다. 더 나아가 비록 소수지만 조직 구성원들의 윤리적 행동을 개인적 성과평가에 반영하고 이에 대해 적절히 강화를 하는 사례도 발견된다.

이런 긍정적 모습과 달리 기대에 못 미치는 결과들은 거의 모든 프로그램 요소에서 발견된다. 윤리강령 제정(개정) 시 구성원이나 이해관계자의 참여가 제한적이고, 행동강령책임관의 활용이 저조하며, 강동강령의 규정을 어기고 윤리교육에 참여하지 않은 공무원들이 많고, 윤리교육 시 보다 중요한 내용(예: 이익충돌)이나 보다 효율적인 교육방식(예: 사례연구, 토론 등)이 간과되고 있다. 그리고 윤리기준 위반사례가 제대로 신고되지 않은 채 이를 적절히 통제할 수 있는 메커니즘이 충분히 작동하지 못하고 있고, 여전히 소수의 기관에서만 윤리적 행동의 가치가 인정되어 인사기능에 반영되고 있다. 이런 실태는 향후 우리나라 공직윤리프로그램에서 개선되어야 한 요소별 특징을 확인하고 대안을 제시하는 데 필요한 준거가 되기에 충분하다. 이런 맥락에서 연구 결과를 토대로 각 프로그램 요소별로 몇 가지 실천 방안을 찾아볼 수 있다.

우선, 행동강령의 실효성 제고를 위한 방안이다. 기술한 바와 같이 2003년 제정된 공무원 행동강령은 자체의 실효성 확보를 위해 기관 실정에 맞는 기관별 행동강령을 제정하고 행동강령책임관을 설치토록 했다. 그러나 윤리강령의 실효성 및 수용성을 제고하려면 몇 가지 추가적 노력이 필요하다. 우선, 기관별 업무 특성 외에 역할이나 직급별로 특성을 감안해 기관별 행동강령을 더욱 세분화할 필요가 있다. 조직 내 모든 계층이나 역할에 공통적으로 적용되어야 할 윤리기준이 있는가 하면, 상하 간 또는 역할별로 준거해야 할 윤리기준이 있을 수 있다. 앞 장에서 기술한 바와 같이, 고위공직자나 관리층의 경우는 재정적 이익충돌에 관한 규제를 핵심적 윤리기준으로 적용할 필요가 있고, 하위직 공직자에게는 인허가 업무를 둘러싼 민원서비스나 선물수수에 관한 규제조항을 강조할 수 있다. 더 나아가 행동강령 개정 시 조직 내·외의 참여를 확대해야 한다. 조직 내 윤리적 행위는 구성원들이 주기적으로 만나 윤리적 이슈를 놓고 토론을 할 때 가장 잘 일어난다(Bruce, 2002). 부처별 윤리강령의 개정은 바로 이런 상황적 여건을 조성하는 데 유리하다. 만일, 바쁜 업무로 행동강령 개정을 위한 별도의 모임을 갖기 어려우면 조직 내 정보기술 매체(예: 인트라넷) 등을 통해 행동강령에 대한 의견을 상시적으로 교환할 수 있도록 해야 한다. 외부전문가와 이해관계자를 참여시키고, 특히 부처 업무에 의해 영향을 받는 이해당사자들의 참여도 독려해야 한다. 이들의 참여는 행동강령에 담겨 있는 세부 조항들의 규범적·상징적 의미를 사회에 확산시킬 뿐 아니라, 행동강령의 실현 가능성을 사전에 점검하는 계기를 제공함으로써 제정 후 실효성을 확보하는 데 기여할 것이다.

둘째, 행동강령책임관제도를 보완하는 노력이 필요하다. 무엇보다 이 제도의 적극적 활용을 위한 행동강령책임관의 존재, 역할 및 접근 방법 등에 대한 홍보를 강화해야 한다. 그리고 별도의 상담 장소를 마련한다 해도, 신고, 조사 및 상담 등의 행위가 면대면으로 잘 이루지지 않는다는 점을 감안해(김종무 · 윤수재, 2004), 핫라인 체제를 강화해서 시간이나 공간적 제약 없이 신고를 하고 상담할 수 있도록 해 주고, 특히 신고 및 상담과정에서 익명성을 보장하는 제도적 장치를 마련해야 한다. 현행 행동강령처럼 단순히 선언적 수준의 익명성 보장이 아니라 익명성 위반 시 이에 따른 제재를 강화해 행동강령책임관이나 조직에게는 부담을 주고, 반대로 구성원들에게는 신고에 따른 심리적 부담을 덜어주어야 한다.

셋째, 내부 윤리교육의 개선방안이다. 윤리적 행위의 가치를 논하는 조직 내 교육훈련은 윤리적 의사결정을 조장하는 결정적 역할을 할 수 있다. 교육에 참여한 공무원들은 대부분 이런 명제에 동의하고 있다. 따라서 향후 필요한 것은 교육목적의 설정, 주제의 선택, 그리고 교육방식의 활용 등에서 개선을 이루는 것이다. 공무원 행동강령과 부패방지법이 윤리교육과 청렴교육을 의무화하고 있으나,[5] 구체적으로 어떤 목표를 지향하는지에 대한 언급이 없다. 따라서 교육기관이나 부처들이 임의로 교육목적을 설정할 수밖에 없는데, 행동강령이 규정한 바에 따르면 자칫 행동강령에 담겨 있는 규범적 내용이나 기준들을 그대로 수용토록 하는 것을 목적으로 할 수 있다. 기술한 바와 같이 이처럼 특정의 규범이나 윤리기준을 피교육자들에게 일방적으로 강요하는 것은 바람직한 윤리교육이 아니다. 설사 행동강령이 담고 있는 규범적 내용이 중요하다 해도, 왜 이러한 규범이 타당한지, 그리고 왜 수용되어야 하는지에 대한 비판적 성찰의 기회를 제공해야 한다. 교육 내용과 관련해서는 실태분석 및 최근의 공무원 행동강령 개정에서도 강조되었듯이 이익충돌이나 공직자윤리법의 퇴직 후 취업제한을 좀 더 중점적으로 다루어야 할 것이다. 이런 요소들은 주로 고위공직자들에게 적용될 규제조항으로서, 적절히 준수될

5) 2016년, 국민권익위원회는 공공기관의 청렴교육(부패방지교육)을 의무화하는 부패방지법을 개정했다. 공공기관의 장으로 하여금 부패방지교육을 실시하고 그 결과를 위원회에 제출토록 한 것이다(제81조의2).

경우 공직 내부의 윤리적 분위기의 조성은 물론 공직윤리에 대한 국민적 신뢰를 회복하는 데 큰 도움을 줄 것이다. 더 나아가 조직이 내부적으로 안고 있는 중요한 윤리적 이슈를 발굴하여 논의하는 계기를 마련해야 한다. 모든 공공조직에 공통적으로 관련된 이슈들이 있는가 하면, 특정 조직에만 고유한 이슈가 있을 수 있다. 이런 이슈들을 발굴해 논의할 때 조직구성원들의 윤리적 관심을 자극하고 보다 적실성 있는 윤리교육이 가능하게 될 것이다. 마지막으로 윤리교육의 기회를 확대하려는 지원적 노력이 필요하다. 윤리교육은 일반적 기술교육이나 관리훈련과는 다르다. 무엇보다 단기에 걸쳐 가시적 효과를 기대하기 어려워 조직 내에서 지지를 얻기가 쉽지 않다. 이 때문에 특히 리더십이나 고위층의 특별한 지지와 관심이 필요하다. 윤리교육의 가치를 신뢰하고, 부하직원들이 바쁜 일정이나 과중한 업무에도 불구하고 윤리교육에 참여할 수 있도록 적극적인 지지와 배려를 보여야 한다.

넷째, 윤리 위반사례의 발견 및 억제를 위한 시스템의 개발 및 작동이다. 비리 억제에 가장 효과적인 방법은 적발된 사람들을 엄하게 처벌하는 것보다 공무원 스스로 적발될 확률이 높다는 인식을 갖게 하는 것이다. 이런 맥락에서 관리감사(management audit)나 검열의 빈도를 증가시켜 적발 확률을 높이거나, 행동강령이나 윤리규정의 위반사례를 발견하였을 경우 이를 보고(신고)토록 장려해야 한다. 기술한 바와 같이 이런 신고를 의무화한 행동강령이나 부패방지법에도 불구하고 공무원들은 위반사례 발견 시 이를 좀처럼 신고하려 하지 않고 있다. 이런 문화적 행태를 지양하고 정당한 신고행위를 장려하려면 신고행위에 따른 심리적 부담을 줄이고 대신 적절한 보상을 제공하려는 긍정적 강화가 필요하다. 행동강령 위반 행위의 발견 및 신고를 조직의 인사기능, 특히 성과관리에 적절히 연계시키려는 노력도 바로 이러한 필요성을 충족시키기 위해서이다.[6] 그리고 여기에서 윤리강령 위반행위의 신고나 고발 못지않게 중요한 요소는 윤리적 행위를 둘러 싼 공

6) 경험적으로 성과관리와 윤리적 행위 간의 중요성이 강조되고 있다. 예컨대, 브럼백(Brumback, 1991)은 조직 내 윤리성 제고를 위해 필요한 수단들 간의 상대적 중요성을 묻는 전문가 설문조사를 통해 '성과적 관리과정에 윤리적 요소를 삽입'하는 것이 가장 중요함을 발견했고, 성남시 공무원을 대상으로 설문조사를 실시한 이영균 · 윤두섭(2003)도 윤리적인 공무원이 확산되기 위해서는 (적정 보수의 지급을 전제로) 엄격한 상벌규정(61.8%)의 적용과 승진요소에 공무원의 윤리상태 반영(63.9%)되어야 함을 시사한다.

정한 상벌체제의 작동이다. 조직 구성원들의 윤리적 행동에 대해서는 보상을 명확히 해서 윤리적 기대가 충족될 수 있음을 보여주고, 비윤리적 행동에 대해서는 신속하고도 가시적 처벌이 따르도록 함으로써 윤리프로그램의 실행에서 불공정성과 비일관성을 없애야 한다. 경험적으로, 조직 구성원들은 조직이 윤리적 행동과 비윤리적인 행동을 구분하고, 후자를 엄하게 처벌하기를 기대한다(Trevino & Ball, 1992). 이런 처벌은 잘못을 깨달을 필요가 있는 제3자에게는 중요한 사회적 학습이 되고, 조직의 기준과 가치를 강화하는 효과가 있다.[7)]

이 장에서 소개된 윤리프로그램의 존재나 운영 실태는 공무원들의 지각에 의존해 얻어진 것이기에 결론에는 한계가 있다. 분석 자료를 제공한 연구는 기관의 익명성을 보장하기 위해 같은 기관에 근무하는 구성원들 간의 응답이나 태도를 교차 확인하는 과정을 밟지 않았다. 무엇보다 윤리프로그램의 구성요소에 대한 외형적 사실을 확인하는 데 그치고 있어 여전히 많은 질문에 대한 답을 필요로 한다. 예컨대, 행동강령책임관의 경우, 행동강령책임관이 존재하는지, 얼마나 많은 구성원들이 상담을 받고 있는지, 그리고 전반적으로 이들의 상담이 유용 했는지 등은 확인할 수 있었으나, 과연 이들이 상담가로서의 자질이나 필요한 권한을 갖추고 있는지, 그리고 구체적으로 어떤 제도상의 역할이나 기능을 수행하고 있는지 등에 대한 답은 찾지 못했다. 유사하게 윤리교육의 주체나 내용도 폐쇄형 질문을 통해 가장 기본적이고 필수적인 요소를 확인하는 데 그쳤으나, 이런 내용을 좀 더 확장해서 누가 어떤 방식으로 어떤 기준에 의해 윤리교육을 주도하는지를 확인하고, 개방형 질문을 통해 기관 특성에 고유한 윤리교육 내용이 무엇이고, 무엇이어야 하는지 등을 확인할 필요가 있다. 이런 요소들에 대한 지식이 갖추어질 때 우리는 좀 더 효율적으로 윤리프로그램을 운영할 실천적 대안을 갖게 될 것이다.

---

7) 만약 비윤리적인 행동을 엄하게 처벌하지 않는다면, 윤리적 직원들은 상대적으로 불평등을 느낄 수 있다. 비윤리적인 행동에는 종종 보상이 — 즉, 뇌물, 비윤리적 방법으로 달성한 실적 등 — 따르기 때문이다. 한 마디로, 비윤리적 행위가 처벌을 받지 않을 경우, 올바른 일을 한 직원은 아무것도 얻지 못하는 반면 옳지 못한 행동을 한 직원은 보상을 얻게 되는 결과를 초래한다(Weaver & Trevino, 2001).

제 11 장

행정윤리의 방향과 과제

"선량한 사람들을 망치는 것은 나쁜 사과가 아니라 나쁜 통이다."

– 필립 짐바르도(2011: 82)

1 무엇이 필요한가?

국민권익위원회는 우리 사회의 부패문제 해결을 위해 추진해야 할 최우선 과제가 무엇인지를 확인하기 위해 일반국민, 공무원, 전문가를 대상으로 설문조사를 실시해 오고 있다. 그동안 년도 별 설문 응답에서 약간의 증감은 있었으나, 지속적으로 가장 많이 거론된 과제는 '연고주의 · 온정주의 등 부패유발적 사회문화 척결', '부패행위에 대한 적발 · 처벌 강화,' 그리고 '사회지도층 및 고위공직자에 대한 부패감시활동 강화' 등이다(〈표 11－1〉 참조). 이 세 가지 과제는 사실상 전체 응답의 약 70%를 차지할 정도로 중요성(필요성)이 인정된다. 흥미로운 것은 일반국민들은 '부패행위에 대한 적발·처벌 강화'를 가장 중요한 과제로 지적하는 데 비해, 공무원들은 '연고주의, 온정주의 등 부패유발적 사회문화 척결,' 그리고 전문가들은 '사회지도층 및 고위공직자에 대한 부패감시활동'을 가장 중요한 과제로 꼽는다는 것이다. 그리고 조사대상을 떠나 전반적으로 가장 많은 지적을 받은 것은 '사회지도층 및 고위공직자에 대한 부패감시활동 강화'였다.

이상 세 가지 핵심과제를 요약하면, 부패유발적 문화의 추방, 고위공직의 윤리성 제고, 그리고 사법적 통제의 실효성 확보라 할 수 있다. 이런 설문조사 결과는 그간 이론적으로 거론되어 온 행정의 윤리성 제고 과제와 크게 다르지 않다. 이 장은 이런 맥락에서 향후 우리나라 행정윤리가 나아가야 할 방향을 정립하는 과정에서 다루어야 할 과제로서 행정윤리와 문화의 조화, 고위공직의 윤리, 그리고 수동적 방안의 실효성 제고를 논한다.

표 11-1 부패문제 해결을 위한 최우선 과제

구 분	일반국민	전문가	공무원	평 균
부패행위에 대한 적발·처벌의 강화	<u>28.3</u>	24.1	15.8	22.7
사회지도층 및 고위공직자에 대한 부패감시활동 강화	20.6	<u>25.8</u>	28.1	<u>24.8</u>
연고주의, 온정주의 등 부패 유발적 사회문화 척결	12.9	17.0	<u>29.7</u>	19.9
부패를 유발하는 법·제도의 개선	13.0	14.8	14.9	14.2
강력한 부패방지 전담 기구 마련	10.2	8.7	2.1	7.0
기업 활동의 투명성 제고	4.4	3.7	5.9	4.7
부패수익에 대한 환수	8.5	5.1	2.4	5.3

출처: 국민권익위원회, 「2017년도 부패인식도 조사 종합결과」.

2 행정윤리와 문화의 조화

1) 행정윤리의 문화의존성

행정은 종종 일 국의 문화적 산물로 규정된다. 문화란 사회 구성원이 공유하는 관념체제로서 사회 전반에 걸친 행동 규범을 규제하는 반면, 행정은 국가체제를 형성하는 하나의 하위체제로 존속하기 때문이다. 특히, 문화는 인간사회의 모든 물리적 현실을 인식하는 규범적 매체가 되기에 행정윤리의 내용과 방향을 결정하는 중요 변수로 지적된다. 일례로, 수직적 인간관계가 지배하는 사회에서 민주적 행태를 기대하기 어렵고, 감정이나 운명에 의존하는 사회심리가 만연하는 곳에서 합리적인 행위가 활성화되기 어렵다. 이런 점에서, 행정문화에 대한 이해는 행정윤리의 방향 설정과 이의 구현을 위한 실천적 전략 모색에서 일종의 선행 과제가 될 수 있다.

실천적으로 문화가 행정행태에 미치는 영향은 부인하기 어렵다. 행정의 문화의 존성은 거의 모든 나라에서 발견되는 공통된 현상이다. 이런 현상은 특히 정치·행정발전이 미흡한 국가에서 의미가 크다. 행정에 대한 문화의 영향이 부정적인 사례가 많기 때문이다. 그래서 행정의 규범성이 의문시될 때 종종 문화가 원인으로 지적되고, 우리의 경우는 특히 관료부패가 거론될 때 이런 현상이 두드러졌다. 국민권익위원회가 2013년 조사한 바에 따르면, 실제 우리나라 공무원들은 공직사회에서 부패가 발생하는 가장 주된 요인으로 공직 내부의 부패유발 문화 및 관행(28.6%)를 꼽았다.

행정이 문화에 의존적일지라도, 문화는 행정행태에 영향을 미치는 다양한 요인 중 하나이다. 그럼에도 불구하고 일국의 행정행태가 행정체제를 둘러싼 문화적 요소의 직접적 산물인 양 오해를 유발하곤 했다. 그리고 보다 중요하게는 바로 이런 문화 결정론적 인식이 바람직한 행정행태를 제시하고 활성화하는 노력에서 다분히 소극적 접근을 조장해 왔다. 행정문화 또는 정부조직이 지닌 관료주의 풍토 때문에 특정의 행위가 보편화되지 못할 것이라는 우려를 낳거나, 실효성을 지나치게 강조함으로써 바람직한 행정의 모습을 이상적인 것에서 크게 후퇴해 모색해 온 것이다.

문화의 현실인식에 대한 규범적 기능과 행정행태의 규범성은 반드시 동일한 것이 아니다. 문화가 사회 구성원들에 의해 공유되기는 하나, 문화가 모든 사회조직이 바람직한 것으로 추구하는 행위규범은 아니고, 필요에 따라 혹은 소유하는 개인의 보상적 혹은 생존이익 때문에 보전될 수도 있다(Bideny, 1980). 특히, 정부조직의 구성원들이 특정의 문화를 소유한다 해서, 이런 문화가 반드시 공공봉사의 수혜자인 국민을 위해 바람직하다고 할 수 없다. 오히려, 이런 하위문화가 공무원들의 사적 이익을 위해 보존될 수 있고, 때로는 단순히 조직운영상 필요에 의해 강조됨으로써 행정본래의 목적을 왜곡시킬 수도 있다. 이 장은 이러한 점들을 염두에 두면서, 행정문화와 행정윤리 간의 관계를 비판적으로 조명한다.

2) 문화와 행정윤리

문화와 윤리의 관계는 문화를 인지하는 방법에 따라 다소의 차이가 있을 수 있다. 문화를 상대주의적 입장에서 바라 보면 문화란 인간행위의 모든 규범적 인식을 규제하는 준거가 된다. 이런 관점에서 문화와 행정윤리는 불가분의 관계를 띄며, 특히 후자는 전자에 대한 종속성을 면하기가 어렵다. 그러나 문화를 단순한 인간의 안전과 생존을 위한 하나의 '적응체제'로서 인식할 경우 문화와 행정윤리는 그 내용을 크게 달리할 수 있다(cf. Murdock, 1965), 이와 같은 문화와 윤리에 관한 인류학적 또는 사회학적 논쟁은 이 장의 주된 관심사가 아니다. 우리가 주목코자 하는 것은 행정윤리의 보편적(universal) 특질과 행정윤리와 문화의 논리적 관계이다.

(1) 우리나라의 행정윤리의 규범적 특성

기술한 바와 같이, 우리나라의 행정윤리는 국가공무원법, 공무원행동강령, 공직자윤리법 등 다양한 곳에 근거를 두고 있다. 이런 행동규범들은 원칙적으로 '대의민주주의'라는 정치체제를 기본 모형으로 한다. 공식적으로 규정된 우리나라의 행정윤리는 이를 명확히 천명하지 않으나, 우리나라 헌법이 민주주의라는 정체를 채택하고 있는 한 이런 가정이 불가피하다. 이는 우리나라의 행정윤리가 우리가 지금까지 논의한 바람직한 윤리의 보편적 특질을 이상으로 하고 있음을 시사한다. 능률, 생존, 객관적 책임을 근간으로 하는 합리적 규범체제와 평등, 형평, 주관적 책임 등 도덕적 민주주의 규범을 추구하는 것으로 이해될 수 있다.

중요한 것은 우리나라 행정윤리가 대부분 수입된 규범체제라는 데 있다. 해방 이후 선진문물의 수용과 함께 부수적 혹은 능동적으로 수용된 것이다. 보는 이에 따라 차이가 있겠지만, 평등이나 보편주의적 봉사는 해방 후 물밀듯이 들어 온 민주주의라는 새로운 정치이념의 무비판적 수용에 따른 부수적 결과이다. 반면에, 능률 같은 합리적 규범들은 주로 1960년대 이후 경제발전이라는 국가의 최대과제를 달성하기 위해 의식적, 적극적으로 수용해 온 것들이다. 어느 경우에건 주목해야 할 것은 서구의 규범을 수용함에 있어서 우리의 고유한 문화적 전통을 크게 간과했고, 이로 인해 그간 우리나라 공무원들이 행정윤리의 실질적 내용을 내면화하는 데 상당한 어려움을 겪어 왔다는 점이다.

(2) 우리나라 행정문화의 특징

우리나라 공무원의 윤리적 일체감을 저해하는 행정문화는 비교적 많은 학자들에 의해 거론되어 왔다. 학자들에 따라 행정문화의 구체적 내용은 조금씩 다르나 전반적으로는 대동소이하다(백완기, 1982). 기존 문헌에 의하면, 우리나라의 행정문화는 크게 다음과 같은 두 가지 특징을 지닌다. 첫째, 권위주의, 가족중심주의, 정적 인간주의, 형식주의, 의리주의 등 우리 고유의 전통적 문화유산을 반영하는 것이 대부분으로 일반문화로서의 속성을 많이 지니고 있다. 이런 속성은 공무원뿐 아니라 일반 국민들도 쉽게 공감하는 것이어서 정부조직에 고유한 것인지 아니면 우리사회 전반에 걸친 일반문화인지 명확지 않다. 둘째, 우리나라의 행정문화는 행정을 위해 긍정적 기능도 수행하지만, 대개는 부정적 행정행태를 유발하는 요인으로 작용했다. 기존 문헌에서 나타난 문화적 행정행태들은 경험적이기보다 다분히 논리적 사유의 산물이다. 그럼에도 불구하고, 행정문화에 관한 기존 문헌들은 대부분 이런 행정문화의 부정적 영향을 비교적 타당한 것으로 수용하고, 이런 경향은 특히 관료부패를 논할 때 두드러진다.[1)]

1) 가장 빈번히 지적되는 관료부패의 문화 · 심리적 요인을 중심으로 살펴보면 다음과 같다. '가족중심주의'는 사회의 이익이나 공익보다 가족의 안녕과 번영을 중시하는 문화로 규정된다. 이런 문화에 부응하는 관료는 공직을 사유화하거나 조직을 가부장적 체제로 운영하기 쉽고, 더 나아가 공금의 유용이나 상하 간의 비리를 묵인 또는 정당화하는 관행을 조장하기 쉽다. 유사하게 다른 행정문화들도 이와 같은 논리적 역기능을 벗어나기 어렵다. '의리주의'는 친분 있는 사람의 청탁을 거절하기 어렵게 하고, 지나친 '형식주의'는 법률 지상주의에 편승함으로써 법 규정을 사익을 위한 조작과 왜곡의 수단으로 사용토록 조장하며, '권위주의'는 민을 위한 봉사가 아닌 관인지배 양식을 초래하고, '의식주의'는 능동적이고도 적극적인 행정행태를 위축시킴으로써 변화와 개혁

행정문화가 이처럼 부정적 행정행태와 연계되어 있다는 것은 행정윤리에 대한 문화의 중요성을 더 해주는 것이라 할 수 있다. 물론, 행정문화와 연계된 행정행태가 반드시 우리가 이상향으로 추구하는 행정윤리와 상반되는 것은 아니다. 그러나 행정관료들이 공유하는 사고가 이들이 준수해야 할 특정 행위에 역기능을 수행한다는 것은 최소한 이들이 겪어야 할 규범적 갈등이 존재하고, 궁극적으로는 행정윤리의 미래를 조명함에 있어서 행정문화에 대한 고려가 불가피함을 시사한다.

(3) 이중의 딜레마

우리가 기존의 행정문화 이론을 그대로 수용하고 우리나라 행정이 이상적 윤리체제를 추구한다 가정하면, 우리나라 공무원들은 적어도 두 개의 규범적 갈등을 경험하고 있다고 할 수 있다. 하나는 이미 지적한 바와 같이 현대행정이 추구하는 이원론적 가치체제에 의한 윤리적 갈등이다. 현실적으로 우리나라 공무원들이 이런 갈등을 얼마나 경험하는지는 알 수가 없다. 만약 이들이 이런 갈등을 겪지 않는다면, 우리는 이들의 행위를 크게 의문시하지 않을 수 없다. 기술한 바와 같이, 공무원이 윤리적 갈등을 느끼지 못하는 것은 논리적으로 양대 규범 체제 가운데 하나만을 지향하며 획일적 행정으로 일관하거나, 상관의 지시나 법에 따라 무비판적으로 행동하거나, 아니면 무사안일에 빠져 공복으로서 마땅히 지켜야 할 능동적 역할을 다하고 있지 못함을 의미할 수 있다.

문화와 관련해서 우리나라 공무원들이 직면하는 보다 심각한 갈등은 이상적 행정윤리와 행정문화 간의 갈등이다. 기술한 바와 같이 우리나라의 행정윤리는 자유, 평등, 형평 등 보편적 가치를 추구하는 민주주의와 비정의성, 객관성, 중립성, 전문성 등 합리적 행정행태를 내용으로 한다. 이에 반해, 우리나라의 행정문화는 비민주적이며 비합리적 속성이 강하다. 우리나라 행정문화는 보편적이기보다는 귀속적이고, 수평적이기보다는 수직적이며, 객관적이기보다는 정적이고, 전문적이기보다는 일반적인 행정행태를 요구한다. 이는 우리나라의 행정윤리가 행정문화하고는 본질적으로 양립이 어려움을 시사한다.

그렇다면, 우리나라의 공무원들은 문화와 윤리 중 어느 것을 자신들의 행동지

을 저해하는 요인이 된다.

침으로 삼아야 할까? 논리적으로는 당연히 행정윤리가 그들의 행동지침이 되어야 한다. 그러나 행정문화와 행정윤리 간의 갈등은 이처럼 간단한 해결을 허락지 않는다. 행정문화의 규범성은 차치하고, 우리나라 행정문화가 지닌 일반문화와의 동질성 때문이다. '공사 분리'라는 훌륭한 명제가 있지만, 우리나라 공무원들에게는 이 또한 하나의 형식논리에 불과하다. 공사 분리는 그 실현을 위해 적어도 문화적 성숙을 조건으로 하기 때문이다.

여기서 우리는 단순한 규범적 당위성만으로 행정윤리의 미래를 조명하는 것이 매우 이상적일 수 있음을 알 수 있다. 다분히 부정적인 문화적 여건 속에서 행정윤리의 방향을 조명하려면 적어도 행정윤리와 문화 간의 상대적 중요성을 가늠하고, 그 결과에 따라 올바른 접근방법을 모색하는 것이 타당할 것이다. 비록 논리적으로는 우리나라 공무원들이 문화와 윤리 간의 내재적 모순으로 규범적 갈등을 겪는 것으로 인식되나, 이런 논리는 적어도 두 개의 조건을 전제로 한다. 하나는 행정문화가 현실적으로 존재한다는 것(즉, 상기한 문화적 속성을 우리나라 공무원들이 실제 공유하고 있다는 것)이고, 다른 하나는 행정문화와 행정윤리가 행정관료의 인식 속에서 '동등한' 비중을 차지한다는 것이다. 즉, 양자는 공무원들의 행정행태를 선택함에 있어서 (규범적이든 아니면 단순한 관념상의 이유에서든) 동등한 영향력을 행사하고 있다는 것이다.

(4) 행정윤리의 문화의 조화

경험적 조사에 의하면, 우리나라 공무원들은 예상과 달리 행정윤리에 대해 상당히 긍정적 태도를 지니고 있다. 30여 년 전, 행정윤리 전반에 걸친 포괄적 내용을 반영하는 행정지침을 윤리적 원리나 규칙의 형태로 도출하고, 이에 대한 우리나라 공무원들의 태도를 측정해서 상당히 긍정적 결과를 확인한 사례가 있다.[2] 최근에도 이와 유사한 연구 결과가 발표되었다. 공직가치에 대한 공무원들의 공감도가 모든 가치영역에서 평균 이상으로 높게 나타난 것이다.[3] 이처럼 우리나라 공무

2) 이 연구에 의하면, 비록 개별적 문항에 대해서는 상당한 변이가 발견되나, 전반적으로 우리나라 공무원들이 이상적 행정윤리에 대해 상당히 수용적인 것으로 나타났다(김호섭, 1988b 참조).

3) 공직가치에 대한 공무원들의 공감도를 측정한 김상묵(2017)의 연구에 의하면, 가치영역별로 평균 점수가 조금씩 달랐다. 하지만, 7점 척도를 사용한 조사에서 ('보통' 수준의 공감도가 4점) 모든

원들이 윤리적 규범이나 공직가치에 대해 비교적 높은 수준의 수용도를 보이는 것은 다분히 고무적인 일이다. 문화 결정론적 회의론에서 벗어나 보다 능동적으로 이상적 행정윤리를 추구할 수 있는 잠재적 역량의 표현이라 할 수 있다. 물론 공무원의 윤리의식과 그들의 실제 행동이 항상 일치하는 것은 아니다. 그러나 공무원의 높은 윤리의식은 이런 '가능성'을 높여 주는 것으로 이해될 수는 있다.

우리는 그간 크게 두 가지의 이유로 이상적 윤리체제를 비판적 시각으로 보아왔다. 그 중 하나는 과연 합리주의, 사실주의, 보편주의 등 서구의 독특한 문화를 배경으로 하는 행정규범이 우리나라처럼 전혀 문화적 여건을 달리하는 곳에서도 이상적 윤리규범으로 작동할 수 있냐는 것이다. 윤리적 상대주의에 입각해, 우리나라 행정의 규범성은 반드시 우리가 처한 사회문화적 여건에 비추어 평가되어야 한다는 것이다. 그리고 이와 비슷한 주장으로 윤리의 선택적 수용 내지 재해석을 요하는 경우도 있었다. 서구식 규범을 무비판적으로 받아들여서는 안 되고 우리 실정에 맞는 것을 선택적으로 수용하거나, 혹은 수용은 하되 우리 실정에 맞게 재해석하자는 것이다.

이런 주장들의 규범적 의미나 장점은 부인하기 어렵다. 특히, 모든 윤리적 규범들이 특정 문화에 상대적이라는 것은 부인할 수 없다. 그러나 강조되어야 할 것은 이 책에서 논의된 윤리체제는 '대의민주주의'라는 정체를 추구하는 국가에서 준수되어야 할 '최소한'의 행동규범으로서 보편적(universal) 특질을 내용으로 한다는 점이다(cf. Bidney, 1980). 주지하듯이, 상대주의는 비록 모든 윤리나 문화에 대한 획일적 평가를 부정하나, 한편으로는 국경을 초월하는 초문화적(transcultural) 가치가 존재할 수 있음을 부인하지 않는다. 우리가 과연 민주주의가 좋으냐 나쁘냐 혹은 우리가 대의민주주의를 취하느냐 취하지 않느냐는 본질적 문제로 되돌아가지 않는 한, 오랫동안 이성과 지혜로서 추구해 온 관료주의와 민주주의라는 양대 규범체제를 윤리적 상대주의를 내 세워 쉽게 외면하기는 어려울 것이다.

이상적 윤리체제의 구상을 어렵게 하는 또 하나의 요인은 기술한 바와 같이 우리나라의 행정문화가 이상적 윤리체제에 부정적이라는 논리다. 사실, 이런 논리는

가치 영역에서 공감도 평균(4점)을 넘어 섰고, 이는 사실상 공무원들이 모든 공직가치를 긍정적으로 인식하는 것으로 이해될 수 있다.

그간 우리에게 적지 않은 의미를 주었다. 새로운 문화 정립을 통해 전통적 문화를 제거하는 것이 바람직하다는 주장을 유발하기도 했다. 하지만 이런 결론에 도달하기 전에 우리는 먼저 전통적 행정문화의 역기능을 좀 더 신중이 살펴 보아야 한다. 비록 행정문화가 본질적으로는 민주적 행정윤리와 상반된 속성을 지니나, 그렇다고 모든 행정의 문화적 요소가 역기능만을 수행하는 것은 아니다(cf. 조석준, 1987). 그리고 문화의 접변 가능성을 인정해도 문화가 쉽게 대체되거나 폐기되지 않는다는 것도 분명한 사실이다. 이런 점들을 감안할 때, 행정문화에 대한 획일적 취급이나 합리적 대체와 같은 급진적 처방보다 역기능적 행정문화를 억제하는 방향으로 전략적으로 접근할 필요가 있다.

역기능적 문화의 억제는 강요적(강압적)이기보다 자발적(유도적)이어야 한다. 문화는 "항상 (그리고 반드시) 인간의 기본적인 생리적 욕구와 이로부터 파생되는 이차적 욕구들을 충족시키는" 보상적 적응체계로 존재한다(cf. Murdock, 1965). 이는 심리적 보상이나 생리적 만족을 제공치 못하는 문화는 자연히 도태될 수밖에 없음을 의미한다. 그리고 이런 기회는 사회구조의 변화, 과학과 기술의 발달, 그리고 새로운 문화의 수용 등 다양한 요인에 의해 주어질 수 있으나, 근본적인 것은 인간이 경험하는 보상심리에 있다. 공무원이 문화적 행태를 연출했을 때, 이로부터 얻어지는 보상을 경험하지 못하면 그와 같은 행태는 재현되지 않을 것이라는 것이다. 우리는 여기서 역기능적 문화의 억제란 (문화적 행태가 아닌) 윤리적 행태에 대한 보상을 (즉, 승진, 보너스 지급 등) 가시화함으로써 가속화 할 수 있음을 알게 된다. 문화적 행태로부터 기대되는 보상을 어렵게 하거나, 혹은 윤리적 행태로부터 오는 보상이 문화적 행태로부터 오는 보상을 능가하게 함으로써 전자를 활성화하고 후자를 위축시킬 수 있는 것이다.

이것이 우리나라 행정윤리가 나아가야 할 방향이고, 공직사회의 윤리성을 제고하는 기본적 전략이라 생각된다. 지난날 우리는 공직사회의 윤리성 제고를 위해 지나치게 제도를 통한 처벌 중심적 접근을 택했다. 바람직한 행위를 장려하기보다 해서는 안 될 일을 강조했고, 옳은 행위에 대한 보상(칭찬)보다 잘못된 행위를 질책(처벌)하는 데 초점을 두었다. 그리고 역사적 경험과 부정적 문화유산을 들어 과거 지향적 통제를 강조한 반면, 긍정적이고도 미래지향적 행정윤리는 크게 도외시했다. 어찌 보면, 이런 현상은 행정윤리의 전통적 속성인 '예방적'이고 '처벌적' 측면을 감안하면 어느 정도 이해될 수 있다. 하지만 우리나라 행정윤리가 나아가야 할 방향은 이처럼 처벌중심의 관행의 반복(강화)이 아니라, 전통적 의미의 윤리관과 긍정적 의무를 강조하는 현대적 의미의 윤리관을 적절히 조화시키는 것이다. 이런 조화는 특히 우리처럼 전통적 문화의 영향이 큰 반면 수입된 규범이 행정윤리로 강요되는 곳에서 더욱 필요하다. 보상체계를 통한 행정윤리의 활성화는 역기능적 문화를 위축시키고 윤리적 행위가 지배하는 행정실제를 구축하는 데 크게 기여할 것이다.

3 고위공직의 윤리

1) 왜 고위공직의 윤리가 문제인가?

공직사회 비리의 진정한 문제는 고위공직에서 비롯된다. 고위공직자들의 비리는 그 자체가 해악일 뿐 아니라, 하위 공직의 비리를 묵인하거나 간접적으로 조장하는 요인이 된다. 이처럼 고위공직자들의 비리가 지니는 실천적 중요성 때문에 최근 이익충돌을 비롯한 여러 가지 제도적 방안들이 도입되었다. 그러나 여전히 공직사회의 윤리성 제고나 비리를 통제하려는 이론적·실천적 노력은 대부분 '모든' 공직자를 대상으로 한 획일적 접근에 근거하고 있다. 이런 획일적 접근은 공직사회 비리의 핵심을 흐리게 하고, 결과적으로 비리 통제의 효율성을 저하시킨다.

앞에서 우리는 비윤리적 행위의 유형을 논하면서 체제적 부패를 소개한 바 있다. 우리나라의 공직사회가 어느 정도 체제적 부패와 거리가 먼지는 정확히 알 수 없다. 그러나 언론매체를 통해 빈번히 보도되는 고위공직자들의 행태나 발언, 그리고 비리 사건의 내용을 보면 적어도 상당한 우려를 갖게 된다.[4] 특히 우리나라 고

4) 여기서 고위공직자란 상당한 재량권을 가지고 정부정책이나 결정에 영향력을 행사하는 사람들로서 대개 공직자윤리법에 의해 재산등록의무자로 지정된 고위직 공직자와 각 부처 및 기관별로 핵심적 지위에서 조직을 이끌어 가는 사람들을 지칭한다.

위공직자들에게 윤리란 용어가 생소하고 규범적으로 커다란 의미가 없어 보일 때 이런 우려는 더욱 커진다. 고위공직자들은 자신들의 비리나 정치적 스캔들이 사회적 관심사로 부각되면 전형적으로 "법적으로 문제가 없다"는 논리로서 대응한다.[5] 이런 논리는 자신들의 행동이 법적 최저선에 의해 정당화됨을 강조하고 결과적으로 자신들의 윤리적 불감증을 간접적으로 시사하는 것이다.

이에 비해 상당수 고위공직자들은 공직 윤리에 대해 이율배반적 시각(행태)을 지니고 있다. 지속되는 공직 비리의 노출로 국민적 분노가 분출되면, 이들은 으레 윤리(행동)강령을 제정하거나 윤리 관련법을 개정하고, 공직자 의식교육을 강화하거나, 사정기구에 의한 감시 및 통제 기능을 강화하려 한다. 이런 윤리사업들은 주로 중하위직 공직자를 대상으로 한 것으로서, 공직사회의 비리가 일부 몰지각한 중하위직 공직자들에 의해 발생하는 간헐적 사건임을 (따라서 자신들과는 무관함을) 암묵적으로 가정한다. 그러나 아이러니하게도 공직 사회의 윤리성을 제고하기 위한 제도를 마련할 때 가장 소극적이거나 제도의 실효성을 떨구는 데 앞장서는 것은 통제 대상인 중하위직 공직자가 아니라 바로 개혁과 부패통제를 가장 역설하는 고위공직자들이다.

우리나라 고위공직자들의 윤리적 불감증을 보여주는 또 하나의 지표는 이익충돌에 관한 소박한 인식이다. 고위공직자들은 하위직 공직자들과는 달리 자신들의 재정적 이해관계에 중요한 영향을 미칠 수 있는 의사결정에 직접 참여하거나 간접적으로 이에 영향을 미칠 수 있는 위치에 있다. 따라서 선진국들은 고위공직자의 이익충돌을 공직윤리에 핵심에 놓고 이를 사실상 공직자들의 행위를 규제하는 가장 강력한 통제장치로 활용하고 있다. 그 결과 선진국에서는 공직윤리가 지나치게

---

5) 일례로, 한 때 '대쪽 총리'라는 별명을 얻기도 했던 이회창 총리는 한나라당 총재 시절 과거 호화빌라 거주와 자식의 원정 출산으로 구설수에 올랐던 적이 있다. 당시 이회창 총재는 장남의 재산신고를 거부했는데, 이에 대해 기자들이 질문을 하자 대통령 후보의 직계가족의 재산신고 거부는 '법적 취지에 반하는 것이 아니라'고 응답했다(중앙일보, 2002.3.9). 고위공직 사회에서 이런 사고는 지금까지도 그대로 유지되고 있다. 특히, 최근 문재인 정부의 장관 후보에 대한 국회 인사청문회에서 나타났듯이, 저들은 도덕성 검증을 일반 사람들이 거론하고 있는 거짓이나 정직 등이 아니라, 부동산 투기, 위장 전입, 음주운전, 다운계약서 작성 등 불법 또는 위법 행위를 놓고 거론하고 있으며, 그것도 위반 횟수에 따라 검증 여부를 결정한다. 이른바 음주운전 한두 번 정도는 괜찮고, 세 번은 안 된다는 이른바 삼진아웃제 같은 기발한 기준을 내세운 것이다.

이익충돌에 좁게 한정되어 있다는 비판마저 나오고 있다(Kernaghan, 1997). 이와는 대조적으로 우리의 경우는 여전히 상당수 고위공직자들이 이익충돌을 하나의 사회적 관습으로 가볍게 치부하거나, 재산공개나 퇴직 후 취업에서 보았듯이 어렵게 도입된 이익충돌 관련 규제조항들을 쉽게 위반하는 모습을 보이고 있다.

2) 고위공직 윤리의 내용

이상과 같은 고위공직자들의 그릇된 윤리의식과 자기중심적 행태를 불식하고 고위공직의 윤리적 분위기를 조성하기 위해서 무엇보다 고위공직의 윤리가 지니는 실천적 중요성을 재인식하고, 그 내용을 명확히 규명하며, 특히 고위공직자 비리의 근본 원인이 되는 이익충돌을 철저히 규제할 필요가 있다.

실천적으로 고위공직의 윤리가 중시되는 이유는 무엇보다 이들의 그릇된 동기에서 비롯되는 정책결정이 국민에게 엄청난 재정적, 물질적 손해를 줄 수 있기 때문이다. 지난날 사회적 논란의 대상이 되었던 차세대 전투기 구매사업, 율곡사업, 4대강 사업 등을 예로 들 수 있다. 이런 유형의 국책사업들은 엄청난 규모의 국민적 세금을 소요하기에, 만약 공익과 거리가 먼 정치적 이해관계나 특수이익의 충족을 위해 결정된다면 이로 인한 국방전략이나 경제정책상 손실은 물론 국민에게 엄청난 재정적 부담을 지우게 될 것이다. '윗물이 맑아야 아랫물이 맑다'는 수범의 논리 또한 고위공직의 윤리성을 중시해야 하는 하나의 이유가 된다. 공직의 윤리성 제고를 위한 수단은 윤리(행동)강령의 제정, 수범, 권고, 토론 등 다양할 수 있으나, 이 가운데 가장 효율적 수단은 역시 고위공직자에 의한 수범이다. 이런 점에서 '윗물이 맑아야 아랫물이 맑다'는 격언은 비록 그 내용이 비민주적이고 소외적이나, 현실적으로는 어느 대안보다도 의미가 크다.

고위공직의 윤리가 지닌 실천적 의미가 확인되면, 상황적 접근에 기초한 윤리기준의 정립이 필요하다. 추상적, 획일적 윤리사업이나 범국가적 윤리강령의 제정이 아니라, 계층별 윤리의 필요성을 전제로 고위공직자들이 주목해야 할 윤리적 기준을 확인하고 공유할 수 있도록 해야 한다. 만약 공직자의 윤리적 책임이 담당한 직위나 역할에 따라 달라진다면, 공직의 윤리도 이러한 계층별 차이를 반영하는 것이 타당하다. 현재 우리나라 정부는 공직의 지위 고하를 막론하고 동일한 윤리기준을 획일적으로 적용하고 있는데, 이는 바람직한 접근방법이 아니다. 기술한 바와 같이 고위공직자들은 종종 자신들이 법을 위반하지 않았다고 해서 혹은 (과거 대통령처럼) 뇌물을 받지 않았다고 해서 윤리적 책임을 다한 것으로 정당화하곤 하는데, 이는 자신들의 윤리적 의무가 다른 하위직 관료들과 다르다는 것을 인식치 못한데서 비롯된 그릇된 정당화이다. 공익에 위배되는 정책이나 소수집단에 특혜를 주는 정책, 혹은 정권유지나 정치적 목적을 위해 왜곡된 정책을 형성하는 것이 이들의 도덕성을 가늠하는 잣대가 되어야 한다. 이런 점에서 루크(Luke, 1991)가 지적한 정책윤리는 하나의 대안이 될 수 있다. 그리고 고위공직자들은 상당한 재량권을 갖고 중요한 가치 간의 선택을 하기에 단순한 집행이나 보조 업무를 수행하는 중하위직 공직자들과는 다른 윤리기준을 적용해야 한다. 공직사회의 리더로서 이들이 추구해야 할 윤리 규범(덕목)으로서 다음과 같은 요소들을 고려해 볼 수 있다.

(1) 정책윤리의 내면화

대부분의 윤리적 행동 기준은 거시적 차원의 정책윤리(policy ethicss)와 미시적 차원의 개인윤리(individual ethics) 간의 연속선 상에 놓이게 된다(Gortner, 1991). 이 가운데 정책윤리는 ① 의사결정이 사회 전체에 미치는 물질적, 정신적 파급효과에 관심을 두고, ② 주로 지명되거나 선출된 관료들의 관심사를 다루며, ③ 행정 행위의 당위성 및 가능성에 초점을 둔다. 이에 비해 개인윤리는 중간 혹은 하위수준의 행정을 다루는 관료들과 관련된 것으로서, ① 윤리적 고려의 범위가 상대적으로 제한적이고, ② 조직의 정책에 대한 영향력이 별로 크지 않은 대신 주어진 과제를 능률적, 효과적 방법으로 실행에 옮길 것이 기대되며, ③ 주로 개인적 성실과 순응 (또는 간과, 침묵, 그릇된 행위에 대한 압력) 간의 윤리적 갈등을 경험한다.

루크(Luke, 1991)는 이런 행동윤리와 정책윤리의 상대적 차이에 주목하고, 오늘날의 공직 윤리가 전자에서 후자로 나아갈 것을 주장한다. 특히, 새로운 리더십에 대한 수요에 따라 공직의 윤리성 제고에 커다란 영향을 주는 고위공직자들이 정책윤리를 행동지침으로 내면화할 것을 주문한다. 개인행동에 초점을 두는 전통적 행정윤리는 각종 스캔들에 나타난 비윤리적 요소에 초점을 두고, 결과적으로 관료의 성실성이나 (정직, 용기, 진실 등) 윤리적 판단을 (공익에 대한 헌신, 법에 대한 존경 등) 포함하는 도덕적 덕목(moral virtue)을 강조하게 되는데, 이처럼 개인 행위나 행정행위에 초점을 두는 개인윤리는 "도덕적 정체(polity), 윤리적 공공정책, 그리고 도덕적 조직 산출"을 보장하기에는 부족하기 때문이다(Luke, 1991: 160). 그렇다면, 보다 장기적 비전을 지녀야 할 정부의 고위공직자들은 단순히 개인의 행정적 의무가 아니라 보다 거시적이고도 장기적인 조직 산출에 초점을 두는 정책윤리에 헌신할 수 있어야 한다.

(2) 올바른 충성

고위공직자들은 능력이나 실적 등 엄격하고도 객관적 기준에 따라 공직에 임면되기보다 최고 정책결정자의 정치적 판단이나 이념적 성향에 따라 임면 되는 사례가 많다. 따라서 고위공직자들은 항상 대통령을 비롯한 정치지도자들의 정책적 성향이나 압력에 민감할 수밖에 없고, 의사결정 시 스스로 내면화된 윤리적 기준이나 공익 같은 추상적 규범에 의존하기보다 자신의 경력 추구에 유리한 외부적 압력과 타협하기 쉽다. 이럴 경우, 공직자는 공익추구라는 공직자의 본분을 상실한 채 사익을 추구하는 전형적 비리 관료로 전락하게 된다.

이런 맥락에서 공익에 대한 대용물로 '국가에 대한 충성'을 윤리 규범으로 강조할 필요가 있다. 본래 공직자의 충성은 국가적 이념이나 헌정 질서에 대한 헌신을 의미하나 인사행정의 구조상 특정 개인이나 조직 또는 정치 집단에 대한 충성으로 변질되기 쉽고, 결과적으로 양자 간의 구분이 모호해지는 사례가 발생한다. 그리고 이처럼 공직자가 공공책임이나 신뢰보다 조직에 대한 충성을 강조할 때 이른바 체제적 비리가 싹트게 된다. 따라서 고위공직자의 충성은 맹목적이거나 무조건적 충성이 아니라, 정부 정책에 대해 의문을 제기하고, 의문스런 정책 활동을 거부하며, 때로는 사직을 무릅쓰고라도 권력 앞에서 진실을 말할 수 있는 용기를 필요로 한다.

(3) 품위유지

고위공직자들의 행동은 하위 공직자들의 준거가 될 뿐 아니라 일반 국민의 행동에도 적지 않은 영향을 미친다. 이런 점에서 고위공직자는 실질적 비리(위법) 행위는 물론 외형상 이런 행동을 한 것으로 오해받을 만한 행동도 삼가는 것이 바람직하다. 이런 행위는 많은 사람들로부터 공직자가 자신의 신분을 이용해 사익을 추구한다는 오해를 불러일으키고, 결과적으로 공직에 대한 불신을 유발할 수 있기 때문이다.

법률적 차원에서 공무원의 부적절한 처신을 규제하는 것은 논쟁의 소지가 있다. 사실상 공직자들이 단순히 국민들에게 부적절한 행동을 한 것으로 비추어진 경우에 처벌하는 것은 '사실에 대한 성급한 판단(factual prejudgment)'과 '법적 소급(legal retroactivity)'이라는 두 가지의 법규범을 위반하는 것이 된다.[6] 이런 법적 한계에도 불구하고 품위유지는 (법적인 목적보다) 정부에 대한 공적 신뢰를 유지하려는 정치적 목적에서 추구되는 것이 일반적이고, 고위공직자들은 다른 하위직 공직자나 국민들의 준거가 된다는 점에서 이를 하나의 윤리 규범으로 내면화하는 것이 바람직하다.

간 큰 대통령

간 큰 남자들이 있다. 아침에 밥 달라고 소리치는 남자, 아내가 연속극 보는데 채널 돌리는 남자, 외출하는 아내에게 어디 가느냐고 물어보는 남자……. 중년 남성들 사이에 회자되는 '간 큰 남자' 시리즈다. 우스갯소리지만 세상은 눈이 핑핑 돌아가게 달라지고 있는데 케케묵은 가부장적 권위를 내세웠다간 혼쭐나기 십상이란 세태 변화의 메시지가 담겨 있다.

여기 간 큰 남자가 한 명 더 있다. 이명박 대통령이 장차관들을 모아놓고 "나라 전체가 온통 비리투성이"라고 일갈한 게 장안의 화제다. 대통령은 공직사회 부패와 비리, 관료주의와 무사안일 등에 화를 냈다. 모두 옳은 말씀이다. 한데 몇 년 간 어디 외국에라도 나갔다

6) '사실에 대한 성급한 판단'은 실질적으로 부적절한 행위를 했는가에 대한 법적 판단이나 사전에 상황에 대한 완전한 고려 없이 공직자를 처벌하는 것을 의미한다. 이에 비해 '법적 소급'의 문제는 개인에 대한 처벌이 사후에 (즉, 실제 범행이 일어난 후에) 이루어져야 하고 사전에 법에 의해 금지되는 행위가 무엇인지를 알 수 있도록 해야 하나, 품위유지의 기준은 대개 금지된 상황이 전개된 후에야 알 수 있게 된다는 것을 의미한다(Stark, 2000: 209).

들어오신 분 같다. 대통령은 국정의 최고 책임자이다. 3자도 아니요, 비평가도 아니요, 남의 말 하듯이 할 입장도 아니다. 진물이 줄줄 흐르는 것을 보고서야 곪은 줄 알았다면 더 큰 문제다. 진작 알고 있었다면 여태까지 뭐했었는지 궁금하다.

집안에서 가장(家長)이 이런 식으로 "어쩌다 집안 꼴이 이 지경이 되었느냐"고 호통친다면, 가장의 권위를 세우기는커녕 볼썽사나운 꼴을 당할 것이다. "그래 말 잘했다. 그동안 이 집의 가장이란 작자는 어디서 뭐하고 있었느냐"고 도끼눈을 치뜨고 덤벼드는 마누라에게 황혼이혼 안 당하면 다행이다. 사람들은 이런 사내를 간이 붓거나 큰 정도가 아니라 아예 배 바깥으로 나온 남자로 친다.

대통령이 거론한 문제들은 어제오늘 하늘에서 뚝 떨어진 것이 아니다. 대통령은 지난해에도 "권력·토착·교육 등 3대 비리를 뿌리 뽑아야 한다"고 했고, 그 전해에도, 그 전전해에도 비리 척결을 선언했다. '공정사회'는 어느 때, 어느 자리에서도 빠지지 않는 단골 레퍼토리가 되었다.

그 사이 감사원 감사위원으로 간 대통령의 측근은 두세 달에 한번 꼴로 수천만 원씩을 챙기고, 금융감독원의 최고 수장은 자기가 주식을 갖고 있는 저축은행 감사를 살살해달라며 로비스트 역할을 하고 다녔다. 꿀 항아리 속 지네를 집어내기는커녕 함께 코 박고 단물을 빨아먹은 것이다. 저축은행 사외이사로 달마다 수백만 원씩 용돈을 받은 청와대 정무수석이 "뭐가 문제냐"고 역정을 낸 것도 그 동네 흙탕물에서는 나름 청정한 축에 낀다고 한 소리였을 것이다. 어제는 정무비서관이 또 검찰에 소환되어 감옥행 티켓을 손에 쥐고 대기 중이다.

공직자는 '쯩(證)'이라도 있으니 허가 난 도둑이라 치더라도 여행사를 경영하는 대통령 친구는 임금이 준 마패를 허리에 꿰찬 암행어사마냥 온 나라를 휘젓고 다녔다. 징역 2년 6월을 선고받은 천신일은 국정원 간부를 전화 한 통으로 수족 부리듯 하고, 대기업 총수도 만나기 어려운 금융지주 회장에게 석 달 간 30여 차례나 전화를 걸어 특혜대출을 볶아댔다고 판결문에 나와 있다.

그러고 보면 국토해양부는 운 없이 걸린 케이스다. 어느 부처라 할 것 없이 너도나도 비리 흙탕물을 철벅거리고 다니고 있음을 알려주는 빨간불은 오래전부터 깜박거려 왔다. 이명박 정부 들어 4년 사이 뇌물을 받았다가 징계를 받은 공무원이 2006년에 비해 5.5배로 폭증했다는 것은 행정안전부의 자료다. 국제투명성기구는 한국의 부패인식지수가 뚝뚝 떨어지고 있다는 발표를 해마다 내놓고 있다. 공무원 잡으라고 세금으로 월급 주며 만들어놓은 공직 사정팀이 애먼 민간인 뒤나 캐고 다니는 사이 벌어진 일이다.

한 솥 안에 있으면 밥이 선지 탄지 모를 수 있다. 어떤 때는 바깥의 눈이 더 정확하다. 지난주 가톨릭언론인협의회 주관으로 열린 '한국 리더십 위기' 포럼에서 서울대 장달중 교수는 한 외국 언론인이 MB 정치의 모습을 "패러독스(모순)라고 하더라"고 전했다.

"연줄 인사를 계속하면서 공정사회를 외치는 모순, 병역 면제자로 안보 지휘부를 구성해 놓고 국민들에게는 단합된 안보자세를 요구하는 모순, 정치 선진화를 외치면서 정치를 실종시키는 모순 …… 정말 패러독스 그 자체다."

나라가 이 정도로 썩었다면 의원내각제 국가에선 정권이 바뀌어도 몇 번은 바뀌었을 것이다. 영국 브라운 노동당이 장관과 의원들의 주택수당 부당 청구로 집권당 자리를 넘겨준 게 두 해 전 일이다. 일본은 부패 스캔들로 내각이 무너진 사례가 허다하다. 대통령제인 미국에서도 부통령이 탈세로 벌금을 부과받자 깨끗이 부통령 자리에서 물러났다.

이 대통령은 잘못되었단 말도 죄송하다는 말도 없다. 총리도, 감사원장도 묵언(默言)이다. 아무도 책임지는 사람이 없다. 오히려 대통령은 "부정과 비리가 우리 정권에서 유난한 게 아니다. 과거 10년, 20년 전부터 있었다"고 했다. 또 전 정권 탓이다. 정말이지, 우리 대통령은 간이 크시다.

출처: 경향신문(2011.6.22)/글: 박래용

4 법적 통제의 실효성 제고

1) 이론적 처방

공무원들의 불법적 비리는 불가피하다. 도덕적으로 완벽한 인간이 없고, 이들의 행위를 통제하기 위한 어떤 법적, 제도적 장치도 이들의 재량권을 완전히 빼앗아 갈 수는 없다(Kaiser 1991). 이런 의미에서 정부란 어쩌면 본질적으로 공무원들의 비리를 어느 정도 인정하는 체제이고,[7] 반면에 공무원들은 항상 부패에 노출되기 쉬운 취약한 상태에 있다고 할 수 있다. 공무원들의 부패는 하나의 '계획된' 행위이다. 애리얼리(Dan Ariely)의 주장과 달리, 이런 행위 뒤에는 대개 행정체제를 악용해서 사적 이익을 도모하려는 불순한 동기와 치밀한 계산이 깔려 있다. 따라서 이를 통제하기 위한 법적 대응은 윤리성 확보를 위한 '마지막' 수단이기에 반드시 법적 구속력 확보에 초점을 두어야 한다. 실효성 있는 법적 통제를 하려면 몇

7) 로즈-애커만(Rose-Ackerman, 1978)은 부패가 한정된 자원을 분배하는 메커니즘으로서 정부의 시장통제에 따른 불가피한 현상이고, 희소자원이 존재하는 한 항상 부패의 동기는 존재한다고 주장한다.

가지 조건이 충족되어야 한다.

첫째, 합법성에 관한 논의에서 지적한 바와 같이, 불합리한 법의 정비가 필요하다. 현행법 가운데서 준수가 어려운 조항이나 불합리한 조항 혹은 실효성이 없는 조항들을 개선하고, 동시에 법적 통제의 실효성을 확보하기 위한 보완 작업을 추진해야 한다. 현실과 괴리되었거나 실천이 불가능한 법, 또는 단순히 형식적 구색만을 갖춘 법으로는 관료들의 비리를 통제하기 어렵다.

둘째, 비리를 자제하고자 하는 심리적 억제효과를 유발할 정도로 처벌규정을 강화해야 한다. 대부분의 부패는 경제적 이익을 목표로 해 공권력을 남용하는 형식을 취한다. 따라서 이를 억제하기 위해서는 크게 두 가지의 근본적 대응책을 고려해 볼 수 있다. 하나는 관료들의 그릇된 공권력 행사를 근본적으로 차단하는 것이다. 즉, 부패한 관료들을 공직으로부터 추방하는 것이다. 그러나 단순한 공직으로부터의 추방만으로는 심리적 억제 효과를 기대하기 어렵다. 부패관료들은 퇴직 후에도 얼마든지 그동안 열심히 돌보아 준 기업에 보다 많은 봉급을 받고서 취직할 수 있다. 따라서 '불법적' 비리를 저지른 경우에는 반드시 그 정도를 감안한 형사 책임을 물어야 한다. 그리고 형사처벌의 경우, 지극히 짧은 기간의 형식적인 복역이나 부당한 사유를 들어 정치적 사면을 해서는 안 된다. '몇 년 살고 나오면 된다'는 그릇된 사고를 불식하고, 부정과 비리를 저지르는 관료들이 엄한 벌을 받게 되는 조직풍토를 만들 때 비리를 억제하고자 하는 심리적 학습 효과를 기대할 수 있다.

다른 하나는 경제적 처벌을 강화하는 것이다. 만약, 대부분의 부패가 경제적 이익을 위해 치밀한 계산 하에 이루어진다면, 경제학자들이 주장하듯이 부패로부터 기대되는 비용이 기대되는 이익을 능가하도록 하는 방안을 고려해 볼 수 있다(cf. Rose-Ackerman, 1978; 최병선, 1994). 그러나 기대비용과 기대이익을 정확히 계산하기란 쉽지가 않고, 이에 걸맞은 벌칙을 부과하는 것도 용이하지 않다. 그럼에도 불구하고, 우리는 이처럼 정확한 경제학적 공식이나 최적안에 얽매일 필요는 없다. 어차피 부패를 저지르는 관료들도 이러한 계산을 정확히 하는 것은 아니다. 따라서 단지 상식적 수준에서 심리적 억제 효과를 충분히 가할 수 있는 정도의 벌칙을 부과하면 될 것이다.

셋째, 비리 사실의 적발 및 실사를 강화해야 한다. 아무리 법적인 처벌규정이 강화된다 해도 비리 사실의 적발이 불가능하면, 법적 통제의 효력은 있을 수 없다. 이러한 점에서 우선 정부의 감사 및 사정체제를 효율화하기 위한 전문인력 및 기술, 자원(비용) 등을 보강해야 한다.

넷째, 법 징행의 효율을 기해야 한다. 법적 제도를 만들고, 처벌규정을 강화하고, 실사를 강화한다고 해서 저절로 법적 통제 효과가 나타나는 것은 아니다. 제도가 성과를 거두려면 실제로 처벌이 가해지고, 이로 인한 통제효과가 나타나야 한다. 그간 공직자윤리법을 비롯해 다양한 법적 수단이(예: 형법, 특정범죄가중처벌법, 회계관계법 등) 마련되어 있었음에도 불구하고 부패가 끊이지 않았던 것은 바로 이러한 법안에 규정된 처벌규정들이 제대로 준수되지 않은 데서 비롯된 점도 적지 않다.

이런 맥락에서, 법 집행을 효율화하기 방안으로 우선 법의 적용이나 사정에서 차별화를 시도하는 것이 바람직하다. 비윤리적 행위를 할 수 없는 위치에 있거나 기회가 거의 없는 관료들에게 사정을 강조하는 것은 무의미할 뿐 아니라, 오히려 대상자들로부터 반감을 사기 쉽다. 따라서 가능한 한 비리에 취약한 상태에 있는 관료들을 대상으로 집중적으로 감사 및 사정활동을 강화하고, 문제가 발생하였거나 신고가 있을 때 한해 수사를 하기보다 표본조사 등을 통해 정기적으로 감사하는 것이 바람직하다.

다섯째, 공정한 법 집행이다. 법적 통제를 함에 있어서 무엇보다 중요한 것은 법 집행의 공정성을 확보하는 일이다. 아무리 실사나 감사가 제대로 이루어졌다 해도 사정 기관이 이를 형평에 맞게 처리하지 않으면, 이는 오히려 공직사회의 윤리성을 저하시키는 요인이 될 수도 있다. 따라서 정부는 감사기능의 강화나 법 집행의 효율화를 기하는 동시에 검찰이나 감사원 같은 사정 기구에 정치적 '독립성'을 부여해야 한다. 최근에 나타난 검찰의 행동에서처럼 사정 기관이 정치적 판단에 따라 '이현령 비현령' 식으로 법을 해석 · 적용하게 되면, 이는 부패를 통제하는 자들이 스스로 부패를 저지르는 꼴이 되고 결과적으로는 공직사회의 윤리적 불감증을 확대시키는 요인이 된다. 부패란 반드시 금전적 이익만을 추구하는 것이 아니라, 정치적 혹은 이념적 수혜를 얻기 위해서도 저질러진다는 사실을 잊어서는 안 된다.

2) 반부패통합법의 제정이 필요한가?

우리사회에서 부정부패를 위한 정치적 대응은 전형적으로 두 가지 모습을 보여 왔다. 하나는 기존 제도나 법(예: 공직자윤리법)을 개정하여 보다 실효성 있게 운영하자는 것이고, 다른 하나는 기존 법률(제도)의 틀을 새롭게 짜서 보다 종합적 제도나 법률(예: 통합부패방지법)로 대체하자는 것이었다. 이런 방안들은 각기 이해당사자들의 정치적 목적이 반영된 것으로서 실효성 면에서 우열을 가리기 쉽지 않다.

전통적으로 공직부패에 대한 실천적 대응은 윤리성 제고를 위한 능동적, 적극적 방안이라기보다 부정적 비난이나 사법적 제재처럼 수동적이고도 처벌 중심적 대응이 주류를 이루었다. 이런 방안은 단지 정치인들 뿐 아니라 거의 모든 사람들이 선호하는 방안이다. 많은 사람들이 공직사회의 비리통제를 위해 공직자윤리법 같은 법의 준수를 강조해 왔고, 유엔 같은 국제기구도 세계 각국에 만연하는 부정부패 통제를 위해 '법적 형태'를 띤 윤리강령의 제정을 장려해 왔다.[8)]

하지만 윤리법을 놓고 실효성 여부와 통합법의 제정을 놓고 늘 의견이 분분하다. 우선, 윤리법의 실효성을 놓고 상반된 견해가 존재한다. 실효성에 대해 회의적인 사람들은 정부 내에 어떤 법적 통제도 공직자의 성실성(청렴)과 공익에 대한 헌신을 확보하는데 성공하지 못했고, 특히 법의 성질상 비리의 고도화와 부정에 대한 면역을 초래할 수 있음을 강조한다. 이에 비해 윤리법을 지지하는 사람들은 윤리적 행위에 대한 명확한 지침과 이를 위반할 시에 따르는 처벌(제재) 없이는 공직자들로부터 윤리적 행위를 기대한다는 것이 사실상 이상에 지나지 않음을 강조한다. 이상 두 가지 견해는 상반된 입장을 취하나, 공직자윤리법이 실효를 거두

---

8) 21세기에 접어들면서, 유엔은 세계 각국에 만연하는 공직사회의 부패를 억제하고 봉사하는 공직자상을 확립하기 위해, 세계 각국이 공직자를 위한 행동강령을 제정하고 이를 공직자의 부정부패 방지를 위한 지침으로 활용할 것을 장려했다. 이 강령은 공직자의 역할과 책임을 명시하고, 공사간 이익충돌, 재산공개, 선물취득, 기밀공개, 그리고 정치 활동 등에 관한 조항을 담고 있고, 특히 공직자의 업무 판단 및 수행에 직간접으로 영향을 미칠 수 있는 선물이나 기타 호의의 수수를 엄격히 금하며, 편견 없는 공평한 업무수행으로 국민과 정부에 충실히 봉사할 것을 강조하고 있다.

기 위해서는 주의 깊게 고안된 행동조항과 이의 실질적 집행을 가능케 하는 일정 요건이 충족되어야 함을 시사한다.

보다 실천적 논쟁을 야기하는 것은 실효성 확보를 위한 통합법의 제정에 있다. 특히, 부패신고나 공익신고처럼 유사한 비리통제 제도가 부패방지법과 공익신고자 보호법으로 이원화되어 있고, 이익충돌이나 백지신탁처럼 공통적으로 고위공직자들을 주된 대상으로 하는 규제 내용들이 서로 다른 윤리법안에서 부분적으로 다루어지고 있다. 이론적으로는 통합법의 제정이 법적 통제의 효율을 높이는 데 기여할 것 같다. 하지만 제도적 전략 마련에서는 기존 제도나 법(예: 공직자윤리법)을 개정하는 것이 대체입법(예: 통합부패방지법)이나 새로운 제도를 만드는 것보다 유리할 수 있다. 그 이유는 크게 세 가지 정도로 요약될 수 있다.

첫째, 기존 제도를 보완해서 보다 종합적 규제조항이 담긴 대체입법을 만드는 것이 매우 어렵기 때문이다. 윤리 관련 제도나 법을 제정하는 것은 전형적인 정치적 활동이다. 따라서 입안과정에서 기존의 법과 정치적 여건을 고려하는 것이 합리적이고, 단순히 이상만을 앞세운 개혁이나 정치적 목적만을 위해 급진적으로 추진하는 개혁은 실패로 끝날 가능성이 크다. 우리는 이런 모습을 최근 「청탁금지법」이 제정되는 과정에서도 똑똑히 보았다.

둘째, 현재 우리나라는 부패방지법 같은 통합법을 시행할 만한 여건을 갖추고 있지 못하기 때문이다. 그간 우리나라에는 「공직자윤리법」을 비롯해 「국가공무원법」, 「형법」, 「공무원 범죄에 관한 몰수 특례법」, 「공무원 행동강령」, 「부패방지 및 국민권익위원회의 설치와 운영에 관한 법률」, 「부정청탁 및 금품등 수수의 금지에 관한 법률」 등 공직자들의 비리통제를 위해 제정된 다양한 법들이 존재해 왔다. 문제는 이런 법들이 부패통제 효과를 거두었거나 거두고 있다는 체계적 증거는 발견되지 않고, 이런 효과를 거둘 것이라는 합리적 기대 또한 그다지 크지 않다. 비록 국민권익위원회는 비리신고, 재산등록, 퇴직자 취업제한 등 다양한 부문에서 지속적으로 규제조항을 강화하고, 관련 부문에서의 통계 수치 변화를 근거로 법적 통제의 성과를 거론하나, 여전히 외형적 실태와 달리 의미 있는 부패통제 효과는 찾아보기 어렵고, 특히 가장 윤리 관련 법규의 핵심 규제대상이 되는 고위공직자들의 윤리적 행태에서 변화가 발견되지 않는다.

이런 현상은 공직사회의 비리가 법의 내용이나 형식의 문제와 유관할 수 있으나, 보다 근본적으로는 법적 구속력을 확보할 수 있는 제반 환경적 여건이 — 예를 들면, 지도자의 강력한 지지나 법 집행기구의 정치적 중립성 확보, 그리고 일반 시민의 법 준수의식 등 — 조성되지 못했기 때문에 나타나는 것이다. 따라서 비록 부패방지법 같은 강력한 통합법이 국회를 통과한다 해도 이것이 실효를 거두는 데는 한계가 있을 것이고, 이로 인해 자칫 비판론자들이 주장하듯이 부패균의 면역성만 강하게 할 가능성이 있다.

셋째, 통합법의 존재가 곧 부정부패 통제를 의미하는 것이 아니기 때문이다. 독립된 부정방지법의 제정을 주장하는 사람들은 종종 홍콩이나 싱가포르를 대표적인 성공사례로서 꼽고 있다. 이들 국가에서 부패방지법이 성공할 수 있었던 것은 이처럼 단순한 통합법의 존재가 아니라 지도자의 강력한 의지와 사정 기관의 독립성, 그리고 보다 능동적으로 윤리성을 제고하기 위한 다양한 실천적 노력이 체계적으로 경주되었기 때문이다. 〈표 11-2〉는 세계 주요국가의 부패수준을 요약한 것으로, 이런 사실을 간접적으로 뒷받침하고 있다. 〈표 11-2〉는 아시아 지역의 많은 나라들이 통합된 부패방지법을 지니고 있음을 보여준다. 하지만 미국을 제외하고, 아시아 국가 중 우리보다 청렴도가 높은 나라는 (즉, 부패지수가 적은 나라는) 도시국가인 홍콩과 싱가포르, 그리고 대만 정도이다. 이에 비해 말레이시아는 우리와 비슷한 수준의 청렴도를 지니고 있고, 필리핀과 인도는 통합법을 지녔으면서도 오히려 우리보다 부패가 심한 나라로 나타나 있다. 〈표 11-2〉가 시사하는 바는 부패방지법이 존재한다 해서 이것이 곧 부패통제 효과를 초래하는 것이 아니고, 오히려 일국의 부패수준은 그 나라의 국가경쟁력과 좀 더 밀접한 관계가 있다는 것이다. 실제로 최근 IMD는 각국의 부패인지 수준(PCI)이 민간부문의 윤리적 관행과 매우 높은 상관관계에 있음을 발견했다. 즉, 기업들이 윤리경영을 하면 그 수준에 비례해서 PCI 점수가 올라가고, 양자 간 상관계수가 0.9에 달하는 것을 발견했다. 그래서 IMD는 급변하는 환경 속에서 기업들이 윤리적 관행을 장려하고 윤리적 지배구조를 유지한다면 지속적인 성장을 이룰 수 있다고 진단한다(IMD, 2018.12.10).

이상 거론된 세 가지 이유는 무엇보다 강력한 통합법의 제정이 기존 법률의 개선이나 보완보다 실효성 면에서 우월할 것이라는 보장이 없음을 보여준다. 그리고 제도적 차원에서 부패를 통제하려면 법 자체의 실효성 확보를 위한 제도적 내용 및 운영상 요건을 갖춰야 함은 물론, 검찰이나 경찰 등 사정 기관의 정치적 중립을 확보하고, 일반 시민의 법 준수 의식을 제고하는 교육적 노력이 따라야 한다. 부패 통제를 위한 제도적 노력은 정부 안에 있는 공무원뿐 아니라 정부 밖에 있는 시민들을 대상으로 경주되어야 하고, 범국가적 차원에서 부패통제에 접근해 가는 체제적 접근이 필요하다.

표 11-2 국가별 부패순위

국 가	청렴도 순위 (PCI 점수) (a)	독립된 부패방지법 소유 (b)	국가경쟁력 순위 (c)	정부성과 순위 (d)
뉴질랜드	1(89)		23	7
싱가포르	6(84)	0(7년)	3	1
네덜란드	8(82)		4	12
홍콩	13(77)	0(7년)	2	6
미국	16(75)	0(5년)	1	5
일본	20(73)		25	21
대만	29(63)	0(사형)	17	38
한국	51(54)		27	66
말레이시아	54(50)	0(5년)	22	14
이탈리아	62(47)		42	135
인도	81(40)	0(사형)	44	24
태국	96(37)		30	60
필리핀	111(34)	0(사형)	50	97

주: (1) PCI 점수는 클(작을)수록 청렴한(부패한) 국가를 의미함(100점 만점).
(2) 미국의 경우는 「해외부패관행통제법」을 지칭.
(3) 독립된 부패방지법의 ( )안은 공직자의 불법행위에 가해질 수 있는 처벌의 한계.

출처: (a) Transparency International CPI(Corrruption Perceptions Index 2017)(총 180국)
(b) 법제처(1995), 김영종(1996).
(c) The 2018 IMD World Competitiveness Ranking(총 63국)
(d) World Economic Forum, Global Competitiveness(Public-sector Performance Ranking 2017-2018)(총 137국).

3) 독립된 반부패통합기구의 설치가 필요한가?

윤리 관련 법규의 통합과 마찬가지로 반부패를 총괄하는 통합기구를 만들자는 주장도 계속 제기된다. 2018년, 국민권익위원회의 역할을 새롭게 재편하려는 정부안을 놓고 일종의 대안적 관점에서 반부패 총괄업무를 담당하는 독립부서의 신설을 주장하는 사례가 있다(참여연대, 2017a 참조).

현재 우리나라에서 반부패 및 윤리 관련 기구는 크게 국민권익위원회와 공직자윤리위원회로 이원화되어 있다. 국무총리 소속인 국민권익위원회는 2001년 부패방지법 제정과 함께 대통령 직속기구로 설치된 부패방지위원회(2005년 국가청렴위원회로 개칭)가 이명박 정부에 이르러 국민고충처리위원회, 행정심판위원회 등과 함께 통합되면서 설립된 기구이다. 이처럼 성격이 다른 세 가지 업무가 한곳에 모이다 보니 기관의 목적이나 성격이 모호해지고 전문성이 떨어진다. 여기에 국무총리실 산하기구로 존속하기에 독립성이 부족하고, 윤리 관련 핵심 업무인 부패신고나 공익신고에 대한 기본적 조사권마저 없어서 비리 통제기구로서 역할을 제대로 수행할 수 없다. 더 나아가 공직윤리의 다른 한 축을 이루는 고위공직자 재산등록 및 공개, 주식백지신탁, 고위공직자 퇴직 후 취업 등의 업무는 인사혁신처의 소속 정부공직자윤리위원회가 주도하고 있다. 이에 따라 반부패 업무를 총괄하는 통합기구의 설립이 필요하다는 주장이 제기되는 것이다. 통합된 반부패 전담기구는 국가인권위원회나 감사원처럼 독립성 보장을 위해 대통력 직속으로 설치하고, 모든 공직 관련 업무를 통합 관장하며, 부패사안의 정확한 검증과 신고자 보호를 위해 피신고자 등에 자료 제출을 요구하는 등 최소한의 조사권을 부여해야 한다는 것이다.

여기에 더 해 고위공직자범죄수사처(공수처) 설립도 거론되고 있다. 현재 우리나라 검찰은 수사권, 기소권, 영장청구권을 모두 독점하고 있다. 문제는 이처럼 전 세계 어디에서도 보기 드문 막강한 권한을 지닌 검찰이 정치적 영향력에 휘둘려 대통령 측근을 비롯한 고위공직자, 여당 국회의원들의 비리나 범죄를 제대로 기소하지 못했고, 검찰 내부의 부패를 외면하거나 비호하는 행태를 보여 국민적 분노를 사고 사법행정에 대한 신뢰를 크게 떨구었다. 이에 검찰과 대등한 입장에서 고위공직자들의 권력형 비리를 독점적으로 다루는 배타적 권한을 지닌 공수처의 설치가 거론되는 것이다. 공수처 설립이 거론되면서, 기능과 권한 및 수사대상에 대한 논의가 핵심 쟁점으로 떠오르고 있다. 어느 경우에건 분명한 것은 공수처가 설립된다면, 그 취지에 맞게 기능과 조직이 정비되어야 한다는 것이다. 최소한의 요건을 들자면, 검찰과 동등한 사법적 권한(수사권, 기소권)과 기능을 갖추는 것, 독립성 확보를 위해 검찰과 독립된 인사체제를 갖추고 검찰 비리도 조사할 수 있는 독립적 위치의 사람들로 조직을 구성하는 것, 수사대상을 비리를 저지른 고위공직자뿐 아니라 이에 연루된 민간인들도 포함시키는 것, 수사 비리 혐의를 직무 관련성을 넘어 공권력이 남용된 모든 비리로 폭넓게 설정되어야 한다는 것 등이다.

사실, 통합된 반부패통합기구의 설치는 홍콩이나 싱가포르에서와 같은 독립적 부정방지위원회나 반부패 통합기구의 설치를 지향하는 듯하다. 하지만 (반부패통합법과 마찬가지로) 크게 두 가지 점에서 이처럼 막강한 권한을 지닌 총체적 조직(an overall agency) 설치에 주의 깊게 접근해야 한다. 하나는 이와 같은 통합조직의 성과가 다분히 조건적이라는 것이다. 홍콩이나 싱가포르에서 이런 조직이 성공을 거둘 수 있었던 것은 지도자의 적극적 지지와 조직의 정치적 독립성이 전제되었고, 운영 면에서 (일상적으로 알려진 바와는 달리) 강력한 조사권이나 법 집행보다 '교육'과 '예방'에 초점을 두고 사회구성원들이 지지할 수 있는 전략적 방안들을(예: 조직의 도덕성보다는 기업의 비용 감축을 위한 부패통제) 구사했기 때문이다.[9] 이는 곧 현재 우리나라 윤리위원회처럼 정치적 편향성을 벗어나기 어렵고, 위원회 운영에 대한 정치지도자들의 적극적이고도 지속적 지지가 따르지 않는 한, 이런 조직의 설치가 자칫 옥상옥에 불과할 수 있음을 시사한다.

둘째, 홍콩의 염정공서(ICAC) 같은 막강한 권한을 지닌 조직의 설치는 단기적으로는 어느 정도 실효를 거둘지 몰라도, 장기적으로는 국가기구 간의 권력분립

---

9) 일례로, 1974년 주요 스캔들로 인해 창설된 홍콩의 부패방지독립위원회(Independent Commission Against Corruption: ICAC)는 부패수사(Operations/Enforcement), 부패방지(Corruption Prevention) 대민관계(Community Relations) 등 세 개의 부서로 구성되어 있는데, 이 중 대민관계국은 광고게시판(billboards), TV, 신문, 포스터 등 다양한 매체를 통해 심도 있는 교육 및 홍보 캠페인을 전개하고, 각 급 학교의 교과과정에 포함시킬 윤리교재를 제작하기도 한다. 이에 비해, 부패방지국은 부패를 억제하기 위한 방법론 개발을 위해 정부조직 및 민간단체와 긴밀히 협조하고, 이들로부터 요청이 있을 때 지원을 함은 물론 요청이 없는 경우도 지원 허가를 요청하기도 하며, 부패 억제에 도움이 될 것으로 판단되는 법안의 수정을 제언하기도 한다. 이상과 같이 다양한 기능을 수행하는 ICAC는 대개 윤리보다는 능률 지향적 접근방법을 구사하고 있다. 즉, 수백 명의 경찰을 체포하고, 공무원과 기업인이 개입된 광범위한 뇌물 망을 적발하면서, 부패행위가 도덕적 이유가 아니라 기업활동의 비용 을 증가시킨다는 논리를 앞세웠다.

원칙을 파괴하면서 민주주의를 후퇴시킬 가능성이 있다.[10] 우리는 여기에서 왜 부패로 인해 진통을 겪어 온 많은 선진국들이 이런 조직을 창설하지 않는가를 염두에 둘 필요가 있다. 선진국에서 이처럼 막강한 권한을 지닌 조직은 마약퇴치를 담당하는 조직처럼 인권이나 자유가 별로 중시되지 않는 상황에서만 설치되고 있는 것이다.

5 행정윤리는 우리 모두의 문제다

이 장은 우리나라 행정윤리의 주된 장애 요인으로 인식되어 온 행정문화의 특징을 재조명하고 앞으로 우리나라 행정이 나아가야 할 방향을 모색했다. 동시에 공직사회의 윤리성을 제고하려면 무엇보다 고위공직자들의 윤리가 재정립되어야 함을 강조했다. 문화적 유산 속에서 사회화된 우리의 공무원들이 수입된 규범을 놓고 갈등을 겪을 때, 이들이 저지른 비리를 놓고 원인분석을 했고, 그 결과로서 공무원들의 윤리의식 결여, 행정의 구조적 혹은 제도적 결함, 그리고 국민의 시민정신 결여 등 다양한 요인들을 지적했다. 그리고 행위의 근원과 책임은 궁극적으로 행위자 자신에게 있다는 도덕 논리가 앞섰기에, 공무원들의 비리는 이들의 윤리의식 결여로 돌려버리는 경우가 많았고, 그때마다 우리의 전통문화는 이러한 공무원들의 사회심리적 구조를 형성하는 주된 요인으로 지적되었다. 이런 과정에서 고위공직자들은 공직의 윤리성 문제가 소수의 중하위직 공직자들의 우발적 행위인 양 치부했고, 이들을 대상으로 한 윤리교육을 강조하거나 비리 통제를 위한 제도적 장치를 조금씩 강화하는 방식으로 대응해 왔다.

사실, 과거 어두운 시절 우리나라 정부는 정치의 부재 또는 정치의 비윤리성으로 인해 공무원들을 정치적 목적 달성을 위한 수단으로 사용하거나(예: 공무원 숙청), 혹은 행정의 정치적 시녀화를 위해 공무원들의 비윤리적 행위를 방관 또는 방

10) 홍콩의 ICAC는 기소권(고발권)과 판결권만 없을 뿐 체포나 증언의 확보는 물론 사생활까지도 침해할 수 있는 광범위한 권한을 소유하고 있다.

조하는 행태도 서슴지 않았다. 민주화가 진행되고 문민정부가 들어서면서 이런 체제부패적 성향은 다소 완화되었지만, 전직 대통령 두 명이 동시에 수감되는 비극적 정치상황을 맞이하면서 우리나라 정부는 '백색부패'의 온상이라는 대명사를 면키 어렵게 되었고, 우리 사회는 정치인과 공무원에 대한 불신으로 가득차게 됨으로써 궁극적으로는 '권위의 상실'이라는 위기질서의 요인마저 낳고 있다. 여기에 정의의 마지막 보루라는 사법부마저 스스로 권위는 물론 국민적 신뢰마저 저버리는 행보를 보임으로써 국민들을 암울하게 만들었다. 불의를 처단해야 할 사법부가 스스로 독립성마저 파괴하면서 청와대와 정치적 거래를 하고, 이를 통해 소수 법조인들의 사적 이익을 추구하는 어둡고 추한 모습을 보인 것이다.

이제 우리는 이처럼 어두운 공직사회의 모습에서 벗어나 진정한 민주주의를 희구하는 강력한 국민적 여망에 적극적으로 부응하는 모습을 보여야 한다. 공직사회의 윤리성 제고는 바로 이런 시대적 과업을 달성하는 데 가장 중요한 첫걸음이 될 것이다. 이런 과제를 성공적으로 달성하려면 무엇보다 윤리성 제고 노력에 진지하고도 전략적으로 접근해야 한다. 이익충돌 규제 같은 제도적 통제는 주로 고위공직자를 대상으로 이루어져야 하고, 교육을 포함한 윤리사업은 중하위직 공직자들을 대상으로 전개되어야 한다. 이것이 행정윤리의 실효성을 높이는 가장 중요한 요소이다. 지난날 우리는 정치인이나 고위공직자들의 부당한 권력 행사를 방지하기 위해 강조된 법치주의가 마치 일반 국민들의 불법적 행위를 통제하는 논리로 둔갑한 것처럼, 행정윤리나 이의 확립을 위한 법적, 제도적 통제장치들이 중하위직 공무원들의 비리를 예방하고 불법적 행위를 처벌하기 위한 수단인 양 잘못 인식되어 왔다.

더 나아가 우리는 이제 공직사회의 윤리 문제를 공직 내부나 공무원들의 문제로만 취급해서는 안 된다. 미래의 행정윤리는 행정의 문화 의존적 속성을 감안할 때 정부조직의 내부 문제가 아닌 범국가적 차원의 문제로 거론되어야 한다. 실천적으로도 공사분리의 문화에서 지적했듯이 공직의 윤리성 제고는 정부조직 내부의 노력만으로 이루어질 수 없다. 정부와 국민이 함께 참여해서 정부 내외의 비리를 동시에 통제하는 노력을 경주해야 한다. 홍콩의 염정공서의 전략적 접근은 이런 점에서 주목할 만하다. 공직사회의 부패나 비리가 공직 내부만의 문제가 아니고,

공직부패의 한 축을 이루는 직접적 요인이 정부 밖에 존재한다면, 이 부분에 통제 또한 필수적이다. 청렴과 반부패의 중요성은 정부조직에만 중요한 가치가 아니라 모든 국민이 추구하는 범국가적 가치가 되어야 한다. 이런 현실을 외면한 채 정부조직 내부에서만 윤리성 제고를 외치는 것은 사실상 윤리성 제고에 별다른 관심이 없음을 보여주는 것이다. 대통령을 비롯한 모든 공직자들이 공직의 윤리성 제고에 헌신함을 보여주고, 솔선수범을 통해 공사분리의 논리가 작동할 수 있는 문화적 여건 조성을 위해 노력해야 하며, 이런 과정에서 국민의 '동참'을 호소하는 계몽적 활동을 전개해야 한다. 공무원뿐 아니라 국민도 부패했음을 시인하고, 부패는 행위자 자신뿐 아니라 주위 사람도 부패하게 만든다는 현실을 직시하며, 부패 통제를 위해 정부와 국민이 함께 참여해야 한다. 이런 과정에서 전통적 문화의 부정적 요소보다 국민의식의 성숙과 문화의 접변 가능성에 눈을 돌리고, 비관과 좌시보다 낙관과 계몽으로 공무원들이 진정한 민주사회의 봉사자가 될 수 있도록 자극해야 한다. 이것이 실종된 국민적 신뢰를 회복하고 행정의 존재 근거를 유지하는 첩경이다. 국민이 원하는 '좋은' 공무원(정부)이란 능력이 뛰어나거나 일을 잘하는 공무원(정부)이 아니라 국민을 위해 진정으로 봉사하는 윤리적 공무원임을 잊어서는 안 된다. 이런 공무원(정부)을 만드는 것은 정부만이 아닌 '우리 모두의 몫'이다.

참고문헌

[국내 문헌]

국가청렴위원회. (2005). 『외국공무원행동강령』.

______. (2006). 『공무원행동강령업무편람』.

국민권익위원회. (2013~2017). 부패인식도 조사 종합결과.

권영성. (2007). 『헌법학원론』. 법문사.

권창국. (2012). 내부고발자 보호제도에 관한 연구. 『형사정책』, 24(3): 187－216.

권창은 · 강정인. (2005). 『Socrates는 악법도 법이라고 말하지 않았다』. 고려대학교 출판부.

김근세 외. (2013). 헌법적 가치와 행정: 헌법재판소의 판례분석을 중심으로. 『한국행정학보』, 47(4): 1－25.

김상묵. (2017). 국가공무원의 공직가치: 공직가치모형의 개발과 검증. 『한국행정연구』, 26(2): 1－41.

김용흠. (2006a). 정묘호란과 주화 · 척화 논쟁. 『한국사상사학』, 26: 159－199.

______. (2006b). 병자호란기의 주화 · 척화 논쟁. 『동방학지』, 135: 91－131.

김영종. (1996). 세계 주요국가의 부패방지 입법정책: 비교론적 접근. 한국부패학회 1996년도 연례학술대회 논문집

김주일. (2006). 『Socrates는 악법도 법이다 라고 말한 적이 없다』. 프로네시스.

김해동. (1976). 서정쇄신과 사회병리. 『한국행정학보』, 10: 9－33.

김호섭. (1988). 행정의 이원론적 가치체제: 인식론적 본질을 중심으로. 『한국행정학보』, 22(2): 613－626.

______. (1989). 한국사회와 관료부패. 『한국사회의 현실: 다각적 접근』, 173－192. 아주대학교 사회과학연구소.

______. (1989). 행정가치갈등 해소방안에 관한 이론적 고찰. 『한국행정학보』, 23(2): 582－599.

______. (1990). 행정문화의 비판적 수용을 통하여 본 행정윤리의 방향. 『한국행정학보』, 24(1): 57－88.

______. (1991). 행정책임의 논리. 『한국행정학보』, 25(3): 783－802.

______. (1994). 공무원의 윤리적 행위를 위한 조직의 전략. 『한국행정연구』, 2(1): 5－25.
______. (1995). 공직의 윤리성 제고를 위한 새 정부의 개혁. 『한국행정학보』, 28(4): 1503－1523.
______. (1996). 베트남의 사회주의 개혁과 관료부패. 『한국정치학회보』, 30(4): 383－400.
______. (1997). 부정부패와 공직윤리: 공직자윤리법의 개정을 중심으로. 『한국행정연구』, 5(4): 5－27.
______. (1998). 업무가치를 통하여 본 공무원의 사익구조와 상관변수. 『한국행정학보』, 30(4): 1－18.
______. (2002). 고위공직의 윤리, 『한국부패학회보』, 7(1): 37－55.
______. (2004). 경찰조직의 윤리성 제고를 위한 인사관리 방안: 채용과 윤리교육을 중심으로. 『한국사회와 행정』, 14(4): 361－377.
______. (2004). 경찰비리의식의 실태와 사회화 과정에 관한 실증분석. 『한국정책학회보』, 13(1): 87－106.
______. (2007). 이익충돌 규제의 비교론적 분석. 『한국부패학회보』, 12(4): 69－94.
______. (2009). 실용주의와 행정: 미국의 경험을 중심으로. 『한국행정학보』, 43(1): 17－39.
______. (2014). 자연법이론을 통한 합법성의 재조명. 『한국행정논집』, 26(4): 687－710.
김호섭 · 최순영 · 박흥식. (2010). 공직윤리 프로그램의 실태와 과제. 『한국부패학회보』, 15(3): 31－54.
박동서. (1972). 『한국행정론』. 법문사.
박정택. (1990). 『공익의 정치행정론』. 대영문화사.
박천오 · 박시진. (2018). 핵심 공직가치의 우선순위 정립과 실효성 제고. 『행정논총』, 56(1): 1－32.
박흥식 · 김호섭 · 최순영. (2010). 공직자 비윤리 행동과 윤리적 위험 간의 관계: 제재와 교육의 조절변수로서의 역할. 『한국행정학보』, 44(2): 41－61.
박흥식 · 이지문 · 이재일. (2014). 『내부고발자, 그 의로운 도전 성취, 시련 그리고 자기보호의 길』. 한울아카데미.
박통희 · 김동환. (1991). 딜레마와 형식주의. 한국행정학회 하계학술대회 발표논문.
백완기. (1982). 『한국의 행정문화』. 서울: 고려대학교 출판부.
법제처. (1993). 『주요국가의 공직자부정방지관계법』(법제자료 제163집).
사하키안, W. S. (1986). 『윤리학의 이론과 역사』. 송휘철 · 황경식 공역. 서울: 박영사.
심동철. (2017). 지방공무원의 공직가치에 대한 이해. 『한국행정연구』, 26(2): 43－73.
염재호 · 박국흠. (1991). 정책의 비일관성과 딜레마: 제6공화국의 정책대응을 중심으로. 한국행정학회 하계학술대회 발표논문.
윤태범. (2004). 우리나라 공직자윤리법의 문제점과 개정 방향. 『인문사회과학논문집』, 34: 56-76. 광운대학교 인문사회과학연구소.
원상철. (2004). 자연법의 흐름과 법실증주의. 『법학연구』, 17: 617-636.
이광종. (1989). 『행정책임론: 책임과 통제』. 서울: 대영문화사.
이영균 · 윤두섭. (2003). 공무원에 대한 윤리교육의 실태분석과 시스템 구축방안, 한국행정학회 세미나 발표논문집.
이은영. (2015). 공직가치의 재정립, 신뢰받는 정부의 시작. KIPA 조사포럼 12월호. 14-19.
이창길. (2017). 공공기관 공직가치의 특성과 현실. 『한국행정연구』, 26(2): 75-107.
이태재. (1977). 자연법과 실정법의 관계. 『신학전망』, 39: 13-23.
인사혁신처. (2016). 『공무원 헌장 해설서』.
임지봉. (2002). 미국헌법상의 적법절차조항과 그 운용. 『미국헌법연구』, 13: 271-312.
장준하. (2007). 『나쁜 사마리아인들』. 이순희 옮김. 도서출판 부키.
정부공직자윤리위원회. (1994~1998, 2012~2017). 『연차보고서』.
정정길. (2002). 『행정학의 새로운 이해』. 대명출판사.
조성을. (1992). 17세기 전반 서인관료의 사상. 『역사와 현실』, 8: 61-84.
조지형. (1997). 사법심사의 역사적 기원: Marbury v. Madison 사건 이전을 중심으로. 『서양사론』, 53: 125-155.
______. (2008). 적법절차의 발전과 대서양 세계의 법문화: 미국헌법 수정조항 제5조를 중심으로. 『세계헌법연구』, 14(2): 283-314.
진교훈. (2002). 자연법의 현대적 의의. 『신학전망』, 139: 116-135.
진동균. (2012). 미국·캐나다의 공직윤리 및 이해충돌방지 법제. 『법조』, 61(9): 291-312.
참여연대. (2018a). 정부의 '5개년 종합적 반부패 대책(안)에 대한 참여연대 의견서. 이슈리포트.
______. (2018b). 정부고위공직자 퇴직 후 취업제한 제도 운영실태 개선과제(2014~2017). 의견서.
최순영 · 김호섭 · 박흥식. (2008). 『공직윤리제도의 문제점과 개선방안(KIPA 2007-24)』. 한국행정연구원 연구보고서.
______. (2011). 공직윤리 위반행동의 영향요인. 『한국부패학회보』, 16(4): 65-86.
필립 짐바르도. (2011). 당신은 식초통에 든 단 오이가 될 수 없다. 스티브 핑커 외 지음. 이한음 역. 『마음의 과학』. 81-119. 와이즈베리.
하타무라 요타로. (2009). 『나와 조직을 살리는 실패학의 법칙』. 윤정원 옮김. 들녘 미디어.

하태수. (2002). 공익과 행정이념에 대한 시론적 재고: 국가이론을 중심으로. 『행정논총』, 40(2): 1-25.

한국행정연구원. (2008). 『공직윤리 확보제도의 문제점과 개선방안』.

______. (2015). 『바람직한 공직가치 재정립 및 내재화 방안』.

한상철 · 이철호. (2012). 『법은 어떻게 독재의 도구가 되었나』. 삼인.

행정자치부. (2000). 『한 · 일 · 중 · 미 공무원 공직윤리에 관한 규범』.

[국외 문헌]

Abbott, M. B. and Lovell, J. T. (eds.) (1965). *Change Perspectives in Educational Administration*. Auburn, Ala: University of Alabama Press.

Adam, A. M. and Rachman-moore, D. (2004). The Methods Used to Implement an Ethical Code of Conduct and Employee Attitudes. *Journal of Business Ethics*, 54(3): 225-244.

Adler, M. J. (1982). *Six Great Ideas*. New York: Collier Books.

Alford, J. and O'Flynn, J. (2009). Making Sense of Public Value: concepts, Critiques and Emergent Meanings. *International Journal of Public Administration*, 32(3): 171-191.

American Society for Public Administration (1984). *Code of Ethics and Implementation Guidelines*. Washington, D.C.: American Society for Public Administration.

Anderson, H. R. (1954). Ethical Issues in Administration. *Personnel Administration*, 17: 1-12.

Appleby, P. H. (1952). *Morality and Administration in Democratic Government*. Baton Rouge, La.: Louisiana State University Press.

Aquinas, St. Thomas (2001). *Summa Theologica, Questions 90-97 (Treatise on Law)*. With a New Introduction by Ralph Mcinerny. University of Notre Dame Gateway Edition. Washington, D.C.: Regnery Publishing.

______. (2001). *Summa Theologica*, Treatise on Law, QQ 90-108. http://www.ccel.org/ccel/aquinas/summa.toc.html

Ariely, D. (2012). *The Honest Truth About Dishonesty: How We Lie to Everyone-Especially Ourselves*. New York: Harper Collins.

Aristotle. (1946). *The Politics of Aristotle*. With Introduction, Notes, and Appendixes. Emest Barker, tr. New York: Oxford University Press.

Austin, J. (1995). *Province of Jurisprudence Determined*, ed. Wilfrid Rumble. New York: Cambridge University Press.

Bailey, S. K. (1964). Ethics and the Public Service. *Public Administration Review*, 24(4): 234–243.

Beauchamp, T. L. and Pinkard, T. P. (1983). *Ethics and Public Policy: An Introduction to Ethics*. Englewood Cliffs, New Jersey: Prentice–Hall.

Bedau, H. A. (1981). The Government's Responsibility to Inform the Public. In Norman E. Bowie (ed.). *Ethical Issues in Government*, 221–236. Philadelphia: Temple University Press.

Bentham, J. (1970). *Introduction to the Principles of Morals and Legislation* (1989). (ed.). J. H. Burns and H. L. A Hart. London: Athone.

Berger, P. and Luckmann, T. (1967). *The Social Construction of Reality*. Garden City, N.Y.: Anchor Books.

Berkley, G. E. (1975). *The Craft of Public Administration*. Boston: Allyn & Bacon.

Berlin, I. (1969). *Four Essays on Liberty*. New York: Oxford University Press.

Bideny, D. (1980). Cultural Relativism. In D. Sills (ed.). *International Encyclopedia of the Social Science*, Vol. 3. The Macmillan & Free Press.

Bix, B. (2010). Natural Law Theory. In Dennis Patterson. (ed.). *A Companion to Philosophy of Law and Legal Theory*, 209–227. (2nd ed.). Published Online.

Blake, N. (2011). Natural Law and History: Challenging the Legalism of John Finnis. *Humanitas*, 24(1&2): 101–132.

Bok, S. (1978). *Lying: The Moral Choice in Public and Private Life*. New York: Pantheon Books.

______. (1979). Whistleblowing and Professional Responsibility. *New York Educational Quarterly*, 11: 2–10.

Boling, T. E. and Dempsey, J. (1981). Ethical Dilemmas in Government: Designing an Organizational Response. *Public Personnel Management*, 10(1): 11–47.

Bossaert, D. and Demmke, C. (2005). *Main Challenges in the field of Ethics and Integrity in the EU Member States*. Maastrcht, The Netherlands: European Institute of Public Administration.

Bowie, N. E. (ed.) (1981). *Ethical Issues in Government*. Philadelphia: Temple University Press.

Bowman, J. S. (1983). Ethical Issues for the Public Manager. In William B. Eddy. (ed.). *Handbook of Organization Management*, 69–102. New York: Marcel Dekker.

______. (1990). Ethics in Government: A National Survey of Public Administrators. *Public Administration Review*, 50: 345–353.

______. (2000). From Codes of Conduct to Codes of Ethics. In Terry L. Cooper (ed.). *Handbook of Administrative Ethics*, 335–353. New York: Dekker.

Bowman, J. S., Berman, E. M. and West, J. P. (2001). The Profession of Public Administration: An Ethics Edge in Introductory Textbooks? *Public Administration Review*, 61(2): 168–179.

Bowman, J. S. and Knox, C. C. (2008). Ethics in Government: No Matter How Long and Dark the Night. *Public Administration Review*, 68(4): 625–637.

Bozeman, B. (2007). Public *Values and Public Interest: Counterbalancing Economic Individualism*. Washington, D.C.: Georgetown University Press.

Braybrooke, D. and Lindblom, C. (1963). *A Strategy of Decision: Policy Evaluation as a Social Process*. Glencoe, Ill.: The Free Press of Glencoe.

Bruce, W. M. (1994). Ethical People are Productive People. *Public Productivity and Management Review*, 17(Spring): 23–30.

______. (2002). Personal Ethics and Administrative Actions. *International Review of Public Administration*. 7(1): 5–16.

Brumback, G. B. (1991). Institutionalizing Ethics in Government. *Public Personnel Management*. 20(3): 345–353.

Buchanan, B. and Millstone, J. (1979). Public Organization: A Value–Conflict View. *International Journal of Public Administration*, 1: 261–305.

Burke, J. P. (1989). Reconciling Public Administration and Democracy: The Role of the Responsible Administrator. *Public Administration Review*, 49(2): 106–107.

Burke, F. and Black, A. (1990). Improving Organizational Productivity: Add Ethics. *Public Productivity and Management Review*, 14(Winter): 121–133.

Caiden, G. E. and Caiden, N. J. (1977). Administrative Corruption. *Public Administration Review*, 37(3): 301–309.

Carson, T. L. (1994). Conflicts of Interest. *Journal of Business Ethics*, 13(5): 87–404.

Chapman, R. A. (1988). *Ethics in the British Civil Service*. London: Routledge.

Choi, Jin–Wook (2007). Governance Structure and Administrative Corruption in Japan:

An Organizational Network Approach. *Public Administration Review*, 67(5): 930–942.

Christensen, T. and Laegreid, P. (2007). *Transcending New Public Management: The Transformation of Public Sector Reforms.* Aldershot, UK: Ashgate.

Cicero, M. T. (1928). *De Legibus*. tr. C. W. Keyes. Cambridge, MA: Harvard University.

Cooper, T. L. (1982). *The Responsible Administrator: An Approach to Ethics for the Administrative Role*. Port Washington, N.Y.: Kennikat Press.

______. (ed.) (1994). *Handbook of Administrative Ethics*. New York: Marcel Dekker.

______. (2004). Big Questions in Administrative Questions: A Need for Focused, Collaborative Effort. *Public Administration Review*, 64: 395–407.

Denhardt, K. G. (1988). *The Ethics of Public Service: Resolving Moral Dilemmas in Public Organizations*. New York: Greenwood Press.

Denhardt, K. G. and Gilman, S. C. (2005). In Search of Virtue: Why Ethics Policies Spawn Unintended Consequences. In H. G. Frederickson and R. K. Ghere (eds.). *Ethics in Public Management*, 259–273. Armonk, New York: M. E. Sharpe.

Denhardt, R. B. (1984). *Theories of Public Organizations*. Monterey, Calif.: Brooks/Cole.

Denhard, R. B. and Denhardt, J. V. (2000). The New Public Service: Serving Rather Than Steering. *Public Administration Review*, 60(6): 549–559.

Denhardt, J. V. and Denhardt, R. B. (2015a). *New Public Service: Serving, not Streeing*. (4th ed.). London, UK: Routledge.

______. (2015b). The New Public Service Revisited. *Public Administration Review*, 75(5): 664–672

Dimock, M. E. (1936). Criteria and Objectives of Public Administration. In J. M. Gaus, L. D. White, and M. E. Dimock (eds.). *The Frontiers of Pubic Administration*. Chicago, IL: Chicago University Press.

Dobel, J. P. (1993). The Realpolitik of Ethics Codes: An Implementation Approach to Public Ethics. In H. George Frederickson, *Ethics and Public Administration*. Armonk, 158–174. New York: M. E. Sharpe.

Dodek, A. (2018). What Lies Ahead for Public Sector Ethics? *Canadian Public Administration*, 61(1): 102–113.

Downs, A. (1957). *An Economic Theory of Democracy*. New York: Harper & Row.

Ethics Resource Center (2006a). Ethics Culture Survey Report: Findings(City of San Diego).

______. (2006b). Ethics Culture Survey Report: Recommendations(City of San Diego).

Feldheim, M. A. & Wang, X. (2004). Ethics and Public Trust: Results from a National Survey. *Public Integrity*, 6(1): 63−75.

Finer, H. (1941). Administrative Responsibility in Democratic Government. *Public Administration Review*, 1(2): 335−350.

Finnis, J. (1980). *Natural Law and natural Rights*. Clarendon Press, Oxford.

Fleishman, J. L. (1981). Self−Interest and Political Integrity. In Fleishman, Joel L., *et al. Public Duties: Moral Obligations of Government Officials*. Cambridge, Mass.: Harvard University Press.

Frederickson, H. G. (1971). Toward a New Public Administration. In F. Marini (ed.). *Toward a New Public Administration*. Scranton, Pa.: Chandler.

______. (2005). Public Ethics and the New Managerialism: An Axiomatic Theory. In H. G. Frederickson and R. K. Ghere (eds.). *Ethics in Public Management*, 165−183. Armonk, N.Y.: M. E. Sharp.

Frederickson, H. G., Smith, K. B., Larimer, C. W., and Licari, M. J. (2016). *The Public Administration Theory Primer* (3rd ed.). Boulder, Co.: Westview Press.

Friedrich, C. J. (1940). Public Policy and the Nature of Administrative Responsibility. *Public Policy*, 1: 3−24.

Fuller, L. L. (1958). Positivism ad Fidelity to Law−A Response to Professor Hart. *Harvard Law Review*, 71: 630−672.

______. (1969). *The Morality of Law*. New Haven, CT: Yale University Press. George, Robert P. (ed.) (1998). *Natural Law and Moral Inquiry: Ethics, Metaphysics, and Politics in the Work of Germain Grisez*. Washington, D.C.: Georgetown University Press.

Gabris, G. T. (1991). Beyond Conventional Management Practices: Shifting Organizational Values. In James S. Bowman (ed.). *Ethical Frontiers in Public Management: Seeking New Strategies for Resolving Ethical Dilemmas*. San Francisco: Jossey−Bass.

Gardner, J. (1961). *Excellence: Can We Be Equal and Excellent Too?* New York: Harper & Row.

Gawthrop, L. C. (1984). *Public Sector Management, Systems, and Ethics*. Bloomington, Ind.: Indiana University Press.

Gellerman, S. W. (1986). Why 'good' managers make bad ethical choices. *Harvard Business Review*, 64(4): 86–90.

George, R. P. (1996). Preface. In R. P. George. (ed.). *The Autonomy of Law*, vi–vii. Oxford: Oxford University Press.

______. (2000). Kelsen and Aquinas on 'the Natural–Law Doctrine.' *Notre Dame Law Review*, 75: 1625–1646.

______. (2008). Natural Law. *Harvard Journal of Law & Public Policy*, 31(1): 171–196.

Gerth, H. H. and Mills, C. W. (eds.) (1976). *From Max Weber: Essays in Sociology*, rpt. New York: Oxford University Press.

Geuras, D. and Garofalo, C. (2011). *Practical Ethics in Public Administration* (3rd ed.). Vienna VA.: Management Concepts.

Gewirth, A. (1978). Ethics. *Encyclopedia Britannica* (15th ed.). Chicago: Encyclopedia Britannica.

Gilman, S. C. (2005). Ethics Codes and Codes of Conduct as Tools for Promoting an Ethical and Professional Public Service: Comparative Successes and Lessons. Paper Prepared for the PREM, the World Bank, Washington, D.C.

Goldstein, J. D. (2012). Rescuing the New Natural Law Theory: From Absolute Values to a Theory of Autonomy. *Canadian Journal of Political Science*, 45(2): 451–472.

Golembiewski, R. T. (1967). *Men, Management and Morality: Toward a New Organizational Ethic*. New York: McGraw–Hill.

______. (1977). A Critique of 'Democratic Administration' and Its Supporting Ideation. *American Political Science Review*, 71: 1488–1507.

Gortner, H. F. (1991). How Public Managers View Their Environment: Balancing Organizational Demands, Political Realities, and Personal Values. In James S. Bowman (ed.). *Ethical Frontiers in Public Management: Seeking New Strategies for Resolving Ethical Dilemmas*. San Francisco: Jossey–Bass.

Green, L. (2003). Legal Positivism. in the Stanford Encyclopedia of Philosophy. http://plato.stanford.edu/entries/legal–positivism/

Gulick, L. (1937). Science, Values and Public Administration. In L. Gulick and L.

Urwick, *Papers on the Science of Administration*. New York: Institute of Public Administration.

Gunn, E. M. (1981). Ethics and the Public Service: An Annotated Bibliography and Overview Essay. *Public Management Review*, 10: 172-178.

Guttman, A. and Thompson, D. (1984). *Ethics and Politics*. Chicago: Nelson-Hall.

Harmon, M. M. (1974). Social Equity and Organization Man: Motivation and Organizational Democracy. *Public Administration Review*, 34(1): 11-18.

______. (1980-1981). Responsible Action and the Problem of Reification. *Policy Studies Journal*, 9(Special #2): 559-567.

______. (1981). *Action Theory for Public Administration*. New York: Longman.

Hart, D. K. (1974). Social Equity, Justice, and the Equitable Administrator. *Public Administration Review*, 34(1): 3-10.

Hartford, T. (2018). *The Logic of Life: The Rational Economics of an Irrational World*. New York: Random House.

Hartlan-Swann, J. (1960). *An Analysis of Morals*. London: Allen & Unwin.

Heidenheimer, A. J. (ed.) (1970). *Political Corruption: Readings in Comparative Analysis*. New York: Holt.

Heintzman, R. (2007). Public Service Values and Ethics: Dead End or Strong Foundation? *Canadian Public Administration*, 50(4): 573-602.

Hejka-Ekins, A. (1988). Teaching Ethics in Public Administration. *Public Administration Review*, 48(5): 885-891.

Hodgkinson, C. (1978). *Towards a Philosophy of Administration*. New York: St. Martin's Press.

Howe, E. and Kaufman, J. (1983). Ethics and Professional Practice. In William N. Dunn (ed.). *Value, Ethics and the Practice of Policy Analysis*, 9-32. Lexington, Mass.: Lexington Books.

Ingraham, P. W. and Rosenbloom, D. H. (1990). Political Foundations of the American Federal Service: Rebuilding a Crumbling Base. *Public Administration Review*, 50(2): 210-219.

Jabbra, J. G. and Dwivedi, O. P. (eds.) (1988). *Public Service Accountability: A Comparative Perspective*. West Hartford, CT: Kumarian Press.

Johnson, C. E. (2009). *Meeting the Ethical Challenges of Leadership: Casting Light or*

Shadow (3rd ed.). Thousands Oak, CA: Sage Publications.

Jørgensen, T. B. and Bozeman, B. (2007). Public Values: An Inventory, *Administration & Society*, 39(3): 354–381.

Joseph, J. (2001). Integrating Ethics and Compliance Programs: Next Steps for Successful Implementation and Change. Washington, D.C.: Ethics Resource Center.

Kaiser, G. (1991). 법과 사회에 대한 도전으로서의 부정부패. 『법학』, 32(3/4): 138–156.

Kant, Immanuel (1993). *Grounding of the Metaphysics of Morals*. trans. J. Ellington. Indianapolis: Hackett Publishing. (Originally published 1785).

Katz, D. and Kahn, R. (1966). *The Social Psychology of Organizations*. New York: Wiley.

Kaufman, H. (1969). Administrative Decentralization and Political Power. *Public Administration Review*, 29(1): 3–15.

Kelly, J. M. (2005). The Dilemma of the Unsatisfied Customer in a Market Model of Public Administration. *Public Administration Review*, 65(1): 76–84.

Keptein, M. and Avelino, S. (2005). Measuring Corporate Integrity: A Survey–based Approach. *Corporate Governance*, 5(1): 45–54.

Kernaghan, K. (1997). Towards a Public Service Code of Conduct–and Beyond. *Canadian Public Administration*, 40(1): 40–54.

______. (2000). The Post–Bureaucratic Organization and Public Service Values. *International Review of Administrative Sciences*, 66: 91–104.

______. (2003). Integrating Values into Public Service: The Values Statement as Centerpiece. *Public Administration Review*, 63(6): 711–719.

Kim, H. S. (1988). *Rationality, Morality and Administrative Behavior*. Unpublished Ph. D. Dissertation. University of Texas at Austin.

______. (2001). Organizational Structure and Ethics Attitudes of Public Officials: An Examination of State Agencies, *Public Integrity*, 3(1): 69–86.

Kingsley, D. (1944). *Representative Bureaucracy: An Interpretation of the British Civil Service*. Yellow Springs, Ohio: Antioch University Press.

Koterski, J. W. (2000). On the New Natural Law Theory. *Modern Age*, 42(4): 415–418.

Kranz, H. (1974). Are Merit and Equity Compatible? *Public Administration Review*, 34(5): 434–440.

Ladd, J. (1970). Morality and the Ideal of Rationality in Formal Organization. *Monist*,

54: 497–498.

______. (1990). The Quest for a Code of Professional Ethics: An Intellectual and Moral Confusion. In Richter, W. L., *et al. Combating Corruption, Encouraging Ethics: A Sourcebook for Public Service Ethics*. Washington, D.C.: American Society for Public Administration.

LaFollette, H. (2014). *Ethics in Practice: An Anthology* (4th ed.). Malden, MA: Blackwell Publishing.

LaPorte, T. (1971). The Recovery of Relevance in the Study of Public Organization. In Frank Marini (ed.). *Toward a New Public Administration: The Minnowbrook Perspective*, 17–47. San Francisco: Chandler.

Langford, J. W. (2004). Acting on Values: An Ethical Dead End for Public Servants. *Canadian Public Administration*, 47(4): 429–450.

Levy, C. S. (1964). On the Development of a Code of Ethics. *Social Work*, 19: 207–216.

Lewis, C. W. (1993). Ethics Codes and Ethics Agencies: Current Practices and Emerging Trends. In H. George Frederickson (ed.). *Ethics and Public Administration*. Armonk, 136–157. New York: M. E. Sharpe.

Lewis, C. W. and Gilman, S. C. (2005). *The Ethics Challenge in Public Service: A Problem Solving Guide* (2nd ed.). San Francisco: Jossey–Bass.

Lindblom, C. E. (1959). The Science of Muddling Through. *Public Administration Review*, 19(1): 79–88.

______. (1965). *The Intelligence of Democracy*. New York: Free Press.

Lovell, A. (2003). The Enduring Phenomenon of Moral Muteness: Suppressed Whistle-blowing. *Pubic Integrity*, 5(Summer): 187–204.

Luke, J. S. (1991). New Leadership Requirement for Public Administrators: From Managerial to Policy Ethics. In James S. Bowman (ed.). *Ethical Frontiers in Public Management: Seeking New Strategies for Resolving Ethical Dilemmas*. San Francisco: Jossey–Bass.

Machiavelli, N. (1984). *The Prince*. Oxford: Oxford University Press.

MacIntyre, A. (1981). *After Virtue: A Study of Moral Theory*. Notre Dame, Ind.: University of Notre Dame Press.

Margolis, J. (1981). Democracy and the Responsibility to Inform the Public. In Norman

E. Bowie (ed.). *Ethical Issues in Government*, 237–248. Philadelphia: Temple University Press.

Marini, F. (ed.) (1971). *Toward a New Public Administration: The Minnowbrook Perspective*. Scranton, Pa.: Chandler.

Mathews, M. C. (1988). *Strategic Intervention in Organizations: Resolving Ethical Dilemmas*. Newbury Park, CA: SAGE Publications.

McLaughlin, K., Osborne, S. and Chew. C. (2009). 'Developing the Marketing Function in U.K. Public Service Organizations: The Contribution of Theory and Practice. *Public Money and Management*, 29: 35–42.

McNaughton, D. and Rawling, P.(2007). Deontology. In Hugh LaFollette (ed.). *Ethics in Practice*, 31–44. Malden, MA: Blackwell Publishing.

Menzel, D. C.(1993). The Ethics Factor in Local Government: An Empirical Analysis. In H. G. Frederickson (ed.). *Ethics and Public Administration*, 191–204. Armonk, N.Y.: M. E. Sharpe.

______. (2007). *Ethics Management for Public Administrators: Building Organizations of Integrity*. Armonk, New York: M. E. Sharpe.

Mill, J. S. (2001). *Utilitarianism* (1861). George Sher (ed.). (2nd ed.). Indianapolis, IN. Hackett Publishing.

Molina, A. D. and McKeown, C. L. (2012). The Heart of the Profession: Understanding Public Service Values. *Journal of Public Affairs Education*, 18(2): 375–396.

Moore, G. E. (1903). *Principia Ethica*. Cambridge, Mass.: Cambridge University Press.

Mosher, F. C. (1982). *Democracy and the Public Service* (2nd ed.). New York: Oxford University Press.

Murdock, G. P. (1965). *Culture and Society*. Pittsburgh, Pa.: University of Pittsburgh Press.

Murphy, M. C. (2008). Natural Law Theory. In M. P. Golding & W. A. Edmundson (eds.). *The Blackwell Guide to the Philosophy of Law and Legal Theory*, 15–28. Published Online.

Nigro, F. and Nigro, L. (1981). *The New Public Personnel Administration* (2nd ed.). Itasca, Ill: F. E. Peacock.

Nozick, R. (1974). *Anarchy, State, and Utopia*. New York: Basic Books.

OECD (2004). *Draft OECD Toolkit for Managing Conflict of Interest in the Public*

Sector. Forum on Implementing Conflict of Interest Policies in the Public Service.

Office of Government Ethics (2000). Executive Branch Employee Ethics Survey 2000.

Oppenheimer, F. E. (1981). *Political Concepts: A Reconstruction*. Chicago: The University of Chicago Press.

Osborne, S. O., Radnor, Z., Kinder, T. and Vidal, I. (2015). The SERVICE Framework: A Public service dominant Approach to Sustainable Public Services. *British Journal of Management*, 26(3): 424-438.

Ostrom, V. (1973). *The Intellectual Crisis in American Public Administration*. Alabama: University of Alabama Press.

Pfiffner, J. (1960). Administrative Rationality. *Public Administration Review*, 20: 125-132.

Plato. (1982). *The Republic*. Cambridge, Mass.: Harvard University Press.

Price, D. E. (1981). Assessing Policy: Conceptual Points of Departure. In Joel L. Fleishman, *et al.* (eds.). *Public Duties: The Moral Obligations of Government Officials*, 142-174. Cambridge, Mass.: Harvard University Press.

Raadschelders, J. C. N, and Lee, D. (2011). Trends in the Study of Public Administration: Empirical and Qualitative Observations from Public Administration Review, 2000-2009. *Public Administration Review*, 71(1): 19-33.

Radbruch, G. (1970). Rechtsphilosohie, 6. Aufl., Stuttgart: K. F. Koehler.

Radnor, Z. (2007). Historical Analysis of Performance Measurement and Management in Operations Management. *International Journal of Productivity and Performance Management*, 56: 384-396.

Ranney, A. and Kendall, W. (1951). Democracy: Confusion and Agreement. *Western Political Science Quarterly*, 4: 430-439.

Raven-Hansen, P. (1980). Do's and Dont's for Whistleblowers: Panning for Trouble. *Technology Review*, 82: 34-44.

Rawls, J. (1971). *A Theory of Justice*. Cambridge, Mass.: Harvard University Press.

Redford, E. S. (1969). *Democracy in the Administrative State*. New York: Oxford University Press.

Rein, M. (1983). *From Policy to Practice*. Armonk, N.Y.: M. E. Sharp.

Richter, W. L., Burke, F. and Doig, J. W. (1990). *Combatting Corruption: Encouraging Ethics: A Sourcebook for Public Service Ethics*. Washington, D.C.: American

Society for Public Administration.

Rittel, H. W. and Webber, M. (1973). Dilemmas in a General Theory of Planning. *Policy Science*, 4: 155–169.

Rohr, J. A. (1976). *Ethics for Bureaucrats: An Essay on Law and Values*. New York: Marcel Dekker.

______. (1990). Ethics in Public Administration: A State–of–the Discipline Report. In N. B. Lynn and A. Wildavsky (eds.). *Public Administration: The State of the Discipline*. Chatham, N. J.: Chatham House.

Romzeck, B. S. and Dubnick, M. J. (1994). Issues of Accountabiliity in Flexible Personnel Systems. In *New Paradigms for Government*, 263–294. (ed.). P. W. Ingraham and B. S. Romzek. San Francisco: Jossey–Bass.

Rose–Ackerman, S. (1978). *Corruption: A Study in Political Economy*. New York: Academic Press.

Runciman, W. G. (ed.) (1978). *Max Weber: Selections in Translation*. Cambridge, Mass.: Cambridge University Press.

Rutgers, M. R. (2008). Sorting Out Public Values? On the Consistency of Value Classification in Public Administration. *Administrative Theory & Praxis*, 30(1): 92–113.

Sandel, M. J. (2009). *Justice: What's The Right Thing To Do?* London: Penguin Books.

Schorr, P. (1983). Learning Ethics: The Search for an Ideal Model. *Public Administration Quarterly*, 7: 324–345.

Schmidt, W. and Posner, B. E. (1986). Values and Expectations of Federal Services Executives. *Public Administration Review*, 46: 447–454.

Schubert, G. A. (1960). *The Public Interest: A Critique of the Theory of a Political Concept*. Glencoe, Ill.: Free Press of Glencoe.

Sheeran, P. J. (1993). *Ethics in Public Administration: A Philosophical Approach*. Westport, Connecticut: Praeger.

Simon, H. A. (1967). The Changing Theory and Changing Practice of Public Administration. In Ithiel de Dola Pool (ed.). *Contemporary Political Science*. New York: McGraw–Hill.

______. (1976). *Administrative Behavior* (3rd ed.). New York: Free Press.

Sprio, H. J. (1969). *Responsibility in Government*. New York: Van Nostrand.

Stark, A. (2000). *Conflict of Interest in American Public Life*. Cambridge, Mass.: Harvard University Press.

Stazyk, E. C. and Davis, R. S. (2015). Taking the 'High Road': Does Public Service Motivation alter Ethical Decision Making Process? *Public Administration*, 93(3): 628–645.

Stewart, D. W. (1984). Managing Competing Claims: An Ethical Framework for Human Resource Decision Making. *Public Administration Review*, 44(1): 1–23.

Stoker, G. (2005). *Public Value Management (PVM): A New Resolution of the Democracy/Efficiency Trade–Off*. Manchester, UK: Institute for Political and Economic Governance, University of Manchester.

______. (2006). Public Value Management: A New Narrative for Networked Governance? *American Review of Public Administration*, 36(1): 41–57.

Straus, L. (1980). Natural Law. *International Encyclopedia of the Social Sciences*, Vol. II, 80–95. David L. Sills (ed.). The Macmillan Co.

Svara, J. (2001). The Myth of the Dichotomy: Complementarity of Politics and Administration in the Past and Future of Puboic Administration. *Pubic Administration Review*, 61: 176–183.

______. (2006). Politicians and Administrators in the Political Process: A Review of Themes and Issues in the Literature. *International Journal of Public Administration*, 29: 953–976.

______. (2014). *The Ethics Primer for Public Administrators in Government and Nonprofit Organizations* (2nd ed.). Sudbury, MA: Jones ad Bartlett Publishers.

Svara, J. H. and Brunet, J. R. (2004). Filling in the Skeletal Pillar: Addressing Social Equity in Introductory Courses in Public Administration. *Journal of Public Administration Education*, 10: 99–109.

Taylor, P. W. (1975). *Principles of Ethics*. Belmont, Calif.: Wadsworth.

Tylor, T. R. (1990). *Why People Obey the Law*. New Haven, CT: Yale University Press.

Thayer, F. C. (1973). *An End to Hierarchy and Competition in the Post–Affluent World*. New York: New Viewpoints, A Division of Franklin Watts.

Thompson, D. F. (1980). Moral Responsibility of Public Officials: The Problem of Many Hands. *American Political Science Review*, 74(12): 905–916.

______. (1985). The Possibility of Administrative Ethics. *Public Administration Review*,

45(5): 555－561.

Trevino, L. K. and Ball, G. A. (1992). The Social Implications of Punishing Unethical Behavior: Observers' Cognitive and Affective Reactions. *Journal of Management*, 18(4): 751－768.

Truelson, J. A. (1991). New Strategies for Institutional Controls. In James S. Bowman (ed.). *Ethical Frontiers in Public Management: Seeking New Strategies for Resolving Ethical Dilemmas*. San Francisco: Jossey－Bass Publishers.

Truman, D. B. (1971). *The Governmental Process: Political Interests and Public Opinions* (2nd ed.). New York: Alfred A. Knoph.

U.S. Congress. House of Representatives (1980). *Civil Service Reform 1980－Whistle－Blowers*. Committee on Post Office and Civil service Subcommittee on Civil Service.

Valentine, S. and Fleischman, G. (2004). Ethics Training and Businesspersons' Perceptions of Organizational Ethics. *Journal of Business ethics*, 52: 381－390.

Vallentyne, P. (2007). *Consequentialism*. In Hugh LaFollette, ed. *Ethics in Practice*, 22－30. Malden, MA: Blackwell Publishing.

Ventriss, C. (2012). Democratic Citizenship and Public Ethics: The Importance of Civic Stewardship in an Era of Public Distrust and Cynicism. *Public Integrity*, 14(3): 283－297.

Waldo, D. (1948). *The Administrative State: A Study of the Political Theory of American Public Administration*. New York: Ronald Press.

______. (1952). Development of Theory of Democratic Administration. *American Political Science Review*, 46: 81－103.

______. (1980). *The Enterprise of Public Administration*. Novato, Cal.: Chandler & Sharp.

Walker, D. M. (2005). Ethics and Integrity in Government. *Pubic Integrity*, 7(Fall): 345－352.

Walsh, W. H. (1970). Pride, Shame and Responsibility. *Philosophical Quarterly*, 20: 1－13.

Weaver, G. R. and Trevino, L. K. (2001). The Role of Human Resources in Ethics/Compliance Management: A Fairness Perspective. *Human Resource Management Review*, 11: 113－134.

Weber, M. (1946). Bureaucracy. In H. H. Gerth and C. W. Mills (eds.). *From Max*

Weber: Essays in Sociology. New York: Oxford University Press.

______. (1947). *The Theory of Social and Economic Organization*. A. M. Henderson and Tarcott Parsons, trs. New York: Oxford University Press.

Werner, S. B. (1983). New Directions in the Study of Administrative Corruption. *Public Administration Review*, 43(2): 146–154.

Wilensky, P. (1980–1981). Efficiency or Equity: Competing Values in Administrative Reform. *Policy Studies Journal*, 9(Special #4): 1239–1249.

Winston, K. (2003). Moral Competence in the Practice of Democratic Governance. In J. D. Donahue & J. S. Nye, Jr. (eds.). *For the People: Can We Fix Pubic Service?*, 169–187. Washington, D.C.: Brookings Institution Press.

Witsman, E. and Walters, L. (2013). Public Service Values: A New Approach to the Study of Motivation in the Public Sphere, *Public Administration*, 92(2): 375–405.

Wittmer, D. P. (2005). Developing a Behavioral Model for Ethical Decision Making in Organizations: Conceptual and Empirical Research. In H. G. Frederickson & R. K. Ghere (eds.). *Ethics in Public Management*, 49–69. Armonk, New York: M.E. Sharpe.

Wright, B. E., Hassan, S. and Park, J. (2016). Does a Public Service Ethic Encourage Ethical Behavior? Public Service Motivation, Ethical Leadership and the Willingness to Report Ethics Problems. *Public Administration*, 94(3): 647–663.

Yates, D. (1981). Hard Choices: Justifying Bureaucratic Decisions. In Joel Fleishman, *et al.* (eds.). *Public Duties: The Moral Obligations of Government Officials*, 32–51. Cambridge, Mass.: Harvard University Press.

______. (1982). *Bureaucratic Democracy: The Search for Democracy and Efficiency in American Government*. Cambridge, Mass.: Harvard University Press.

Zimmerman, J. (1994). *Curbing Unethical Behavior in Government*. Westport, Conn.: Greenwood Press.

찾아보기

ㅈ

ㅊ

김호섭

- 현 아주대학교 행정학과 교수
- 행정학박사(Univ. of Texas at Austin, 1988)

[역임]

- 아주대학교 교수회 의장, 사회과학대학장, 공공정책대학원장
- 한국조직학회 회장, 한국부패학회 부회장, 부패방지위원회 전문위원

[저서]

- 『한국정부론』(공저, 법문사, 2018), 『행정과 조직행태』(공저, 대영문화사, 2012), 『부패의 벽을 넘어 투명사회로』(공저, 홍사단출판부, 2002), 『새조직행태론』(공저, 대영문화사, 1999), Organizational Structure & Ethics Attitudes of Public Officials, 실용주의와 행정, 세계화와 정부관료제의 재정립 등 행정이론, 조직론, 행정윤리 분야의 다수의 저서와 논문

현대 행정의 가치와 윤리

펴낸날 제1판 제1쇄 2019년 2월 18일
지은이 김호섭
펴낸이 임춘환
펴낸곳 도서출판 대영문화사
주소 (본사) 사무실: 경기도 고양시 일산서구 주화로 70
우신프라자 307호 (우 10387)
(본사) 물류센터: 경기도 고양시 일산서구 덕산로
107번길 68-50 (우 10205)
등록 1975년 12월 26일 제3-16호
전화 (031) 913-3062, (031) 914-3884~3885
팩스 (031) 913-3839
홈페이지 http://www.dymbook.co.kr

ISBN 978-89-7644-731-9
값 22,000원